Miguel Ángel López Rodríguez

FÚTBOL: MOVIMIENTOS TÁCTICOS PARA LOGRAR SUPERIORIDAD NUMÉRICA
(COMO NEUTRALIZAR LOS SISTEMAS DE JUEGO)

Dedicado a Puri y Raquel; las muje-
res de mi vida, que soportan cada día con
un gesto amable mi pasión por el fútbol.

Miguel A. López Rodríguez

Mi agradecimiento a:

Editorial y Librería Deportiva Wanceulen, S.L. que creyó en mi primer trabajo, «Fútbol: Los Sistemas Tácticos» hasta el punto de publicarlo y editarlo, lo cual me motivó para darle continuidad al mismo en este segundo libro, relativo a la neutralización táctica.

Miguel Ángel López Rodríguez
Entrenador Nacional de Fútbol
Colegiado por el Colegio Alavés de Entrenadores de Fútbol

Titulo: FÚTBOL: MOVIMIENTOS TÁCTICOS PARA LOGRAR SUPERIORIDAD NUMÉRICA (COMO NEUTRALIZAR LOS SISTEMAS DE JUEGO).

Autor: *Miguel Ángel López Rodríguez*

Editorial: **WANCEULEN EDITORIAL DEPORTIVA, S.L.**
C/. Cristo del Desamparo y Abandono, 56 - 41006 SEVILLA
Tlfs. 95 492 15 11 y 95 465 66 61 - Fax: 95 492 10 59

I.S.B.N.: 84-87520-95-2

Dep. Legal: CA-756/2001

© Copyright: WANCEULEN EDITORIAL DEPORTIVA, S.L.

Primera Edición: Año 2001

Impreso en España: LÍNEA OFFSET, S.L.
C/. Tradiciones, 3
CHICLANA (Cádiz - España)

ÍNDICE:

Siguiendo mi metodología, continuaré con el procedimiento de ubicarme en una teoría con los jugadores sobre el partido a celebrar y utilizar pizarras tácticas que traslado a las presentes láminas.

Miguel Ángel López Rodríguez
Entrenador Nacional de Fútbol

NOTAS

Dentro de mi planificación anual los trabajos de los lunes consisten en descansos activos, los cuales constan de una sesión de estiramientos: dos tandas de carrera continua baja, juegos de adaptación al medio (balón) y una teórica en la que analizamos nuestra respuesta al encuentro celebrado el fin de semana con el objeto de revisar en los aspectos técnico-tácticos, físicos, etc… para corregirlos, mejorarlos o reincidir en ellos.

Por tanto para darle al presente trabajo un formato lógico, incluimos en los descansos activos de los lunes dentro del concepto correspondiente al análisis, un apartado más dedicado a informar de todas las características de nuestro próximo oponente; la forma de neutralizarle, controlarle, etc…; en un palabra estamos en las anunciadas pizarras tácticas que traslado a las láminas del actual libro.

Debemos recordar que combatimos al rival cuando el balón es de nuestra posesión y le neutralizamos cuando el poseedor es el equipo oponente.

M. A. López Rodríguez

PRESENTACIÓN

Al plantearme este trabajo me situé mentalmente como el entrenador de un equipo de los denominados modestos y por tener esta condición de tal, sus sistemas de juego los define en función de los planteamientos de su rival.

Soy de la opinión que sólo los grandes pueden permitirse tener unos sistemas de juegos definidos que reiteran cada jornada y que cada jornada tratan de hacerlo eficaz sin depender de las premisas tácticas de su oponente, más bien será este el que se preocupe del talento colectivo del grande.

Ante este condicionante, mi objetivo en el presente libro es el argumentar la neutralización de los sistemas a los que se enfrente mi equipo; para lo cual planteo hacerlo basándome en dotar a mi conjunto de unos movimientos tanto ofensivos como defensivos, para con ellos lograr superioridad numérica en todas las líneas que definen los sistemas de los rivales como en las zonas de ubicación del balón.

Entiendo que dependo de cuatro factores fundamentales:

A) Conocimiento exacto de los comportamientos técnicos-tácticos del oponente.

B) Necesidad de una respuesta de cumplimiento por parte de mis jugadores; una aptitud positiva y un convencimiento pleno individual y colectivo de la eficacia de la propuesta táctica, para superar y no ser superado por el contrario.

C) Una condición física óptima de los componentes de la plantilla para poder responder a las demandas tácticas que como veremos comprometen a una entrega física intensa; tengo la certeza de que a medida que el resultado táctico es el previsto esto es próximo al éxito esperado, la entrega y comportamiento físico será más generoso e incluso la aparición de la fatiga parecerá llegar más tarde.

D) Implica esta fórmula lógicamente unos entrenamientos adecuados y acordes con las exigencias que nos van a solicitar la capacidad y calidad de los jugadores rivales en cada encuentro.

Damos por sentado que estos cuatro factores los tenemos dominados y son de nuestro pleno conocimiento, de no ser así no tendría sentido la presente propuesta de:

«MOVIMIENTOS TÁCTICOS PARA LOGRAR SUPERIORIDAD NUMÉRICA»

SÍMBOLOS

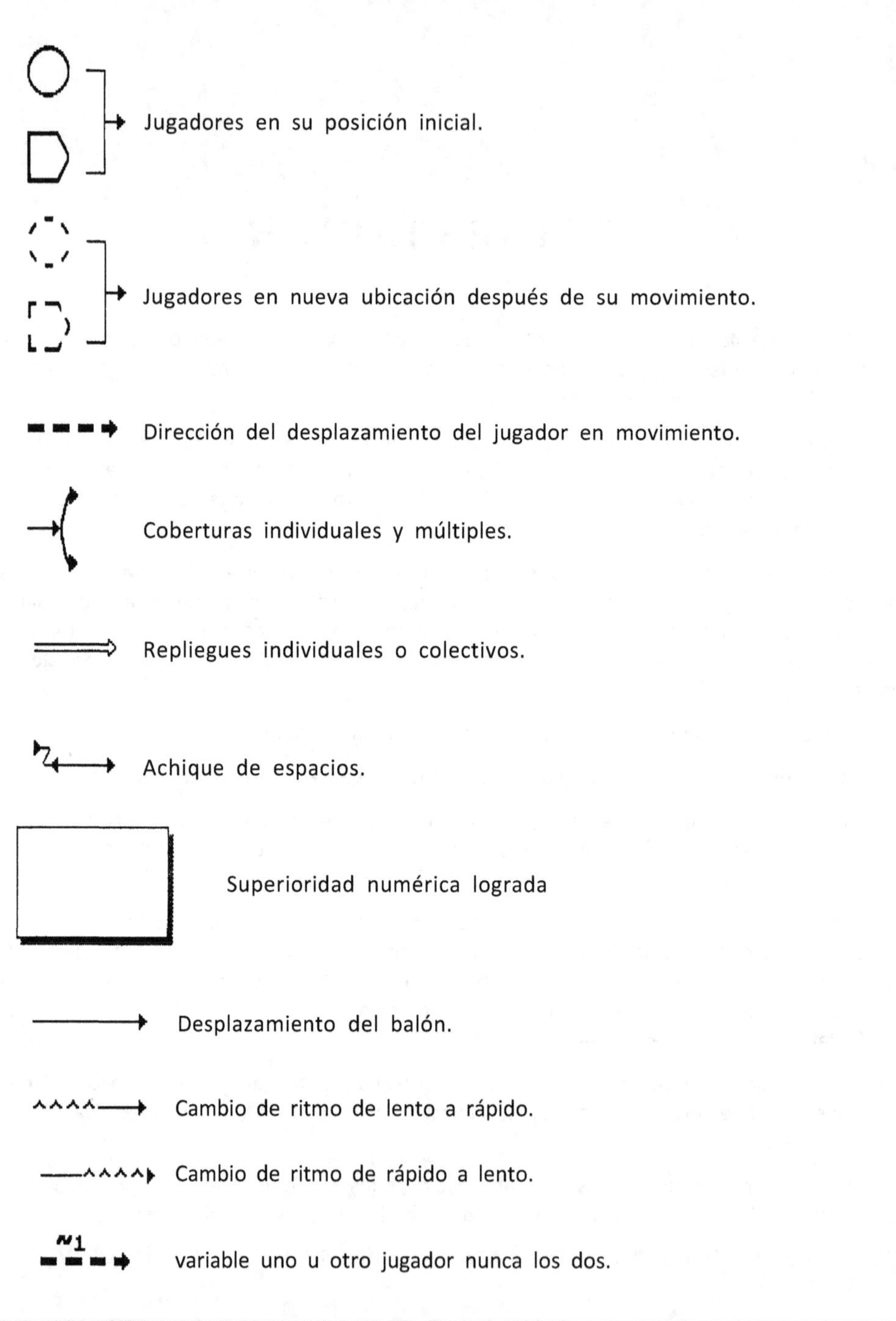

Jugadores en su posición inicial.

Jugadores en nueva ubicación después de su movimiento.

Dirección del desplazamiento del jugador en movimiento.

Coberturas individuales y múltiples.

Repliegues individuales o colectivos.

Achique de espacios.

Superioridad numérica lograda

Desplazamiento del balón.

Cambio de ritmo de lento a rápido.

Cambio de ritmo de rápido a lento.

variable uno u otro jugador nunca los dos.

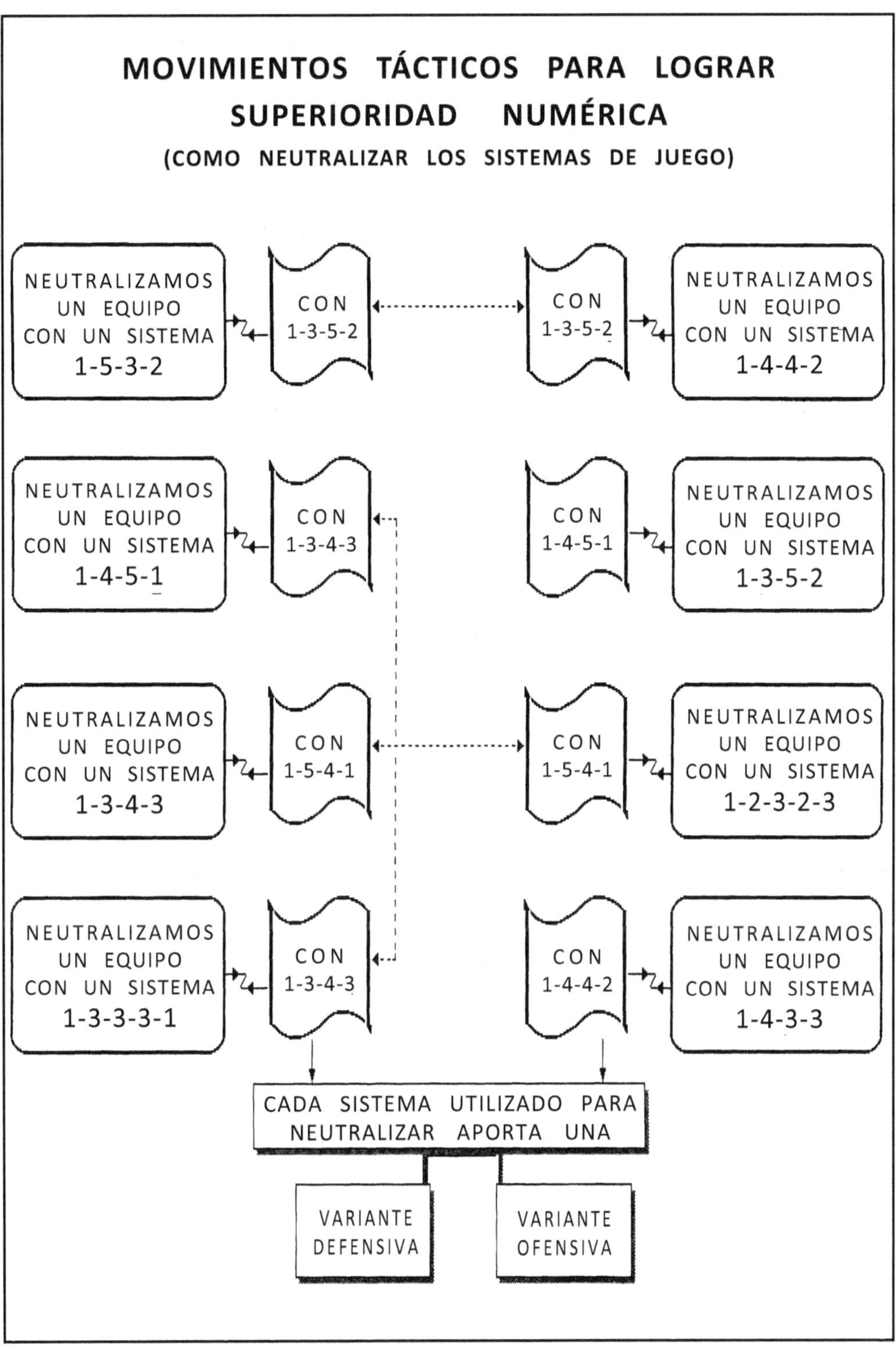

MOVIMIENTOS TÁCTICOS PARA LOGRAR SUPERIORIDAD NUMÉRICA
(COMO NEUTRALIZAR LOS SISTEMAS DE JUEGO)
NEUTRALIZAMOS UN EQUIPO CON UN SISTEMA 1-5-3-2
CON 1-3-5-2
CON 1-3-5-2
NEUTRALIZAMOS UN EQUIPO CON UN SISTEMA 1-4-4-2
NEUTRALIZAMOS UN EQUIPO CON UN SISTEMA 1-4-5-1
CON 1-3-4-3
CON 1-4-5-1
NEUTRALIZAMOS UN EQUIPO CON UN SISTEMA 1-3-5-2
NEUTRALIZAMOS UN EQUIPO CON UN SISTEMA 1-3-4-3
CON 1-5-4-1
CON 1-5-4-1
NEUTRALIZAMOS UN EQUIPO CON UN SISTEMA 1-2-3-2-3
NEUTRALIZAMOS UN EQUIPO CON UN SISTEMA 1-3-3-3-1
CON 1-3-4-3
CON 1-4-4-2
NEUTRALIZAMOS UN EQUIPO CON UN SISTEMA 1-4-3-3
CADA SISTEMA UTILIZADO PARA NEUTRALIZAR APORTA UNA
VARIANTE DEFENSIVA
VARIANTE OFENSIVA

NEUTRALIZACIÓN DE UN SISTEMA 1 - 5 - 3 - 2

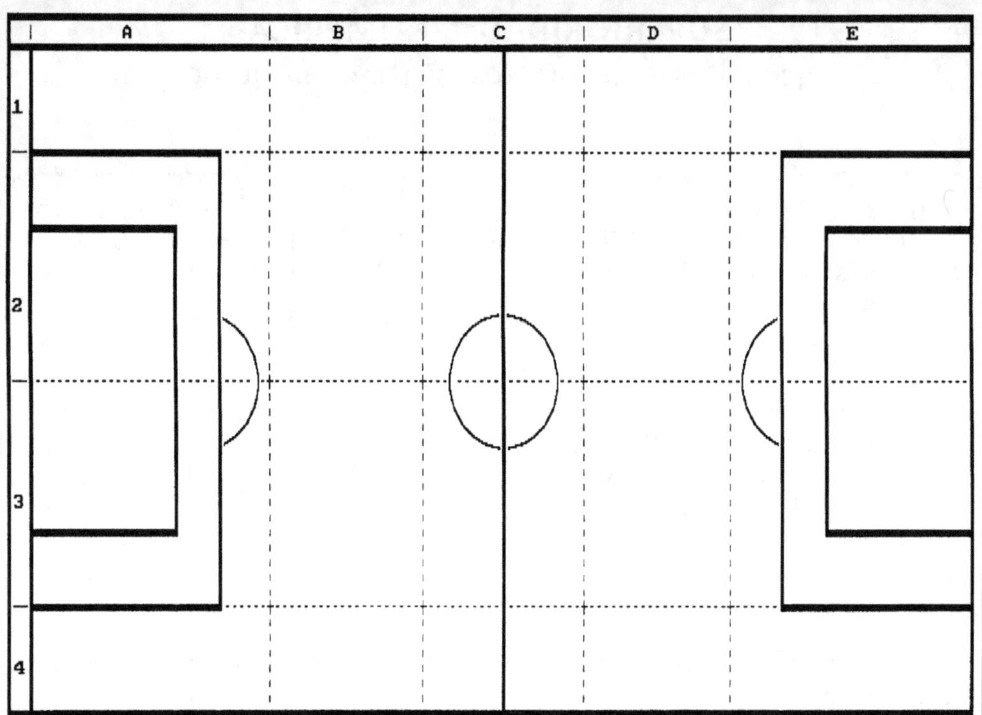

En todas las zonas del campo se dan unas premisas tanto ofensivas
como defensivas para nuestro propio equipo como para el rival.

PREMISAS OFENSIVAS

Zonas A1, A2, A3, A4 creación de ataque construidos en origen.

Zonas B1, B2, B3, B4 creación de ataques construidos, primera posición, mantener y poseer el balón.

Zonas C1, C2, C3, C4 de transmisión al pase previo final, marca la referencia de inicio del achique, zona de maniobra y rotación del balón para lograr el desequilibrio.

Zonas D1, D2, D3, D4 de pase final y desmarques de ruptura para llegar en opción de remate, además es la zona de centros y tiros de media distancia.

Zonas E1, E4 de centros laterales.

Zonas E2, E3 de finalización.

PREMISAS DEFENSIVAS

Zonas A1, A2, A3, A4 intensificamos el marcaje zonal y todo tipo de acciones defensivas.

Zonas B1, B2, B3, B4 en esta zona reafirmamos nuestra presión evitando el pase previo al remate del rival, la tomamos como referencia de ubicación de los repliegues.

Zonas C1, C2, C3, C4 en la que tenemos que destruir el juego rival.

Zonas D1, D2, D3, D4, E1, E2, E3, E4 evitar la creación en origen al rival.

Presión más temporización para permitir el repliegue propio.

LAS MISMAS PREMISAS PARA NUESTRO EQUIPO SE DAN PARA EL RIVAL. EL DOMINADOR DE ELLAS SERÁ CLARO FAVORITO AL ÉXITO FINAL

En la próxima jornada nos enfrentaremos a un equipo que juega un 1-5-3-2, sistema que le define y al que aporta características propias siendo estas:

A). Su línea de defensa está formada por tres centrales que alternan la posición de hombre libre en función del movimiento y dirección de ataque del balón.

Dispone de dos laterales de largo recorrido, siendo estos uno de los argumentos tácticos fundamentales.

B). El centro del campo forma un rombo; siendo el vértice ofensivo uno de los puntas y el vértice defensivo el organizador, quedando el otro delantero como referencia adelante.

C). El delantero que se sitúa como vértice ofensivo siempre se incorpora al ataque llegando al poste más alejado del ala de ataque, esto es en dirección al segundo poste, dejando desde el primer poste al punto de penalti al otro punta.

D). Generalmente el centro lateral se produce por el lateral largo, quedando los tres centrocampistas sobre el arco del área de meta.

E). El central n.º 4 participa en el diseño del ataque organizado, aportando el pase medio-largo a los laterales.

F). El argumento principal del equipo es construir juego reiterando el pase corto en circulación del balón, hasta tener la posibilidad de enviar pase diagonal a la salida del lateral. Normalmente este argumento se produce en su propio campo buscando al pasador largo; si la organización se produce en su propio campo el pase es siempre corto con infinidad de apoyos y paredes para buscar el pase final; generalmente con un pase interior.

G). Destacable el buen trato dado al balón en la circulación del mismo pese a la velocidad que imprimen a la transmisión de este.

H). Su variante ofensiva es adelantar a uno de los centrales y dejar dos puntas arriba, adelantando al medio centro u organizador (vértice defensivo) pasando a un 1-4-4-2.

En el aspecto defensivo no varian el sistema, única y fundamentalmente aproximan sus líneas, por achiques de espacios o repliegues intensivos.

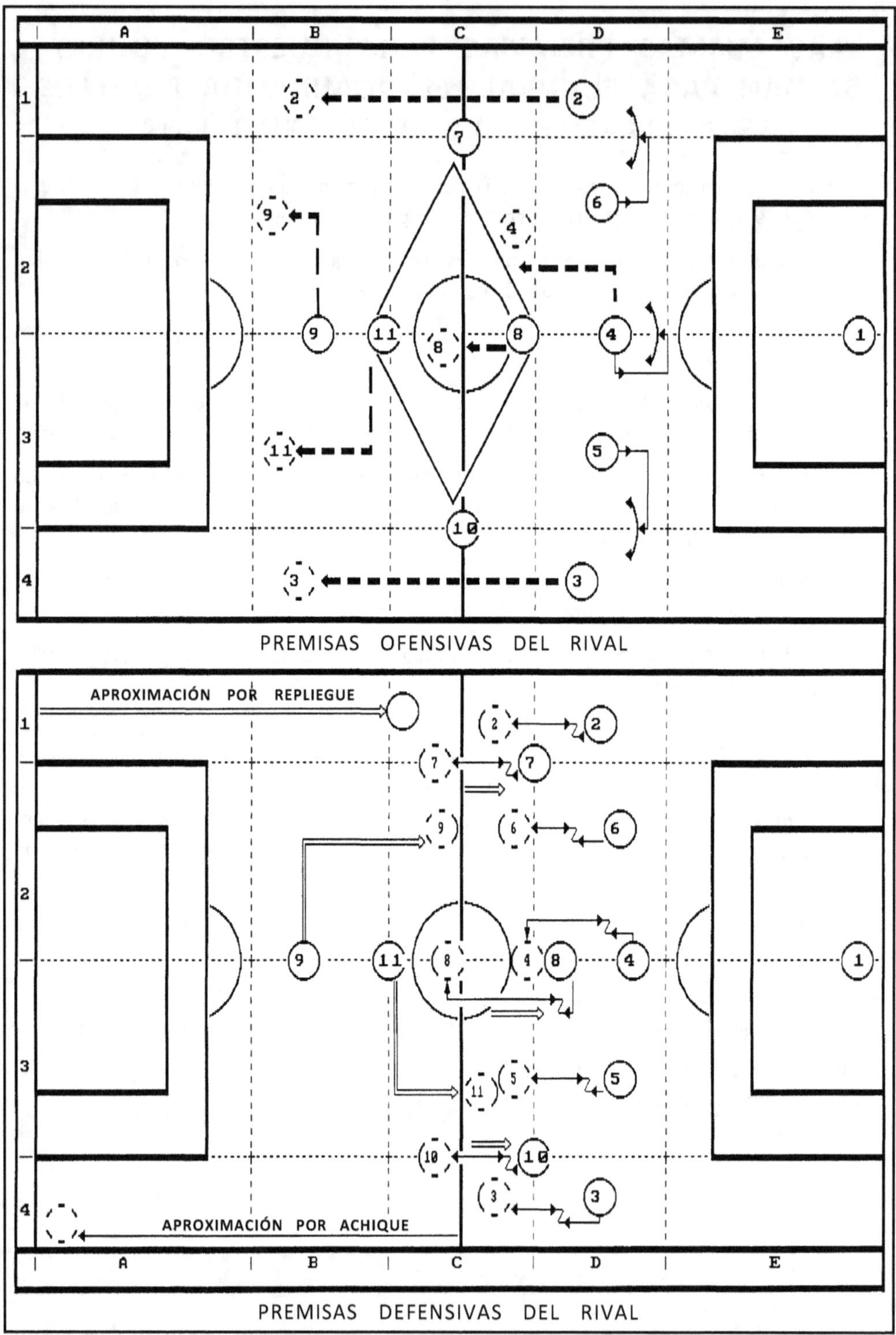
A B C D E
PREMISAS OFENSIVAS DEL RIVAL
APROXIMACIÓN POR REPLIEGUE
APROXIMACIÓN POR ACHIQUE
A B C D E
PREMISAS DEFENSIVAS DEL RIVAL

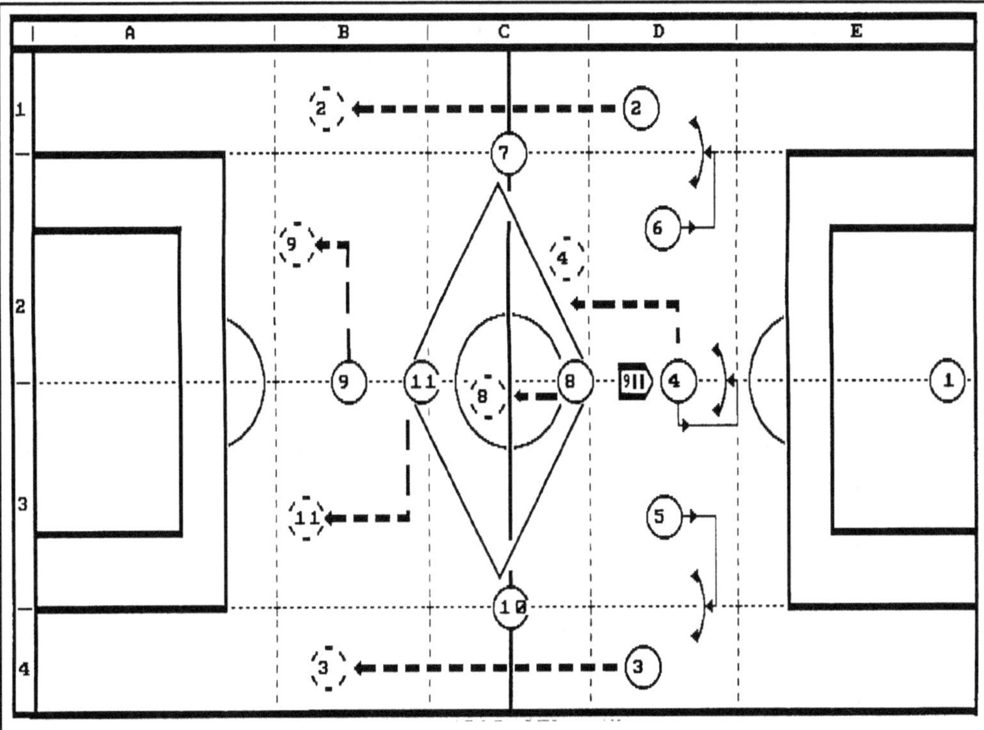

PREMISAS   OFENSIVAS

Ya conocemos los datos tácticos propios del comportamiento del oponente los cuales vamos a neutralizar; al ver en la pizarra su distribución y movimientos debemos considerar y oponer a estos:

1) Que el jugador n.º 4 sea el menos participativo al ocupar la demarcación de hombre libre, dado que es uno de los principales recursos ofensivos por ser el responsable del pase largo en diagonal, entiendo que estará dando apoyo por detrás de los jugadores del rombo o por delante de la línea de los otros dos centrales, con el objeto de recibir el balón y lanzar pases a la salida de los laterales.

Estos pases generalmente se producirán en zonas B2 y B3 y en el número que se produzca su reiteración se producirán gran parte de nuestros riesgos defensivos. Para neutralizar al mencionado pasador tendremos a nuestros puntas (como mínimo uno) pendientes de el **911** que tratará de impedir este primer argumento de ataque en origen del rival; no hablo de un marcaje sobre este jugador ya que de ser así nuestro jugador de punta perdería capacidad ofensiva, pues al pasar nuestro equipo al ataque ya tendría la presencia del defensor sobre él, pasando por tanto de marcador a ser marcado, por lo que es algo más recomendable hacer una vigilancia sobre la posible recepción del pase transmitido a ese n.º 4 presionando en este momento, primero la calidad del control, segundo la orientación del balón y tercero la salida de éste; obvio es decir que lo más beneficioso sería interceptar el pase enviado al citado jugador, en este momento habríamos pasado de acción defensiva a ofensiva en zona de pase previo a remate final o zona de disparo a media distancia. De no lograr la interceptación, es consejable una presión con temporización defensiva lo cual nos permitirá el repliegue o el achique colectivo (según nuestra propuesta táctica), pudiendo además crear una duda en el lateral que pretende iniciar su desmarque, ya que espera el pase en su carrera, este no se produce, posiblemente retroceda o se quede a media salida al no recibir el balón, estaremos logrando parte de nuestros objetivos. Esta aseveración nos compromete a una disciplina táctica del punta, eficaz y generosa.

Podemos por otro lado si nuestra propuesta de juego es el jugar con dos puntas, que estos alternen la vigilancia al pasador; esto es poco probable ya que recordemos que nosotros somos el equipo modesto y quizás lo más propio sea jugar con un sólo punta y dar consistencia a nuestra organización defensiva o a nuestros recursos en número de jugadores por detrás del balón, tomaremos este detalle como una posibilidad pero no como argumento de neutralización.

Nuestra fórmula de contrarrestar la basamos en la adecuada ubicación de nuestros jugadores en oposición a los argumentos rivales; como veremos más adelante esta ubicación nos dará la definición de nuestro sistema de partida y desde este estableceremos sus variantes.

Vemos por tanto que para solventar el punto 1) ubicamos un sólo punta, esto empieza a personalizar nuestro sistema que sea cual sea al final de contraponer nuestros elementos constará de un delantero.

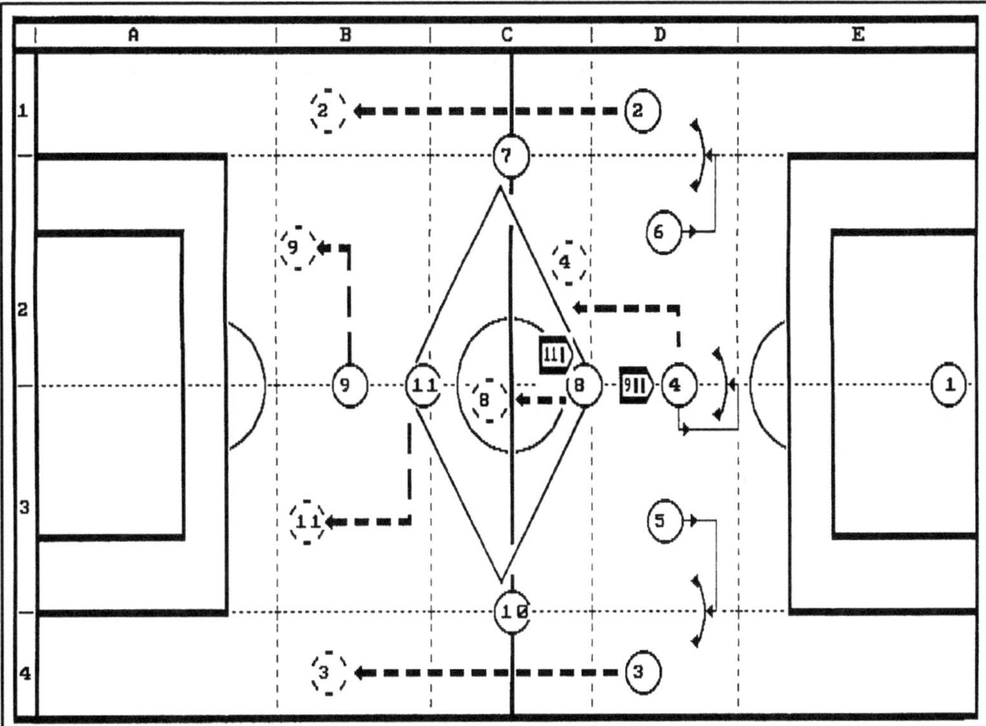

PREMISAS   OFENSIVAS

2) Sabemos que en el rombo del centro del campo el contrario argumenta su filosofía de reiteración en los pases cortos con constantes circulaciones del balón, buscando hasta encontrar la penetración por bandas en envíos diagonales con pases medios o largos a los laterales e interiores, o con pases cortos o medios por el interior.

En esta seña de identidad del rival el vértice defensivo o enlace es el creador, un jugador de gran talento que marca el ritmo de juego del equipo, dirige los movimientos, achiques, basculaciones, etc… siempre esta opción de recibir el balón entre la línea de defensa y el centro del campo en zonas D1, D2, D3, D4, C1, C2, C3, C4, con incursiones en B1, B2, B3, B4, si su equipo está vencido en ataque y tienen achiques colectivos, en esta situación recurre al pase interior entre la defensa rival; su equipo depende en gran medida de su capacidad organizativa.

Debemos neutralizar la capacidad de pensar de este jugador y abremos evitado la capacidad de maniobrar de sus compañeros; para lo cual situaremos un jugador 🔲 de gran capacidad física y disciplina táctica sobre él, no exento de calidad en el juego de la última tercera parte del campo frente a la frontal del área oponente, dado que su posición en este cometido es la típica de un media punta.

Deberá en lo posible impedir que este organizador tenga la posibilidad de tener visión periférica, es por tanto imprescindible que la presión sea intensa y positiva, con el objeto de que para la conservación del balón, el creador rival tenga que estar pendiente de él, mirándole sin ver los movimientos especialmente por delante de sus compañeros; la distancia con respecto a él será mínima no dándole ni un sólo metro.

Si conseguimos que no sea capaz de distribuir juego y que el jugador de apertura a los laterales (n.º 4) sea controlado por el punta asignado, el equipo rival tendrá que aportar otros argumentos tácticos o modificar su sistema de partida.

Podemos alternar la función del punta y media punta puntualmente siempre que el resultado sea conveniente a nuestros intereses.

Como comentábamos en página anterior, la disposición de nuestros jugadores determinará nuestro dibujo táctico y vemos que ya disponemos de una línea de ataque definida por un punta y un media punta.

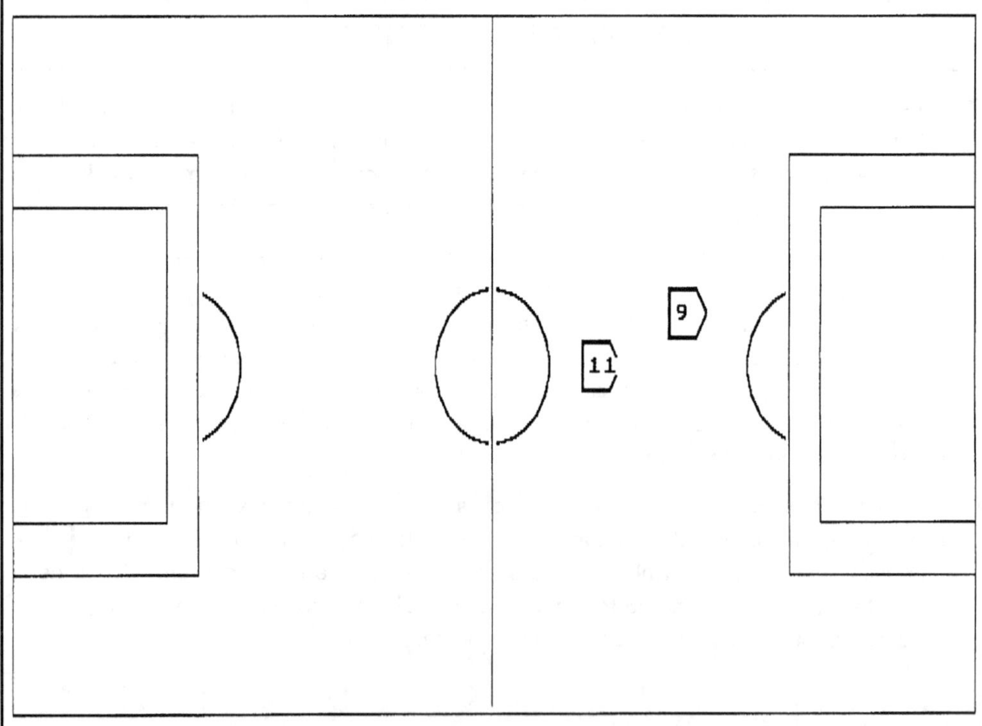

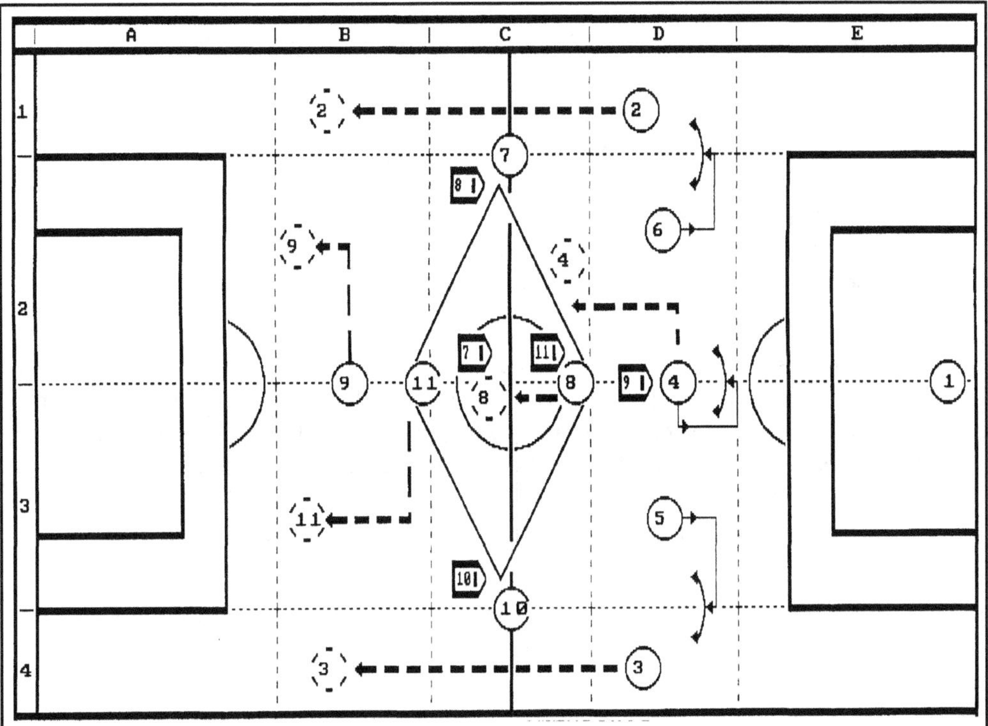

PREMISAS OFENSIVAS

3) En zonas C1, C2, C3, C4 debemos evitar que se produzcan las transiciones del vértice defensivo al centro del campo y del centro del campo al vértice ofensivo (media punta) y el punta.

Ubicaremos un jugador en el centro del rombo que construye el rival con el que trataremos de crear nuestro juego e implementar el ritmo de juego que nos convenga dar al partido.

Situamos dos jugadores en las bandas como interiores, que manifiestan una presencia constante contra los interiores rivales 10) 7) 8) , no permitiendo el desmarque y por tanto que originen un desequilibrio numérico en nuestra línea de defensa.

Estos tres jugadores tratarán de que el balón esté lo más alejado posible de nuestras zonas de riesgo, bien por posesión del mismo o por impedir las maniobras rivales, obligándoles a jugar hacia atrás.

Esta línea defensivamente siempre estará a la altura del balón nunca delante de éste, de ser así su oponente le podría coger la espalda. A los interiores muy puntualmente se les podría dar la circunstancia de verse obligados a hacer un desdoblamiento a los laterales; cuando en páginas posteriores hablemos de la ubicación de los defensas entenderemos la razón.

En el aspecto ofensivo los interiores se constituirán en extremos acabando con tres puntas, esto es; ellos más el delantero vigilante del n.º 4 (pasador).

Esta opción ofensiva al margen de revelar unas formas de combatir (de las que hablaremos una vez definido nuestro sistema) la reseño en este apartado de neutralización al contrario dado que esta llegada a la punta de ataque en posiciones de extremos izquierdo y derecho respectivamente, puede inquietar a los laterales rivales coartando su libertad de salida, vemos que una acción táctica defensiva puede por contra provocar una acción táctica defensiva como es el neutralizar al equipo contrario que lógicamente estará en posesión del balón.

No obstante debemos tener una gran precaución al discriminar el paso de acción defensiva a ofensiva y viceversa; un error en el pase de control, etc. cambiará el signo de la jugada pues sin replegar rápidamente los interiores, estarán permitiendo utilizar al rival su argumento de salida de los laterales teniendo a nuestros interiores avanzados, disfrutando por tanto de un gran espacio delante de ellos con una mínima oposición; de aquí la afirmación de la pág. anterior, de que la línea de tres centrocampistas deberían estar siempre a la altura del balón como mínimo, en el aspecto defensivo.

En la definición de nuestro sistema ya tenemos ubicados 3 jugadores en el centro del campo mas un media punta y un punta.

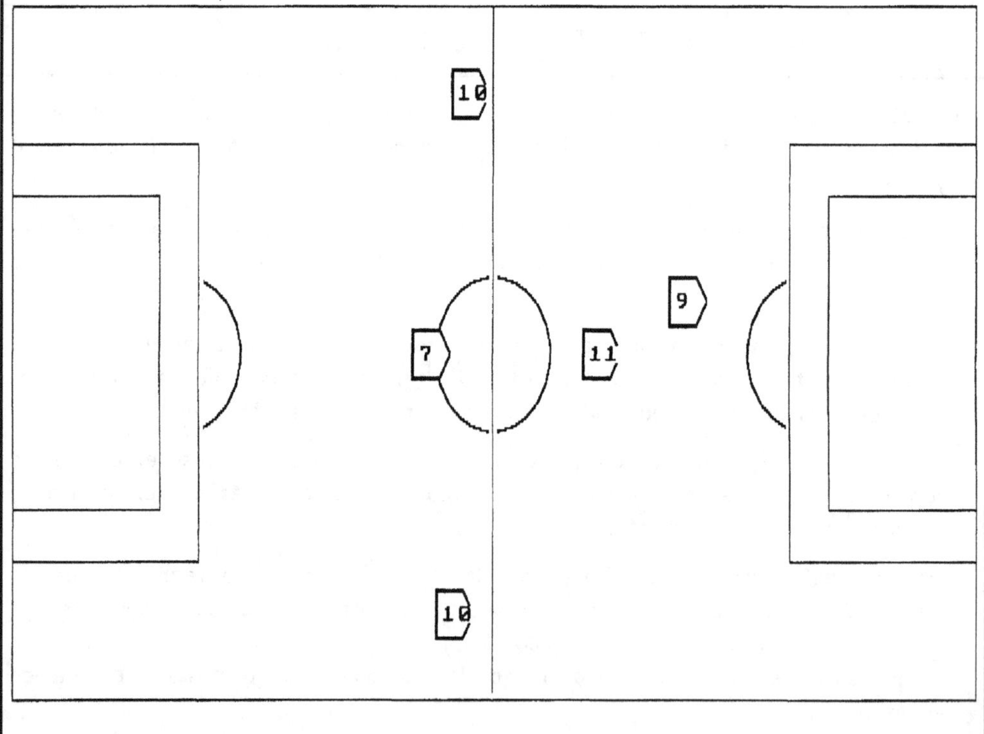

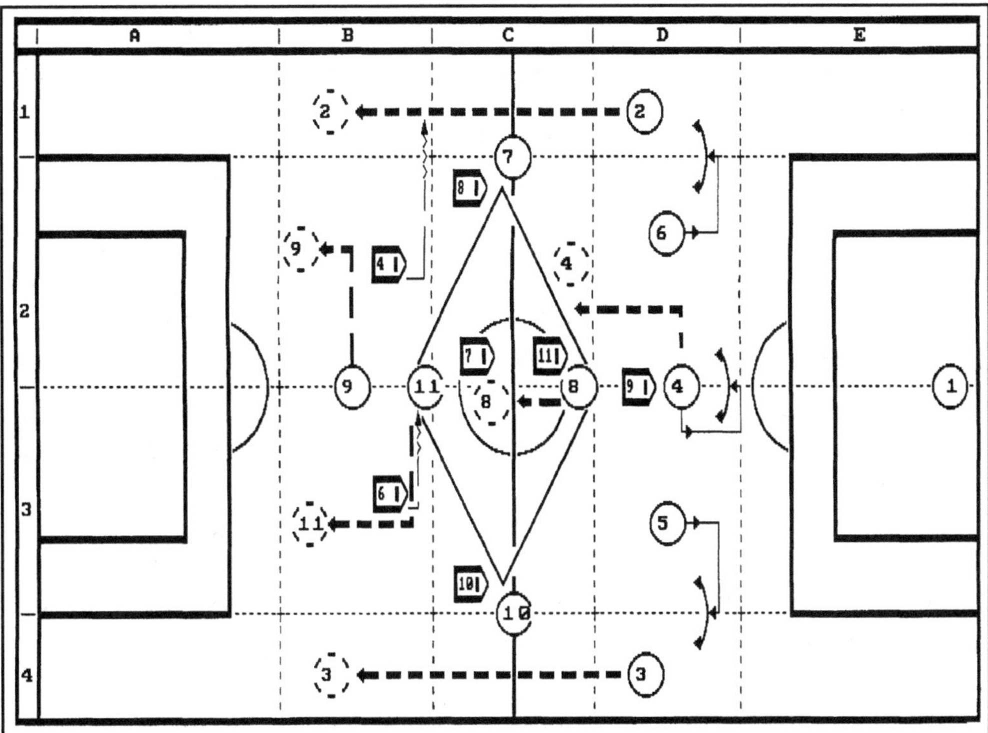

PREMISAS   OFENSIVAS

4) Como precaución fundamental debemos tener presente el recorrido del lateral derecho rival por zonas E1, D1, C1, B1, incluso hasta A1 y del lateral izquierdo por zonas E4, D4, C4, B4, incluso hasta A4.

Solventar estas incorporaciones con determinación y efectividad podrá hacer disminuir aparentemente la distancia entre el grande y el modesto, o al menos reducir su porcentaje como favorito.

Evalué mis propuestas de solución y me inclino por la colocación de dos pivotes uno sobre la zona B3 unos metros por detrás de la línea de tres centrocampistas; estos dos jugadores van a manifestar la superioridad en este sistema.

El jugador ubicado en B2 se desplaza a posición de cobertura de su interior izquierdo B1 si el lateral derecho rival sale con el balón, el ubicado en B3 hace lo propio en B4 sobre su interior derecho si sale el lateral izquierdo en posesión.

Lógicamente si salen con el balón sólo podrá tenerlo en posesión uno de los dos laterales, nuestros pivotes se deplazarán a B1 o B4 dependiendo de la banda de origen del ataque del equipo contrario, basculando el otro pivote a marcar al media punta o vértice ofensivo.

En la salida de los citados laterales en desmarque de ruptura sin posesión del balón para lograr este en su carrera, ambos pivotes caerán a B1-B4 respectivamente si salen los dos en la misma jugada; si sólo sale uno de los dos sin posesión caer a B1 o B4 dependiendo el carril del desmarque, el objeto de estos pivotes es por tanto encontrar a los laterales rivales en sus salidas, aún siendo esta la misión principal de los pivotes no es la única como posteriormente veremos.

Independientemente de la posesión o no en la incorporación de los laterales, siempre que la efectúen los dos, nuestro medio centro (ubicado en el interior de un rombo) replegará unos metros a buscar la situación del media punta rival, dado que en estos instantes nuestros pivotes caerán a bandas y no sería oportuno sacar a un central; con esta distribución de dos jugadores detrás de la línea de medios y delante de la línea de defensa no sólocompensamos la salida de los laterales largos rivales, si no que además ejercemos un control sobre su media punta, al margen de otras responsabilidades que veremos a la hora de combatir, de vital importancia.

Siguiendo con la definición de nuestro sistema que pese a su diseño en función de los requerimientos del rival, ya toma una forma lógica de distribución racional, tenemos de momento una línea de cinco jugadores en el centro del campo, de los cuales dos actúan como pivotes, (enlace, etc...) un media punta y un punta.

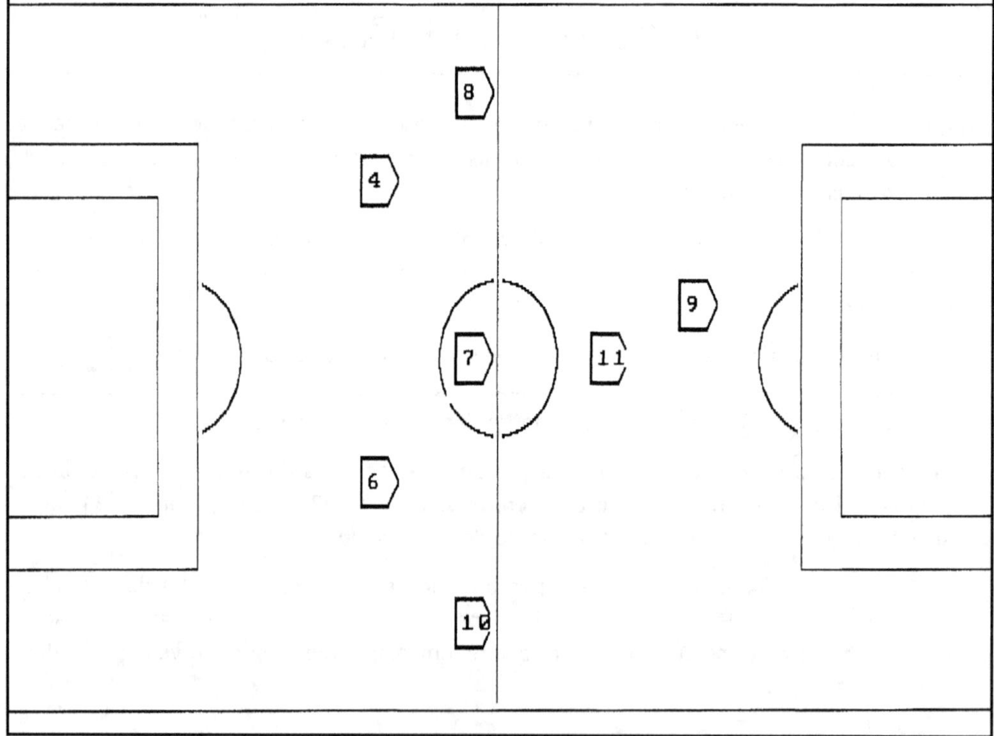

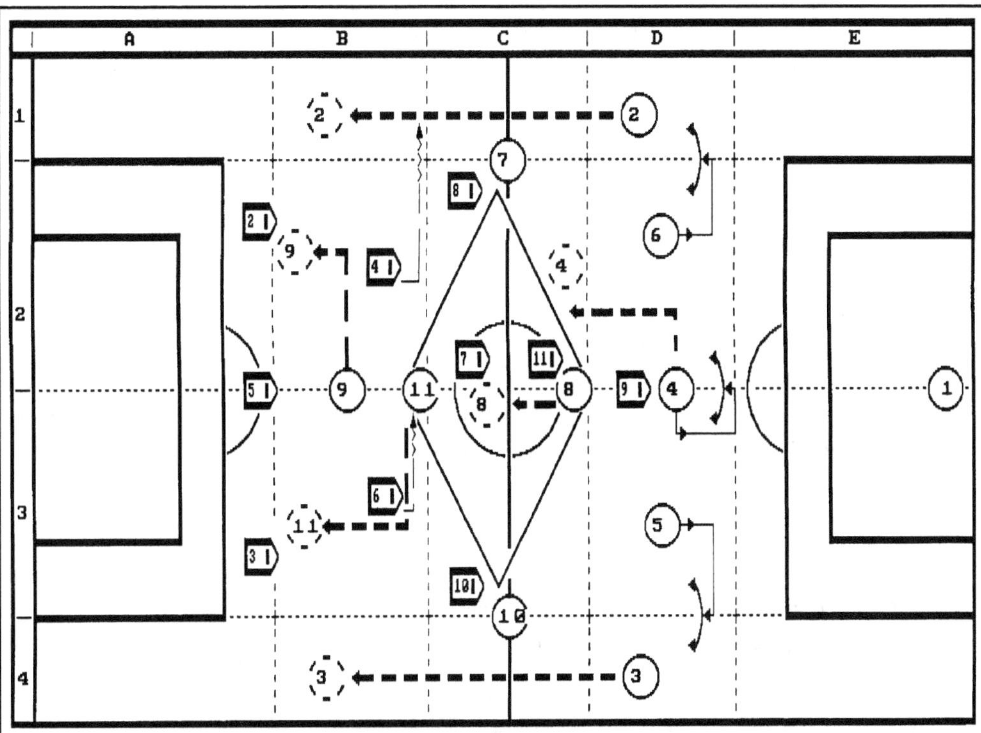

PREMISAS   OFENSIVAS

5) Terminamos por contrarrestar la posición del punta rival que es la única referencia avanzada del equipo contrincante, que aunque única, en un equipo de élite será cuando menos inquietante; para lo cual ubicamos tres defensores con marcaje zonal en zonas de A1 a A4 y de B1 a B4 2️⃣ 5️⃣ 3️⃣

De partida contamos con superioridad numérica al iniciar en un 3 contra 1; intensificaremos el marcaje a medida que el balón controlado por el equipo rival se aproxima a nuestro área.

Debemos recordar que la primera misión de los defensores es defender, puntualizo esta reseña dado que no es admisible que jugando con tres defensas alguno de estos se incorpore al ataque o corra riesgos innecesarios.

Debemos tener presente que la concentración, comunicación, contundencia y anticipación serán vitales para el éxito defensivo con tan pocos recursos.

Junto con nuestro portero hemos definido nuestro sistema desde el condicionante impuesto por la calidad de nuestro rival y estamos de inicio en un 1-3-5-2, esto es:

1 Portero.

3 Defensas en línea con marcaje zonal.

5 Jugadores en el centro del campo de los cuales 2 son pivotes.

2 atacantes 1 ayuda como punta y el otro como media punta.

Parece una locura que siendo el equipo modesto nos permitamos el lujo de jugar con tres defensas contra el grande; nadie puede garantizar el éxito en el fútbol, pero desde un propósito de no escatimar esfuerzos y convencimientos en trabajo a realizar, cuando menos tendremos el beneficio de la duda y el reconocimiento de una propuesta audaz; el otro resultado al margen del de los puntos está por ver y juzgar.

Es mi propósito manifestar los criterios que dan título a este trabajo, que no es ni más ni menos que mi creencia de que la superioridad numérica táctica matizada y organizada, puede resolver comportamientos tácticos y dejar de ser estos imposibles.

En las siguientes páginas veremos los movimientos colectivos que nos darán la citada superioridad numérica y la lógica de la propuesta planteada.

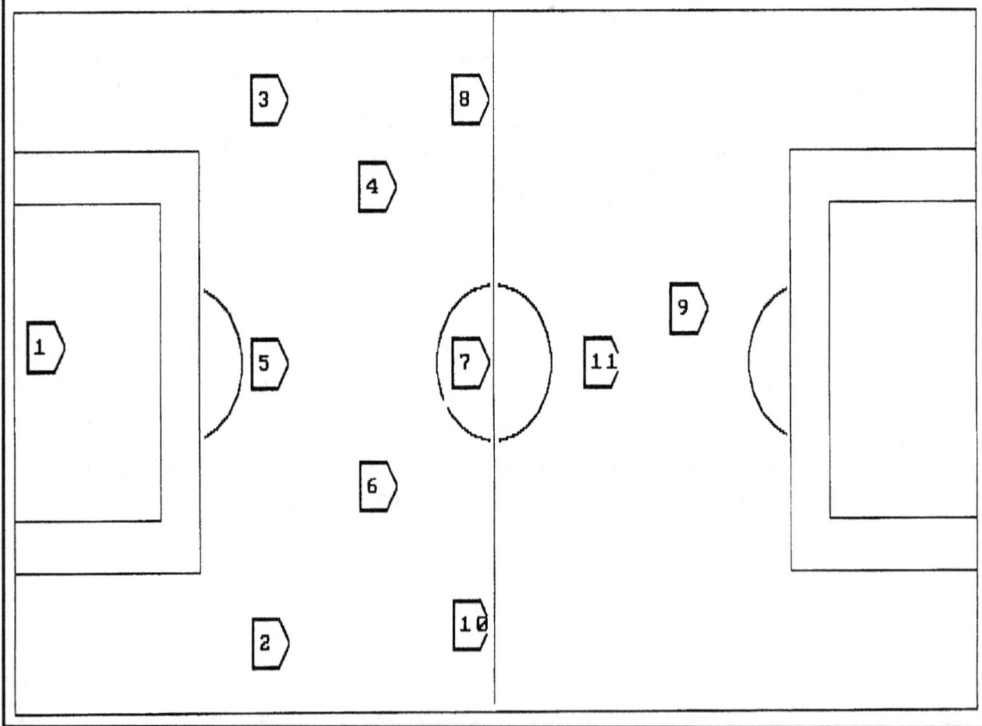

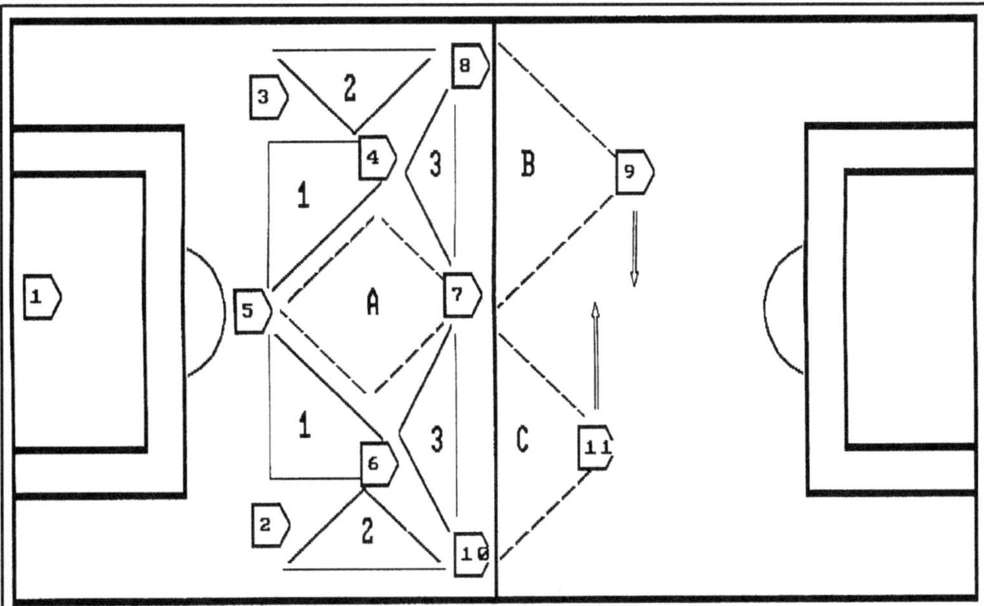

En esta página vemos en la figura superior la geometría del sistema, la ubicación formando triángulos de apoyo/cobertura y el rombo de creación.

En el dibujo inferior la ubicación en distancias en amplitud y profundidad del sistema ****** debemos recordar que la distancia en amplitud es de mera referencia, estando esta condicionada por las basculaciones ********.

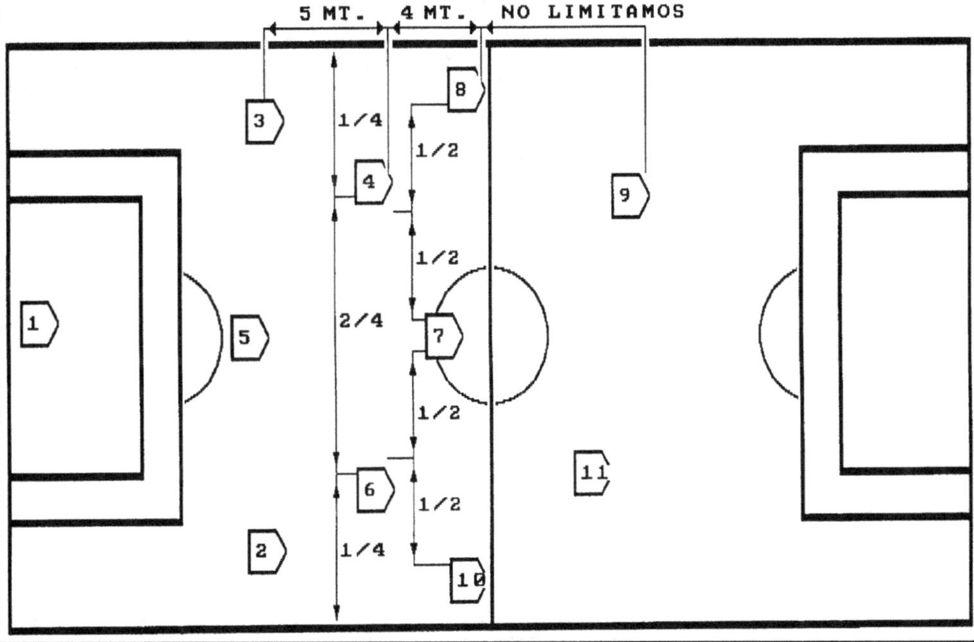

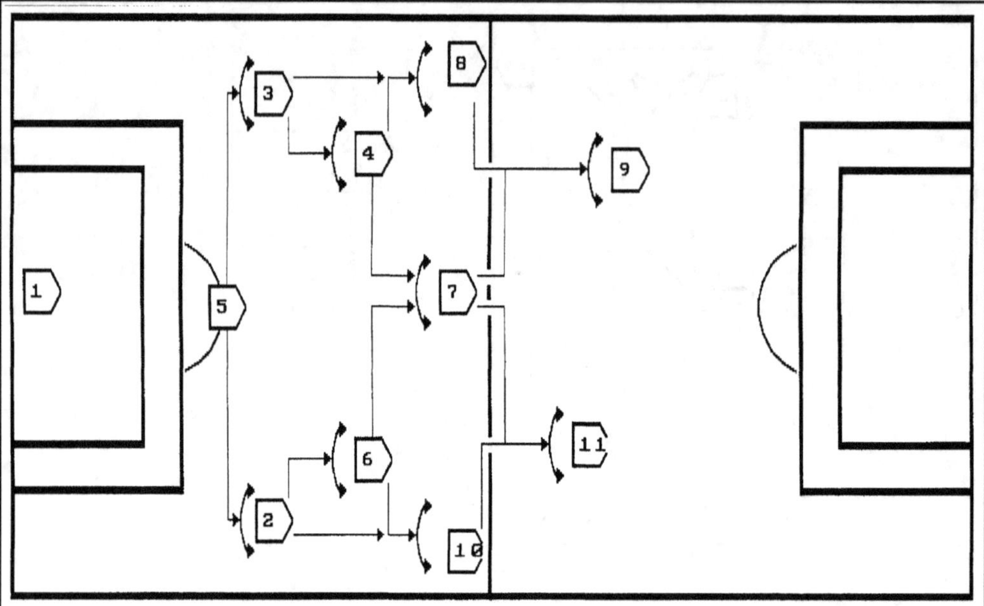

En el dibujo superior vemos las coberturas múltiples que nos permite el sistema.

En el dibujo inferior la organización de repliegue y achique de espacios colectivos.

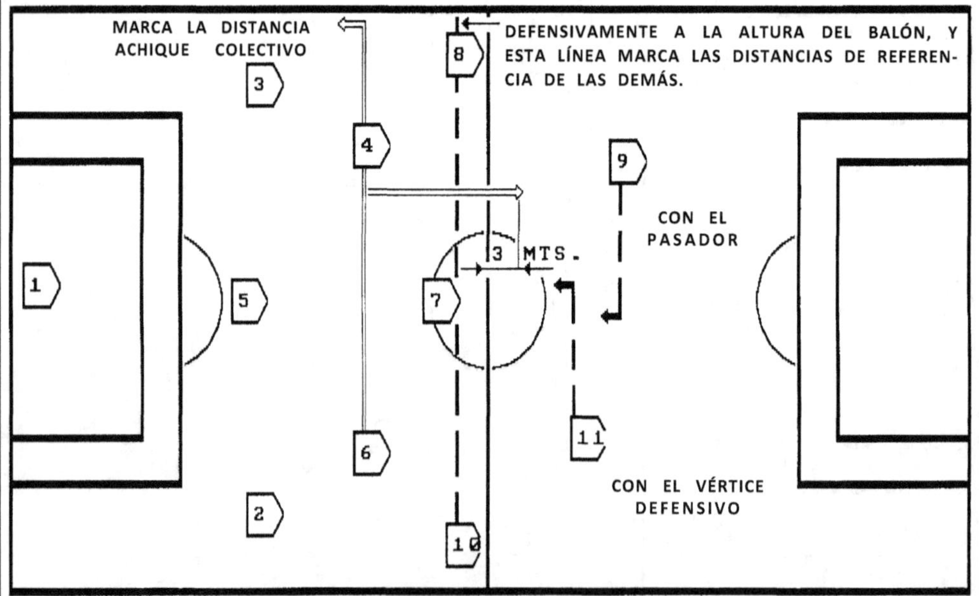

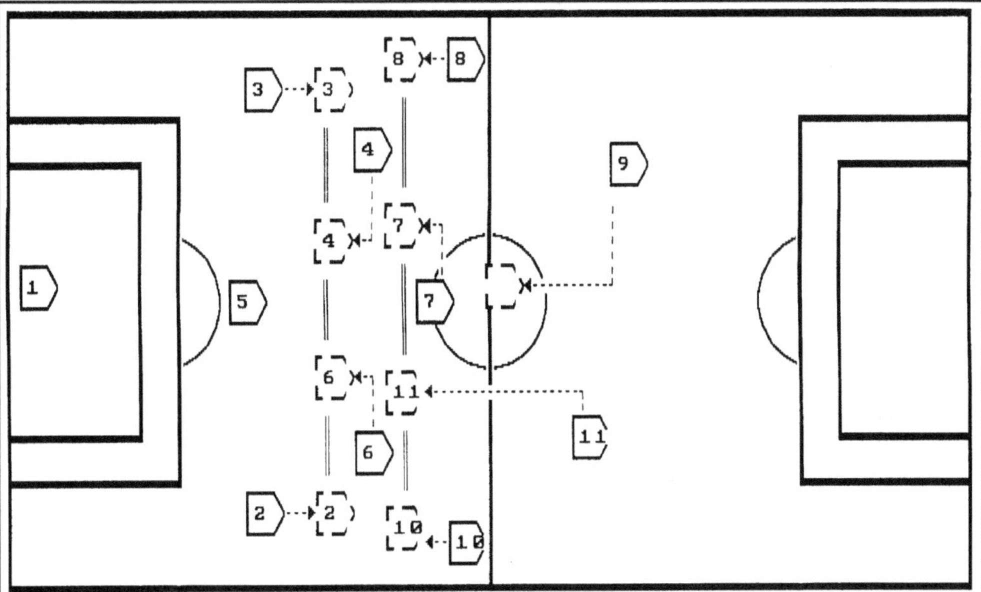

VARIANTE DEFENSIVA: Adelantamos laterales, retrasamos pivotes, nos constituimos en una defensa de 4 mas libre, retrasamos a los tres centrocampistas más el media punta formando una línea de 4 jugadores, el punta inicia la presión desde la línea del centro del campo. Estamos en un 1-5-4-1.

VARIANTE OFENSIVA: Adelantamos al media punta; uno de los pivotes se alinea con la línea de 3 centrocampistas, el otro pivote centrado, achicamos los 3 defensas, tenemos 5 centrocampistas pero en otra disposición, hemos pasado de 2 puntas. Estamos en 1-5-3-2.

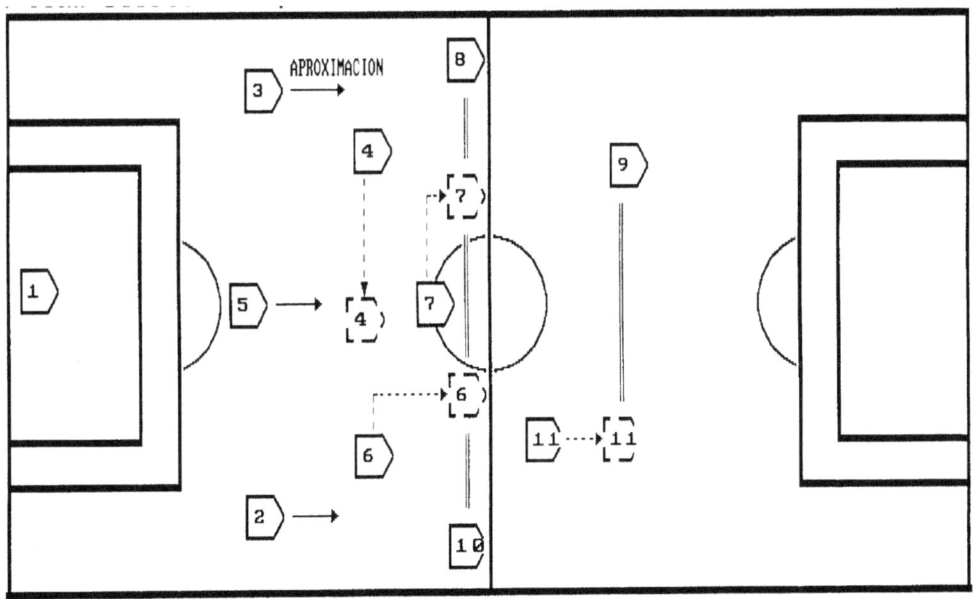

- Hemos configurado nuestro sistema desde la perspectiva de neutralizar a nuestro rival.
- Hemos diseñado nuestra ubicación racional sobre el terreno de juego.
- Hemos determinado organización individual y colectiva.
- Hemos aportado nuestras variantes ofensivas y defensivas al sistema adoptado.
- Nos queda por definir el objeto de la obra: MOVIMIENTOS TÁCTICOS PARA LOGRAR SUPERIORIDAD NUMÉRICA

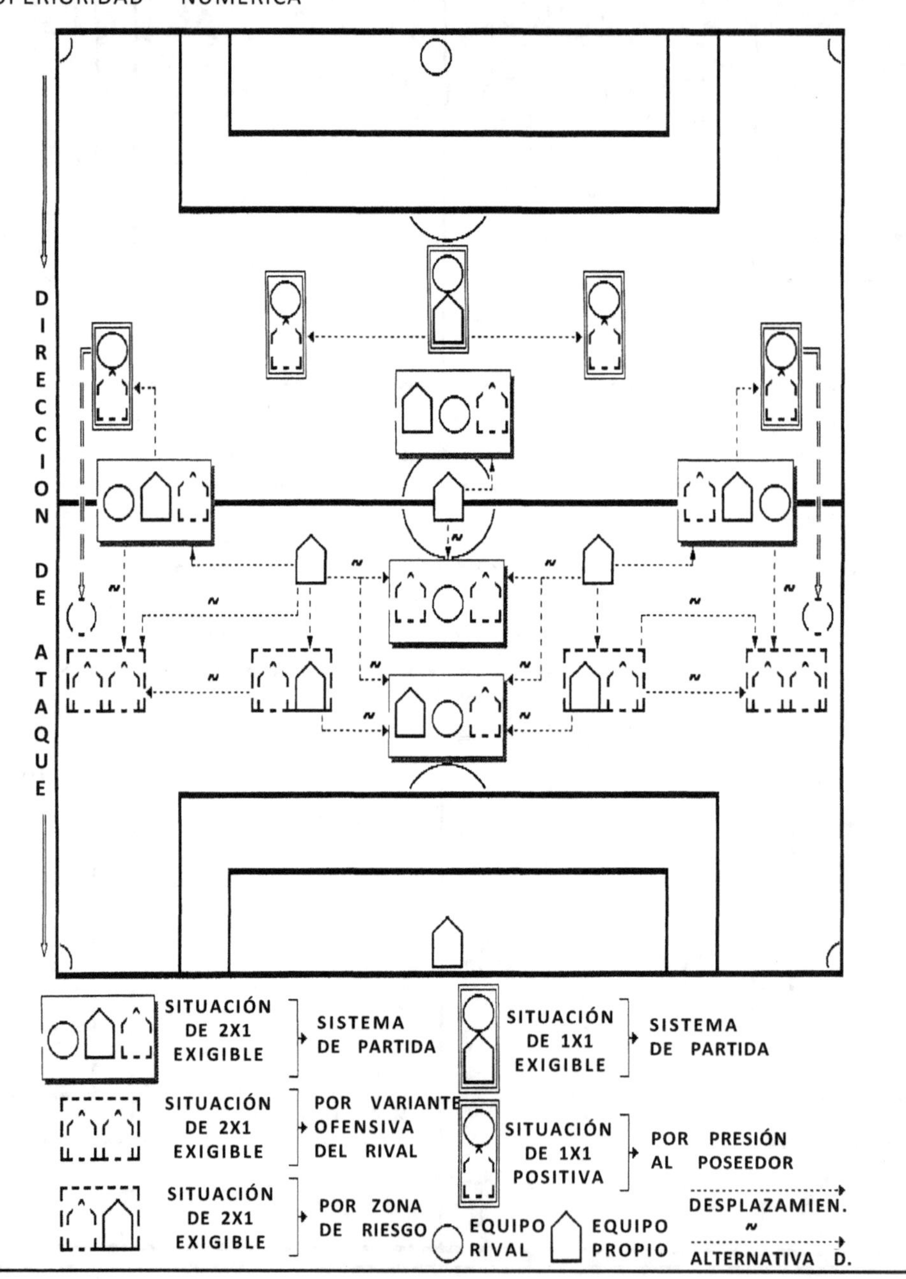

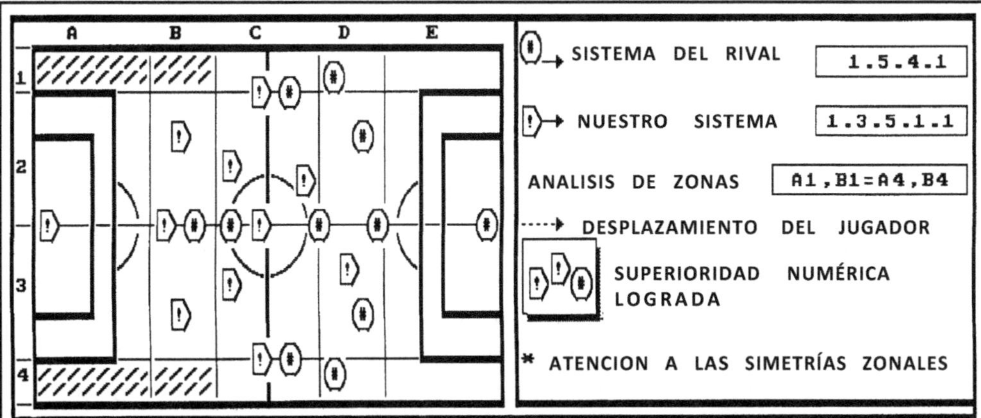

UBICACIONES INDIVIDUALES QUE DEBEMOS GANAR EN SUPERIORIDAD. SEGUIDAMENTE VEMOS LAS ZONAS QUE DEBEMOS SERLO.

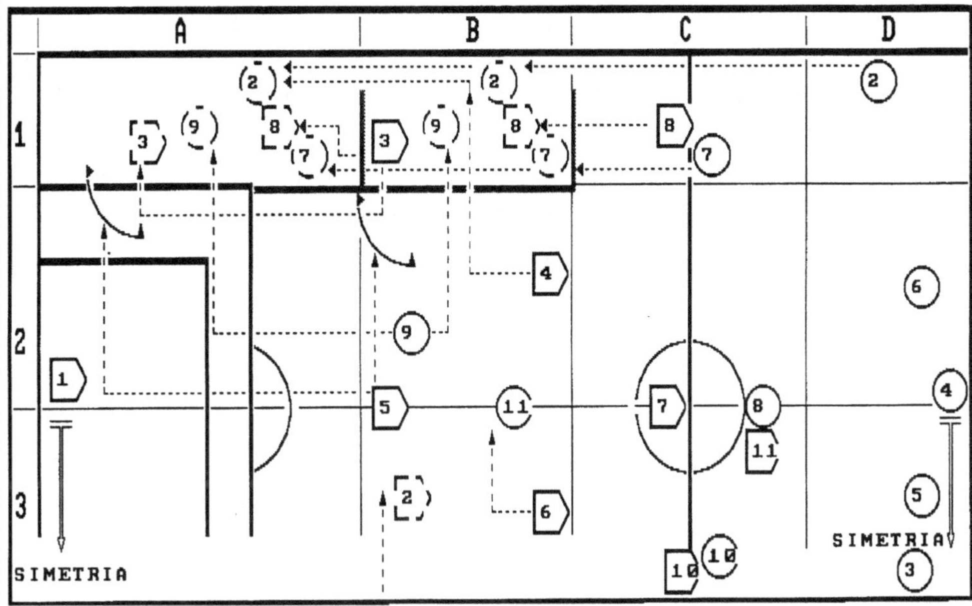

- En zonas A1 y B1 se nos darán las mismas dificultades tácticas con unas diferencias técnicas; el centro en A1 se producirá prácticamente paralelo a la línea de fondo y en B1 será en diagonal, en A1 tras una conducción podemos recibir un pase atrás y en B1 un pase interior a la espalda de los defensas.

- Por esta similitud en situaciones vemos los movimientos de ambas zonas en conjunto.

- Quizás algunos movimientos del rival se vean como poco problables, estoy de acuerdo en ello pero por ser posibles los neutralizo y no los descarto.

En zonas B1 y A1 se nos presentan varias dificultades tácticas:

1).- Que nos encontremos en B1 con el interior rival n.º 7 en desmarque de ruptura; que el punta n.º 9 caiga a esa zona y con la llegada del lateral n.º 2 desde su línea defensiva, tendremos en ese momento a 3 rivales en zona B1.

1a).- Esta misma circunstancia aunque menos problable nos la podríamos encontrar en A1.

1b).- Creo que aunque se pudiera dar alguna incorporación de algún rival más, basándonos en la ubicación racional del terreno de juego, serían muy atípicas; entiendo que detallo en los puntos 1 y 1a las más propias; en mi opinión es más factible que se den menos incorporaciones que las planteadas y el contrincante aporte otras variantes o posibilidades ofensivas en otras zonas.

Por eso al neutralizar este punto únicamente diremos, que el detalle de dicha neutralización estará en reducir el número de efectivos defensivos, en la misma medida en que el oponente reduzca el número de incorporaciones.

Por tanto al ver como neutralizamos los apartados 1 y 1a nos darán idea de como lo haríamos al tener menos efectivos rivales; es tan simple como el no implicar en la zona al jugador defensivo que se ocupó del uno contra uno del rival que acudió a dichas zonas en los casos más favorables (1 y 1a).

Para solventar estas dificultades presentadas por el rival, veamos con detalle los movimientos realizados para lograr la superioridad numérica necesaria y deseada.

Recordemos que A1 y B1 comporta las mismas aplicaciones tácticas para contrarrestar, nada más cambia la ubicación, esta es más próxima a la línea de fondo que a la medular.

También debemos tener presente que las mismas premisas se darían en A4 y B4, cambiando la participación de los jugadores en este caso serían los de la banda opuesta, pero con movimientos exactamente iguales.

* A la llegada del interior (n.º 7) oponemos lógicamente nuestro interior en este caso el (n.º 8); a la incorporación del lateral (n.º 2) oponemos la basculación de nuestro pivote izquierdo (n.º 4); a la caida del delantero centro (n.º 9) recordando que nuestra defensa es zonal, la responsabilidad será del lateral n.º 3; en este momento estamos en tres contra tres y la superioridad se da al aproximar a nuestro central (n.º 5) a hacer cobertura a sus compañeros n.ºˢ 7-4-3, estamos en cuatro contra tres.

Estos movimientos comportan varios riesgos de descompensación o mala ubicación que también debemos solventar y estos son:

El que en un momento dado sobre zona B1-A1 se encuentren tres rivales es producto de tener en esa zona la posesión del balón, y querer conservar este para construir una jugada posterior, pese a ser posible no sería lógico que transitando el balón por el eje central o por la banda opuesta, los tres desmarques se den tan alejados del poseedor y en el mismo espacio; aclaro este detalle que creo imprescindible para corregir los citados riesgos, pues como primera acción correctora debe existir imprescindiblemente una temporación defensiva.

Tenemos que al aproximar al jugador n.º 5 en cobertura logramos la superioridad numérica, pero en su desplazamiento de aproximación deja un espacio vacío en nuestra frontal del área de alto riesgo; la caida de nuestro pivote izquierdo a la salida de su lateral puede momentáneamente dejar al vértice ofensivo rival sin una marca con un espacio delante importante. Esta anomalía debe ser subsanada de forma urgente, por ello la importancia de ahogar la salida del balón con la temporización defensiva; damos tiempo para la basculación inmediata de nuestro lateral derecho n.º 2 a ocupar el centro de la defensa y el repliegue de nuestro medio centro n.º 7 a efectuar una vigilancia sobre el media punta rival n.º 11, dejaremos el espacio libre a la espalda de nuestros jugadores n.ᵒˢ 2 y 6; este es el mal menor dado que es la zona más alejada del balón, y el peligro pese a existir este sería mínimo por la lejanía de dicho espacio libre.

Esta lámina representa además uno de nuestros argumentos de combatir al rival: el contraataque previsto, robar y jugar al espacio libre dejado por el rival en su salida; ocupándolo nuestro jugador n.º 11 jugaremos a 3 ó 4 pases máximo.

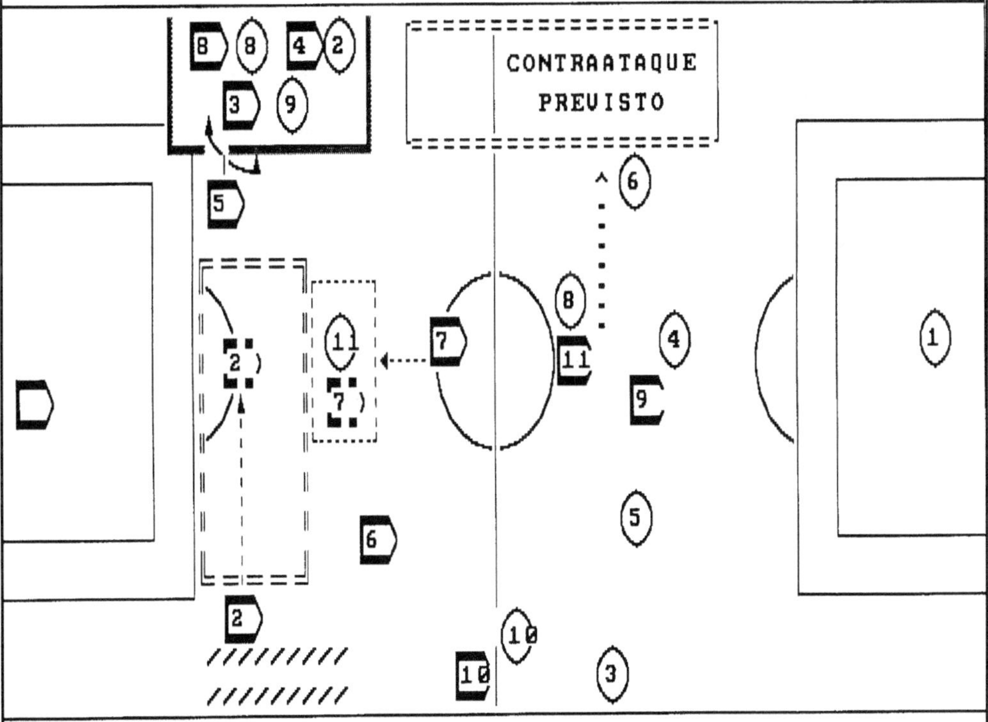

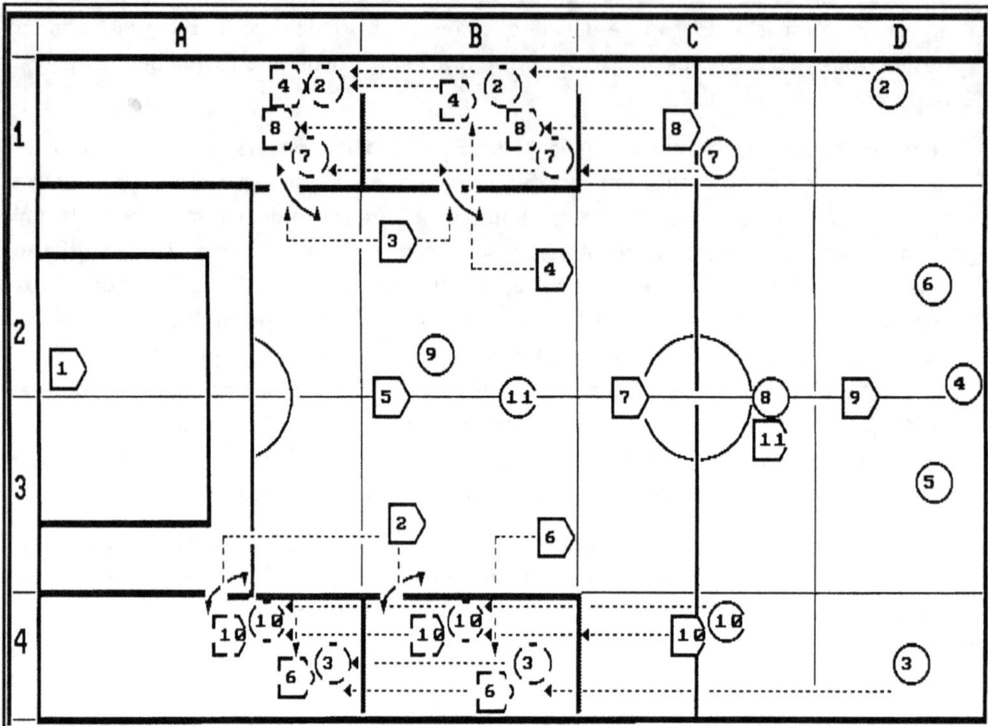

— En mi opinión y con el afán de tener superioridad numérica tanto en zonas de desplazamiento del rival y principalmente en la ubicación del balón; al tratar de neutralizar las zonasB1, A1 y B4, A4 podemos tener un grave problema en la franja frontal esto es en zonas A2, A3, B2, B3, C2, C3; veamos el dibujo e interpretemos la dificultad:

Como en el caso anterior a la salida de un lateral oponemos uno de nuestros pivotes basculando a izquierda o derecha respectivamente en función del lado de salida del balón; lo mismo hacíamos con los interiores que se opinían a los interiores rivales y el lateral se ocupaba de la caida a banda de ataque del delantero centro rival.

En este caso el delantero centro no cae a bandas, el ataque es de construcción frontal, pero si salen los dos laterales y se incorporan los dos interiores. Nosotros seguimos oponiendo a los laterales los pivotes; a sus interiores los nuestros tanto en B1 como en A1, pero ahora estaremos en dos contra dos, es decir en igualdad pero no en superioridad numérica; para lograrla debemos aproximar nuestros laterales a la cobertura de su interior y pivote. Tenemos entonces que hemos dejado a nuestro central en el 1X1 con su delantero centro, con la ayuda del vértice ofensivo que se queda libre de marca pudiendo hacer un dos contra uno.

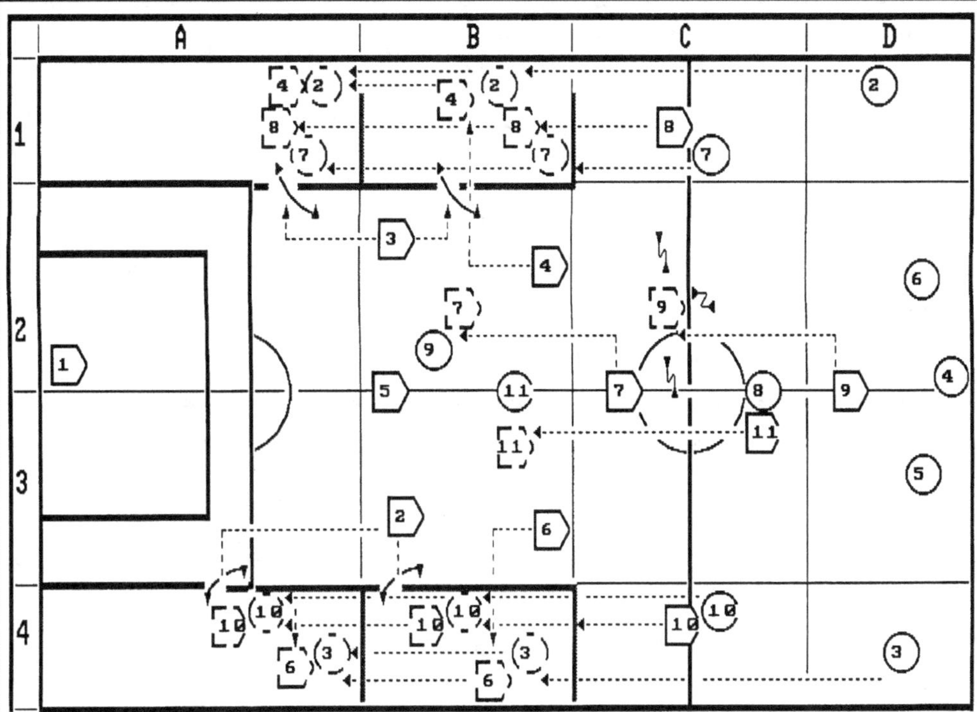

Esta anomalía debemos solventarla con eficacia y con urgencia para ello:

1.- Dar supremacía a la superioridad numérica en la ubicación del balón, sobre la superioridad numérica de la zona.

2.- Un repliegue intensivo a zonas de n.º 7 para hacer junto con su central n.º 5 un dos contra uno ante el n.º 9 rival.

3.- Un repliegue intensivo a zona del vértice ofensivo rival.º 11 de nuestro media punta quedando con este en un uno contra uno.

4.- Una presión más temporización eficaz y agresiva de nuestro punta n.º 9 con el objeto de dar tiempo a nuestros compañeros en su repliegue; esta presión le debe llevar consecutiva y progresivamente a cada ubicación del balón, una vez estén ubicados sus compañeros en zonas defensivas acaba la temporización e inicia presión más recuperación si esto le es posible.

5.- Si el rival logra salir de la presión será perseguido por el punta.

6.- Si el oponente supera la presión y orienta el balón hacia una banda el lateral de la opuesta, recordemos que está haciendo en posible cobertura un tres contra dos junto con su pivote y su interior; se centrará dejando su banda (la más alejada del balón) en un dos contra dos. Recordemos la premisa de disciplina y capacidad física.

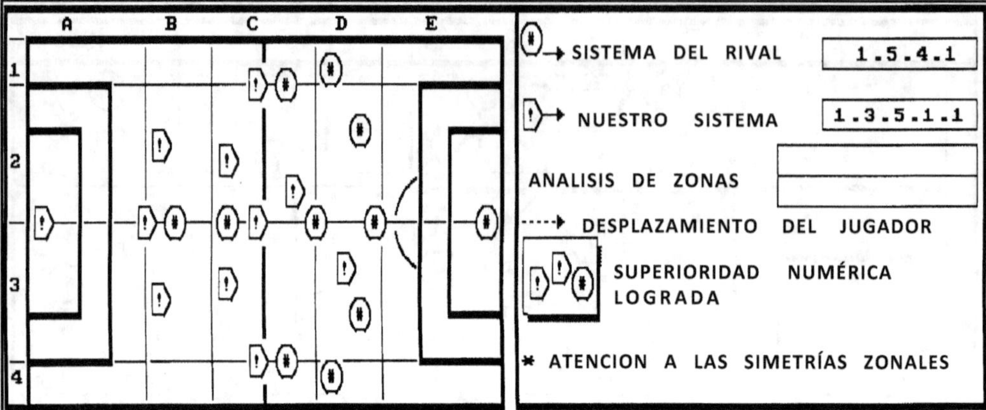

Antes de adentrarnos en el análisis de la neutralización de las demás zonas debo aclarar:

1.- Las zonas C1 y C4 tendrían el mismo tratamiento que las zonas A1, B1 y A4, B4 simplemente la diferencia estriba en que A1, B1 y A4, B4 estaríamos en profundidad defensiva, esto es en repliegues colectivos y en C1 y C4 en profundidad ofensiva, es decir, en achique de espacios ofensivos.

Es imprescindible recordar en este momento la premisa que vemos en la página correspondiente a ubicación racional, digo en ella que la línea de 3 centrocampistas estarán como mínimo a la altura del balón y que esta línea será la que determine las distancias en profundidad a mantener en achiques, repliegues, por tanto el rival provocará las mismas dificultades tácticas en las zonas de bandas citadas, con la salvedad de que este tenga más o menos metros (más o menos zonas) por delante de él para llegar a nuestro área, es obvio que el estudio es el mismo al darse los mismos comportamientos; omitimos por esto el detalle del estudio de C1 y C4 que sería repetir la mismo que en A1, A4 y B1, B4.

2.- Con respecto a la zona A2, A3 especialmente la parte correspondiente al interior del área, por ser la zona de finalización del equipo oponente, nuestra densidad de jugadores debe ser totalmente superior a la del rival si queremos evitar que este pueda finalizar con éxito sus jugadas de ataque, no vamos a analizar esta zona pero sí todas las que les permitan llegar a acumular esa peligrosa densidad de jugadores.

3.- Con respecto a las zonas D1, D2, D3, D4 y E1, E2, E3, E4 las zonas del campo del rival, no es nuestro objetivo principal neutralizarlas, sino que una vez neutralizadas las de nuestro propio campo y en posesión del balón combatirlas bien utilizando:

A).- Contraataques previstos.

B).- Ataques organizados.

C).- Ataques directos.

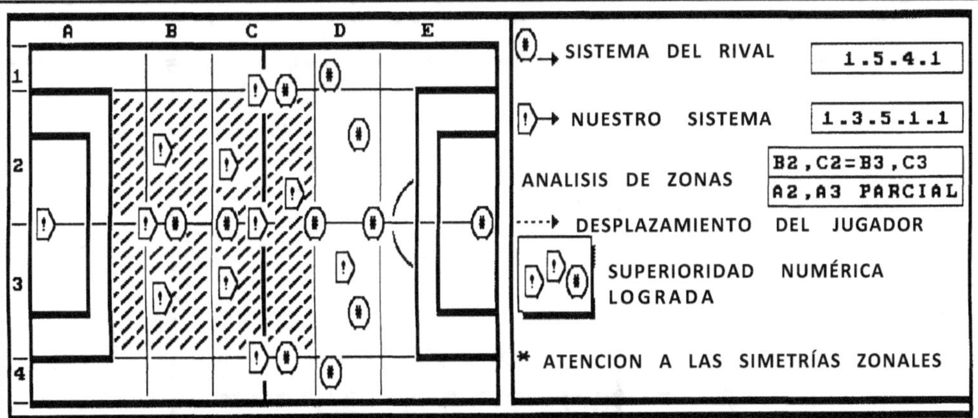

UBICACIONES INDIVIDUALES QUE DEBEMOS GANAR EN SUPERIORIDAD. SEGUIDAMENTE VEMOS LAS ZONAS QUE DEBEMOS SERLO.

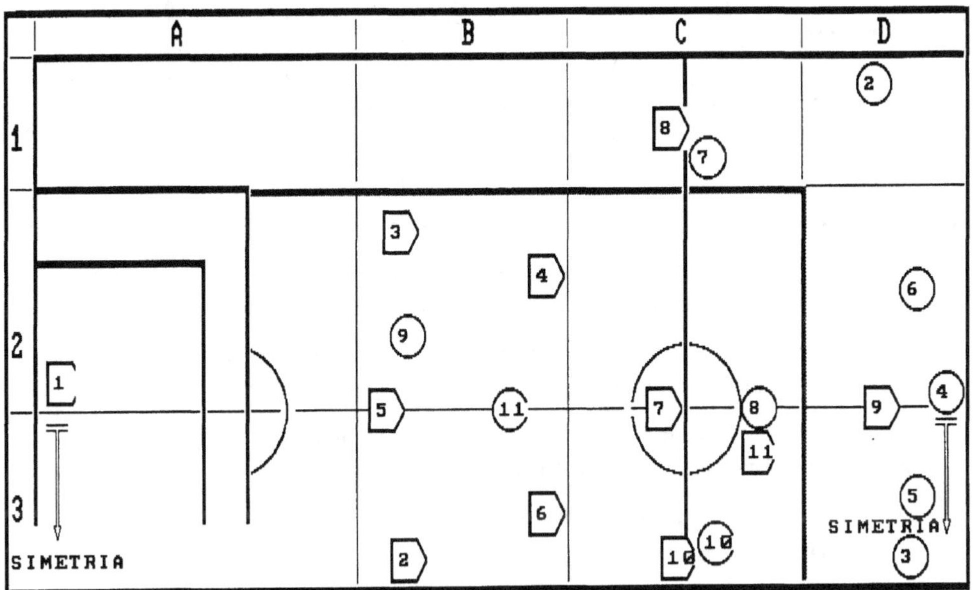

Todas las zonas de B1 a B4 más todas las zonas de C1 a C4 las llamaremos zona ancha y a todas A2, A3, B2, B3, C2, C3, las llamaremos de profundidad vertical y en ellas se nos presentarán las variantes de construcción y transición ofensiva del rival, estas según mi filosofía las neutralizo aportando superioridad numérica; nos encontramos básicamente, pese a otras posibilidades menos lógicas con cuatro acciones tácticas a neutralizar (ver dibujos):

A).- Incorpora el interior, un central, un lateral y el media punta.

B).- Incorpora el interior, dos centrales y el media punta.

C).- Incorpora Dos interiores, un central y el media punta.

D).- Incorpora dos interiores, dos laterales y el media punta.

E).- Incorpora dos interiores, dos centrales y el media punta.

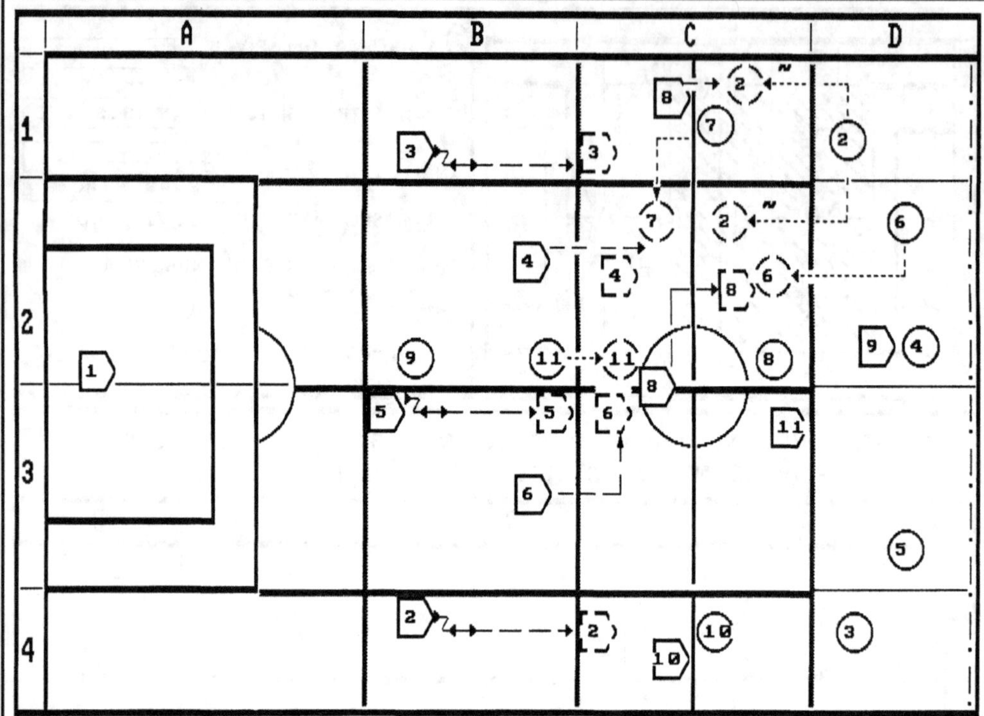

Acción A).- El rival incorpora el interior (n.º 7), un central (n.º 6), el lateral (n.º 2) (que puede hacerlo hacia el interior o la banda) más el media punta (n.º 11) en apoyo.

En este momento estamos en zona ancha de C1 a C4, donde está transitando el balón en inferioridad numérica; lógicamente debemos neutralizarla para lo cual:

1).- Nuestro interior (n.º 8) le oponemos a la salida de su lateral (n.º 2) indistintivamente de que su salida sea hacia el interior o hacia la banda.

2).- Nuestro pivote izquierdo (n.º 4) le oponemos al interior rival (n.º 7) que ingresa en la zona C2 de profundidad vertical.

3).- Nuestro pivote derecho (n.º 6) se lo oponemos al retroceso del media punta rival (n.º 11).

4).- Por último nuestro medio centro (n.º 8) le oponemos a la entrada del central (n.º 6) en zona C2.

En este momento estamos en igualdad numérica y nuestro propósito es tener superioridad para lo cual: achicamos el espacio de nuestros 3 defensas hasta ingresar en zona C1 a C4, en este momento la tenemos. Esto comporta el riesgo de dejar un gran espacio a la espalda de nuestra defensa; para evitarlo mi propuesta es: No presionar tan arriba, esperar al rival y repetir los movimientos de C1 a C4, de B1 a B4. Atención el rival estará cercano a nuestro área.

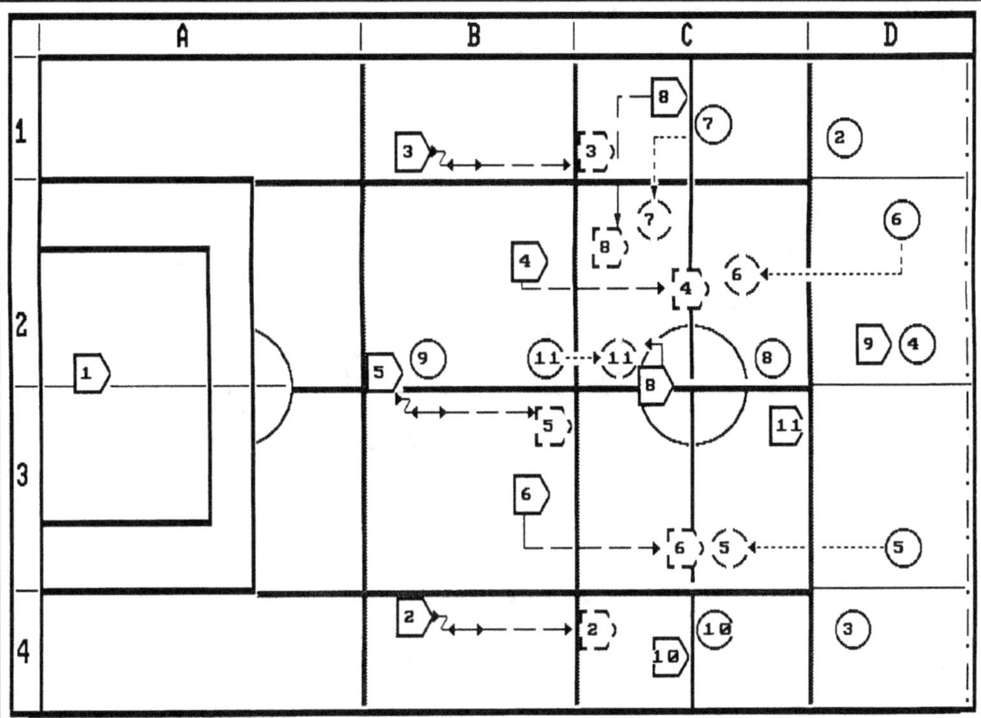

Acción B).- El rival incorpora el interior (n.º 7), dos centrales (n.ᵒˢ 6 y 5), más el media punta (n.º 11) en apoyo.

En este momento estamos en zona ancha de C1 a C4, en inferioridad numérica y vamos a neutralizarla para lo cual:

1).- Nuestro interior (n.º 8) le oponemos a la incorporación a C2 de su interior (n.º 7).

2).- Nuestros pivotes (n.ᵒˢ 4 y 6) se los oponemos a la incorporación de sus dos centrales (n.ᵒˢ 6 y 5) al entrar en C2 y C3.

3).- Nuestro medio centro (n.º 8) vigila el retroceso del media punta rival en apoyo (n.º 11).

En este momento estamos en igualdad numérica y nuestro propósito es lograr superioridad para lo cual y como en el caso anterior: achicamos espacios a nuestros tres defensas hasta ingrersar en C1 a C4, en este momento hemos conseguido la superioridad numérica e igual al caso anterior comporta dejar grandes espacios a la espalda de nuestros defensas y de igual modo también mi propuesta pese a acercar a los rivales a nuestro área es no presionar tan arriba, dejarles venir y repetir todos los movimientos pero en las zonas comprendidad entre B1 y B4, siempre que achiquemos el espacio defensivamente a nuestros defensores tendremos el mismo riesgo a espaldas de estos; conocemos la propuesta para resolverlo, por tanto obviamos este apunte en las próximas páginas por conocido.

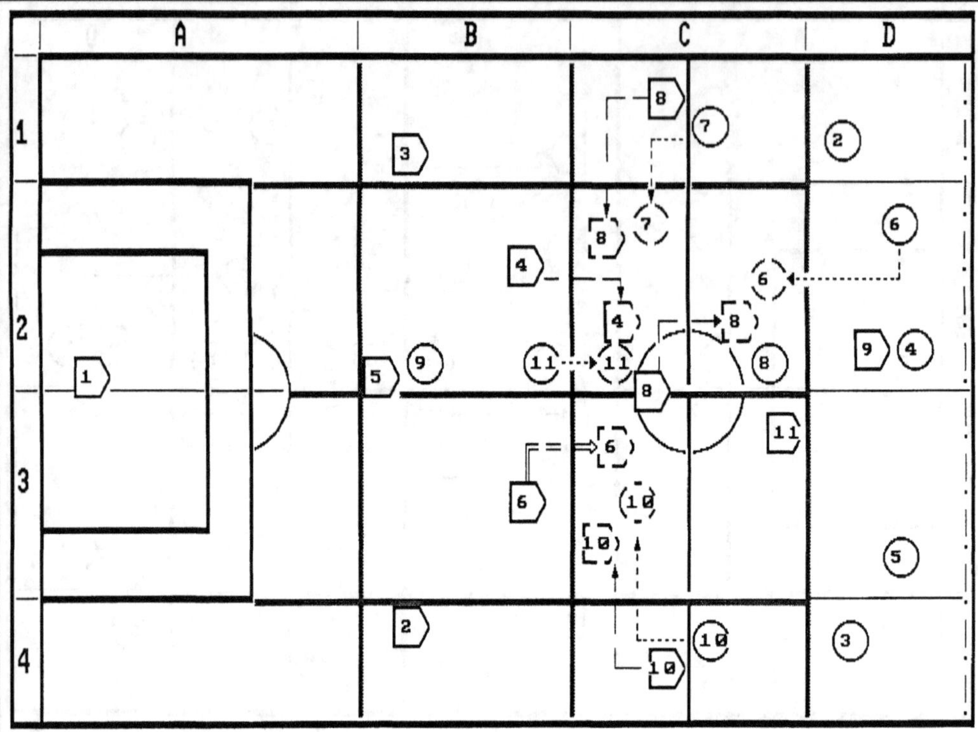

Acción C).- El rival incorpora sus dos interiores (n.ᵒˢ 7 y 10), un central (n.º 6) y el media punta (n.º 11) en apoyo.

En este momento estamos en zona ancha de C1 a C4, en inferioridad numérica, la neutralizaremos con:

1).- Oponemos a sus dos interiores (N.ᵒˢ 7 y 10) nuestros interiores (N.ᵒˢ 8 y 10).

2).- Oponemos nuestro medio centro (N.º 8) a la incorporación de su central (N.º 6).

3).- Al apoyo de su media punta (n.º 11) oponemos uno de nuestros pivotes en este caso el (n.º 4).

En este momento estamos en igualdad numérica, para conseguir la superioridad incorporamos al otro pivote (N.º 6) a C3; ahora la hemos logrado pero podemos tener un problema, como es que tenemos a los dos pivotes y los dos interiores ubicados en la zona de C2-C3 para evitar la construcción de juego del rival, correcto pero tenemos los pasillos laterales sin proteger, por ello y al objeto de protegerlos achicamos a nuestros defensores hasta los límites de zona C1 a C4 pero sin entrar en ella; no es lógico que los dos laterales se incorporen sin saber si tendrán éxito sus compañeros en la transición del juego, lo más propio es que lo haga uno de los dos dando la posibilidad de descongestionar la zona ancha, uno de nuestros laterales (el de su lado) basculará a buscarle.

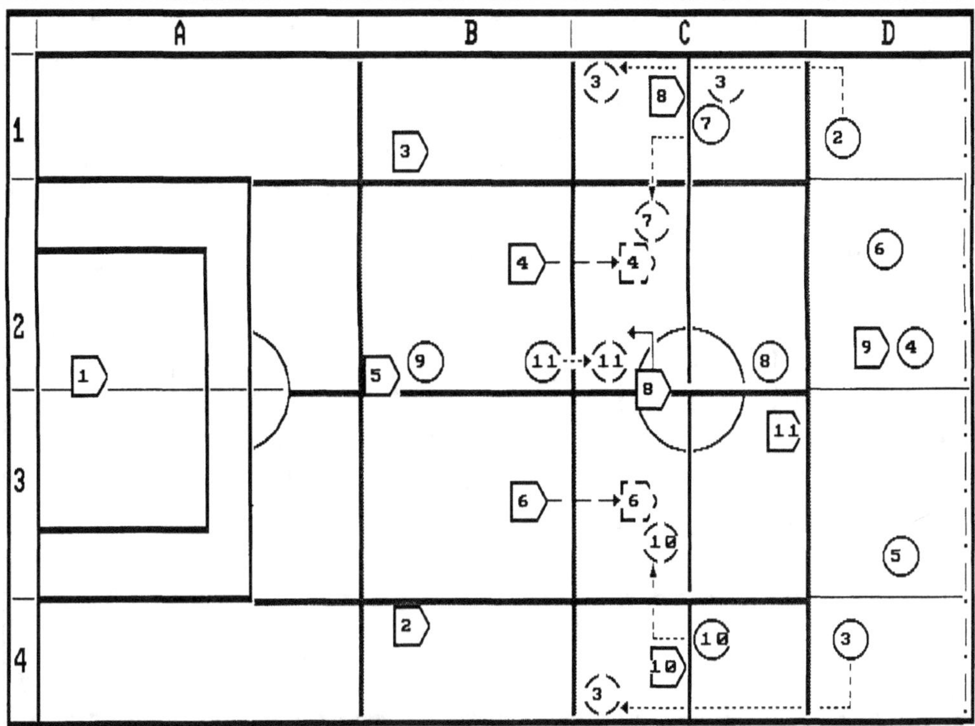

Acción D).- El rival incorpora los dos interiores (n.os 7 y 10), y a sus dos laterales (N.os 2 y 3) más el media punta (n.º 11).

En este momento estamos en zona ancha de C1 a C4, en inferioridad numérica. Para neutralizarla como es nuestro deseo procederemos:

1).- A sus dos laterales (n.os 2 y 3) oponemos nuestros interiores (N.os 8 y 10).

2).- Al ingreso de C2 y C3 de sus interiores (N.os 7 y 10) oponemos nuestro pivotes (Nos. 4 y 6)

3).- Oponemos nuestro medio centro (n.º 8) a su media punta (n.º 11) que viene en apoyo.

En este momento estamos en igualdad numéricaen la zona ancha, con una gran dificultad para conseguir superioridad numérica aportando efectivos desde atrás, en mi opinión es el caso más desfavorable que nos podemos encontrar, veamos los motivos: si achicamos nuestra línea de defensas nuestros laterales sí estarán próximos a ambos interiores (el compañero y el rival), tenemos superioridad pero como vemos hemos dejado a nuestro central en un uno contra uno con su delantero centro (N.º 9) sin posibilidad de cobertura próxima; me inclino por achicar el lateral del lado de la orientación del ataque y acercar el otro a nuestro central. Esto nos obliga a tener una discriminación exacta en esa dirección del ataque ya que el balón está en zona C2-C3 y puede orientarse a ambas bandas.

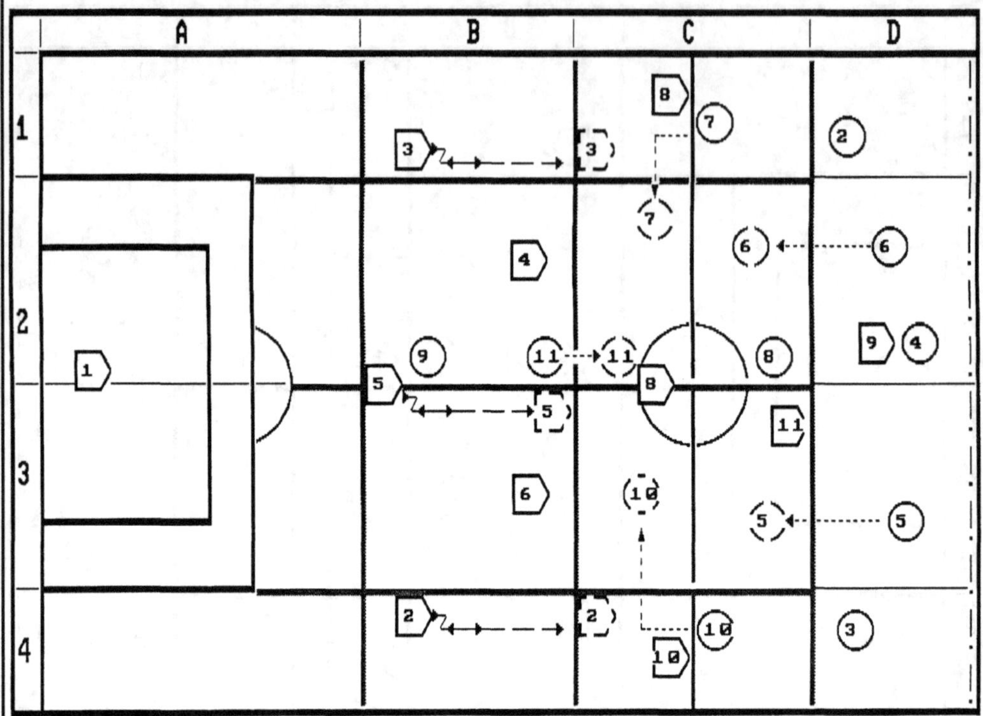

Acción E).- El rival incorpora los dos centrales (n.ᵒˢ 5 y 6), y a sus dos interiores (N.ᵒˢ 7 y 10) más el media punta (n.º 11).

En este momento estamos en zona ancha de C1 a C4, en inferioridad numérica. Lo solventamos:

1).- Oponemos a sus centrales (n.ᵒˢ 5 y 6) nuestros interiores (N.ᵒˢ 8 y 10).

2).- A sus interiores (N.ᵒˢ 7 y 10) nuestro pivotes (Nᵒˢ. 4 y 6)

3).- Oponemos a su media punta (n.º 11) nuestro medio centro (N.º 8).

En este momento estamos en igualdad numérica y debemos conseguir la superioridad; no es lógico que entrando en la zona ancha los dos centrales rivales sus laterales arriesguen salidas ya que dejarían a su central en un uno contra uno, por tanto esta oportunidad sí se presta al achique de espacios de nuestra línea defensiva pese a los ya consavidos espacios creamos a sus espaldas y la posibilidad de esperar un poco más atrás al rival, haciendo la citada superioridad numérica en zonas de B1 a B4.

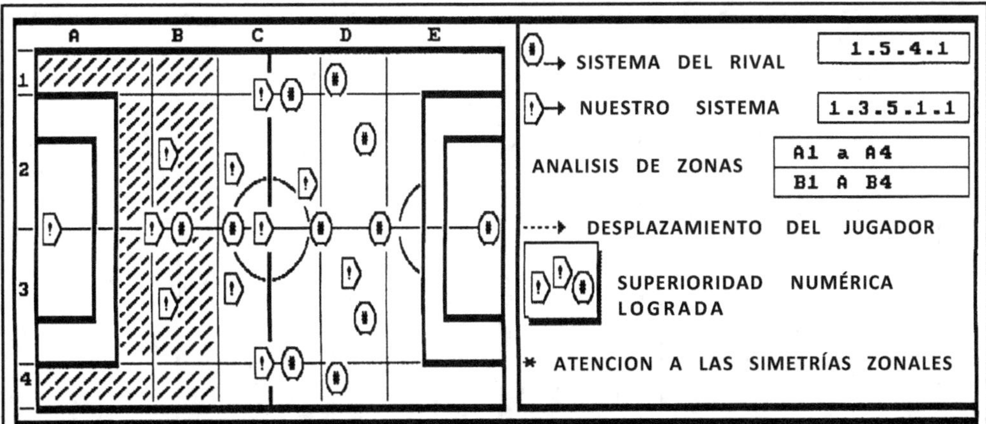

UBICACIONES INDIVIDUALES QUE DEBEMOS GANAR EN SUPERIORIDAD. SEGUIDAMENTE VEMOS LAS ZONAS QUE DEBEMOS SERLO.

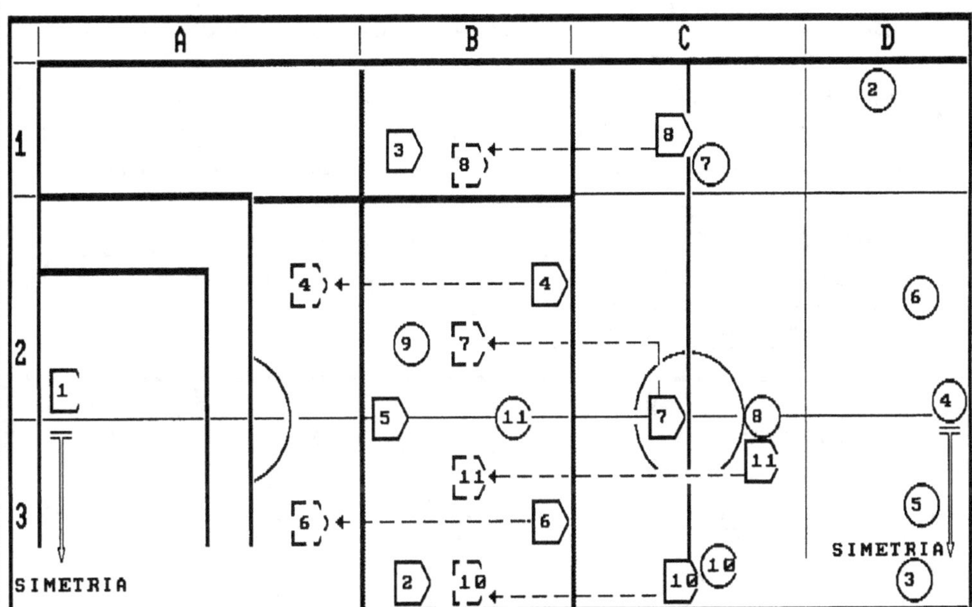

Por último vemos como logar superioridad numérica en zonas de A1 a A4 y de B1 a B4 ante un equipo que está volcado al ataque en la proximidad de nuestro área; si esto se da, es que tal vez estemos consiguiendo nuestros objetivos de neutralizar por superioridad numérica y el rival acose con insistencia, tenemos dos opciones:

1).- Entender que se dan las mismas circunstancias que en zonas de B1 a B4 y de C1 a C4 (Zona ancha) y procedamos exactamente igual que en ellas salvo que 30 mts. más atrás.

2).- Modificar el sistema con una variante defensiva como sería que nuestros pivotes fueran dos libres en A2 y A3 (ver dibujo).

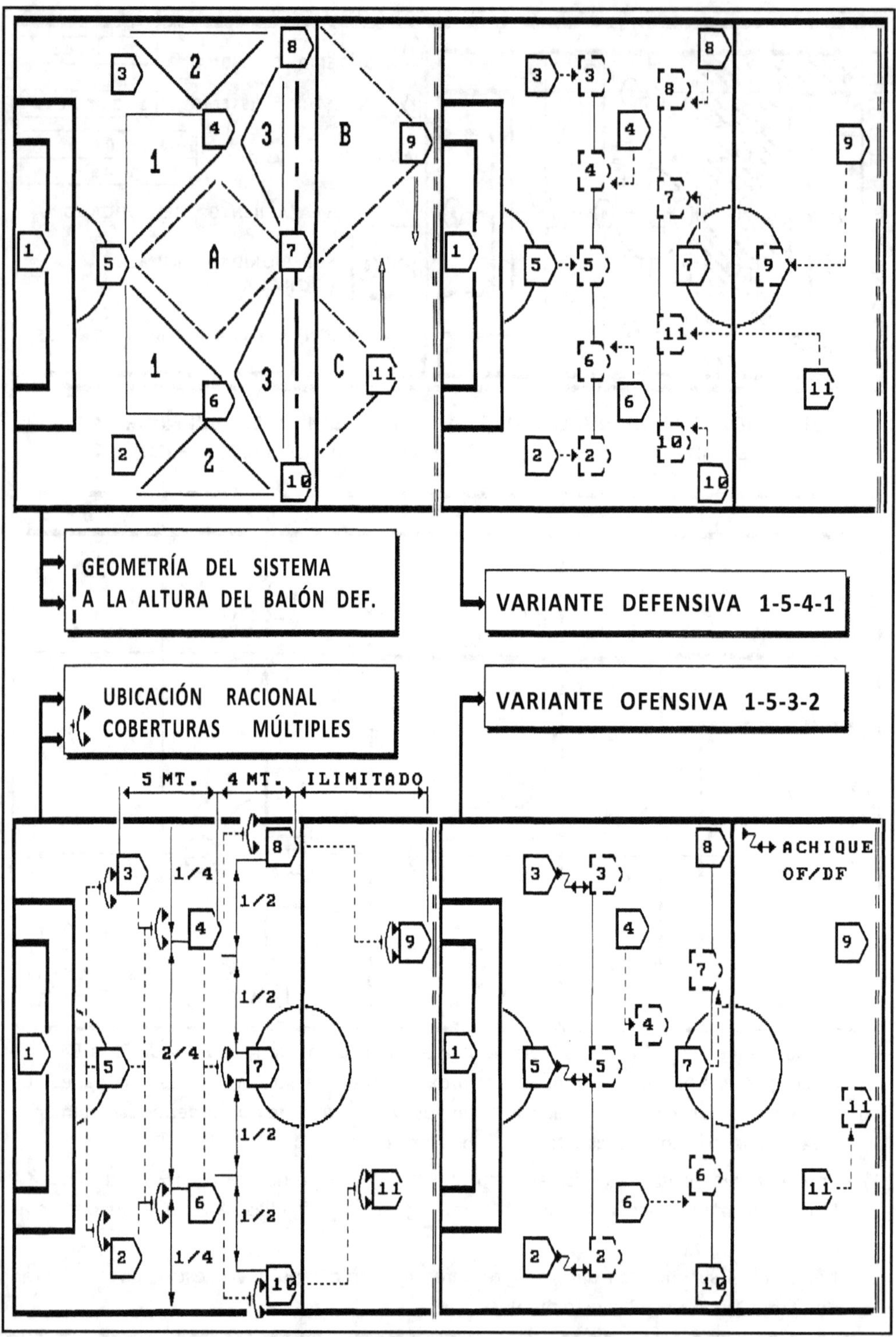
8
3
2
4
3
B
1
9
5
7
A
1
1
3
C
11
6
2
2
10
8
3
3
8
4
4
7
1
5
5
7
9
11
6
6
2
2
10
11
10
GEOMETRÍA DEL SISTEMA
A LA ALTURA DEL BALÓN DEF.
VARIANTE DEFENSIVA 1-5-4-1
UBICACIÓN RACIONAL
COBERTURAS MÚLTIPLES
VARIANTE OFENSIVA 1-5-3-2
5 MT. 4 MT. ILIMITADO
8
3
1/4
1/2
4
9
1/2
1
5
2/4
7
1/2
6
11
1/2
2
1/4
10
8
3
3
ACHIQUE
OF/DF
4
9
7
1
5
5
7
11
6
6
2
2
10

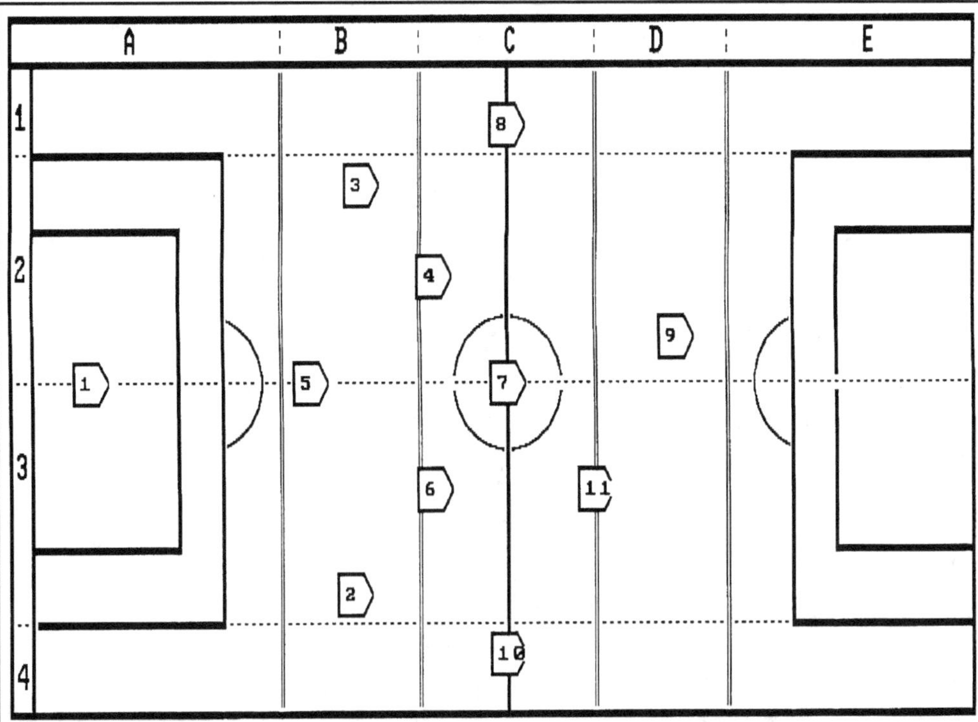

Debemos suponer que nuestro planteamiento es válido siempre y que con él vamos a logar nuestro objetivo. Por tanto nos apoderamos del balón anulando los argumentos de los contrincantes; estaremos por tanto en posesión del balón, esto es en acciones ofensivas. Al fútbol nunca le escatimaremos la creación , la fantasía; ello con el balón en nuestro poder nos obligamos a corresponder a estas y crear alternativas de juego de ataque esperando el éxito final. Estaremos entonces combatiendo al equipo oponente, en función de la eficacia estaremos más próximos o menos alejados del equipo de condición de poderoso; por añadidura si combatimos a nuestros rivales de forma positiva tendremos:

A).- Hemos neutralizado con éxito (por tanto lo propuesto es válido).

B).- Si poseemos el balón tenemos más posibilidades de éxito que el rival pues él no lo tiene.

C).- Seremos por poseedores del balón los que determinaremos los parámetros del juego en cuanto a control y ritmo del partido.

En el aporte ofensivo defino las zonas según la idea de combatir.

Zona A1 a A4 = de construir en origen # de ataque directo (presionado).

Zona B1 a B4 = de ataque organizado # de contraataque previsto.

Zona C1 a C4 = de contraataque prevísto # de transición en organizado.

Zona D1 a D4 = de pase previo a final # remate media distancia.

Zona E1 a E4 = de centro lateral # de finalización.

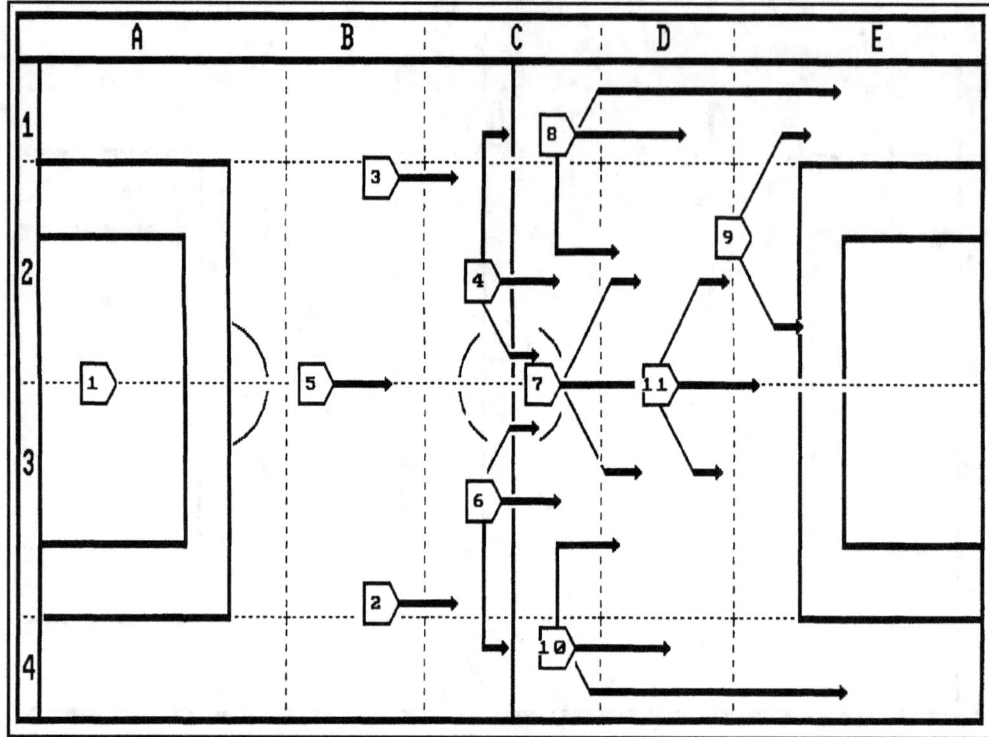

ACCIONES COMBINADAS CONJUNTAS

– En esta página vemos los movimientos básicos ofensivos colectivos representados gráficamente como

– Defensas sólo achican espacio.

– 6 y 4 siempre queriendo el balón y cuando entregan a la línea de tres del centro del campo van por detrás hacia el que entregaron el balón dándole apoyo.

– La línea cto. campo (8-7-10) una vez entregado el balón (8-10) a los puntas se desmarcan de ruptura por banda esperando el pase y centrar, o en su defecto desequilibrar a la refensa rival, si el pasador fuese el medio centro (7) va por detrás de los puntas a dar apoyo, recibir un pase atrás, o recuperar el despeje de los defensas rivales.

NOTA: ____

Estos movimientos ofensivos colectivos únicamente son válidos para ataques construidos en origen, para ataques organizados, o para ataques directos.

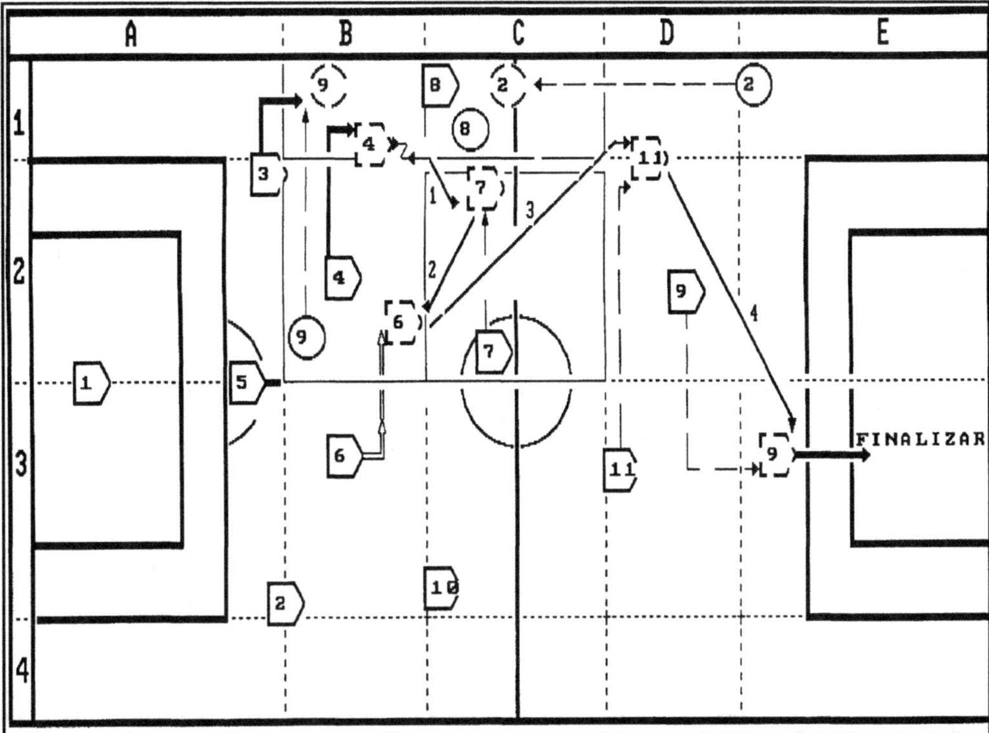

1 - 3 - 5 - 1 - 1 (DOS PIVOTES)

ACCIONES COMBINADAS CONJUNTAS PARA CONTRAATAQUES PREVISTOS

- Determinamos las zonas previstas a recuperar el balón e iniciar el contraataque (laterales B1-C1/B4-C4) centrales B2-B3/C2-C3).

- Determinamos el número de pases máximos que van a configurar el contraataque (3/4 pases).

- Determinamos los movimientos básicos ofensivos y los participantes en el contraataque representados gráficamente por ➡

NOTA: ───

En todas las zonas sabemos que recuperamos el balón por superioridad numérica.

En las laterales nos apoderamos del balón, buscamos al medio centro n.º 7 dejando al pivote que no entró en zona a hacer superioridad, el cual será el encargado del desplazamiento largo al a salida de nuestro n.º 11, a la zona espaldas del lateral correspondiente a la zona donde se robó el balón (ver ejemplo).

Si nos apoderamos del balón en la zona central la dinámica es la misma, participan los mismos jugadores únicamente cambian los movimientos finales los puntas (1)separarse (2)acercarse (3)cruzarse.

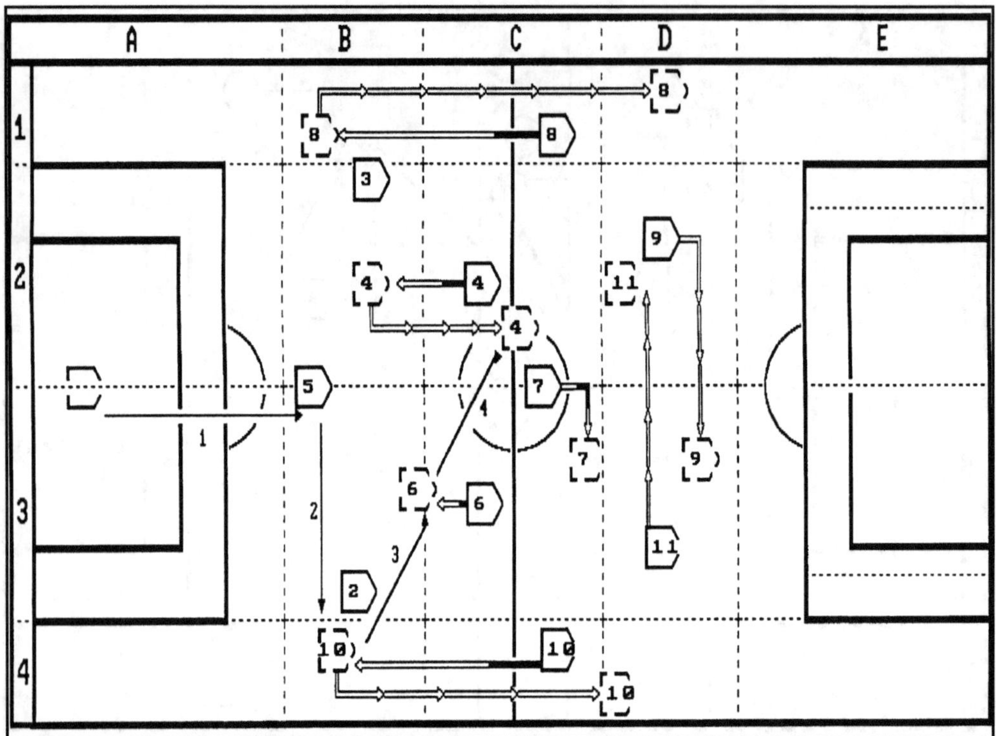

1 - 3 - 5 - 2 (DOS PIVOTES)

EJEMPLO DE ATAQUE ORGANIZADO

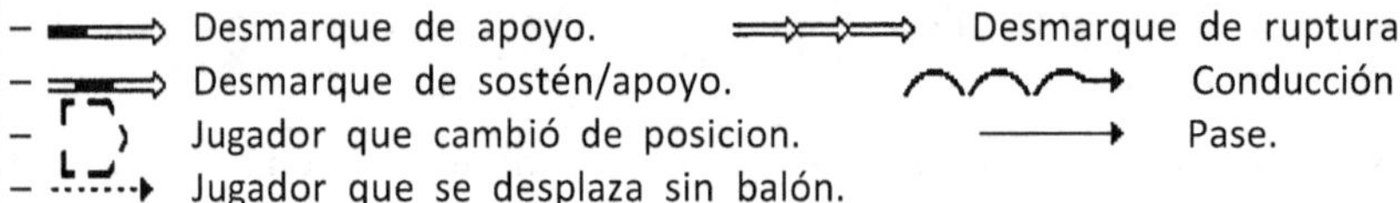

- ⬛⟹ Desmarque de apoyo.   ⟹⟹ Desmarque de ruptura.
- ⬛⟹ Desmarque de sostén/apoyo.   ⌢⌢⌢→ Conducción
- ⌐) Jugador que cambió de posicion.   ⟶ Pase.
- ·····▸ Jugador que se desplaza sin balón.

N.º 5 recibe de su portero (por no tener marca) posee el balón, en ese momento 4, 6, 10 y 8 se desmarcan de apoyo; 5 entrega a 10, 7 se desmarca de sostén/apoyo por delante y 9 y 11 de ruptura, 10 recibe de 5 y entrega a 6, en esete momento 8 se desmarca de ruptura y 10 va a su posición, 6 entrega a 4 desmarcado de ruptura.

- Opciones de 4: A) Diagonal larga con 8 (pase largo).

            B) Diagonal corta con 11 o apoyo con 8 pase corto.

            C) Pase con 7 y 9 (pases medios).

- Opciones de 7 si recibe:

            A) Diagonales largas con 8 y 10 (pase medio-largo).

            B) Diagonales cortas con 11 y 9 (pases medios).

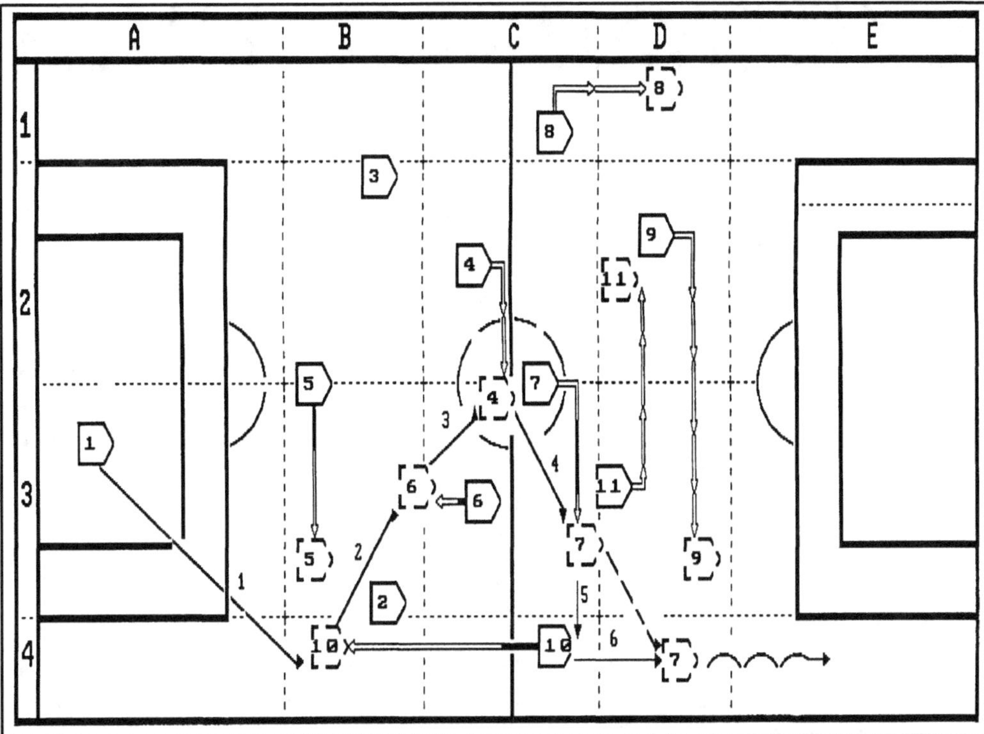

1 - 3 - 5 - 2 (DOS PIVOTES)

EJEMPLO DE ATAQUE ORGANIZADO

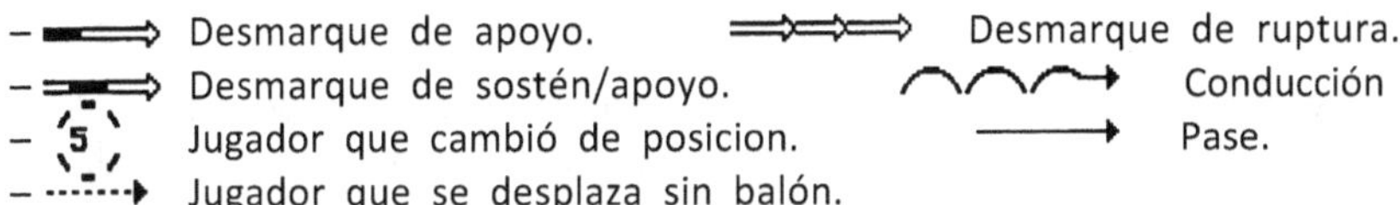

Jugador 10 se desmarca de apoyo a recibir del portero, posee el balón en ese momento 6, 5 se desmarcan de apoyo; 4, 9, 8, 11 se desmarcan de ruptura, 7 de apoyo/sostén por delante, recibe 6 de 10, entrega a 4, este a 7 en su apoyo/sostén, 7 entrega a 11 en su desmarque de ruptura para hacer pared con él, 10 ocupa posición de 7; n.º 7 constituido en extremo tiene las opciones siguientes:

A) Conducción y centro a 9 y 11.

B) Penetración y pase de la «muerte» a 10/6/4.

C) Pase largo a 8 en el palo más lejano.

NEUTRALIZACIÓN DE UN SISTEMA 1 - 4 - 5 - 1

En la próxima jornada nos enfrentaremos a un equipo que juega un 1-4-5-1, sistema que le define y al que aporta características propias siendo estas:

A). Su línea de defensa está formada por dos centrales que alternan la posición de hombre libre en función del movimiento y orientación y dirección de ataque del balón.

Dispone de dos laterales de largo recorrido, que se incorporan al ataque, nunca los dos en la misma jugada, siendo esto uno de sus argumentos tácticos fundamentales.

B). El centro del campo forma una línea de cuatro jugadores en línea y un jugador de enlace por detrás de ella es el organizador de juego, recibe de su defensa transmite pases al centro del campo, dando posteriormente apoyo por detrás al jugador al cual entregó el balón, con el objeto de que éste lo conserve o se lo devuelva buscando opciones por la otra banda. Juagan con muy pocos toques; siempre se incorporan al ataque el interior opuesto al lateral que sale en desmarque de ruptura profundo.

C). Mantiene un jugador en punta orientado de forma perpendicular a los postes de la portería rival, sin caer a bandas y jugando al límite del fuera de juego.

D). Los ataques son muy elaborados en el centro del campo e intentan que sean así en defensa, pero si la presión del rival lo impide recurren a la seguridad defensiva utilizando ataques directos.

E). Aportan como variante ofensiva además de las mencionadas del lateral más el interior opuesto, la incorporación del medio centro hasta la media punta y la del enlace a la posición del medio centro, pasando a un 1-4-4-2 con achique colectivo hasta la línea del centro campo.

F). En variante defensiva, uno de los dos centrales se retrasará a ocupar la posición de libre y el enlace baja a constituirse como defensa central como defensa central, quedando en este momento en un 1-5-4-1. Estebecen una aproximación de líneas siempre por repliegues intensivo a zonas de forma colectiva.

G). A destacar la calidad de sus acciones técnicas en velocidad de desplazamiento; el sin fin de rotaciones del balón hasta tener la oportunidad de pase con un lateral y un interior incorporado.

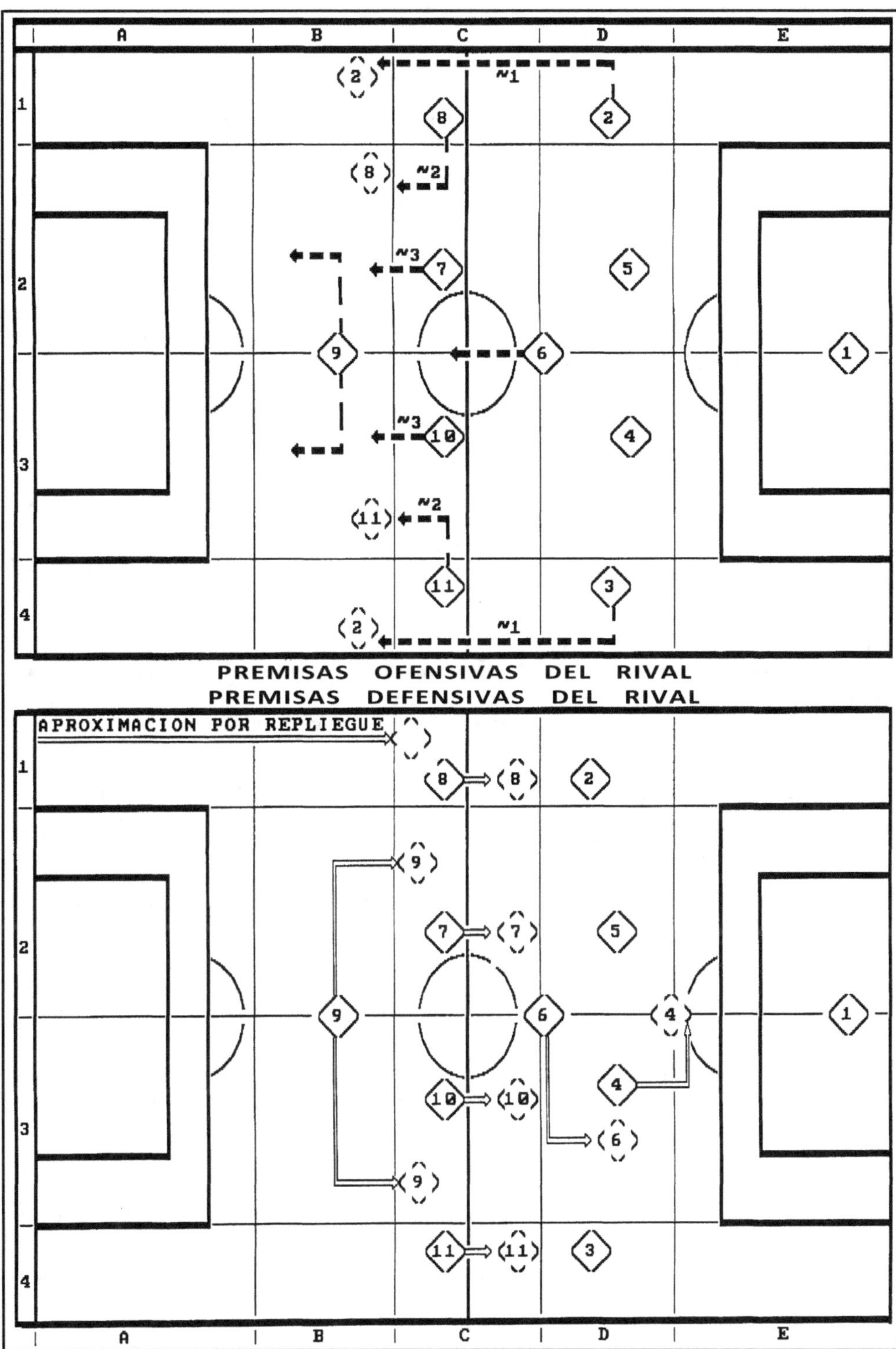

A
B
C
D
E
PREMISAS OFENSIVAS DEL RIVAL
PREMISAS DEFENSIVAS DEL RIVAL
APROXIMACION POR REPLIEGUE

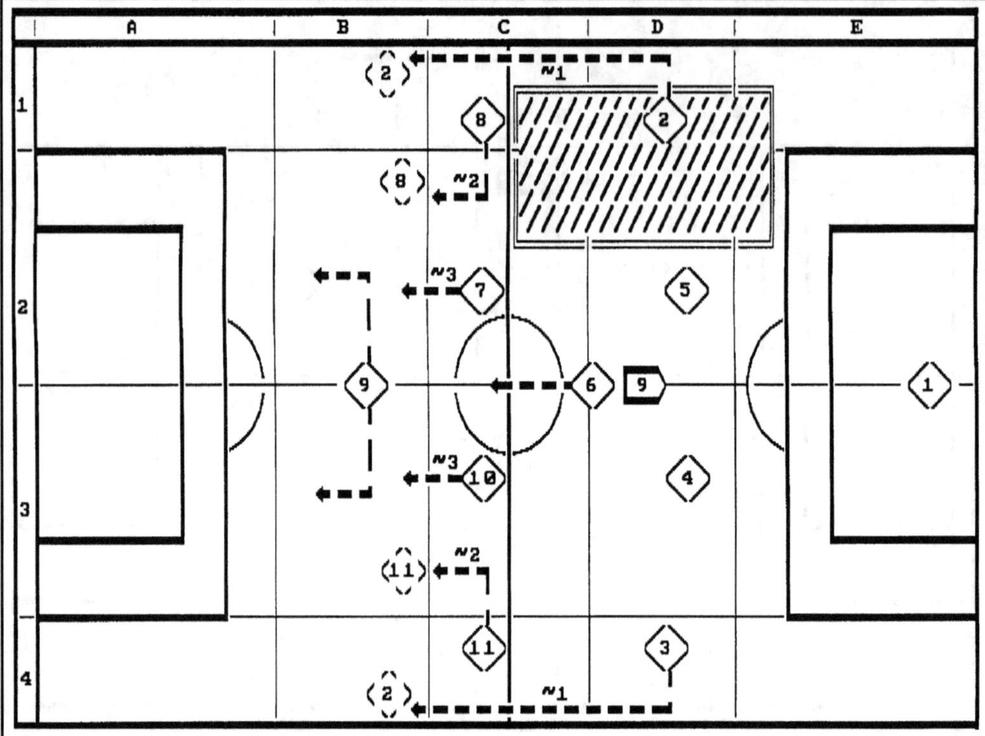

PREMISAS OFENSIVAS DEL RIVAL

Ya conocemos los datos tácticos propios del comportamiento del oponente, los cuales vamos a neutralizar, al ver en la pizarra su distribución y movimientos debemos considerar y oponer a estos:

1.- Inicialmente debemos crear la duda en la salida del lateral, pues entiendo que la salida de uno de los laterales obligará a uno de los centrales a caer a la banda de lateral que se desmarca y la abandona.

Si colocamos a un delantero centro nato que no cae a bandas y siempre estará en presencia vertical al centro de la portería esto provocaría un uno contra uno, si uno de los dos centrales bascula a la banda abandonada, es decir: si el N.º 4 fuera a la banda del N.º 3 dejarían a nuestro N.º 9 contra su N.º 5; si el que se desplaza es el N.º 5 a salida de su lateral N.º 2 se quedaría nuestro N.º 9 contra su jugador N.º 4.

Ante la posibilidad de quedarse uno de los centrales en el citado uno contra uno, quizás no dé opciones a salir al central al desdoblamiento del lateral; quedarían dos centrales contra nuestro delantero, pero si el lateral sale en ausencia de esa basculación dejará un gran espacio que podemos aprovechar, al construir nuestros contraataques previstos.

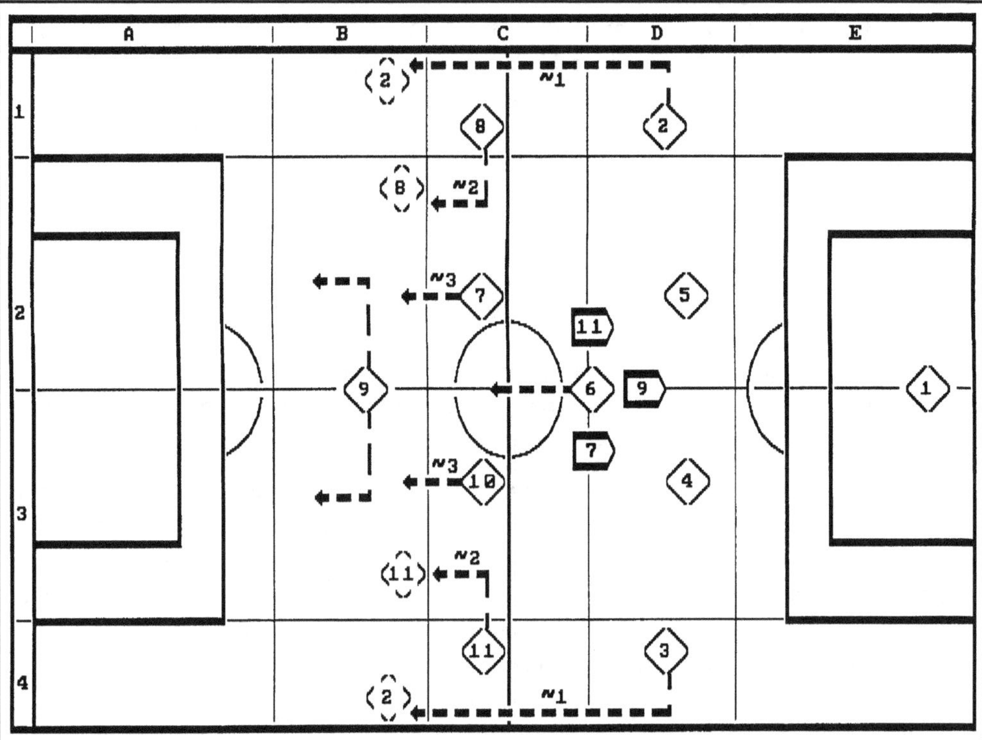

PREMISAS OFENSIVAS DEL RIVAL

2.- Conocemos que su filosofía principal es la construcción del juego en elaboración y reiteración de pases, donde su principal argumento es la capacidad de entregar en corto y maniobrar en la circulación del balón, donde su jugador N.º 6 es el alma de esa construcción; quiere el balón, lo da, lo transita apoya por detrás, determina el ritmo de juego que debe acometer su equipo, dominador de pases cortos, medios, largos.

Tenemos que tener una preocupación constante sobre la capacidad de este jugador y eliminar al máximo su porcentaje de posesión, con lo que habremos coartado los principales argumentos del equipo rival.

Para ello situaremos a dos medias puntas con un principal objetivo, hacer siempre dos contra uno en posesión de este N.º 6; además como veremos más adelante tienen una aportación determinante en la superioridad numérica del centro del campo y de la ocupación del espacio que abandona uno de los laterales en su desmarque de ruptura.

Estos dos jugadores serán determinantes en al planteamiento con que neutralizaremos la calidad del rival y que en función de esta calidad debemos argumentar nuestro sistema de oposición.

Al fundamentar nuestra forma de neutralización de la salida de los laterales y el control sobre el jugador rival responsable de la organización y construcción del juego del equipo oponente, también vamos diseñando nuestro propio sistema, lógicamente y como ya tenemos asumido en función de las características tácticas y de los argumentos técnicos del equipo contrincante.

De entrada ya tenemos ubicado un delantero centro nato que en vertical busca al último defensor oponente, su misión fundamental es el inquietar constantemente a los dos centrales con el objeto de que estos, como resultado de esta inquietud no caigan a bandas, por lo que al no caer a ellas lo laterales no salgan.

Por otro lado la ubicación de nuestros dos medias puntas va a impedir en lo posible la maniobra de organizador del equipo rival, además de aportar el desequilibrio en nuestro ataque.

Todos estos argumentos que utilizamos para neutralizar el juego rival como decimos definen nuestro sistema y vemos que ya partimos de una organización en la cual ubicamos un punta y dos medias puntas, conviene recalcar que al hablar de dos medias puntas no decimos que juguemos con tres delanteros de partida, debemos recordar que estamos neutralizando, por tanto es más propio que entendamos que son centrocampistas dado que neutralizamos y como sabemos ello es comportamiento táctico defensivo.

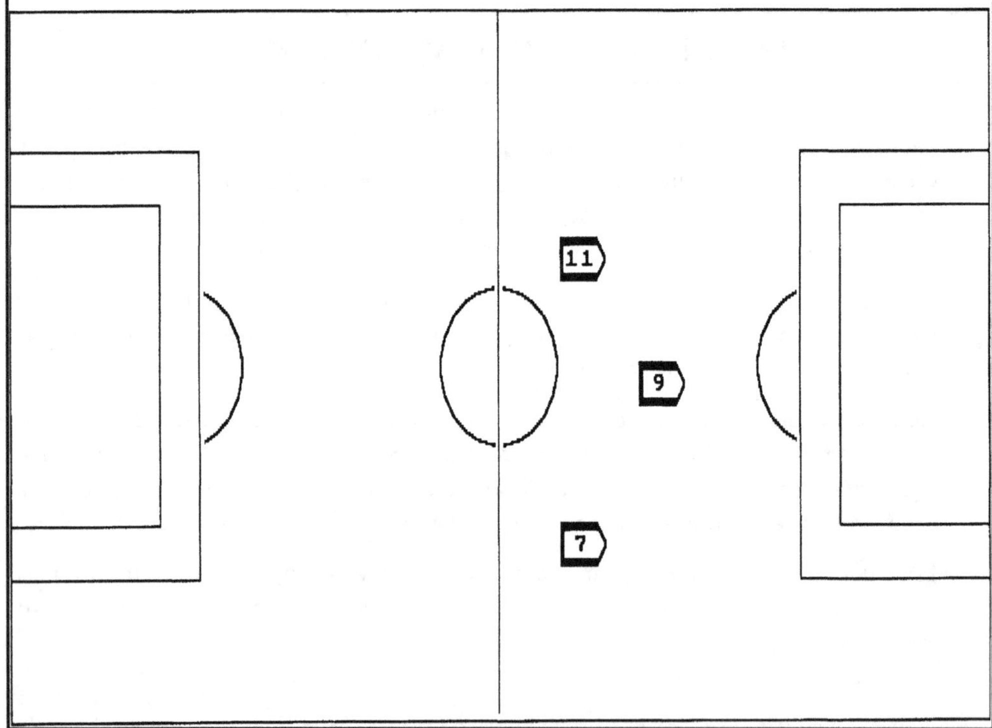

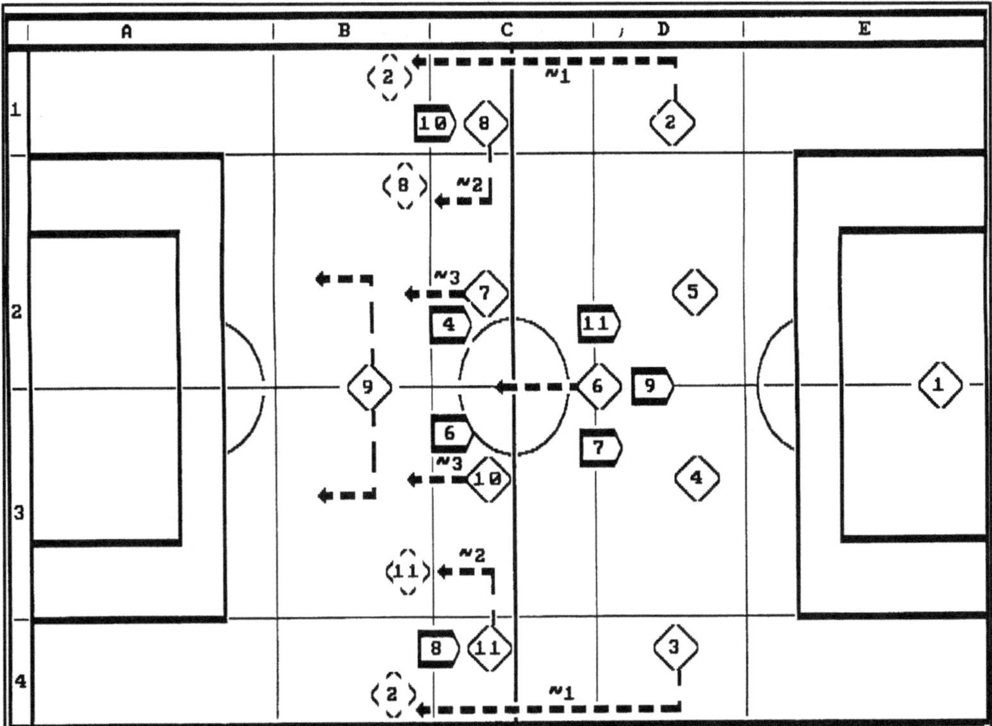

PREMISAS OFENSIVAS DEL RIVAL

3.- Sabemos que su centro del campo aporta al desarrollo de su juego un control constante sobre el balón y el ritmo de juego, esperando las opciones de salida de sus laterales e interiores antes de efectuar una transición de centro campo ataque. También sabemos que los dos laterales no se incorporan en la misma jugada, que lo típico es que sea un lateral y el interior de la banda opuesta, lo cual nos hace deducir que cuando sale el lateral derecho N.º 2 es porque el balón está transitando en zonas E2 - D2 esto es en la ubicación del central del lado derecho N.º 5 o del organizador N.º 6 en C2, puede además que transite el balón en la zona del interior de su lado N.º 8 saliendo por el exterior en desmarque de ruptura; e incluso puede transitar en el centro del campo en poder de su medio centro ubicado a la derecha N.º 7 jugando en zona C2; y tenemos el convencimiento que cuando esta salida se produce le acompaña la salida del interior izquierdo N.º 11; lógicamente las mismas premisas se producen si el que sale es el lateral izquierdo, recordemos el concepto de simetría.

Debemos neutralizar estos movimientos que como vemos junto a su delantero N.º 9 lograrán acabar con tres jugadores en punta; nosotros les vamos a oponer una línea de cuatro jugadores en el centro del campo, en línea y emparejados uno a uno.

Siguiendo con neutralización al rival; nos está obligando a diseñar un sistema de juego en que además del punta y los dos medias puntas ya ubicamos una línea de 4 centrocampistas.

De estos cuatro centrocampistas los dos medios centros estarán ubicados uno a la derecha del círculo central y el otro a la izquierda, uno será el dominador del pase corto y medio y el otro del medio y largo.

Los dos interiores deberán tener un largo recorrido dado que en acciones ofensivas al menos uno se constituirán en extremo y en acciones defensivas ambos dos se adaptarán a la posición de laterales natos.

Ya tenemos diseñada nuestra línea del centro del campo y debemos de tener presente que la supremacía de ella es el destruir el juego del equipo rival, principalmente desde la premisa de una presión eficaz, con una máxima constante; la superioridad numérica, más presión, más recuperación, más salida.

Vemos que nuestro sistema se define por un punta, dos medias puntas y cuatro centrocampistas en línea, quedándonos por último definir nuestra defensa y su organización.

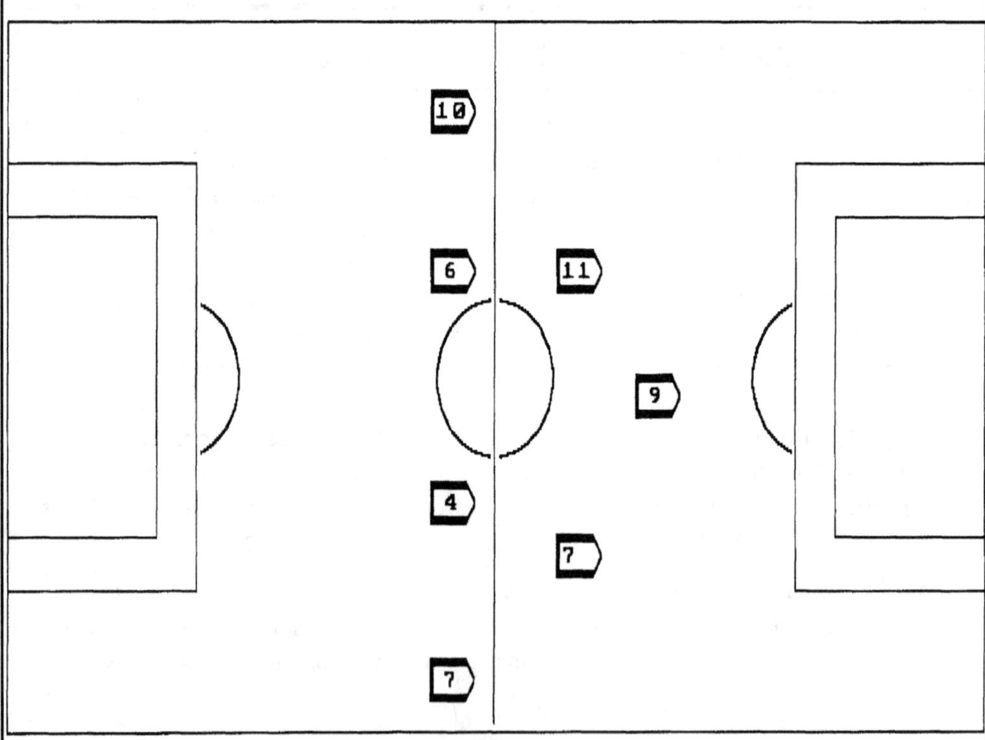

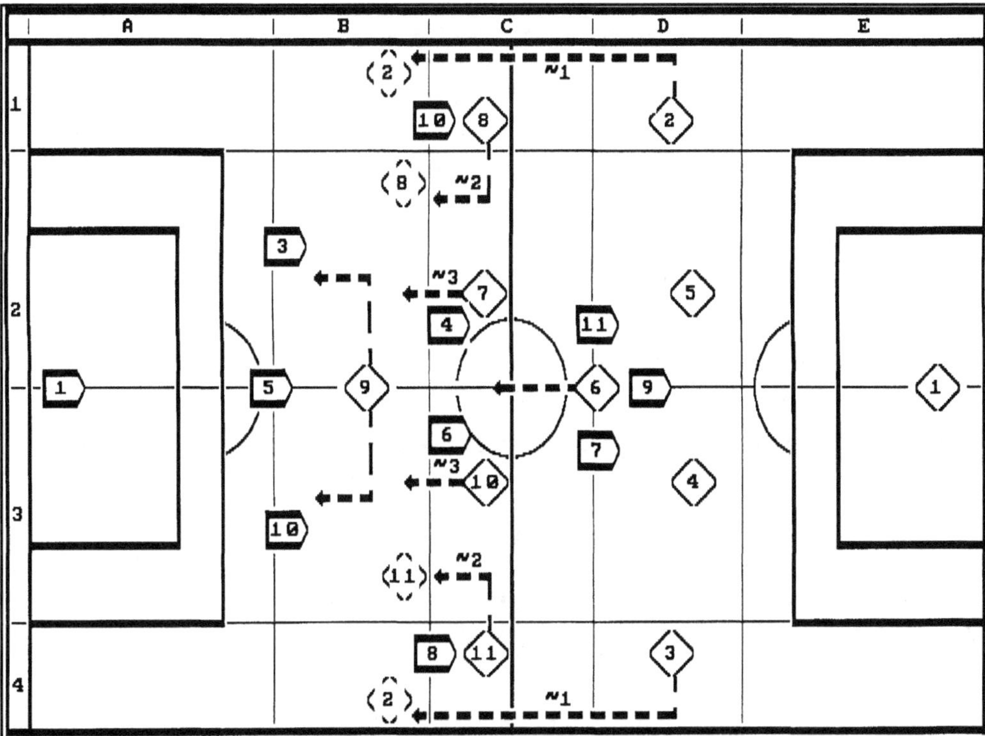

PREMISAS OFENSIVAS DEL RIVAL

4.- Nos consta que su delentero centro es un jugador finalizador de buen remate en centros laterales.

El equipo oponente tácticamente le ubica buscando al último defensa jugando al límite de juego, con un movimiento de desplazamiento de izquierda a derecha sin sobrepasar las verticales de los postes, es decir, transita en zonas A2-A3, B2-B3 y nunca cae en zonas A1, A4 o B1, B4, este detalle tiene por objeto no interrumpir las llegadas de laterales o interiores que son los jugadores que le van a suministrar el centro lateral. Debemos tener muy presente a la hora de neutralizar los argumentos tácticos de este equipo, su variante ofensiva, que como ya conocemos es la incorporación del medio centro a la posición del media punta y el adelanto del organizador que ocupará la posición del medio centro; esto aclara que el delantero centro juegue al límite del fuera de juego, lo hace con la premeditación de dejar un gran espacio a las llegadas de su medio centro reconvertido en media punta, al cual se le deberá prestar una vigilancia que al producirse esta repercutirá en una menor intensidad de marca sobre él.

Nuestra propuesta de neutralización es colocar tres defensas que alternarán la marca sobre el rival; veamos la página siguiente.

El que el rival efectúe un movimiento de izquierda-derecha limitado en una distancia nos va a permitir fijar su marca con cierta comodidad, pero si nuestros interiores no acompañan a sus laterales o interiores, nuestro marcador del delantero centro rival, (me refiero a los marcadores laterales no al central), deberán decidir si salen a tapar la llegada de los citados laterales e interiores rivales, o si por el contrario siguen marcando al delantero centro; an ambos casos uno de estos jugadores quedaría libre de marca, por esto la insistencia al recalcar que nuestros interiores deben ser de largo recorrido y gran capacidad física siendo según las circunstancias o extremos o laterales.

Damos por hecho que nuestros interiores han asumido esa condición y responsabilidad táctica, por lo que al colocar una línea de tres defensores lógicamente, estamos en superioridad numérica de partida, al margen de las matizaciones.

Ya hemos definido nuestra línea de defensas que constará de tres jugadores que junto a nuestro portero nos estructurará organizados de nuestro sistema de juego.

Como definición de este diremos que jugamos un 1-3-4-3, recalco lo de definición pues recordemos la premisa en la que insistíamos al hablar de los dos medias puntas que era: son más centrocampistas que delanteros pues la neutralización es una acción táctica defensiva, este dato lo aclaro ya que no es muy ortodoxo el definir el sistema como 1-3-6-1.

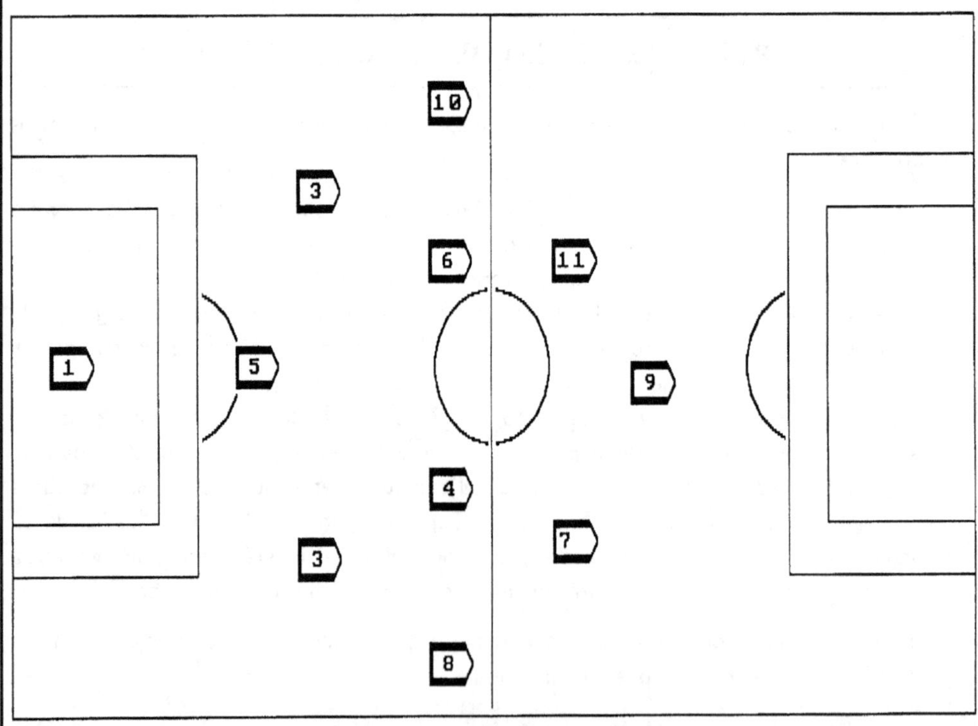

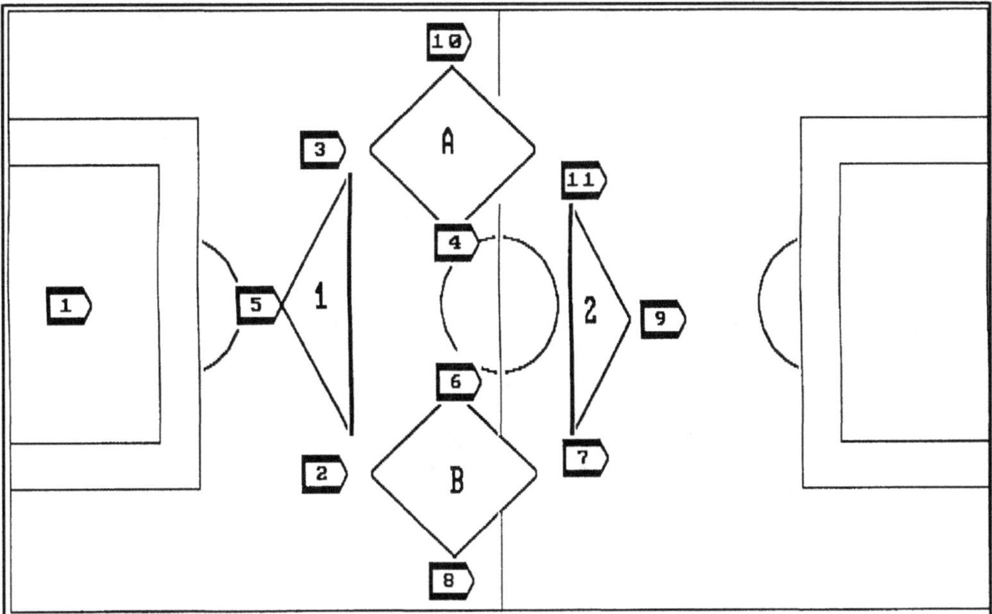

En esta página vemos en la figura superior la geometría del sistema, la ubicación formando triángulos de apoyo/cobertura y construcción en origen (1), construcción pase final (2) y los dos rombos de creación lateral.

En el dibujo inferior la ubicación en distancias en amplitud y profundidad del sistema *** debemos recordar que las distancias en amplitud son de mera referencia, estando esta condicionada por las basculaciones***.

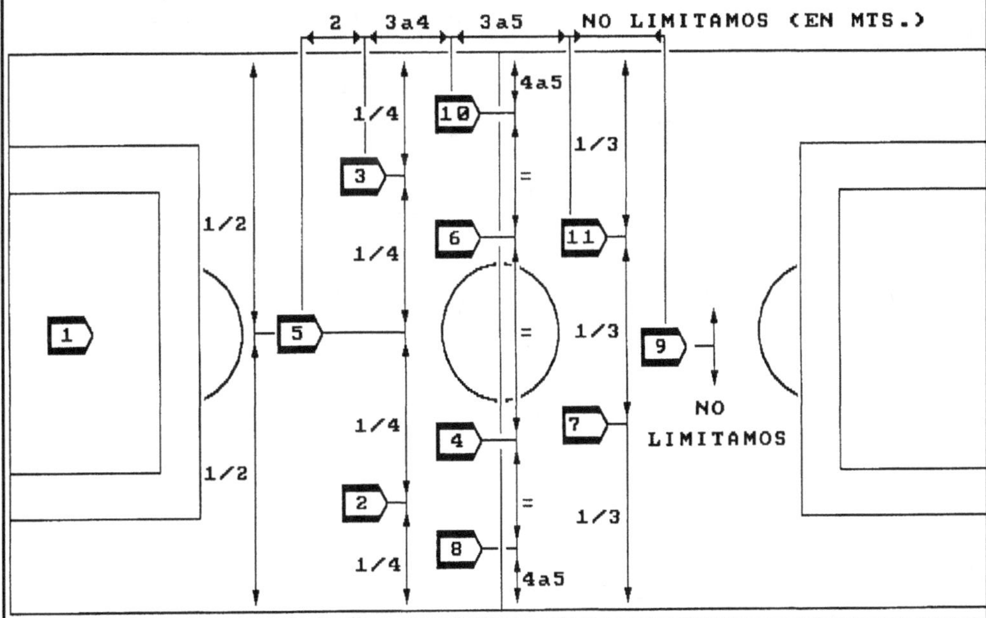

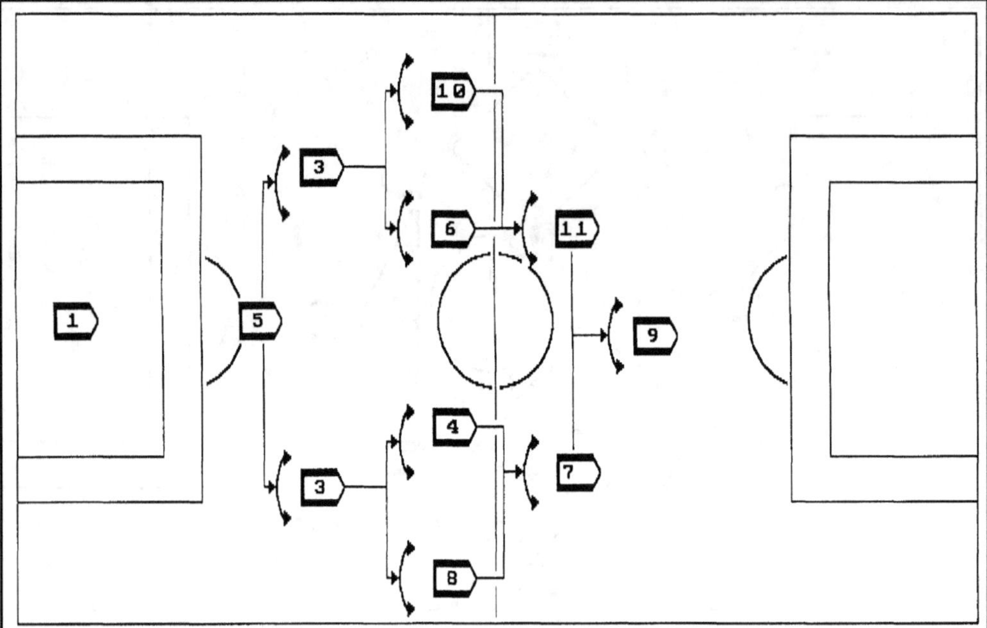

En el dibujo superior vemos las coberturas múltiples que nos permite el sistema.

En el dibujo inferior vemos las líneas de achique y repliegue colectivos; manteniendo las distancias de ubicación racional en repliegues la línea de 7 y 11 estarán sobre la línea —·— en achiques la línea de 8, 4, 6, 10 estarán sobre la línea ══·══

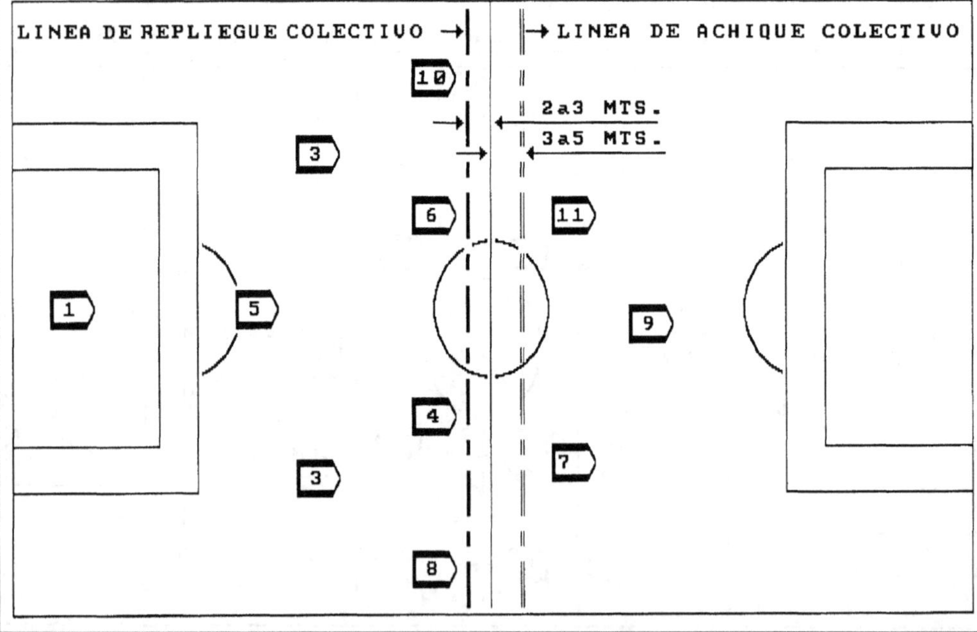

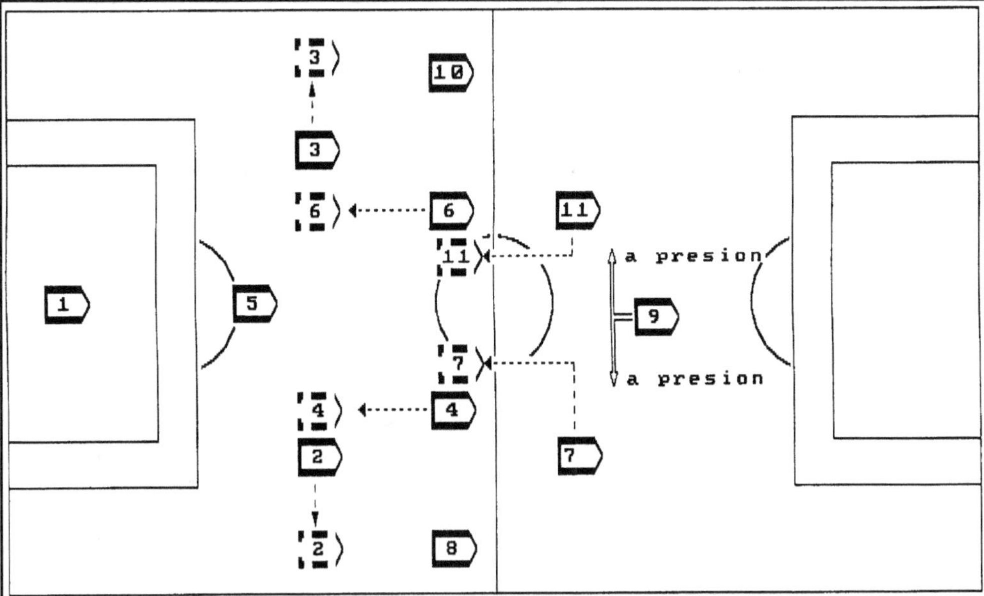

VARIANTE DEFENSIVA: Retrasamos a los dos medios centro a posición de centrales abriendo a los laterales; retrasamos a posición de medios centros a los dos medias puntas y estamos en el 1-5-4-1 ya conocido.

VARIANTE OFENSIVA: Se nos presentan dos alternativas de fácil ejecución como sería:

A) Adelantamos a los dos medias puntas a posición de extremos y estaremos en un 1-3-4-3.

B) Adelantamos a un medio punta, centrando al otro y estaremos en 1-3-5-2.

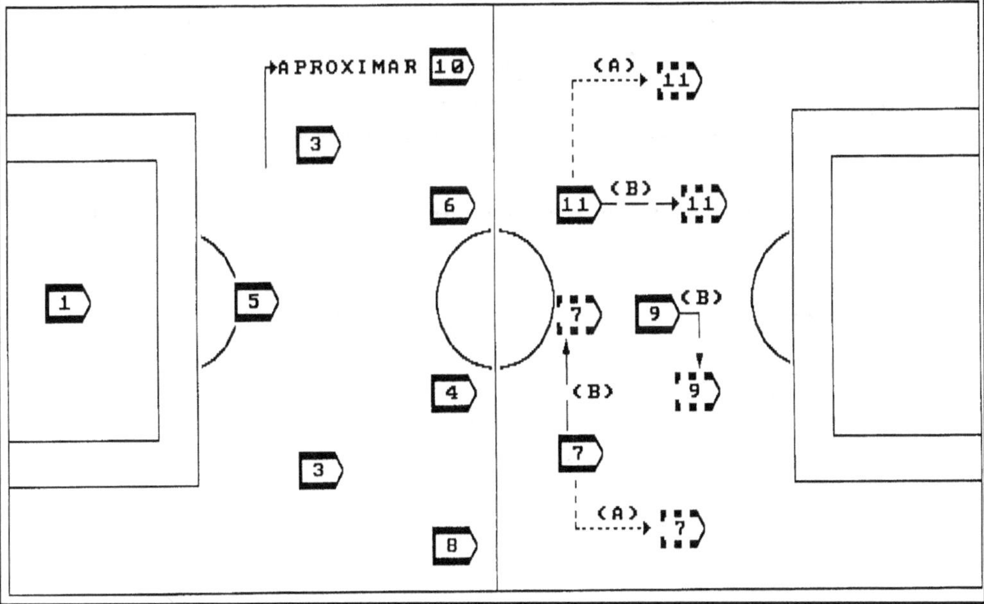

- Hemos configurado nuestro sistema desde la perspectiva de neutralizar a nuestro rival.
- Hemos diseñado nuestra ubicación racional sobre el terreno de juego.
- Hemos determinado organización individual y colectiva.
- Hemos aportado nuestras variantes ofensivas y defensivas al sistema adoptado.
- Nos queda por definir el objeto de la obra: MOVIMIENTOS PARA LOGRAR SUPERIORI-
  DAD NUMÉRICA

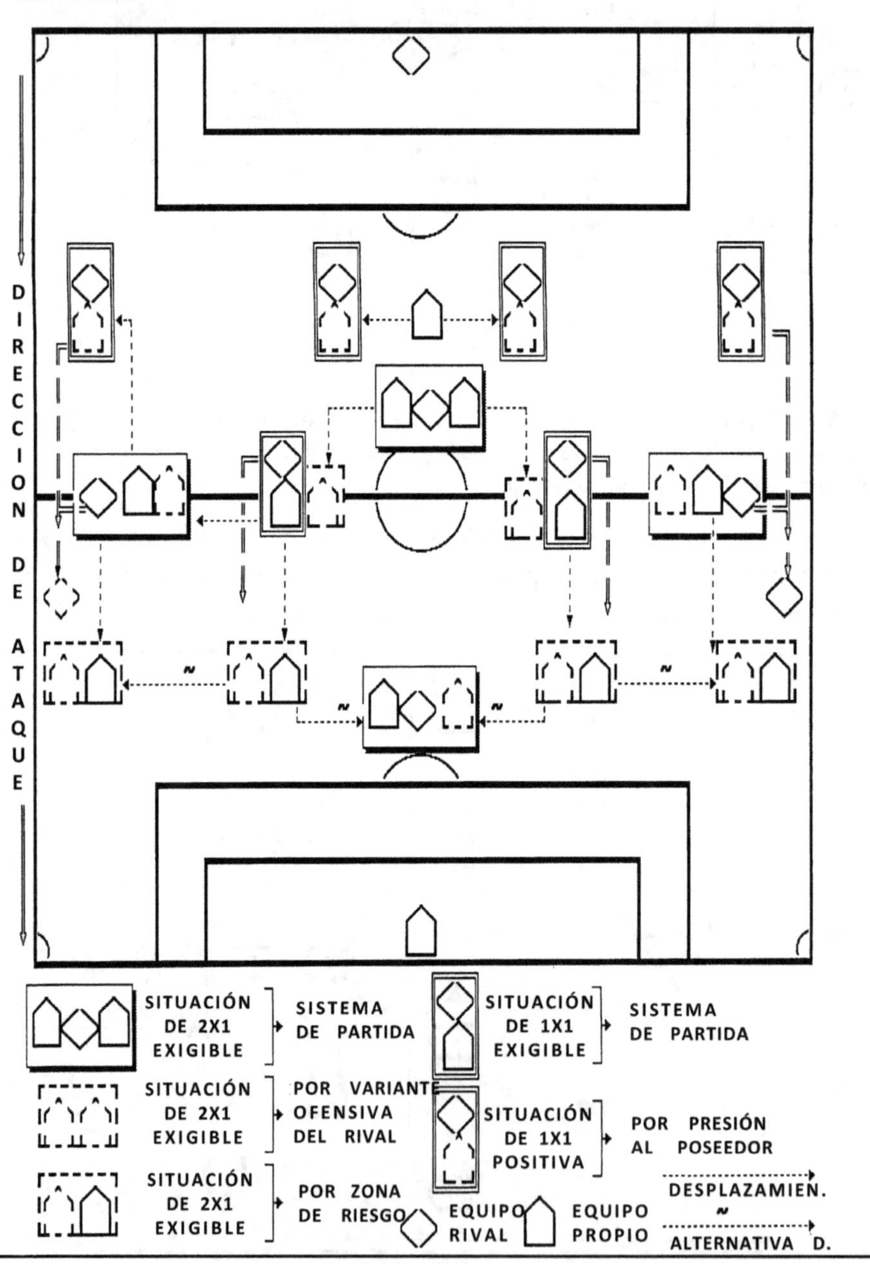

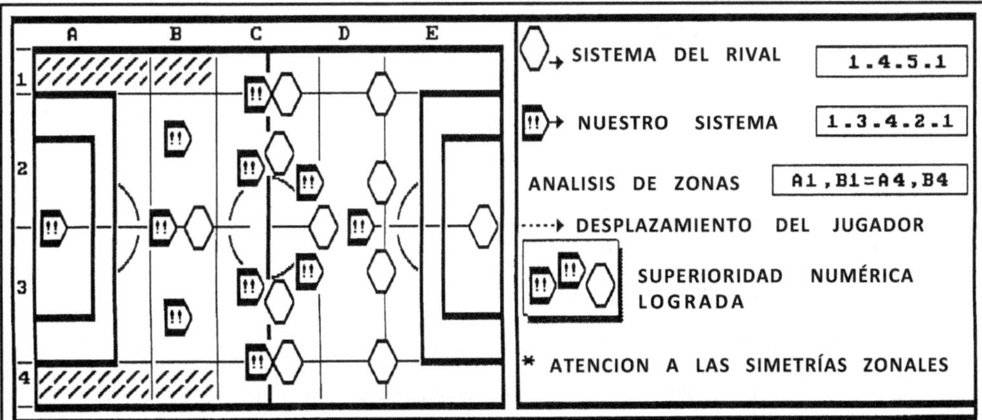

UBICACIONES INDIVIDUALES QUE DEBEMOS GANAR EN SUPERIORIDAD. SEGUIDAMENTE VEMOS LAS ZONAS QUE DEBEMOS SERLO.

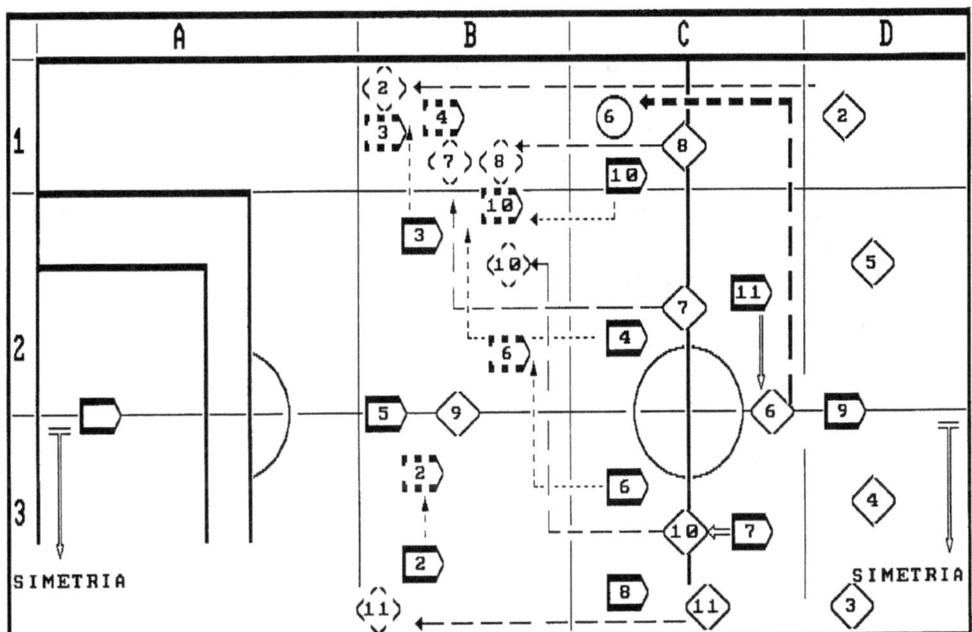

Debemos tener presente al neutralizar las zonas A1 y B1 que se darán las mismas dificultades, que como comentábamos en el sistema anterior sólo comportará unas diferencias técnicas; en A1 posible pase atrás y en B1 pase diagonal, y como sabemos el delantero centro es un buen rematador de centros laterales.

Por otro lado al neutralizar las zonas A1 y B1 debemos tener presente, que en las zonas simétricas A4 y B4 estará ingresando en ese momento el interior opuesto y debemos también neutralizar la posibilidad de la recepción y remate de este jugador.

En zonas B1 y A1 se nos presentarán varias dificultades tácticas que debemos neutralizar como son:

1). Que nos encontremos con al incorporación del lateral derecho rival N.º 2, más la incursión del interior derecho rival N.º 8, que el medio centro oponente ubicado a la derecha del círculo central N.º 7 caiga a zona apoyando al lateral e interior incluso es posible que el otro medio centro ubicado a la izquierda del círculo central N.º 10 se aproxime a los límites de la zona B1-B2, con dos objetos

A).- Dar superioridad de conservación del balón.

B).- A recibir el balón para orientar un cambio a la salida del interior opuesto N.º 11.

1a). Esta misma circunstancia aunque menos problable podría darse en zona A1.

2). Podría darse esta otra situación en la que la incorporación de los medios centros no se da, por el contrario se da la incorporación del organizador N.º 6 llegando detrás del balón. En la página 76 vemos la llegada del organizador N.º 6 mas la situación del lateral e interior.

3). Posiblemente quepan otras opciones de incorporación de rivales a las citadas zonas, pero basándome en el concepto de la ubicación racional del terreno, no me parece desmarques armónicos ni situaciones apropiadas, por tanto analizaremos y neutralizaremos las dos alternativas descritas.

En la página correspondiente, vemos detallada la opción del primer punto y la opción dos la representamos en la misma página sustituyendo los movimientos de los jugadores N.ᵒˢ 10 y 7 por los del N.º 6 representado el movimiento de este jugador con:

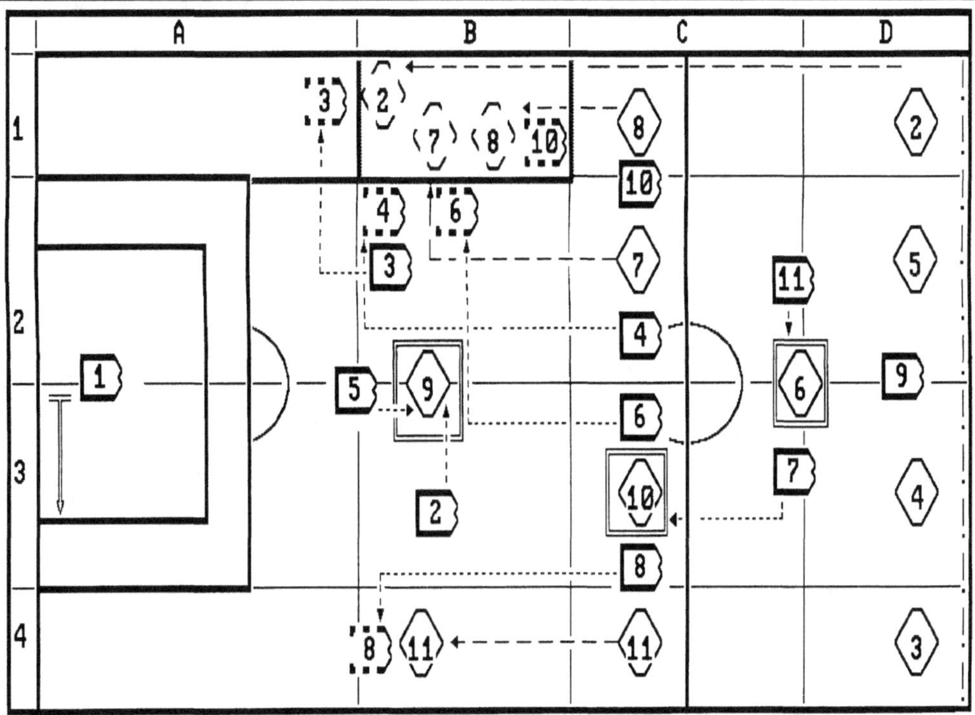

Para neutralizar estos movimientos del rival nuestra propuesta es:

1).- A la salida de su lateral N.º 2 le oponemos la caida a zona de nuestro lateral N.º 3.

2).- A la incorporación de su interior N.º 8 oponemos el nuestro N.º 10.

3).- A la llegada de su medio centro ubicado a la derecha del círculo central N.º 7, oponemos nuestro medio centro ubicado a la derecha del círculo central N.º 6.

En estos momentos estamos en igualdad numérica; nuestra propuesta es la superioridad pero el lograrla nos implicará algunos inconvenientes que veremos; para conseguirla debemos aproximar a nuestro otro medio centro N.º 4 a la zona B1; la tenemos lograda pero atención a estos inconvenientes:

A).- Al salir el N.ª 3 a tapar a su lateral derecho dejamos a nuestro central N.º 5 contra su delantero centro N.º 9 en un 1x1 debemos aproximar nuestro lateral N.º 2 para hacer un 2x1.

B).- Al abandonar nuestros dos medios centros su ubicación, quedará su otro medio centro N.º 10 libre, acercaremos nuestro media punta N.º 7 para hacer un 1x1 y nuestro otro media punta N.º 11 sobre su organizador N.º 6.

C).- La salida del interior N.º 11 le oponemos nuestro interior N.º 8.

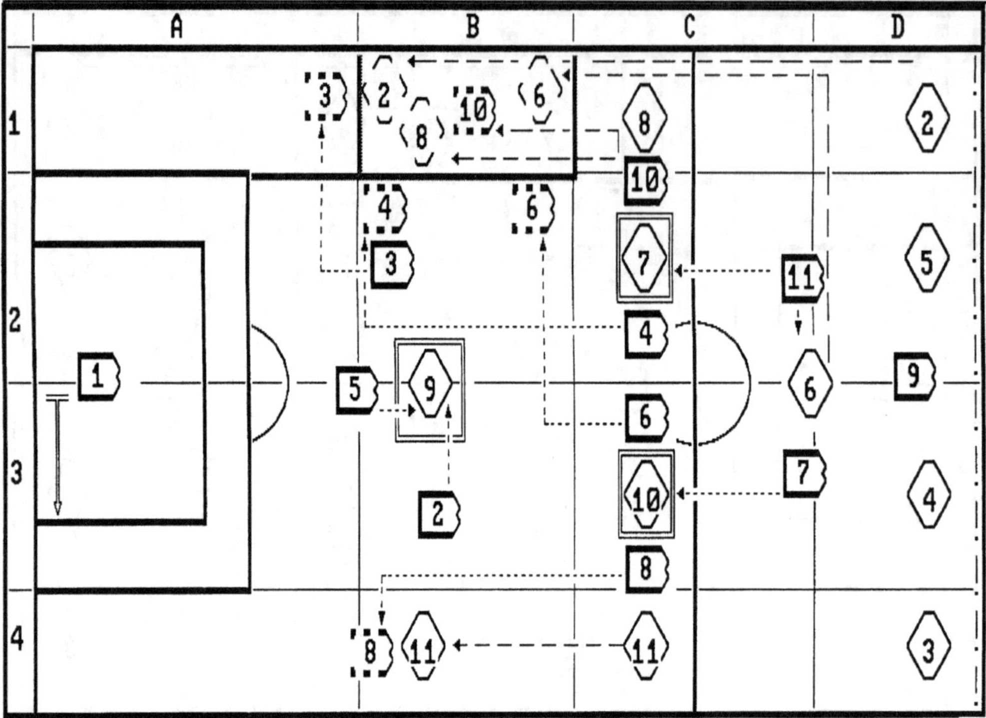

Para neutralizar estos movimientos del rival nuestra propuesta es:

— Vemos en esta situación que se incorpora por detrás del lateral N.º 2 y del interior N.º 8 el organizador N.º 6 y en esta ocasión los medios centros no se incorporan, quedando ubicados en su posición con el objeto de recuperar nuestros desplazamientos largos.

1).- Oponemos a la salida de su lateral N.º 2 nuestro lateral N.º 3.

2).- Oponemos a la salida de su interior N.º 8 nuestro interior N.º 10.

3).- A la salida del organizador N.º 6 oponemos la de nuestro medio centro N.º 6.

En este momento estamos en igualdad numérica y para conseguir la superioridad incluimos a nuestro otro medio centro N.º 4 a B1; atención, sus medios centros en este momento estarán libres de marcas por tanto debemos aproximar a nuestros dos medias puntas para oponérselos a éstos.

Como en el caso anterior nuestro lateral derecho N.º 2 se aproxima a su central N.º 5 para hacer 2x1 contra su delantero centro N.º 9 y nuestro delantero derecho N.º 8 a la salida de su interior izquierdo.

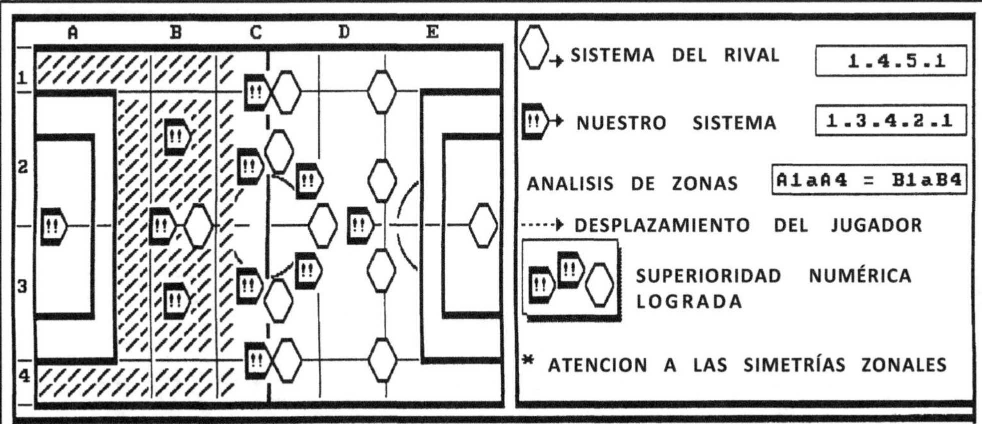

**UBICACIONES INDIVIDUALES QUE DEBEMOS GANAR EN SUPERIORIDAD.
SEGUIDAMENTE VEMOS LAS ZONAS QUE DEBEMOS SERLO.**

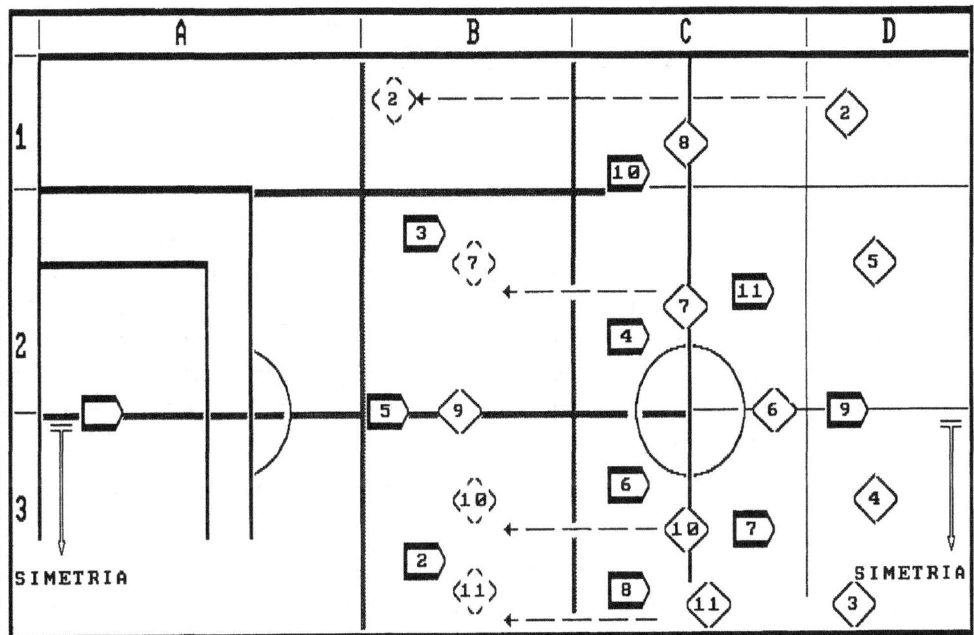

Debemos tener presente al neutralizar las zonas A1 y B1 que se darán las mismas dificultades, que como comentábamos en el sistema anterior sólo comportará unas diferencias técnicas; en A1 posible pase atrás y en B1 pase diagonal, y como sabemos el delantero centro es un buen rematador de centros laterales.

Por otro lado al neutralizar las zonas A1 y B1 debemos tener presente, que en las zonas simétricas A4 y B4 estará ingresando en ese momento el interior opuesto y debemos también neutralizar la posibilidad de la recepción y remate de este jugador.

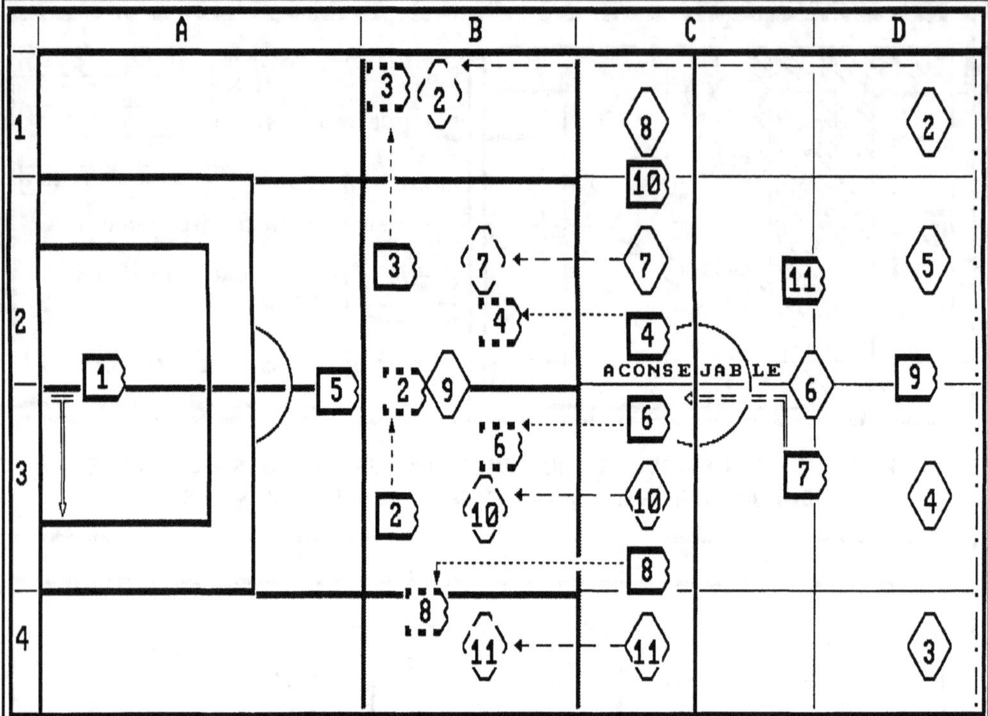

En esta situación, muy lógica por cierto, vemos que los movimientos del equipo contrincante pueden aportar la presencia de 5 jugadores en la zona comprendida de B1 a B4 y que en función de su presión o de nuestro repliegue podría repetirse en zonas de A1 a A4, lógicamente con más riesgo para nuestra portería por proximidad a ésta; por el concepto inverso esto es, por achique de espacios por nuestra parte se podrían repetir estas situaciones en la zona comprendida entre C1 a C4, evidentemente de menos riesgo por lejanía a nuestra meta, lo solventamos del siguiente modo:

A).- A la incorporación de sus medios centros N.ᵒˢ 7 y 10 oponemos los nuestros N.ᵒˢ 4 y 6.

B).- A la incursión de su lateral derecho N.º 2 oponemos la caida a banda de nuestro lateral izquierdo N.º 3; en este momento nuestro jugador N.º 5 pasará a formar como libre.

C).- A la salida de su interior izquierdo N.º 11 le oponemos nuestro interior derecho N.º 8.

En este momento somos superioridad numérica, es decir, formamos una defensa de un defensor contra un atacante más la cobertura de nuestro N.º 5 como libre. En esta situación sería aconsejable que uno de nuestros dos medias puntas bajase a ocupar la posición dejada por los medios centros, para organizar los contraataques.

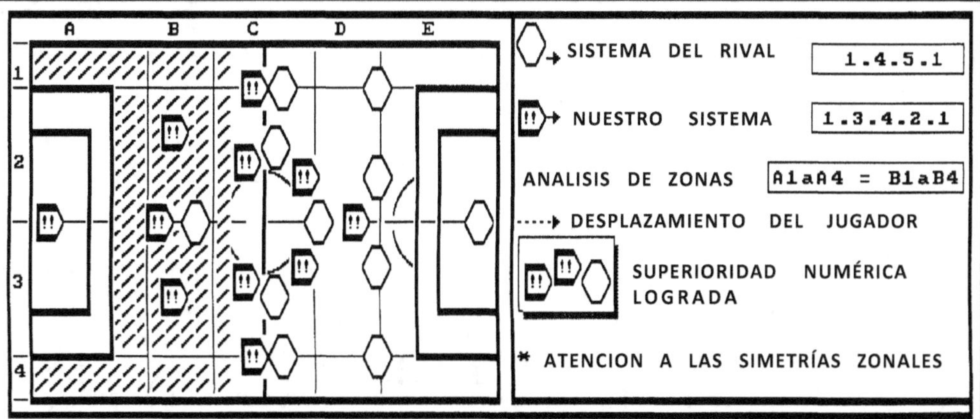

**UBICACIONES INDIVIDUALES QUE DEBEMOS GANAR EN SUPERIORIDAD.
SEGUIDAMENTE VEMOS LAS ZONAS QUE DEBEMOS SERLO.**

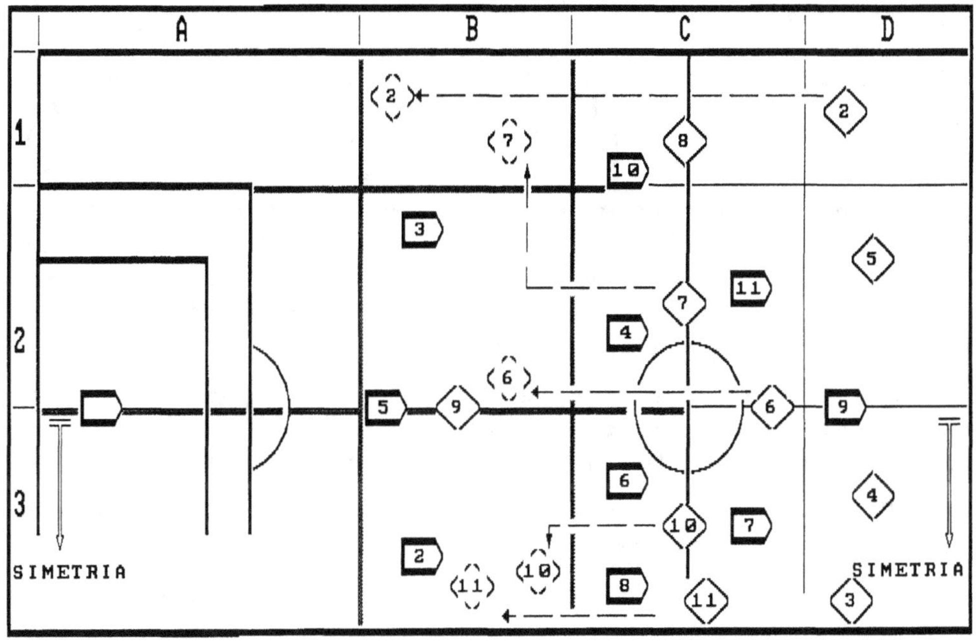

Posiblemente quepan otras alternativas de incursión en las zonas citadas, solventaremos las más típicas y razonables.

Vemos en esta situación la incorporación a la zona ancha de un jugador más como es el n.º 6, esta se producirá por su presión o por nuestro repliegue.

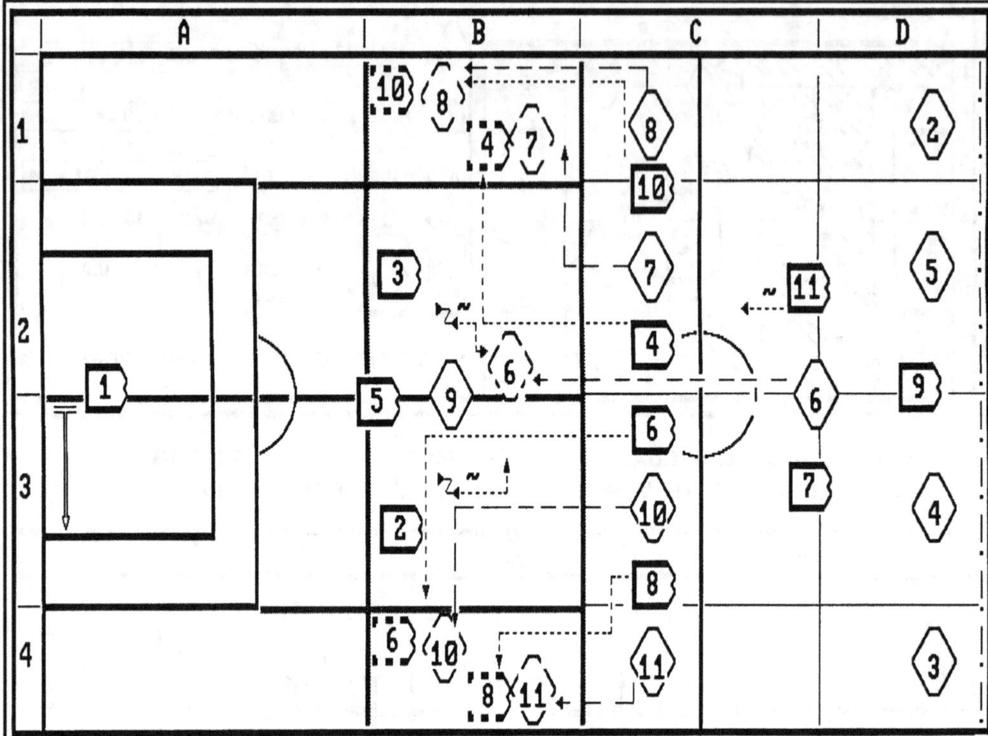

En esta situación que parece ilógica y que para nada lo es, (imaginemos un saque de meta, vemos lo lógico), los movimientos rivales en zona comprandida de B1 a B4 y que en función de su presión o de nuestro repliegue podría repetirse en zonas de A1 a A4, lógicamente con más riesgo para nuestra portería por su proximidad.

Por el concepto inverso esto es por achique de espacios por nuestra parte se podrían repetir estas situaciones en la zona comprendida entre C1 a C4, evidentemente de menos riesgo por lejanía a nuestra meta, las dificultades que presentan las solventamos:

A).- A la incorporación de sus medios centros N.ºˢ 7 y 10 a B1 y B4, oponemos los nuestros N.ºˢ 4 y 6 y en la misma zona.

A).- A la incursión de sus interiores N.ºˢ 8 y 11 a B1 y B4, oponemos los nuestros N.ºˢ 8 y 10 y en la misma zona.

C).- La incorporación por la franja central de su organizador N.º 6 en la zona B2 y B3 nos puede crear un pequeño desajuste defensivo, recalco lo de pequeño pues entiendo que es un problema de coordinación, esta es mi aclaración: si el jugador N.º 6 sale hasta la altura de su compañero N.º 9 estarán contra tres defensores N.ºˢ 5, 3, 2, obligadamente dos harán marcaje, el tercero cobertura, en función de la ubicación del N.º 6 marcará uno u otro lateral, con el riesgo de que lo saque hacia el centro del campo, otra posibilidad es incorporar un media punta.

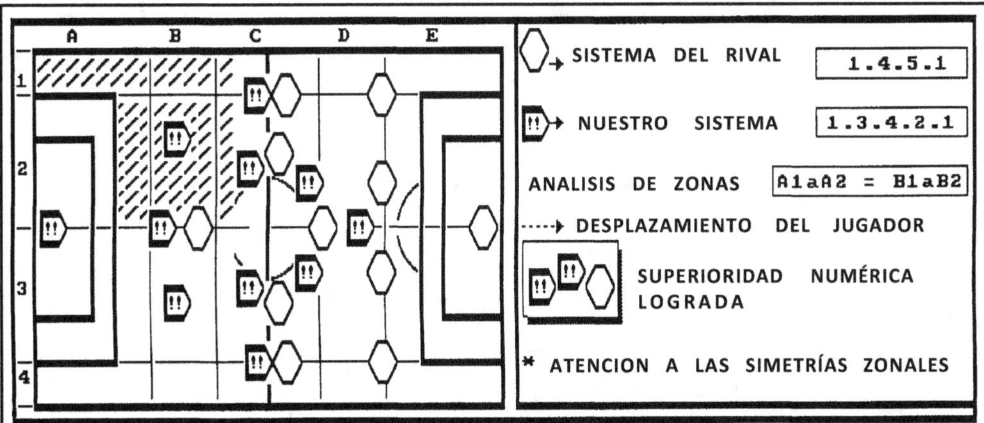

UBICACIONES INDIVIDUALES QUE DEBEMOS GANAR EN SUPERIORIDAD. SEGUIDAMENTE VEMOS LAS ZONAS QUE DEBEMOS SERLO.

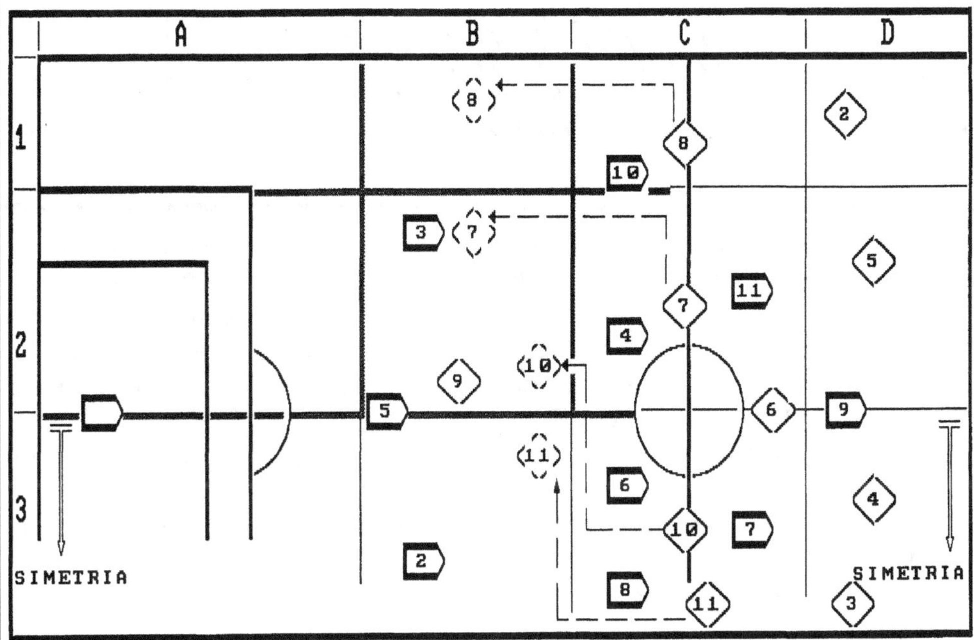

Dentro de lo problable está que el equipo oponente renuncie a una banda de ataque, e incluso que renuncie de forma premeditada a una u otra alternativamente como variante ofensiva, dando prioridad al ataque por zona frontal A2-A3 y B2-B3, dejándose la incorporación en A1 y B1 de un interior como forma de descongestionar la citada zona frontal, o como apertura para el centro desde la banda previo al remate final; esta circunstancia nos va a obligar a bascular, dejando un espacio en la banda opuesta a la de construcción del ataque, en página 84 vemos nuestra respuesta.

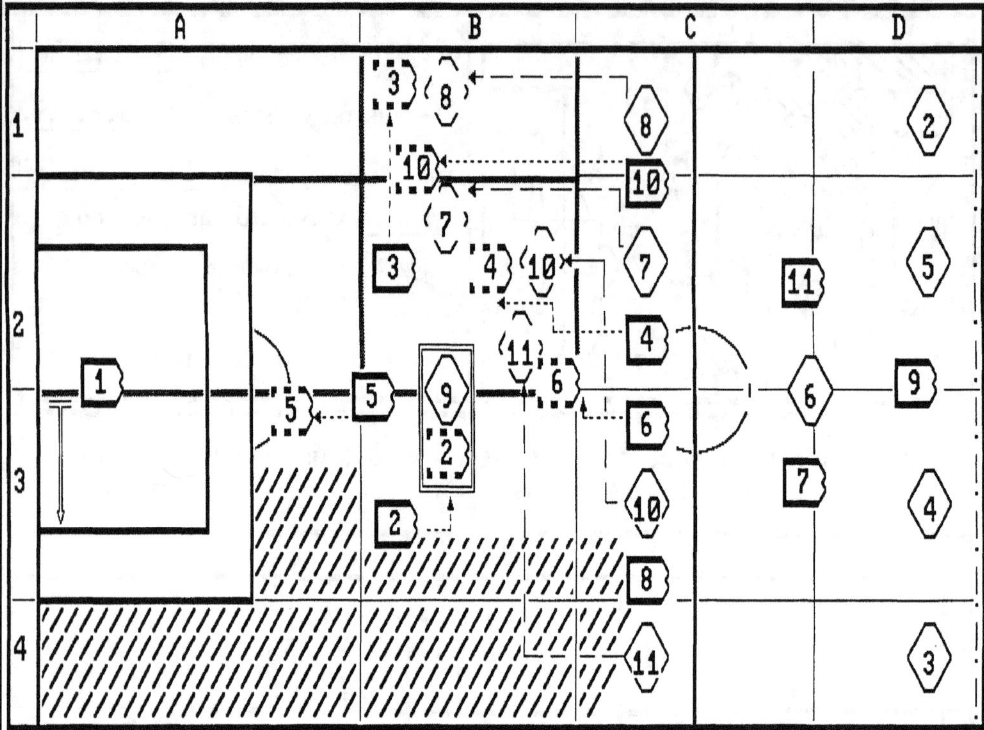

Debemos neutralizar con superioridad numérica primero la zona de tránsito del balón y segundo el espacio opuesto a las zonas de tránsito, para lo cual nuestra respuesta será:

1).- A su interior derecho avanzado N.º 8 oponemos la basculación de nuestro lateral izquierdo N.º 3.

2).- A la incursión en B2 de su medio centro derecho N.º 7 oponemos nuestro interior izquierdo N.º 10 en la misma zona.

3).- A la incorporación a B2 de su medio centro izquierdo N.º 10 oponemos nuestro medio centro derecho N.º 4.

4).- A su interior izquierdo venido al límite de B2-B3 le oponemos nuestro medio centro derecho N.º 6.

En este momento somos superioridad numérica pero **atención**.

1).- Nuestro central N.º 5 está en un 1x1 contra su N.º 9; aproximar a nuestro lateral N.º 2 com marcador central y nuestro N.º 5 a función libre con cobertura a toda la línea defensiva.

2).- Esta maniobra (obligada) crea para el rival un gran espacio / / /.

3).- Este espacio puede ser aprovechado por sus jugadores N.ºs 3 y 6.

4).- Lo controlaremos de la siguiente manera: Nuestro media punta N.º 7 vigilará a ambos jugadores; nuestro interior derecho N.º 8 vigilará el espacio / / /. Viendo la poca densidad de jugadores debemos iniciar el contraataque en ella.

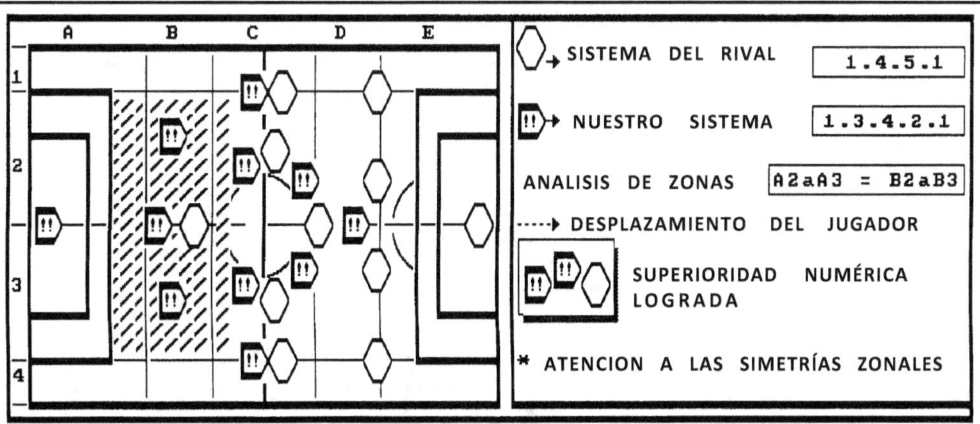

**UBICACIONES INDIVIDUALES QUE DEBEMOS GANAR EN SUPERIORIDAD.
SEGUIDAMENTE VEMOS LAS ZONAS QUE DEBEMOS SERLO.**

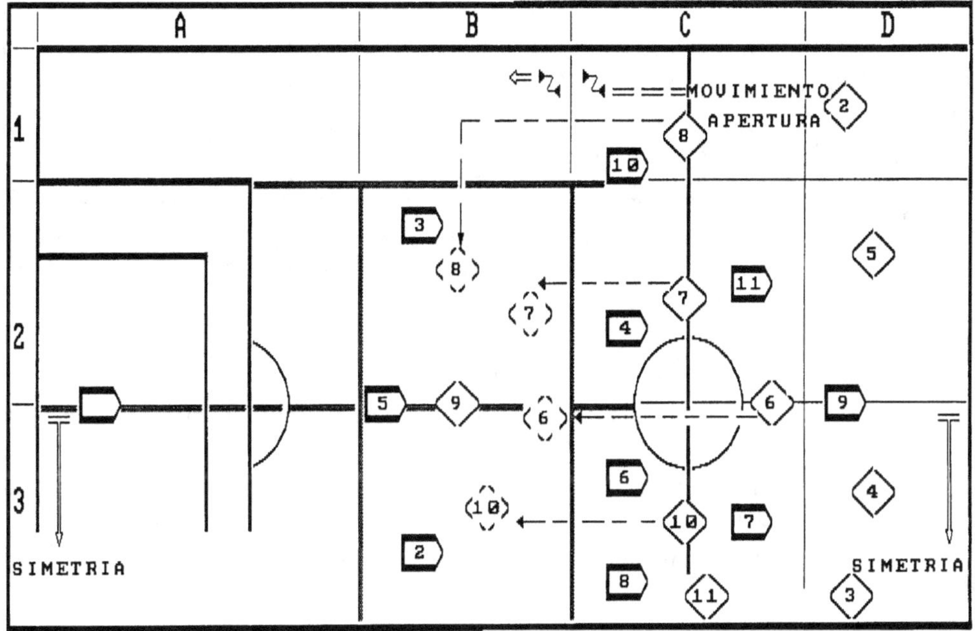

Por último vemos la situación de que el rival renuncie a los dos bandas y efectúe ataques frontales en la zona de ataque vertical A2-A3 y B2-B3; con toda seguridad que esto será un argumento para un desequilibrio posterior, dado que la densidad de jugadores en esa zona facilitaría nuestra labor defensiva, doy por supuesto que el objeto del ataque frontal será incorporar en su momento dos jugadores a bandas, obligándonos a hacer caer a nuestros laterales a esas llegadas, dejando dicha zona central desasistida con gran densidad de sus atacantes.

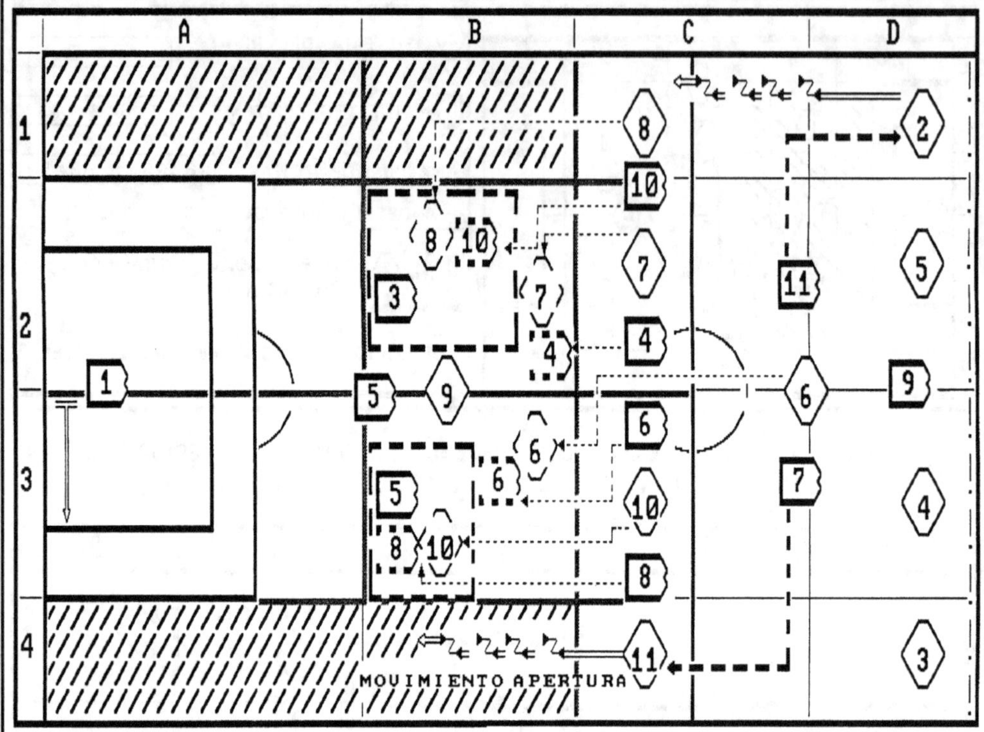

   Debemos neutralizarl con superioridad numérica primero en la zona donde se mueve el balón y segundo los espacios laterales a la zona central A2-A3 y B2-B3 por donde transita el balón para lo cual nuestra respuesta será:

1).- A la entrada en B2 del interior derecho N.º 8 le oponemos nuestro interior izquierdo N.º 10 más el lateral izquierdo N.º 3 haciendo un 2x1.

2).- A la entrada en B3 del interior izquierdo n.º 10, oponemos nuestro interior derecho N.º 8 mas el lateral derecho N.º 2 haciendo un 2x1.

3).- A su medio centro derecho N.º 7 oponemos nuestro medio centro N.º 7; a la llegada de su pivote N.º 6 a B2 le oponemos nuestro medio centro ubicado a la derecha N.º 6.

   En este momento estamos en una superioridad numérica manifiesta, pero tenemos varios riesgos:

A).- Su interior izquierdo N.º 11 está libre y en posición de apertura.

B).- Su lateral derecho N.º 2 tiene carril desde D1-A1 para su apertura.

C).- Tenemos a nuestro central en 1x1 con el delantero rival N.º 9.

   Nuestros dos medias puntas no están en este momento controlando al N.º 6, se ocuparán por tanto de las zonas y los jugadores de penetración, esto es: nuestro media punta izquierdo N.º 11 se sitúa en posición de extremo para que el rival tenga una referencia que marcar y no se incorpore, nuestro media punta derecho N.º 7, vigilará la zona B4 y al interior izquierda rival N.º 11.

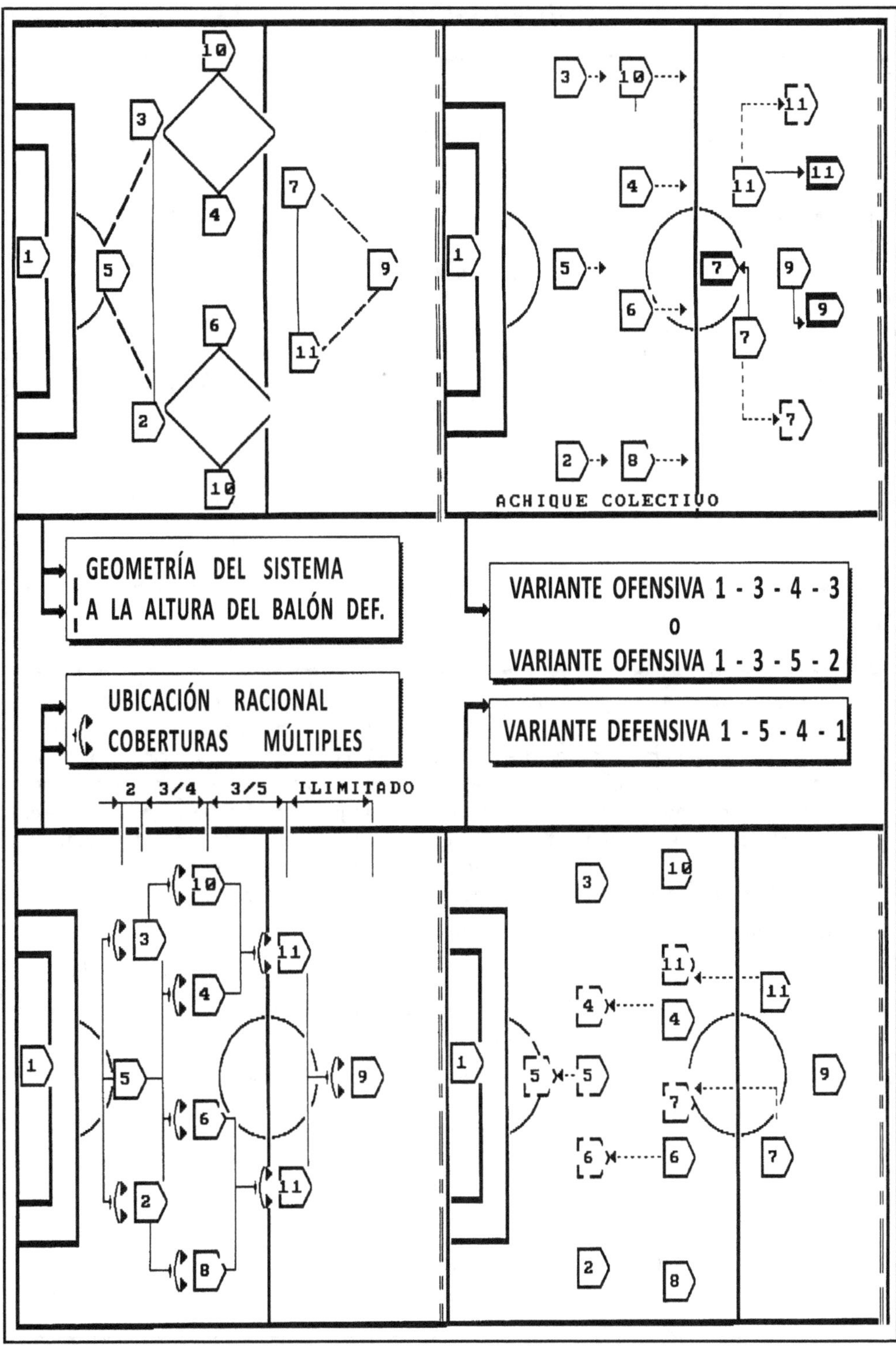
ACHIQUE COLECTIVO
GEOMETRÍA DEL SISTEMA
A LA ALTURA DEL BALÓN DEF.
UBICACIÓN RACIONAL
COBERTURAS MÚLTIPLES
2 3/4 3/5 ILIMITADO
VARIANTE OFENSIVA 1 - 3 - 4 - 3
O
VARIANTE OFENSIVA 1 - 3 - 5 - 2
VARIANTE DEFENSIVA 1 - 5 - 4 - 1

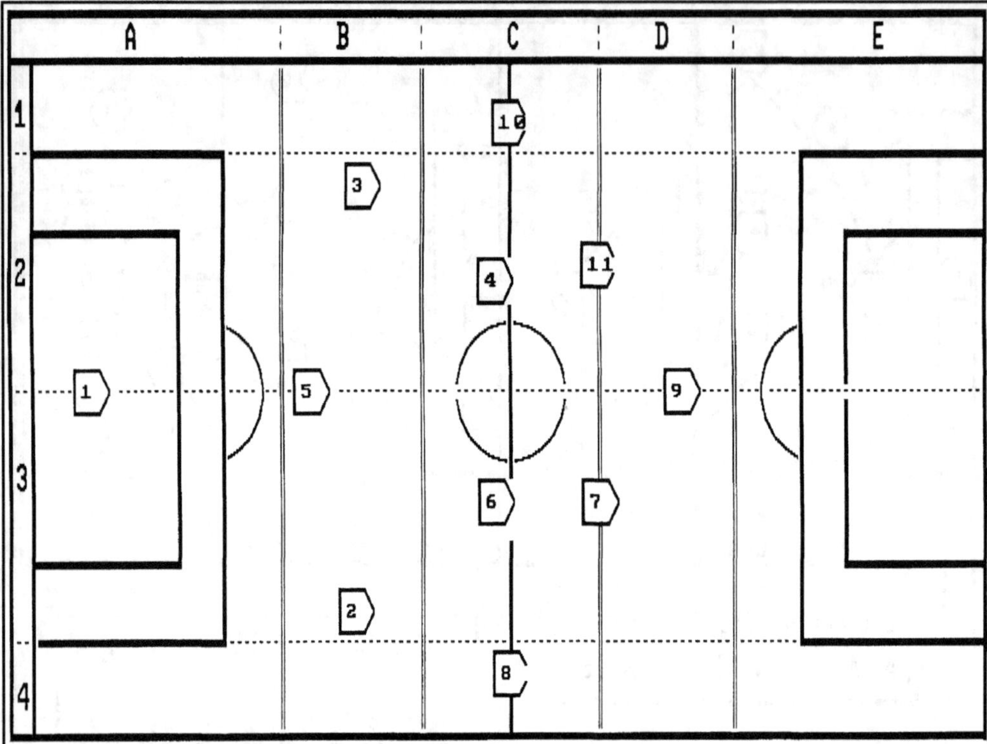

Debemos suponer que nuestro planteamiento es válido siempre y que con él vamos a lograr nuestro objetivo. Por tanto nos apoderamos del balón anulando los argumentos de los contrincantes; estaremos por tanto en posesión del balón, esto es en acciones ofensivas. Al fútbol nunca le escatimaremos la creación, la fantasía; ello con el balón en nuestro poder nos obliga a corresponder a ésta, y crear alternativas de juego de ataque esperando el éxito final, estaremos entonces combatiendo al equipo oponente, en función de la eficacia estaremos más próximos o menos alejados del equipo de condición de poderoso; por añadidura si combatimos a nuestros rivales de forma positiva tendremos:

A).- Hemos neutralizado con éxito (por tanto lo propuesto es válido)

B).- Si poseemos el balón tenemos más posibilidades de éxito que el rival pues él no lo tiene.

C).- Seremos por poseedores del balón lo que determinemos los parámetros del juego en cuanto a control y ritmo del partido.

En el aporte ofensivo defino las zonas según la idea de combatir:

Zona A1 a A4 = de contruir en origen # de ataque directo (presionando)

Zona B1 a B4 = de ataque organizado # de contraataque previsto.

Zona C1 a C4 = de contraataque previsto # de transición en organizado.

Zona D1 a D4 = de pase previo a final # remate media distancia.

Zona E1 a E4 = de centro lateral # de finalización.

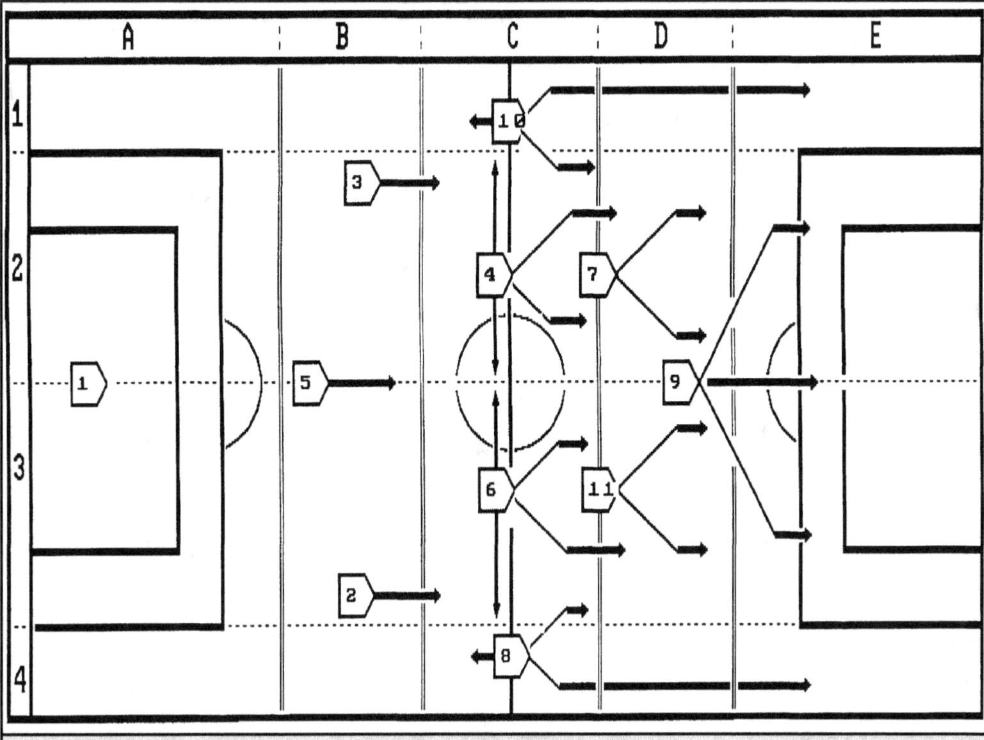

1 - 3 - 4 - 2 - 1

ACCIONES   COMBINADAS   CONJUNTAS

En esta página vemos los movimientos básicos ofensivos de modo colectivo y los representamos gráficamente como:

A).- Los tres defensores ofensivamente sólo achican el espacio pero por lo reducido de su número no se incorporan a jugadas de ataque.

B).- Los dos medios centros N.º y y N. 6 se encargan de crear la construcción del juego organizado del equipo, de tal forma que el medio centro izquierdo N.º 4 cae a recibir el balón en zonas del centro a la izquierda, en su propio campo y acompaña por detrás al interior izquierdo en el campo rival, en esta situación el otro medio centro bascula en posición centrada, para recibir la transición y orientar el ataque por la otra banda; evidentemente, por la zona del centro a la derecha se producirá la misma situación con el otro medio centro N.º 6.

C).- Ambos interiores van a buscar el balón de sus respectivos laterales para avanzar con los dos medios centros, el interior opuesto sale en desmarque de ruptura ubicándose como extremo.

D).- El media punta del lado del balón se desmarca de ruptura hasta el extremo, y el media punta opuesto a la salida del balón se queda con los medios centros, para completar la transición.

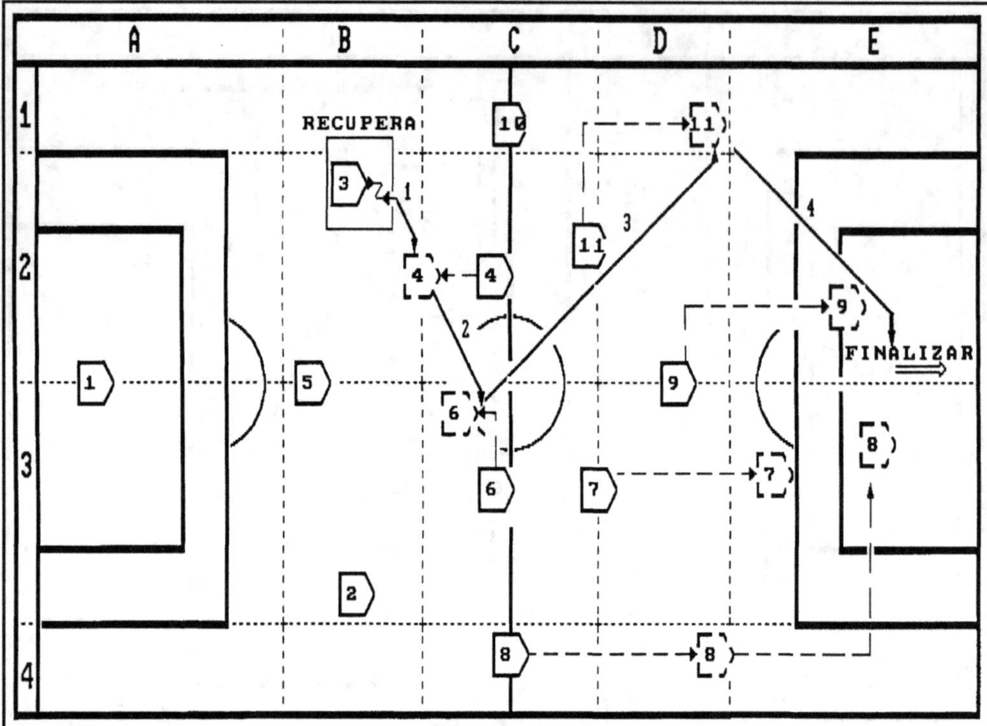

ACCIONES COMBINADAS CONJUNTAS PARA CONTRAATAQUES PREVISTOS

* Determinamos las zonas previstas a recuperar el balón e iniciar el contraataque (laterales B1-C1 / B4-C4), (centrales B2-B3 / C2-C3).

* Determinamos el número de pases máximos que van a constituir los contraataques (3/4 pases).

* Determinamos los movimientos básicos ofensivos y los partipantes en el contraataque representados gráficamente por:

NOTA: En todas las zonas como sabemos recuperamos el balón por superioridad numérica, (o por error del rival).

Al recuperar el balón en zonas de laterales, buscaremos al medio centro de ese lado, o en su defecto al interior de su banda que buscará al citado medio centro; el balón ya en posesión del medio centro en la zona de recuperación buscará la salida del interior opuesto, o la íncursión por banda de recuperación del media punta de ese lado.

En el dibujo vemos un claro ejemplo de lo expuesto; está de más recordar que el proceso será exactamente igual si la recuperación es en la banda opuesta, las consignas son iguales orientando las jugadores del lado opuesto del contraataque *Simetrías tácticas*.

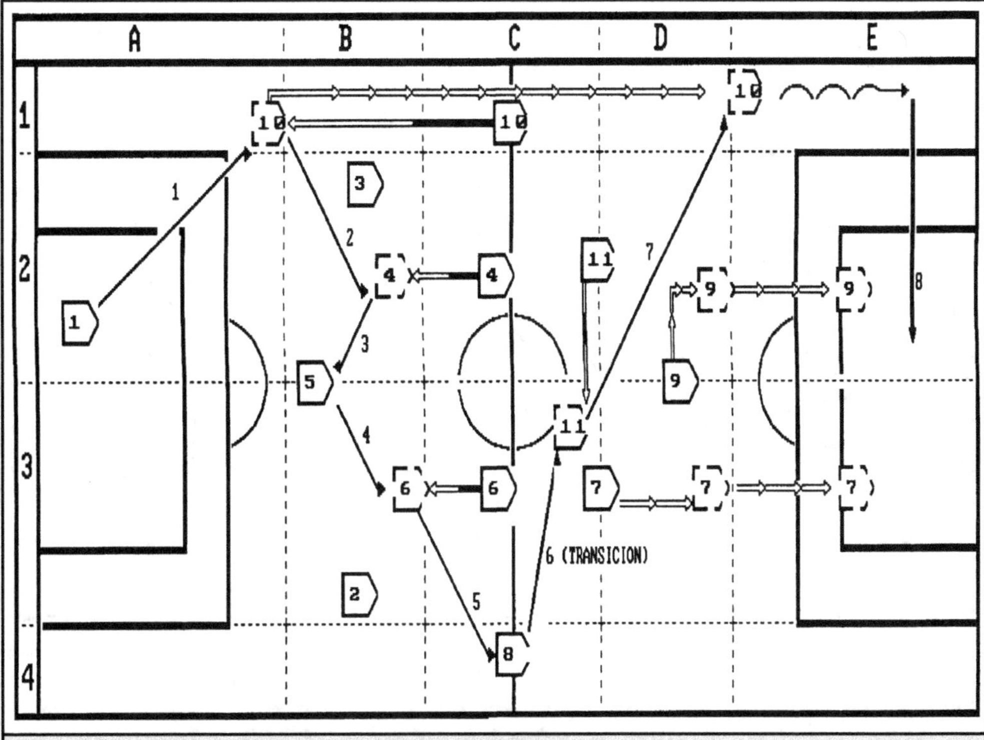

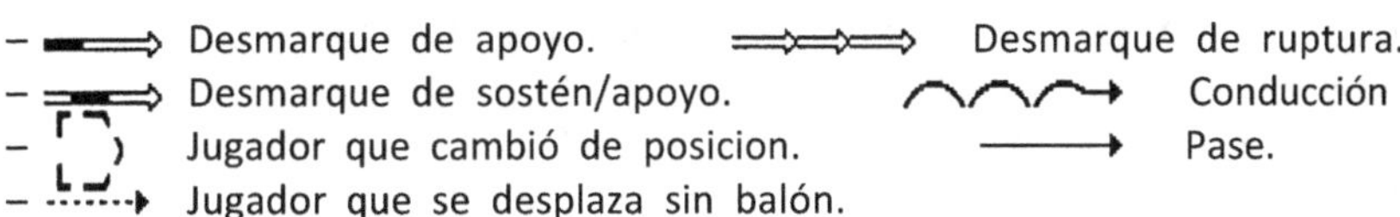

1 - 3 - 4 - 2 - 1

ACCIONES COMBINADAS CONJUNTAS.
EJEMPLOS DE ATAQUE ORGANIZADO

- ⇒ Desmarque de apoyo.
- ⇒ Desmarque de sostén/apoyo.
- ⌐) Jugador que cambió de posicion.
- ····▸ Jugador que se desplaza sin balón.

- ⇒⇒⇒ Desmarque de ruptura.
- ∿∿↷ Conducción
- ⟶ Pase.

Jugador N.º 10 se desmarca de apoyo a zona A1 y recibe de su portero; el medio centro izquierdo N.º 4 se desmarca de apoyo a recibir de interior N.º 10; recibe y se apoya en su central N.º 5, el cual pasa al desmarque de apoyo del medio centro derecho N.º 6. En este momento el interior izquierdo N.º 10 que inició la jugada se desmarca de ruptura, lo que permite la conservación del balón a su compañero N.º 8, además de crear un espacio para el desmarque de apoyo del otro medio punta N.º 11 entrega al desmarque de ruptura del interior que inició el juego, que tras una conducción centra. Con este ejemplo pretendo demostrar la reiteración de pases hasta la transición y la velocidad de ejecución después de ésta.

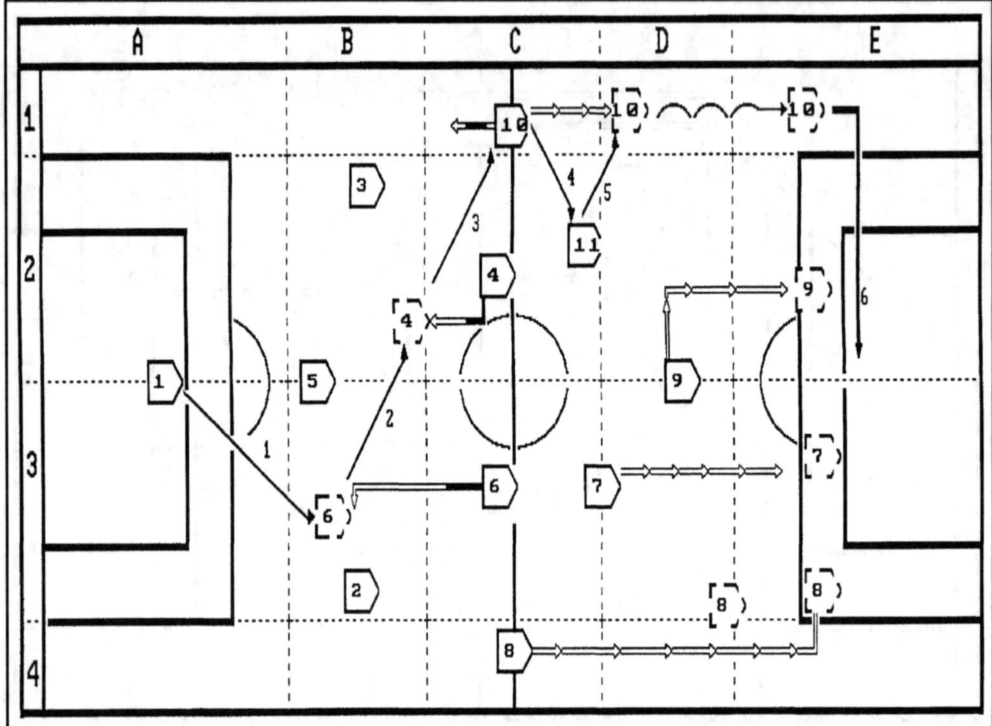

1 - 3 - 4 - 2 - 1

ACCIONES COMBINADAS CONJUNTAS.
EJEMPLO DE ATAQUE ORGANIZADO

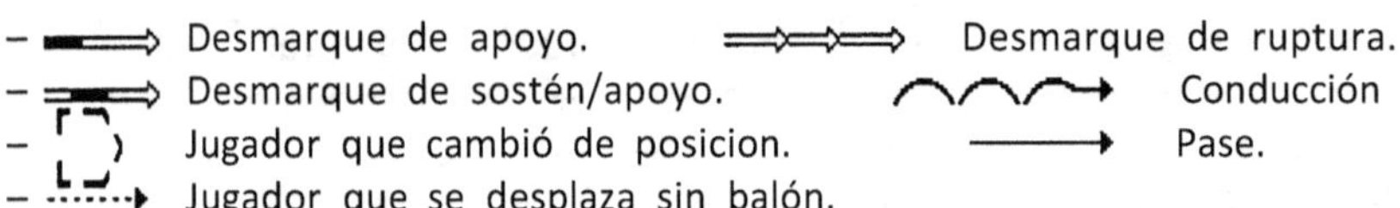

- ➡ Desmarque de apoyo.
- ➡ Desmarque de sostén/apoyo.
- `[ )` Jugador que cambió de posicion.
- `...➤` Jugador que se desplaza sin balón.

- ⇒⇒ Desmarque de ruptura.
- ～～➤ Conducción
- ⟶ Pase.

En este ejemplo vemos un ataque construido donde el medio centro ubicado en la derecha N.º 6 se desmarca de apoyo para recibir de su portero; el medio centro de la izquierda N.º 4 se desmarca de apoyo y recibe, tras un control orientado entrega al interior ozquierdo N.º 10 que se encuentra en apoyo sostén; en este momento el interior derecho N.º 8 en banda opuesta se desmarca de ruptura; el media punta de la izquierda N.º 11 le ofrece una ayuda y le devuelve en pared, se produce en este momento la transición centro campo-ataque, el punta N.º 9 el media punta derecho N.º 7 se desmarcan de ruptura; el jugador que recibió la pared de transición centra tras una previa conducción a buscar los remates de los tres jugadores desmarcados de ruptura.

Como en el caso anterior tras la transición se reduce el número de toques con el objeto de no permitir la organización defensiva del rival.

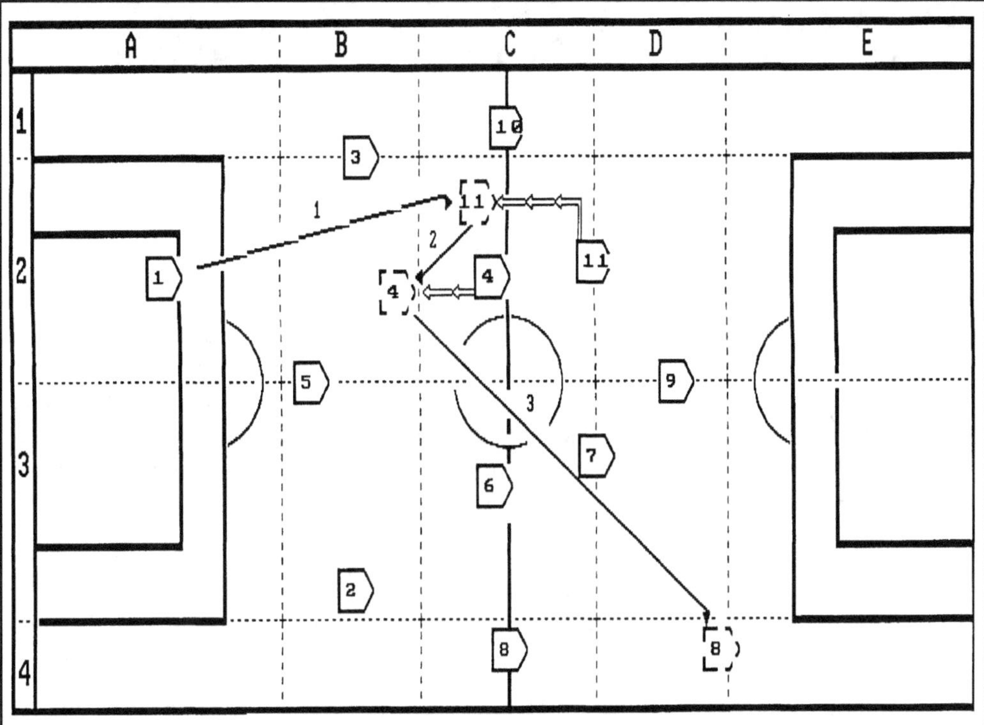

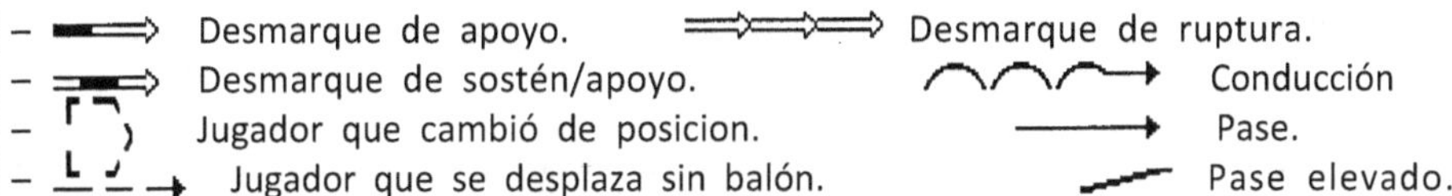

1 - 3 - 4 - 2 - 1

ACCIONES COMBINADAS CONJUNTAS.
EJEMPLO DE ATAQUE DIRECTO

- Desmarque de apoyo.
- Desmarque de sostén/apoyo.
- Jugador que cambió de posicion.
- Jugador que se desplaza sin balón.
- Desmarque de ruptura.
- Conducción
- Pase.
- Pase elevado.

Sabemos que popularmente a los ataques directos se les suele definir «jugar al patadón»; nada más lejos de la realidad; yo me confieso como un amante del control del balón del apoyo y pase corto hasta unas determinadas zonas donde reduzco el número de pases y aplico las acciones técnicas de velocidad de desplazamiento; pero en defensa de los ataques directos y en contra de los definidores del patadón, he de decir que un pase perfectamente orientado deja de ser un pelotazo para pasar a ser un pase largo eficaz.

En el dibujo vemos un ejemplo de ataque directo: el medio centro de la izquierda N.º 4 y el media punta de la izquierda N.º 11 se desmacran de apoyo ante el saque de meta de su portero, recibe el media punta, que deja al medio centro de la izquierda que en un desplazamiento a la banda entrega a interior derecha N.º 8 en desmarque de ruptura, las posibilidades del N.º 8 son todas; quizás con el criticado patadón combatamos el achique al fuera de juego del rival.

NEUTRALIZACIÓN DE UN SISTEMA 1 - 3 - 4 - 3

En la próxima jornada nos enfrentaremos a un equipo que juega un 1-3-4-3, sistema que le define y al que aporta características propias siendo éstas:

A).- Su línea de defensa está formada por tres jugadores magistrales como no podían ser de otra forma en un equipo que juega con tres defensas; dominan el juego aéreo, de técnica depurada en ambas piernas con una gran capacidad física donde destaca su velocidad, aportando una gran anticipación.

B).- El centro del campo lo forman cuatro jugadores en línea, esta formación aporta una peculiariedad esta es: con el balón en posesión de sus defensas uno de los medios centros baja a recogerlo para organizar la creación del juego de su equipo, una vez pasada la línea del centro del campo el otro medio centro avanza situándose como media punta; estarán formando un rombo.

C).- Los interiores son dos jugadores de una gran condición física y una aportación en defensa y centro del campo muy importante, dado que defensivamente se colocan como laterales, dando consistencia al centro del campo, llegando en segunda línea de ataque, siendo por ello goleadores de segunda opción.

D).- En punta juegan con dos extremos y un delantero centro. Los extremos juegan pegados a la línea de banda, con una magnífica técnica en el uno contra uno, acción que utilizan para desbordar al lateral rival y previa al centro, del cual son auténticos especialistas, en ocasiones suelen cambiar de banda para tras el regate acabar con disparos al poste alejado aplicando a éste un gran efecto; son el alma del equipo piezas básicas y fundamentales.

Defensivamente ocvupan la posición de los interiores dado que como sabemos estos bajan a posición de laterales.

E).- Su delantero centro, al margen de sus virtudes técnicas, su argumento principal es que es un finalizador nato, agresivo con ansias de gol; muy bueno es el juego aéreo; con constante movilidad por lo que es dificil establecerle una marca individual, presiona con mucha energía al rival y no está exento de un buen juego de espaldas a la portería rival.

F).- Es un equipo dotado de grandes argumentos técnicos, individuales y de conjunto, con trato exquisito del balón, además de tener una buena concepción de grupo, recurriendo al trabajo si el rival le dificulta su capacidad de crear juego a la cual nunca dan precipitación, destaca en este equipo su gran porcentaje de posesión del balón. Es sin duda el favorito.

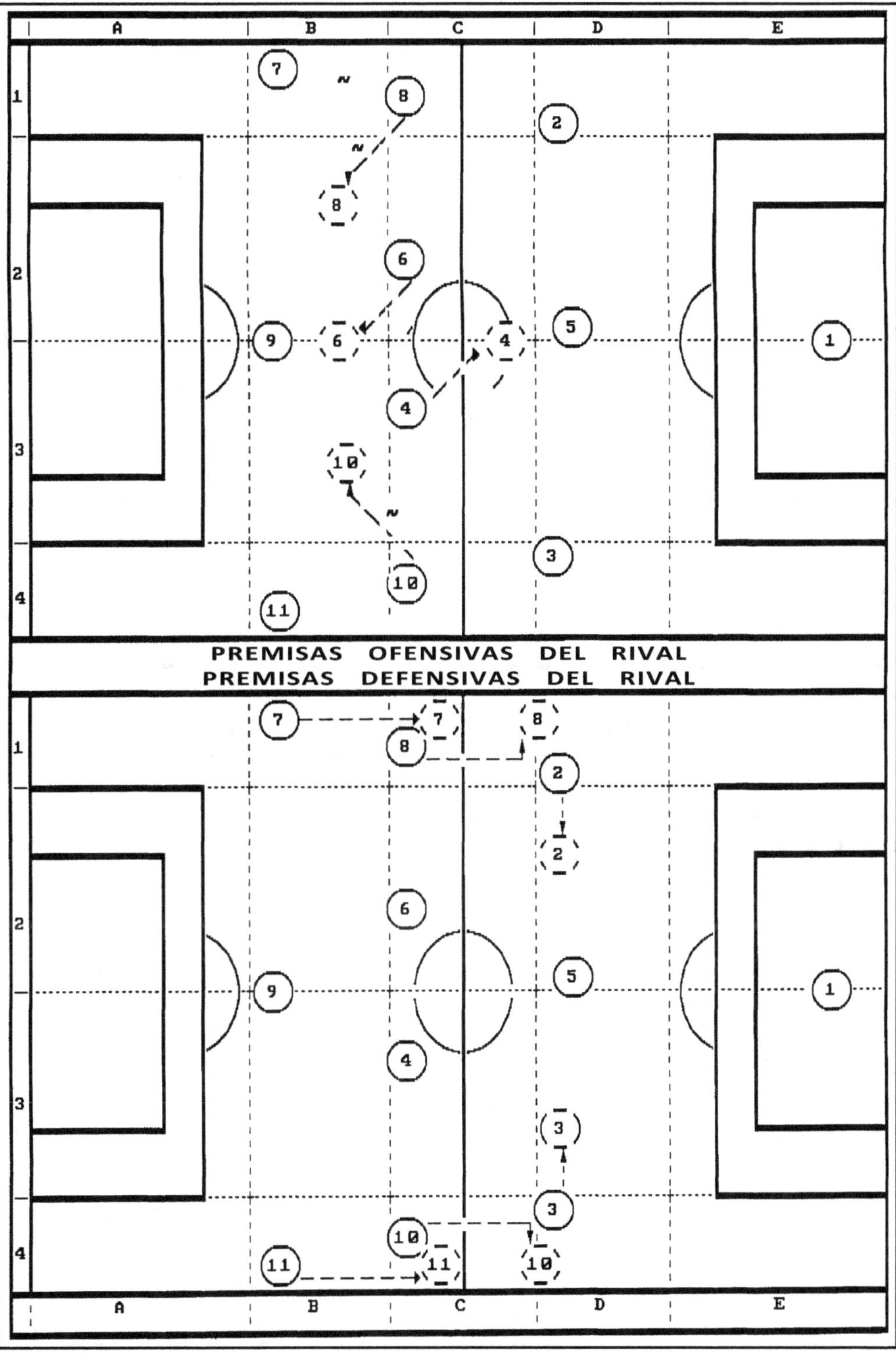
PREMISAS OFENSIVAS DEL RIVAL
PREMISAS DEFENSIVAS DEL RIVAL

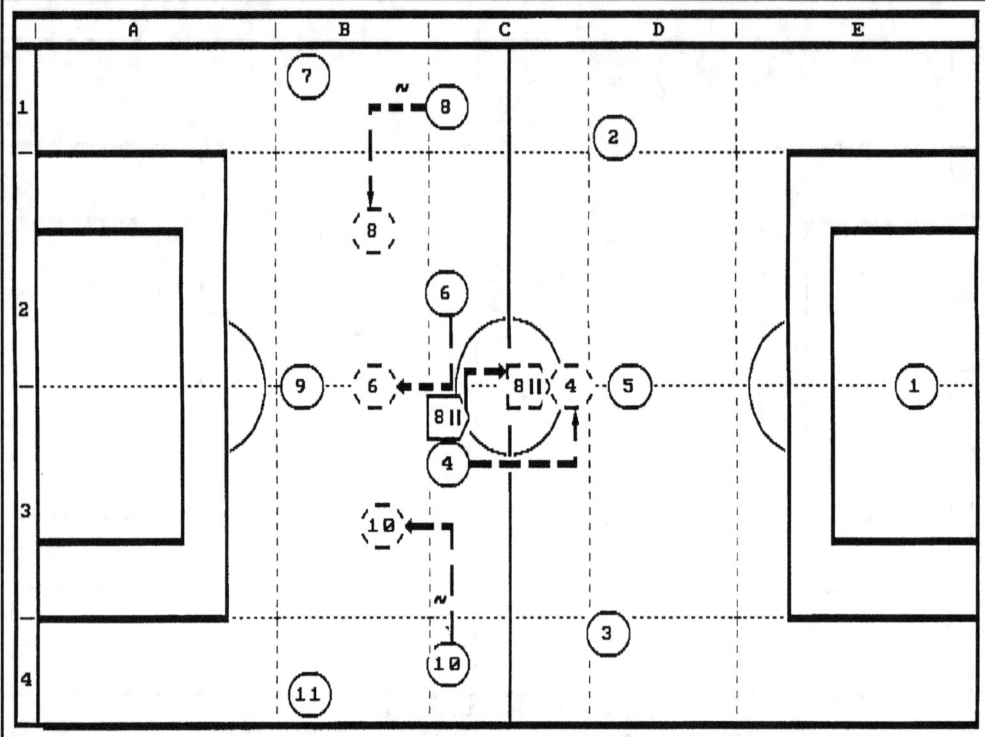

PREMISAS OFENSIVAS DEL RIVAL

Ya conocemos los datos tácticos propios del comportamiento del oponente, los cuales vamos a neutralizar, al ver en la pizarra su distribución y movimientos debemos considerar y oponer a estos:

1.- Que el medio centro que tiene por misión organizar y crear el juego tenga una escasa participación en este y si no podemos lograrlo, debemos al menos conseguir que juegue con un jugador nuestro presionándole; recordemos que este jugador en la organización del juego baja a recoger el balón hasta su línea de defensas por lo que de robarle el balón en la prersión lo hacemos muy próximos a la frontal de su área.

Para neutralizarlo situamos a un jugador nuestro, lógicamente de cierto corte ofensivo por lo expuesto anteriormente sobre este jugador, principalmente con el objeto de que no reciba el balón y si consigue recibirlo obligarle a que tenga que jugar hacia atrás y no en profundidad.

Este jugador que vamos a situar sobre él, debe tener una gran capacidad física y no estar exento de creatividad dado que en algunas ocasiones su recuperación se produzca en nuestro propio campo, con lo que tenemos que debe tener argumentos ofensivos más argumentos organizadores, por lo que nos inclinaremos por un jugador de medio campo de corte ofensivo.

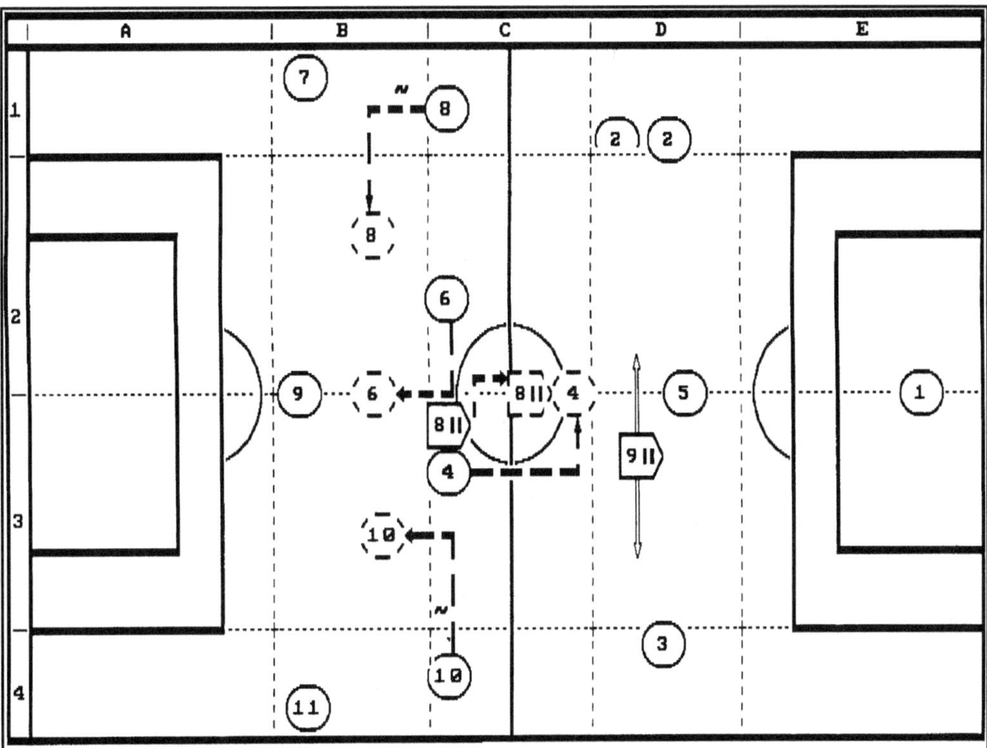

PREMISAS OFENSIVAS DEL RIVAL

2.- En su defensa ellos aportan tres grandes defensores que debido a su organización ofensiva, de tres hombres adelante nunca se incorporan al ataque, siendo su misión fundamental defender y participar en la creación del juego en origen.

Debemos además de tener una gran atención al achique de espacios, dado que cuando el balón pasa al campo rival se adelantan de forma colectiva hasta 5/6 mtrs. de la línea del centro.

Construyen el juego en origen con pases medios/cortos con su centro, con pases medios entre ellos si crean de una forma casi paralela a la línea de fondo y con pases siempre largos a la espalda de la defensa rival si entregan a sus extremos; los pases largos con su delantero centro nunca utilizan; verticalmente utilizan pases medios al jugador que en las variantes ofensivas se sitúa como media punta, en el vértice ofensivo del rombo que forman.

Nuestra respuesta a estas propuestas de juego del rival será oponer un delantero de presión y pelea con el objetivo de no permitirles jugar pases medios o largos, obligándoles a jugar en corto con su organizador que como sabemos está bajo el control de nuestro medio centro.

En la medida que seamos capaces de anular su juego en origen con o sin la ayuda de su medio centro, aumentaremos nuestras posibilidades de controlar el ritmo del partido.

El afán de neutralizar a nuestro poderoso contrincante iremos configurando el dibujo y organización de nuestro sistema.

Ya vemos de entrada que nuestro sistema tendrá un sólo jugador en punta, evidentemente con un sólo jugador en esa posición tendremos grandes dificultades para lograr la superioridad numérica propuesta; pero es necesario recordar que ésta la debemos conseguir como premisa fundamental en las zonas que determinan nuestro propio campo.

Por otro lado tenemos la ubicación de nuestro medio que sin olvidar la función propia de un medio centro, como es la organización del juego y el control del ritmo que nos interesa dar al partido en lo referente al aspecto ofensivo, deberá anular la posibilidad de hacer lo propio al medio centro rival y en este caso siendo este el talento del encuentro; esta ubicación puede y debe variar ya que conocemos la filosofía de creación de juegodel citado «cerebro» oponente, esto nos obligará en ocasiones a estar lejos de la zona central del centro del campo ya que dicho medio centro oponente va a recibir el balón de sus defensas para organizar la transición de defensa al ataque; imaginemos que este jugador va a buscar el balón por delante de su lateral derecho nuestro medio centro estaría en su persecución ubicado como un media punta por la izquierda, dejando desasistido su espacio en el centro del campo, ello puede acarrear un desajuste de ubicación racional de nuestro equipo, veremos más adelante al comentar la función de su otro medio centro que nos complica bastante su resolución. Centrándose en el aspecto de definir el sistema al que nos va a obligar el controlar a nuestros rivales, vemos que ya tenemos ubicado un punta y un medio centro (con matizaciones).

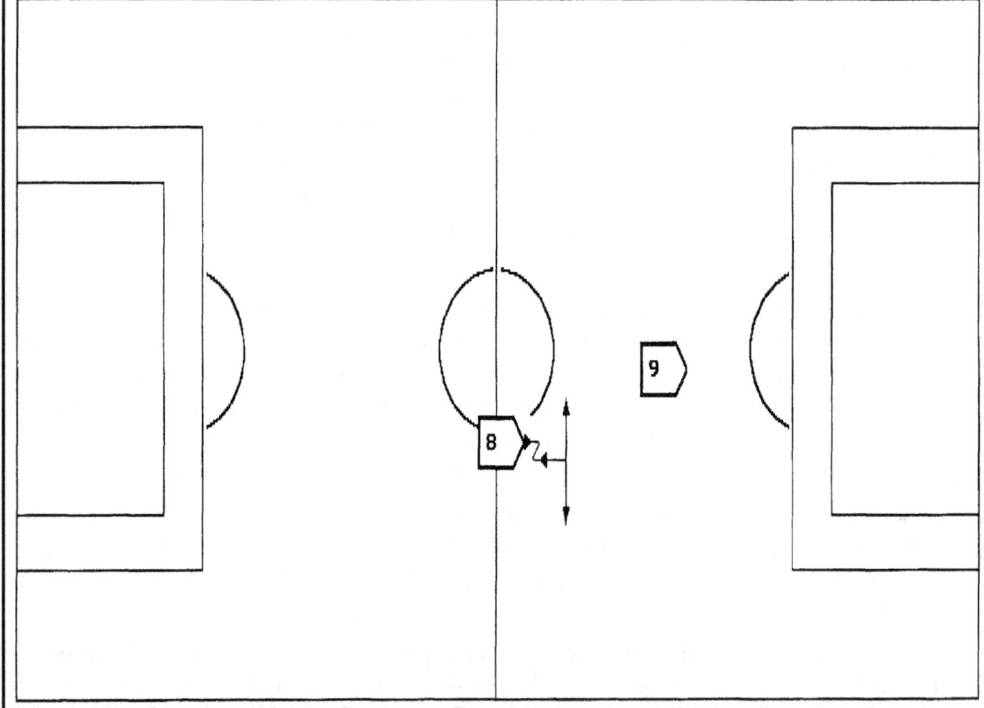

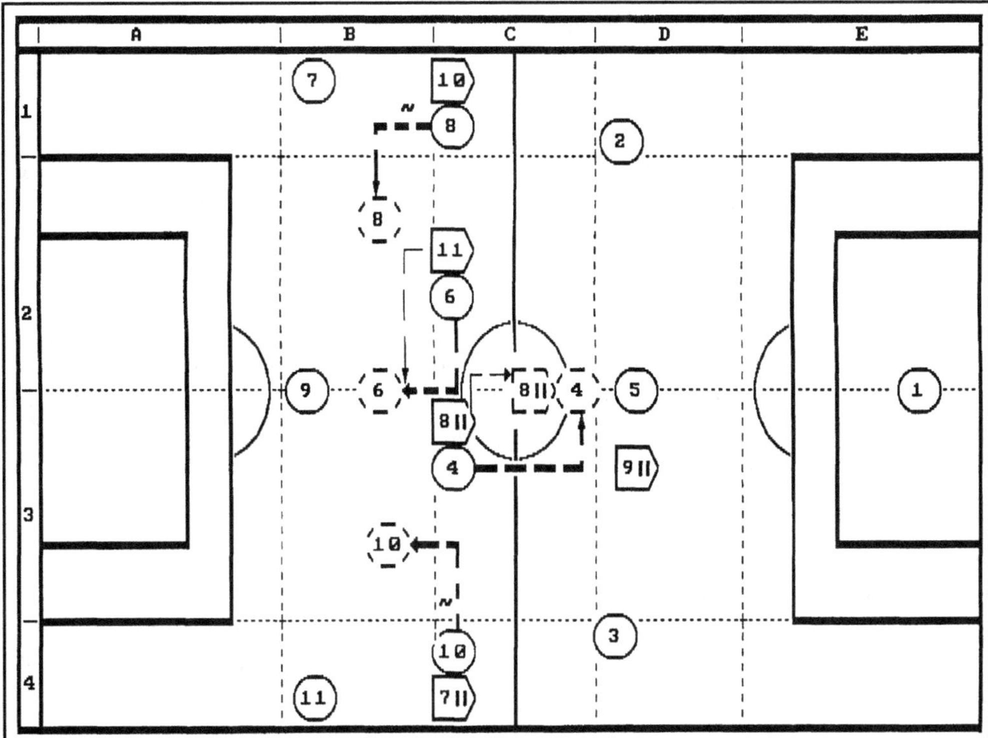

PREMISAS OFENSIVAS DEL RIVAL

Soy de los que piensan que los partidos los ganan los centros del campo y los definen los delanteros, siendo la organización defensiva lo que va a permitir tener una mayor capacidad de posibilitar definiciones ofensivas. Aclarado estos puntos continuo reincidiendo en controlar el centro del campo contrincante.

3.- Conocemos la aportación ofensiva y defensiva de sus interiores así como la ubicación en ataque de su otro medio centro, que situa como media punta, nuestra respuesta será designar un para cada uno de estos jugadores rivales y hacerlo en función de esos argumentos tácticos individuales de cada rival, por tanto los opopsitores a los interiores serán dos jugadores donde prime en el aspecto físico la velocidad de resistencia, recordemos que los interiores rivales defensivamente son laterales, esto nos da una idea de sus recorridos.

Por otro lado conocemos que su otro medio centro, una vez que el balón transita al campo rival se ubica como media punta en segunda opción de remate y conocemos su buen disparo a los rechaces a media distancia, le oponemos un medio centro de un corte defensivo pero con una cierta capacidad de construir juego de transición, ya que el éxito de su misión será recuperarle balones a su oponente y recoger los rechaces de nuestra defensa, cuando esto ocurra tendrá la mayor parte de sus compañeros detrás del balón, deberá esperar y no perder la posesión de este; con una gran posibilidad de iniciar los contraataques.

Siguiendo con nuestra definición del sistema con el que vamos a neutralizar al equipo oponente vemos que ya nos ha obligado a definir una línea de cuatro jugadores en el centro del campo, por lo que ya tenemos un punta y cuatro centrocampistas.

Nos encontramos ahora con las dificultades que anticipamos en la página 101, vemos el desajuste de ubicación racional que podemos tener en la ubicación de nuestros jugadores, si uno de nuestros medios centros se ocupa como hemos dicho del medio centro que baja a recibir para organizar y nuestro medio centro se ocupa del centrocampista que va a colocarse como media punta, pudiera darse esta circunstancia: que el medio centro receptor del pase de sus defensas caiga a banda por delante de su lateral del cual va a recibir, lógicamente le marca nuestro medio centro, supongamos que el otro medio centro transformado en media punta y evidentemente controlado por nuestro otro medio centro, se sitúa por delante de su medio centro crerador, basculando a la banda de origen del ataque o la transición; tendremos alineados en una misma zona vertical de una de las bandas a los cuatro medios centros los suyos y los nuestros dejando un gran espacio en la zona ancha central, recordemos que la denominábamos zona de ataque central vertical, este espacio podría ser ocupado y aprovechado por su delantero centro con el riesgo que comporta que este esté sólo o nos obligue a sacar al central en su persecución, dejando entonces el espacio libre delante de nuestro área; en mi opinión la neutralización está en que nuestros dos medios centros alternen el control del organizador rival esto es: uno le marca del centro campo a la izquierda el otro del centro a la derecha lógicamente el que no le está marcando se ocupa del medio punta, parece lo lógico pese a su dificultad.

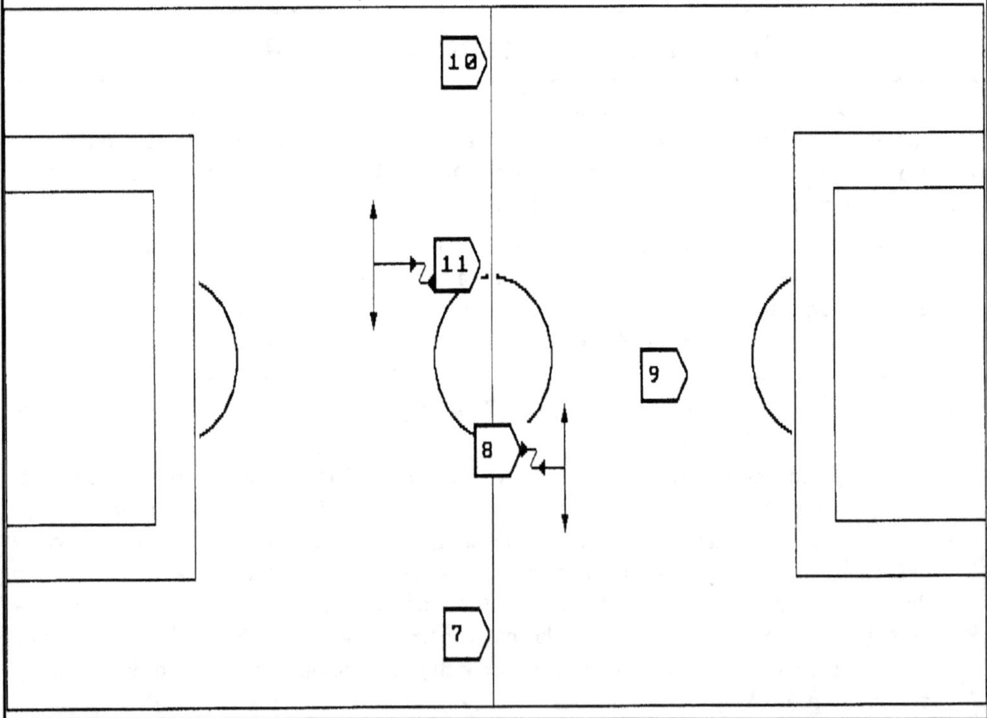

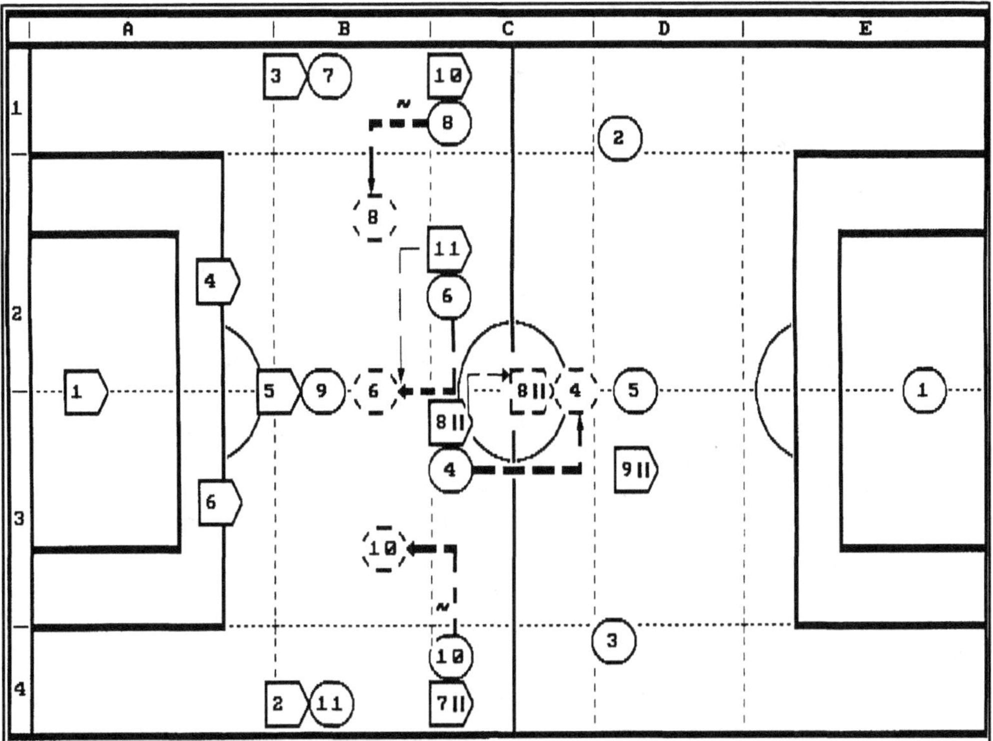

PREMISAS OFENSIVAS DEL RIVAL

3.- Después del conocimiento del número de atacantes que utilizan en su última línea y después de saber de sus cualidades técnicas y de sus argumentos tácticos, debemos tener presente estos a la hora de conformar una línea defensiva que se oponga a los condicionantes rivales con éxito.

Lo primero que debemos neutralizar es la habilidad en el uno contra uno de sus dos extremos, tenemos presente que tras el regate al lateral efectúan un centro por lo general de gran precisión, tenemos que evitar por tanto que dicho centro se produzca las menos veces posibles y la mejor manera de lograrlo es que tras el regate su extremo se encuentre con la dificultad de otro rival al que superar por estar haciendo cobertura al lateral que superó; habríamos logrado un dos contra uno en banda y posiblemente mermar la calidad del centro si a pesar de todo este se produce, lógicamente si este no se produce o es de mala calidad reduciremos la posibilidad del remate del delantero centro y por añadidura el tiro a media distancia de su media punta al no tener o tener menos rechaces que recibir, mi propuesta es tener dos laterales con una ayuda cada uno, más un defensa central contra su delantero centro, en mi opinión nada más fácil de diseñar esta solución, por lo que dibujo una defensa de cinco jugadores de los cuales tres son marcadores y dos libres uno del centro a la derecha otro del centro a la izquierda. reconozco que esta propuesta me encanta y la utilizo a menudo.

Junto con nuestro portero ya tenemos definido nuestro sistema desde los condicionantes impuestos por la calidad de nuestro equipo oponente, quedando de inicio en un 1-5-4-1. Esto es:

1.- Portero.

5.- Defensas de los cuales tres son marcadores y dos son libres.

4.- Centrocampistas que inician en línea.

1.- Delantero.

Es necesario recordar que la superioridad numérica por tener pocos efectivos delante y por mla premisa de su juego de extremos deberemos conseguirla casi con toda seguridad o al menos en una gran parte de los casos en la línea defensiva, al margen de que esta esté más próxima a nuestro área o la línea del centro del campo; la diferencia estribaría en que si la logramos más cerca de nuestro área posiblemente y por tener muchos metros y pocos jugadores por delante del balón debamos iniciar con ataques organizados, mientras que si somos superiores numéricamente más cercanos a la línea del centro del campo si nos podamos permitir el jugar contraataques previstos; en ambos casos los ataques directos se producirán más por el desplazamiento baj presión de los tres delanteros rivales que por propia intención.

Es imprescindible que mencionemos un problema que se puede presentar como es: que al jugar con dos libres pueda existir un desajuste en el achique de espacios si uno de los dos no toma la responsabilidad de ordenar este.

Como ya dije en la página anterior me apasiona este sistema por el sin fin de posibilidades que ofrece.

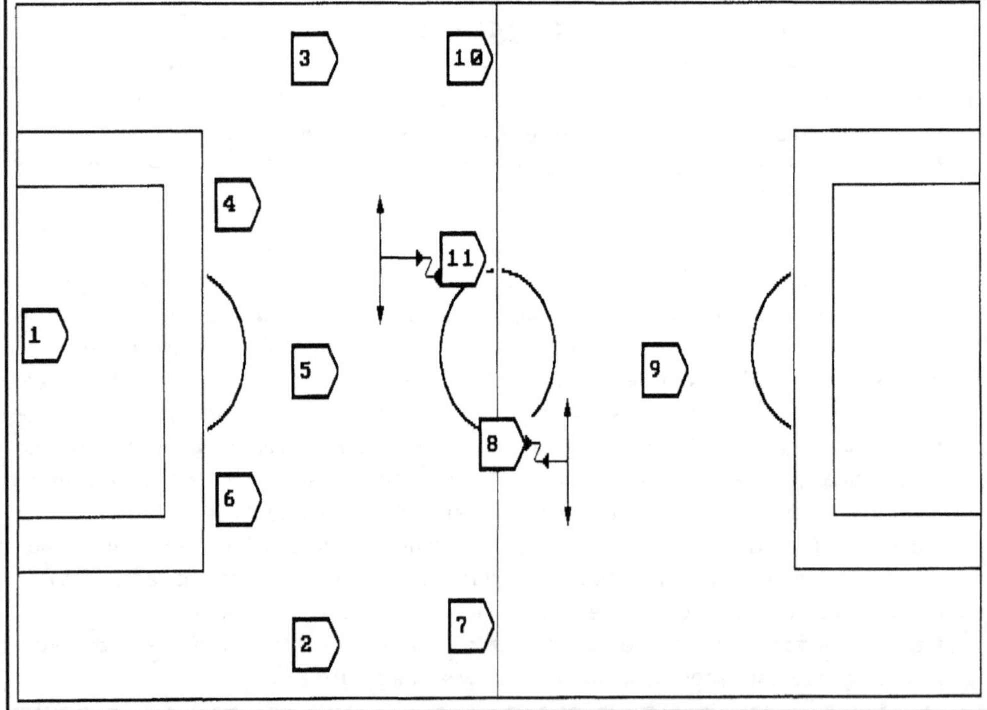

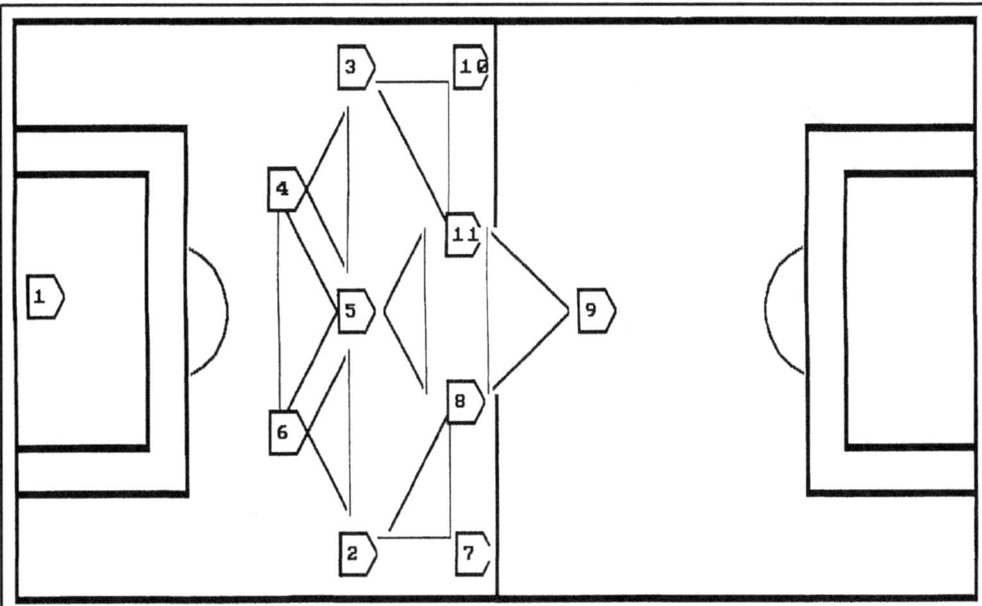

En esta página vemos en la figura superior la geometría del sistema la ubicación formando triángulos de apoyo/cobertura.

En el dibujo inferior la ubicación en distancias en amplitud y profundidad del sistema ***** debemos recordar que la distancia en amplitud es de nera referencia, estando esta condicionada por las basculaciones*****.

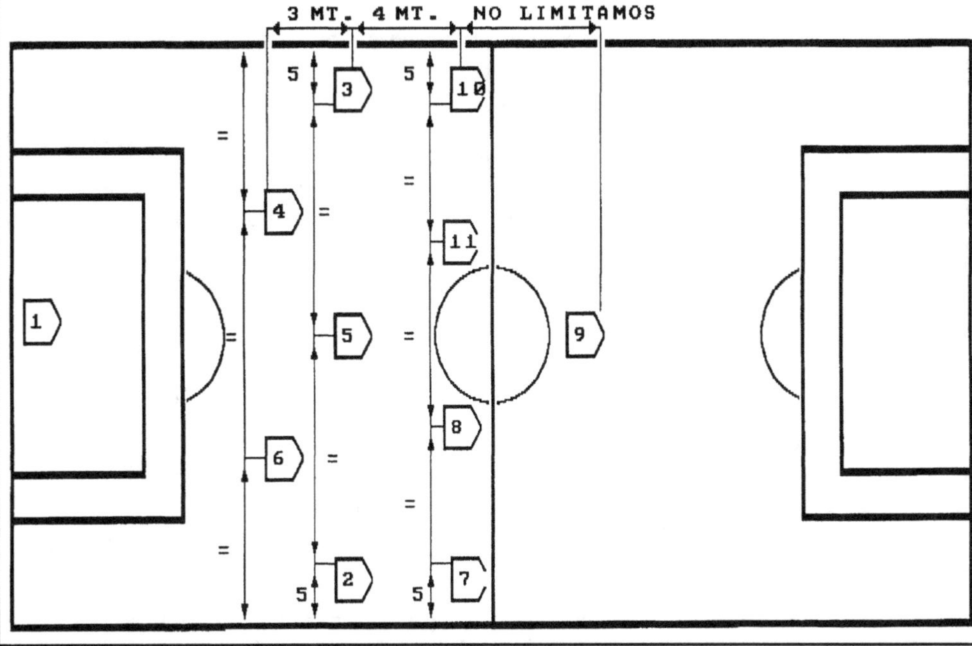

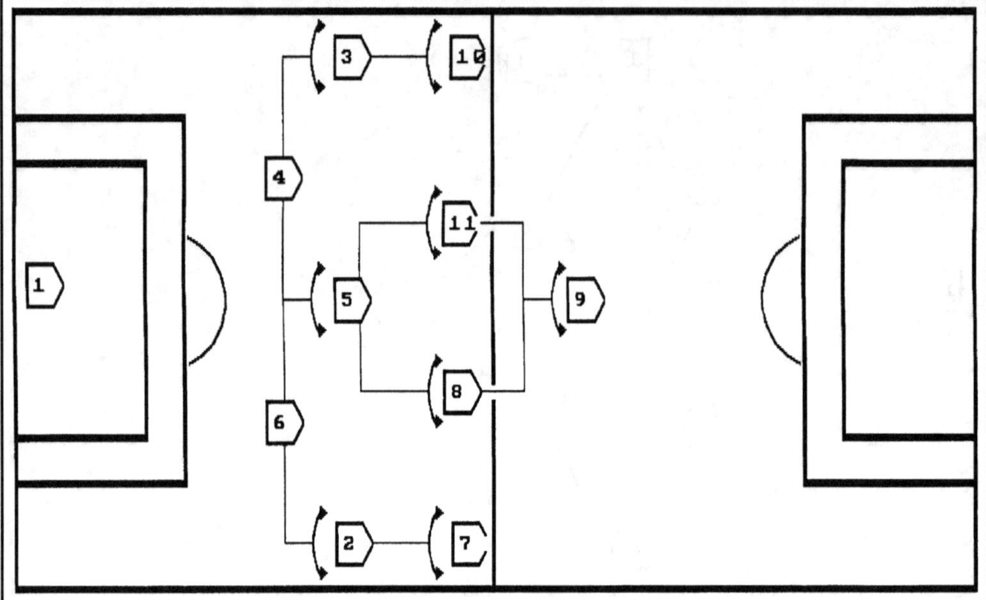

En esta página vemos en la figura superior las coberturas múltiples que nos permite el sistema.

En el dibujo inferior vemos la ubicación y organización de los repliegues y achiques colectivos.

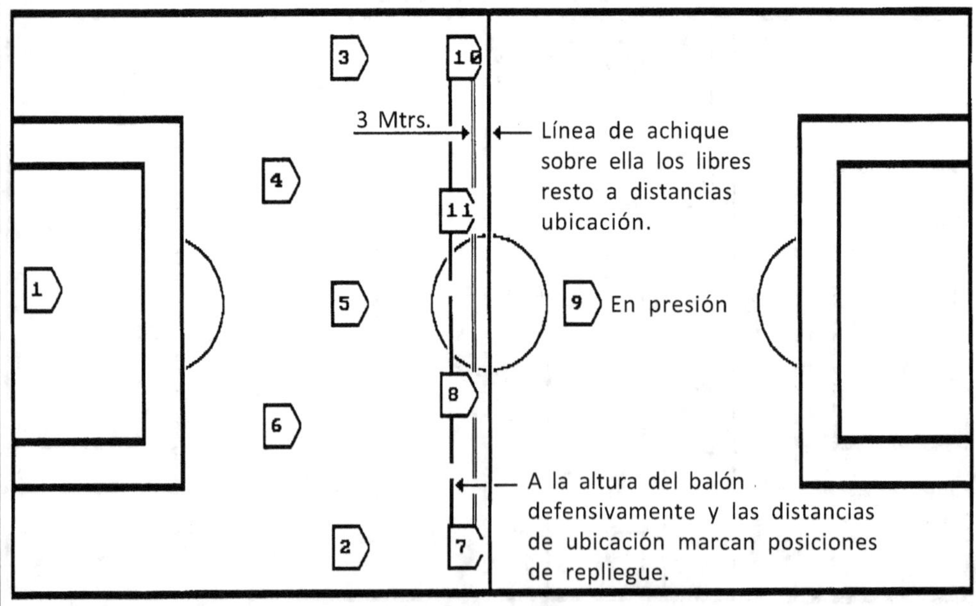

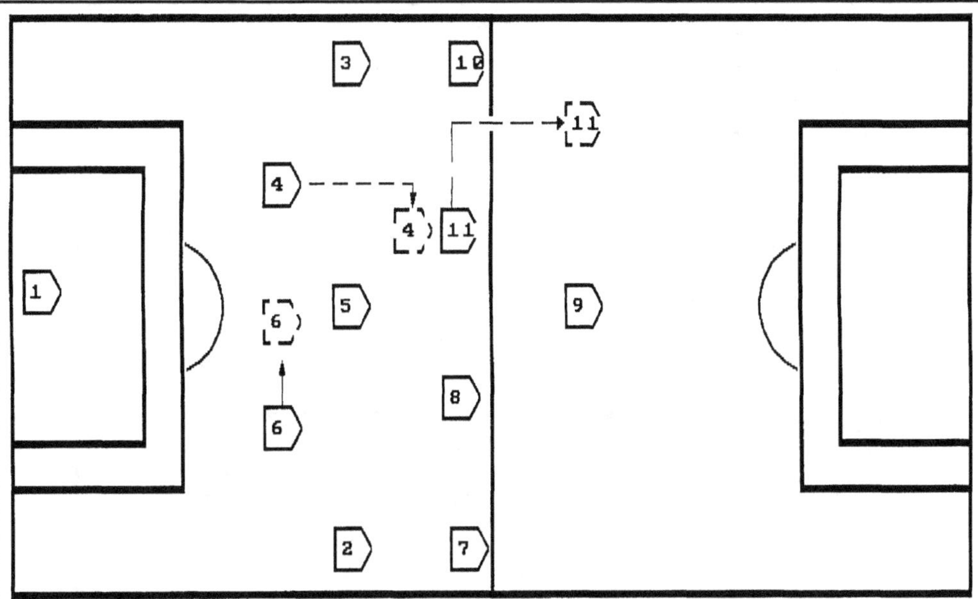

VARIANTE OFENSIVA: De los dos medios centros el más ofensivo lo adelantamos a segundo punta (podíamos hacerlo también con uno de los dos interiores); pasando al libre más ofensivo al lugar que abandonó el medio centro en ataque. Estaremos ahora en un 1-4-4-2.

VARIANTE DEFENSIVA: Como variante defensiva y pensando que de inicio jugamos con cino defensores, no aportaremos más que una aproximación de líneas.

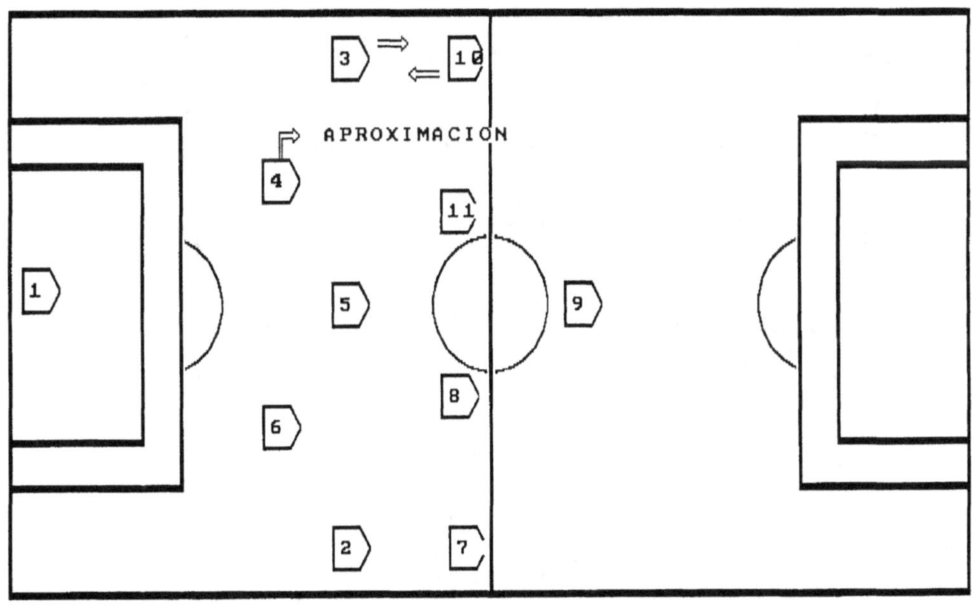

- Hemos configurado nuestro sistema desde la perspectiva de neutralizar a nuestro rival.
- Hemos diseñado nuestra ubicación racional sobre el terreno de juego.
- Hemos determinado organización individual y colectiva.
- Hemos aportado nuestras variantes ofensivas y defensivas al sistema adoptado.
- Nos queda por definir el objeto de la obra: MOVIMIENTOS PARA LOGRAR SUPERIORI-DAD NUMÉRICA

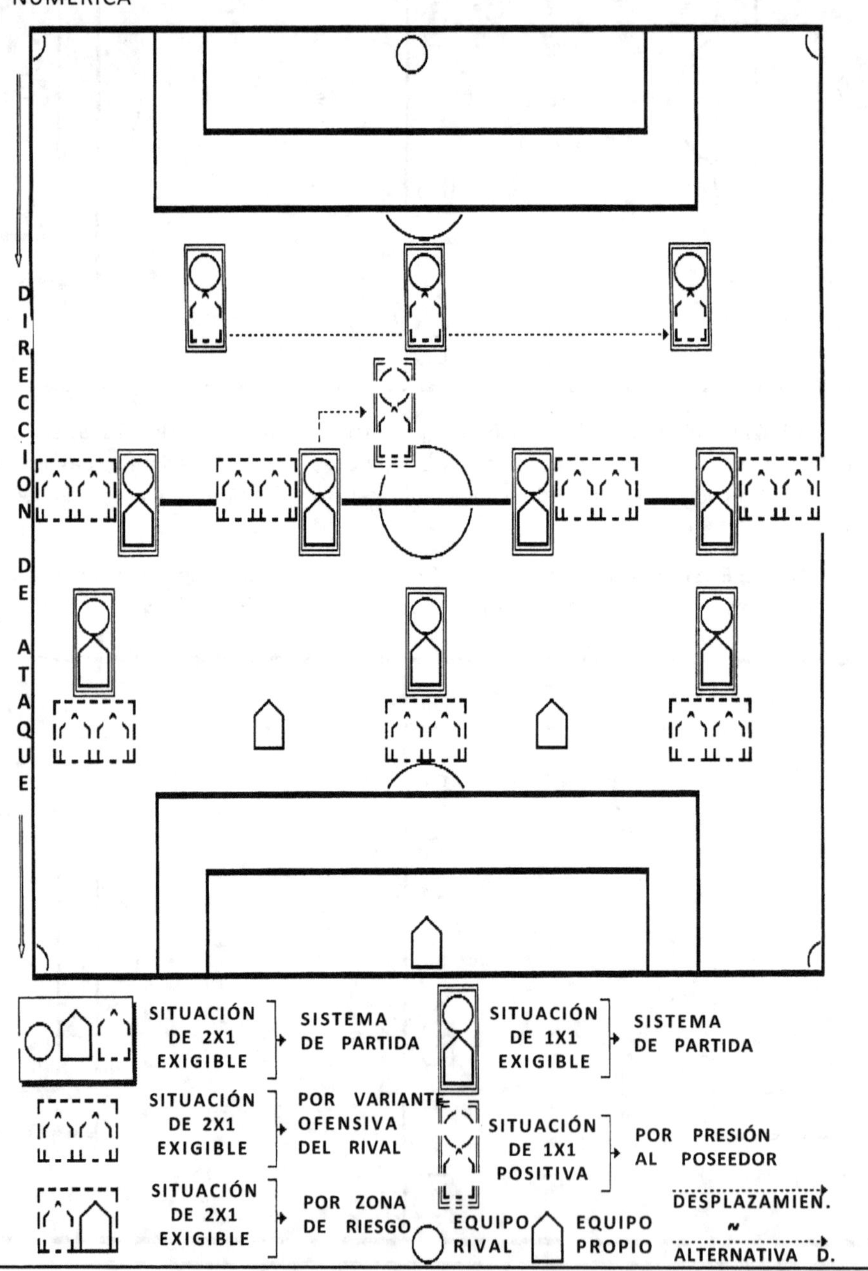

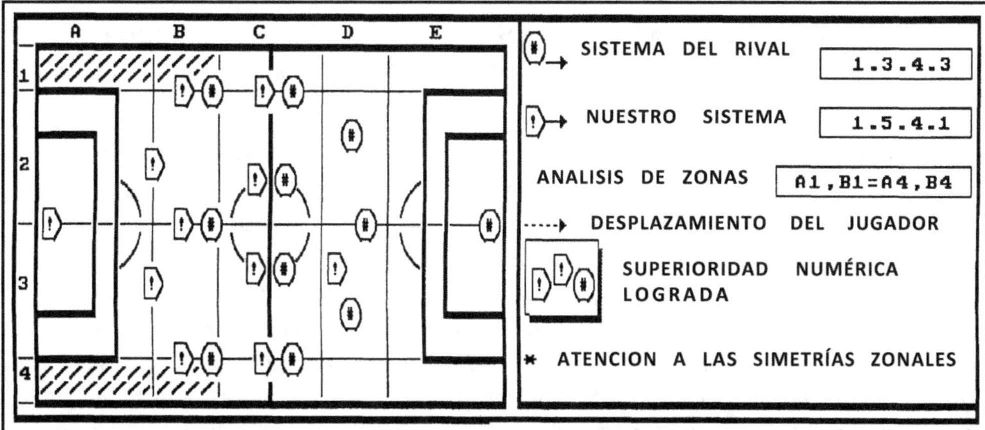

**UBICACIONES INDIVIDUALES QUE DEBEMOS GANAR EN SUPERIORIDAD.
SEGUIDAMENTE VEMOS LAS ZONAS QUE DEBEMOS SERLO.**

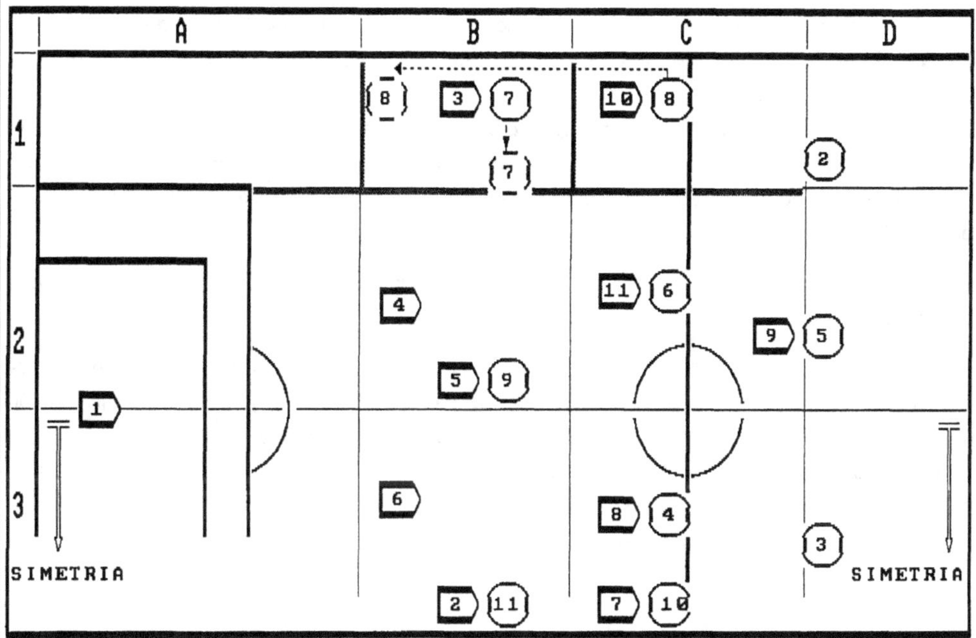

En mi opinión un equipo que plantea de inicio un sistema con un delantero centro y dos extremos natos, sus aportaciones en lo referente a variantes ofensivas, se darán en la llegada de una segunda línea de ataque, pese a ser esta mi creencia no voy a descartar otras variantes que aún pareciéndome ilógicas o que yo no utilizase, tengan la posibilidad de ser utilizadas por mi rival.

Debemos tener presente que las circunstancias que se dan en una banda se darán exactamente igual en la otra por el concepto de simetría, la neutralización es la misma con los jugadores opuestos.

Veiamos en la anterior página que el extremo dcho. rival n.º 7 se desmarca hacia el límite de A1/B1, con el objeto de permitir un pasillo a su interior dcho. n.º 8 para el desmarque de este hasta la zona A1.

Hemos dicho que es un equipo de pase corto y muchos apoyos hasta encontrar opción de penetrar, los desmarque no serán de muy lejos del poseedor, por tanto, sospecharemos que el balón estará en posesión o del propio n.º 7 o de uno de los medios centros, uno colocado en la media punta, el otro como enlace con su defensa, esta diferencia en el poseedor del balón, tambien nos origina una diferencia en la forma de neutrallizar, debemos por tanto intuir cual será el pase; lo más lógico es que si el desmarque de ruptura se da por la derecha el pase sea orientado hacia ese lado, por algo tan simple, siempre según mi lógica, como es el que jugando con tres defensas se produzca un movimiento al cual no se le va a entregar el balón, desasistiendo una línea que puede ser utilizada por el rival en un contraataque desequilibrando la citada defensa de tres; no vamos a confiar en nuestra lógica y vamos a neutralizar los dos posibles pases.

Si el balón está en posición del medio centro venido a enlazar con su defensa (n.º 4), pienso que ejecutará un pase medio con el extremo n.º 7; con el medio centro ubicado como media punta; si el balón está en posición del media punta, creo que este ejecutaría un pase corto al extremo dcha. n.º 7 o un pase medio al desmarque del interior dcho. n.º 8; si el balón está en posesión del extremo n.º 7 jugará con el desmarque del interior o nuevamente con el media punta para que este jugase un pase medio, al primer toque al citado desmarque del n.º 8.

En todos los casos y en mi posición todas las opciones de pase estarán previstas para que el balón llegue a la banda en primera o segunda acción.

La diferencia en cuanto a la neutralización estriba en la presión al poseedor, pero será el mismo argumento en lo referente a lograr superioridad numérica en la zona A1; la presión al poseedor en el caso del enlace la efectuará nuestro medio centro n.º 8; si el poseedor es el media punta la presión la efectuará nuestro medio centro n.º 11 y por último si la posesión es del extremo n.º 7 la presión será de nuestro lateral izquierdo. Recordemos la necesidad de la temporización para dar tiempo a la organizacion defensiva por repligues colectivos.

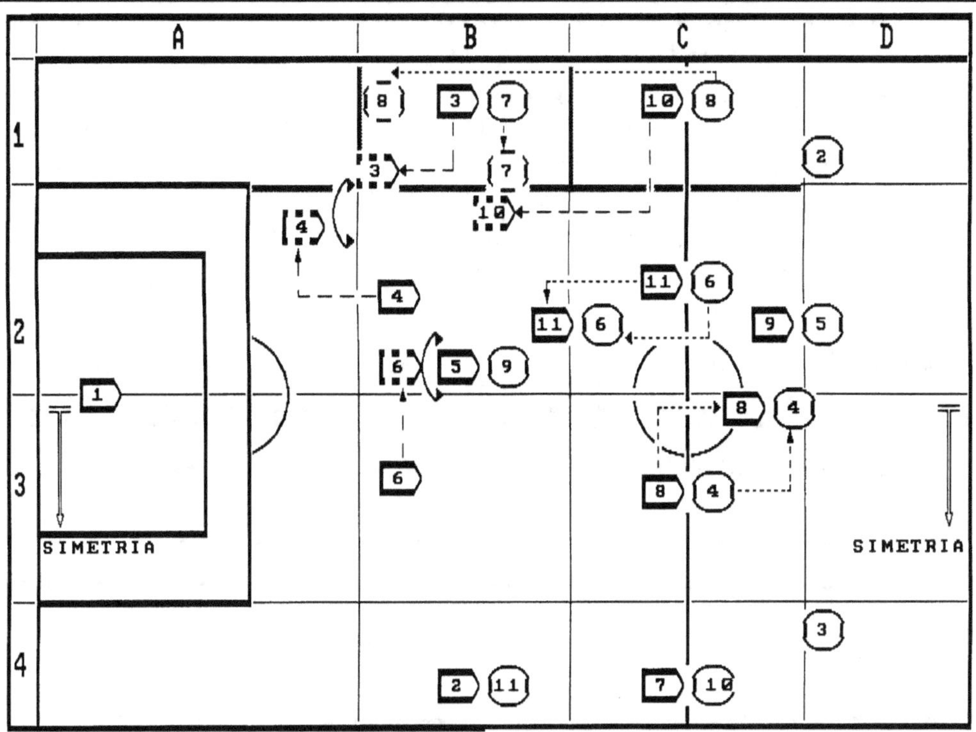

Veíamos en página que el extremo dcho. rival n.º 7 se desmarca hacia el límite de A1/B1, con el objeto de permitir un espacio su interior dcho. n.º 8 para el desmarque de este hasta la zona A1.

Nuestra neutralización al margen de quien sea el poseedor del balón y teniendo presente que tratarán de que el balón llegue a A1 la argumentamos en la siguiente respuesta:

1.- A su interior derecho n.º 8 le oponemos nuestro defensa n.º 3 (como vemos ha dejado la marca del extremo derecho), es preciso aclarar que si el poseedor del balón es citado extremo rival nuestro lateral no abandonará la presión para marcar al interior, se encargaría de su marca nuestro interior n.º 10. El motivo de cambiar la marca del extremo y dársela al interior es oponer el jugador típico en evitar centros, un lateral.

2.- Al n.º 7 le opondríamos entonces nuestro interior izdo. n.º 3 (intercambian los marcajes)

3.- Aproximamos a nuestro libre del centro a la izda. para hacer cobertura en A1 a sus compañeros nos. 3 y 11 y logrando además la superioridad numérica.

4.- Aproximamos a nuestro libre del centro a la dcha. n.º 6 a nuestro central n.º 5 que estaría contra el rival n.º 9 logrando en esa zona también superioridad numérica (la frontal)

5.- Las zonas más lejanas al balón quedan en un 1X1 (n.º 2 x n.º 11)

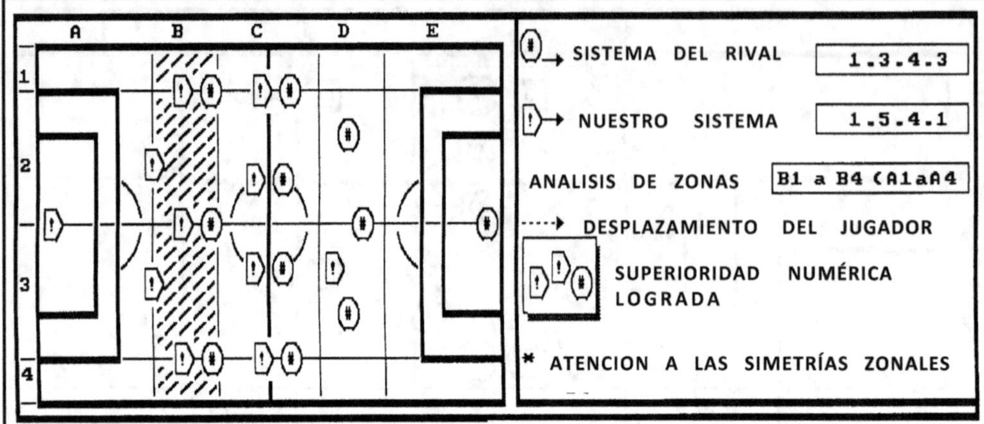

UBICACIONES INDIVIDUALES QUE DEBEMOS GANAR EN SUPERIORIDAD. SEGUIDAMENTE VEMOS LAS ZONAS QUE DEBEMOS SERLO.

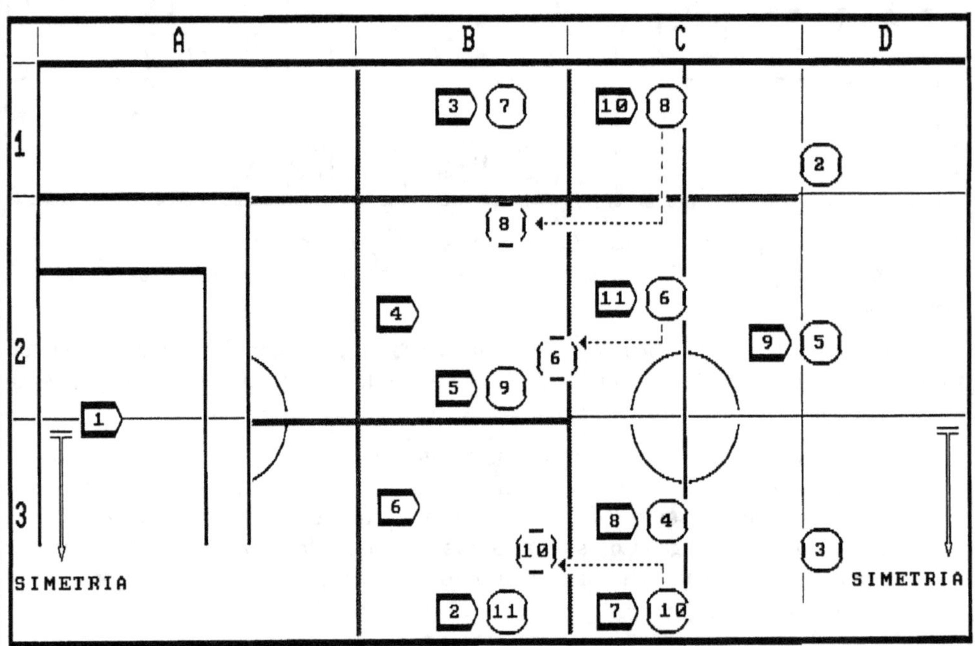

Volviendo a la creencia de que el rival nos llegará en una segunda línea de ataque, vemos en el presente dibujo que sus movimientos han organizado una línea de tres jugadores por detrás de los tres puntas. Esta situación podría darse en toda una zona ancha, esto es que los 6 jugadores rivales estén entre B1 a B4 con lo que su proximidad les permitiría conservar el balón, pero ello implica una gran cantidad de nuestros defensores que nos facilitará la neutralización; puede el rival utilizar dos zonas. Los puntas se ubican de A1 a A4 y centro-campista de B1 a B4. Veamos nuestra respuesta.

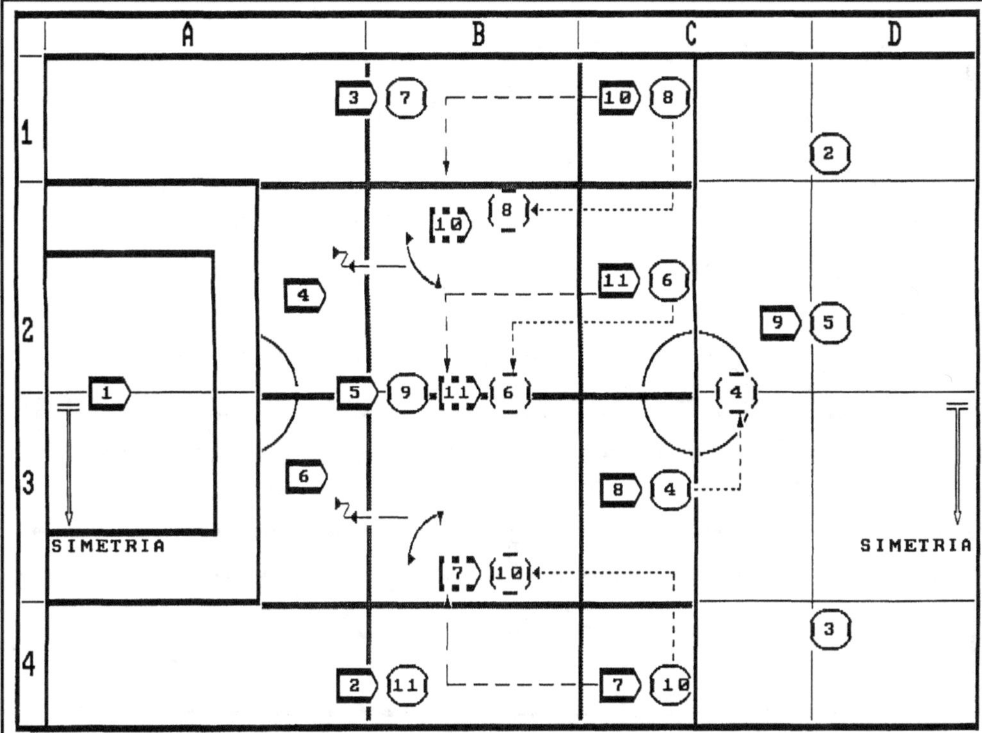

Vemos el detalle de los movimientos del rival estos le han permitido, tener una segunda línea de ataque de tres jugadores y además vemos la ubicación del medio centro organizador, estas variantes han transformado su sistema en 1-4-3-3: si la segunda línea tiene buena capacidad polivalente en la funcionalidad táctica, podríamos encontrarnos con dos líneas que han cambiado sus posiciones y funciones principalmente los jugadores de banda, esto es, los interiores serían los extremos y vicecersa; nuestra respuesta es:

1.- El tipo de las marcas será imprescindiblemente en zona.

2.- A sus interiores n[os.] 8 y 10 les oponemos nuestros interiores n[os.]10 y 7 y a su medio centro n.º 6 nuestro medio centro n.º 11.

3.- Continuamos con la vigilancia de su organizador n.º 4 con nuestro medio centro.

La superioridad numérica en la zona ancha la tenemos lograda, pero podemos tener un problema con respecto a las coberturas de nuestros dos interiores, si son superados deberá salir el libre; el riesgo es que si el balón se le pasa al extremo en banda de la zona del interior al cual le salió el libre, se encontrará en 1x1 con nuestro lateral y sin cobertura posible momentánea, ya que si desplazamos al otro libre dejaremos a nuestro central en 1x1 con su delantero centro, acercaremos las líneas para lograr coberturas más cortas y se puedan alternar estas a diferentes zonas.

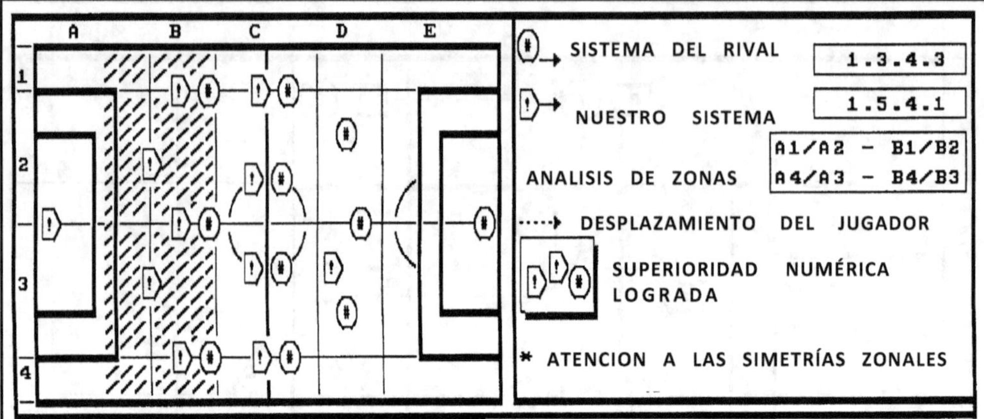

UBICACIONES INDIVIDUALES QUE DEBEMOS GANAR EN SUPERIORIDAD. SEGUIDAMENTE VEMOS LAS ZONAS QUE DEBEMOS SERLO.

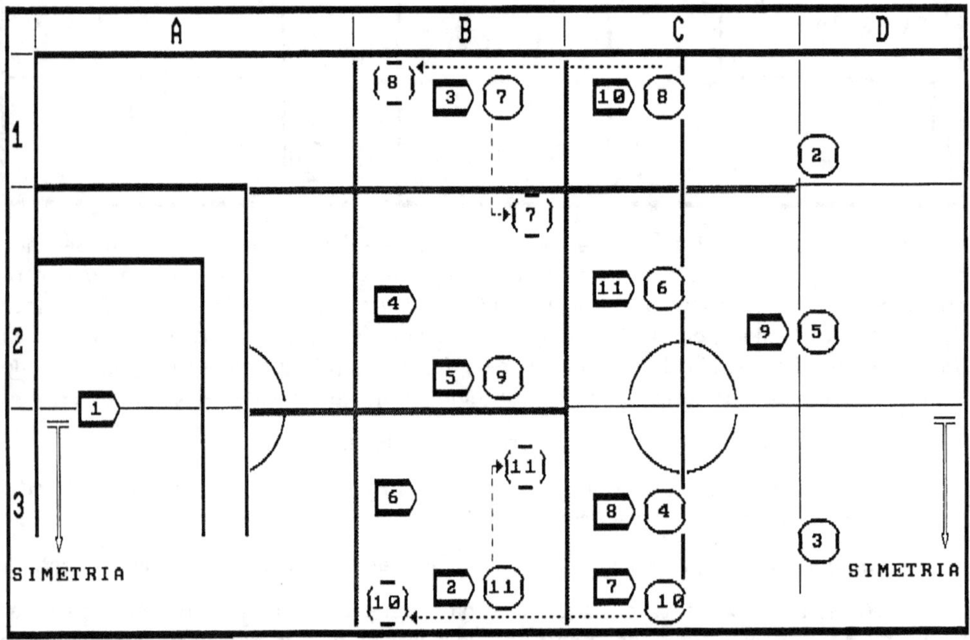

En la presente página vemos un movimiento típico de un equipo que juega con tres puntas, como es el intercambio de función de los extremos por los interiores, en base a esa polivalencia ya comentada de los jugadores rivales.

La dificultad que nos presenta este movimiento es repliegue inarmónico de nuestro interior con lo que provocaría en un momento dado y en el cruce del interior en zona del extremo, un dos contra el lateral y éste desplazándose en persecución del extremo, lo cual puede presentar una duda con respecto a que jugador marca en el preciso instante del cruce.

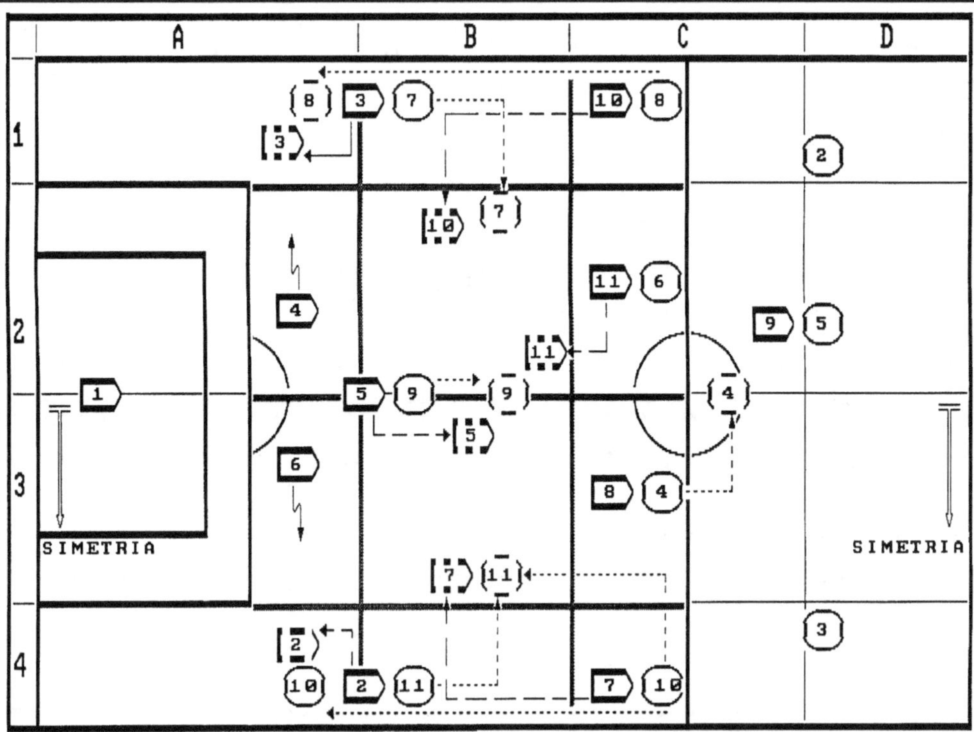

Al intercambio de posiciones y funciones entre interiores y extremos el rival añade un retroceso del delantero centro n.º 9 con toda seguridad con el objeto no sólo de arrastrar a su marcador, intentará en mi opinión además provocar el arrastre de los libres; esto originará un espacio que puedan aprovechar los interiores estando en diagonal hacia el área. Lo neutralizaremos:

1.- Mantener la situación de los libres (no serán arrastrados)

2.- A sus dos interiores nos. 8 y 10 opondremos nuestros laterales nos. 2 y 3

3.- A sus extremos nos. 7 y 11 oponemos nuestros interiores nos. 7 y 10 en zonas B2 y B3 respectivamente

4.- Al delantero centro n.º 9 que retrocede oponemos nuestro central n.º 5 por detrás de él acercando al medio centro defensivo n.º 11 por delante.

5.- Basculamos a los dos libres a izquierda y derecha respectivamente, esta basculación debe ser muy controlada para no dejar espacios libres (excesivos) delante de nuestro portero.

La superiordad numérica la tenemos lograda, pero , ¡ojo a las entradas en diagonal de los extremos en su ubicación en B2 y B4!

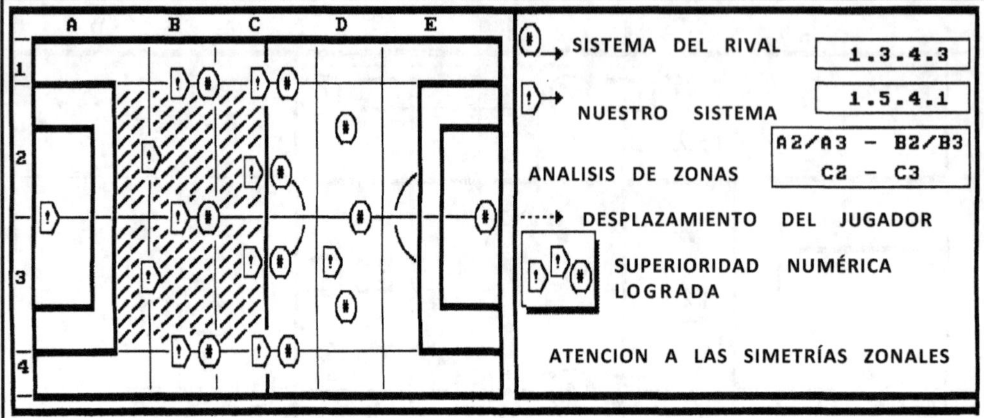

UBICACIONES INDIVIDUALES QUE DEBEMOS GANAR EN SUPERIORIDAD. SEGUIDAMENTE VEMOS LAS ZONAS QUE DEBEMOS SERLO.

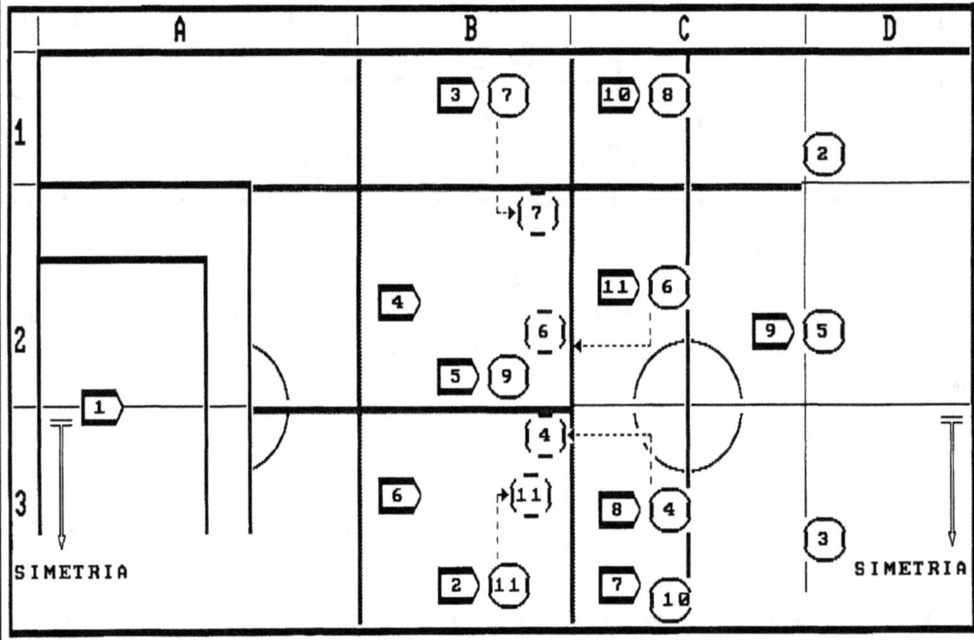

En la presente página vemos un movimiento típico de un equipo que juega con tres puntas, como es la caida a la zona central de los extremos para la posible entrada por el pasillo lateral de ambos interiores; incluso el rival podría aportar la entrada de los medios centros en zona central B2-B3.

Como en casos anteriores opino que será improbable que ambos interiores entren en desmarque, creo que entrará el del ala en la que se esté produciendo la transición del balón.

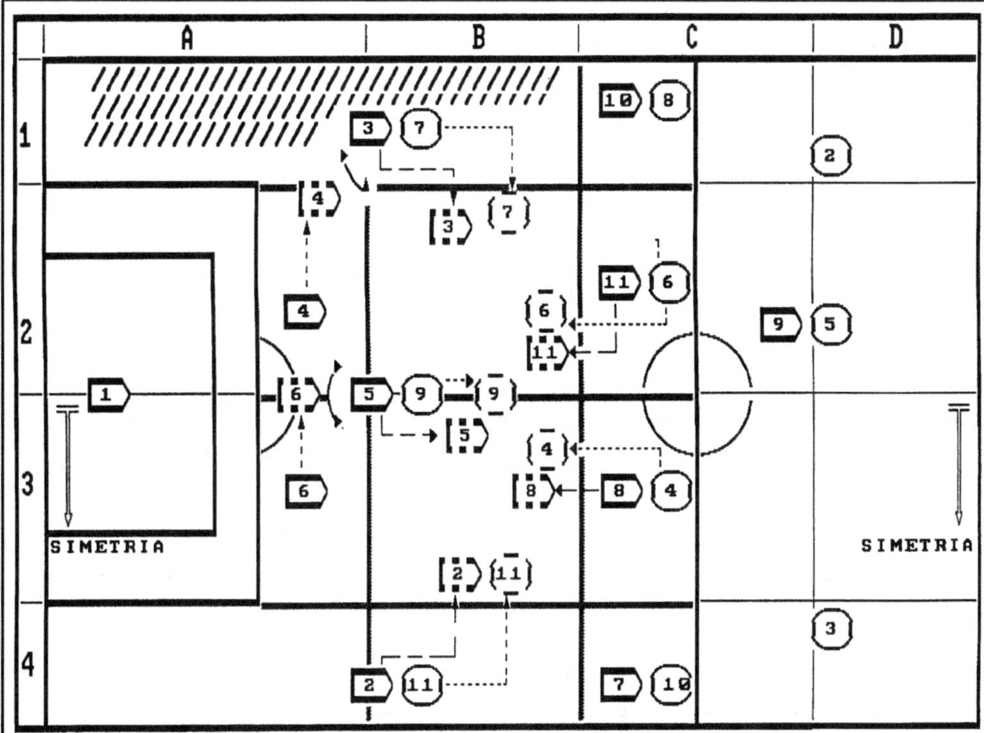

A lo comentado en la página anterior debemos incluir la posibilidad de que el delantero centro rival N.º 9 venga hacia el centro del campo, con el objeto de crearse un espacio detrás del central oponente, ya que en esta circunstancia no es probable que los libres sigan detrás de su central para hacerle cobertura, dado que se quedarían nuestros laterales n°s 2 y 3 contra sus extremos n°s 7 y 11; esta maniobra puede utilizarla el equipo contrincante para combatir nuestro achique entrando los interiores por banda evitando caer en fuera de juego. Debemos neutralizar en esta ocasión, más una posibilidad que un movimiento real; la entrada de los interiores mencionados para lo cual:

1.- A sus dos extremos les oponemos nuestros dos laterales.

2.- A sus dos medios centros les oponemos los nuestros.

3.- Este punto es fundamental, debemos intuir la banda de ataque y preveemos que será el lado de tránsito del balón, es decir; entre B1 y B2 (límite con B3) o B4 y B3 (límite con B2) conocido el ala de ataque; bascularemos los libres de tal forma que estén orientados del centro a la izqda, /drcha. dependiendo de la orientación del ataque rival, por tanto el libre del lado del ataque caerá a la banda objeto de la entrada, pudiendo esperarle a la vez que hacer cobertura a su central n.º 5 dejando al lateral más alejado del ataque sin cobertura momentánea.

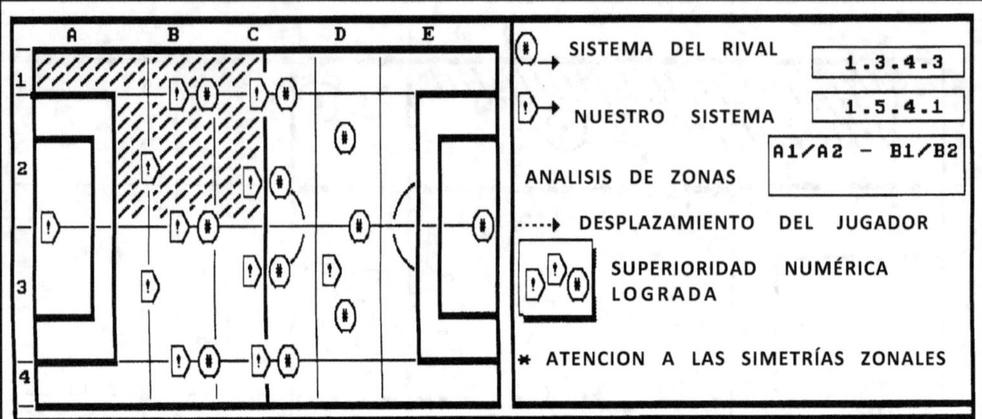

UBICACIONES INDIVIDUALES QUE DEBEMOS GANAR EN SUPERIORIDAD. SEGUIDAMENTE VEMOS LAS ZONAS QUE DEBEMOS SERLO.

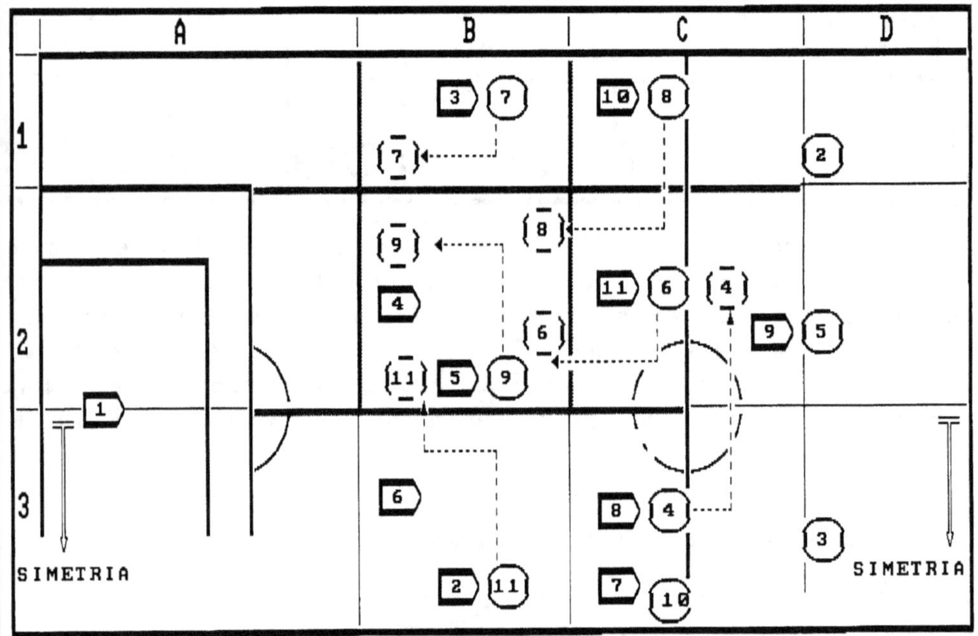

Por nos descartar en mi opinión una remota posibilidad como es la salida de uno de los laterales, me ratifico que en una defensa de tres jugadores no me parece oportuno; pero vamos a admitir que esa alternativa se dé.

Creo que para que esta circunstancia se dé, el rival renunciará a una banda atacando por la opuesta, tratando que en la banda a la cual renuncia se cree un gran espacio a utilizar no sólo para el lateral de la banda opuesta sino tambien para el interior de dicha banda.

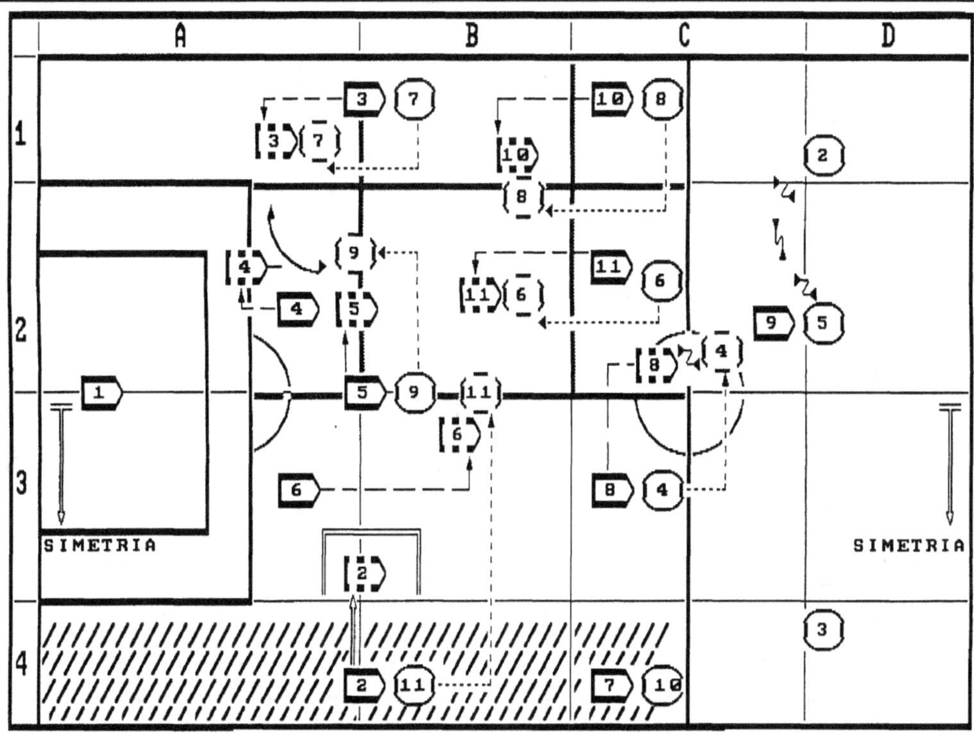

El balón estará transitado entre D1 y C1 en posesión del organizador n.º 4 el lateral n.º 2 e incluso en posesión del central n.º 5 la progresión entre los jugadores rivales sabemos que buscará el cambio de orientación a C4-B4-A4, el problema es cuando se producirá esta o quién será el encargado de hacerla por lo tanto nuestra neutralización pasará por:

1.- Presionar al poseedor en cada momento del balón por si fuese el encargado del pase largo.

2.- La obsesión de presionar el pase no debe acarrearnos perder la superioridad numérica en las zonas próximas al balón donde se ubiquen nuestros rivales, por tanto, a su interior n.º 8 oponemos el nuestro n.º 10; a su delantero centro n.º 6 oponemos el nuestro n.º 11; a su delantero centro n.º 9 nuestro central n.º 5; a su extremo n.º 7 nuestro lateral Izqda. n.º 3.

3.- Basculamos al libre n.º 4 hacia su izqda., en cobertura a los n.$^{os.}$ 3 y 5.

4.- Nuestra propuesta de solución será: sobre el extremo n.º 11 rival oponemos nuestro otro libre n.º 6, dejando a nuestro lateral n.º 2. en la zona del pase previsto, mantenemos sobre su interior n.º 10 el nuestro n.º 7 y añadimos la presión de nuestro medio centro n.º 8 sobre su organizador n.º 4 y de nuestro punta sobre el defensor que tiene la posesión del balón n.$^{os.}$ 2 o 5.

5.- Tenemos superioridad numérica en proximidad al área y 1 x 1 en zona del balón, sólo nos falta aportar disciplina táctica.

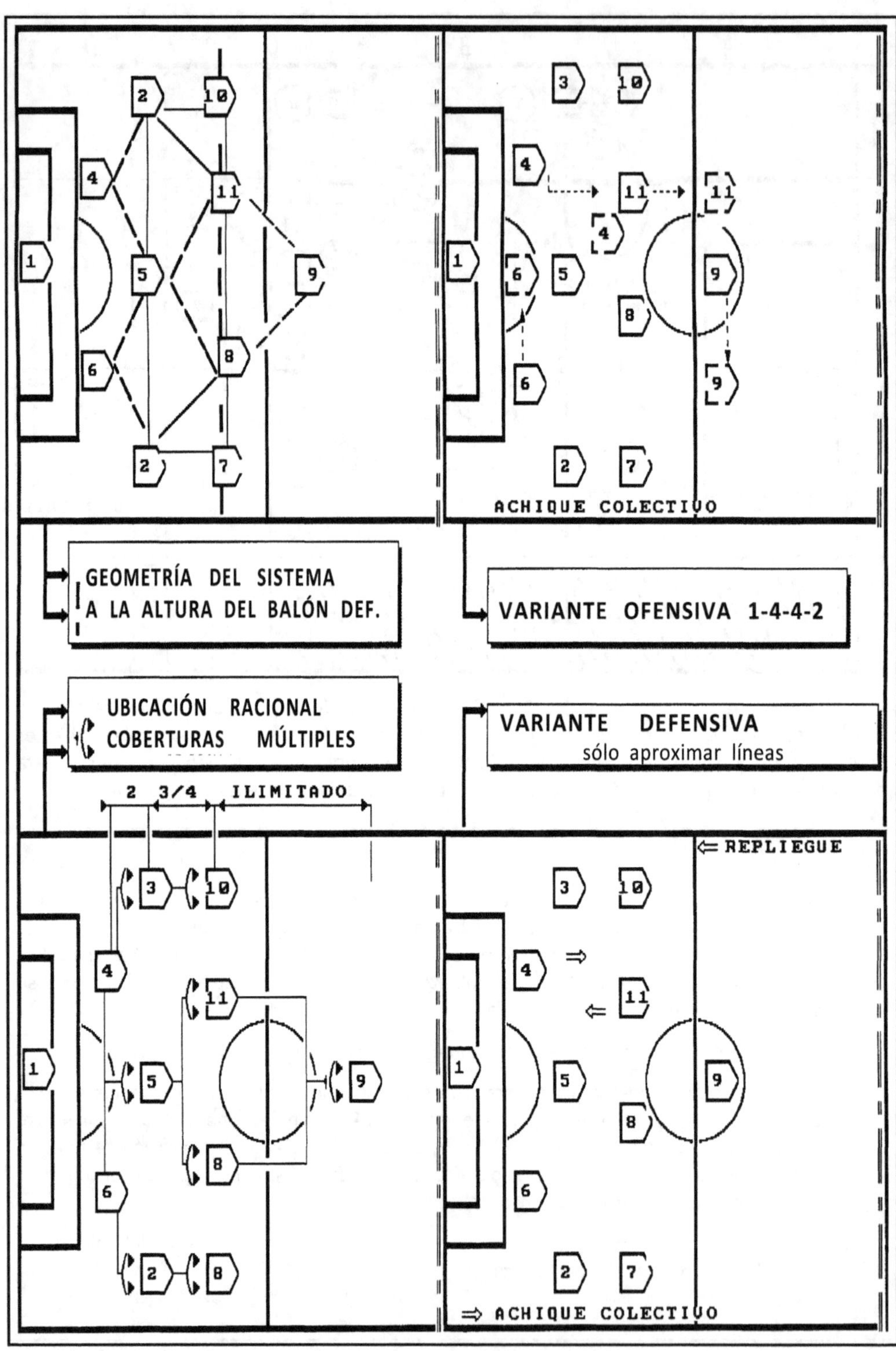

2
10
4
11
1
5
9
6
8
2
7
GEOMETRÍA DEL SISTEMA
A LA ALTURA DEL BALÓN DEF.
UBICACIÓN RACIONAL
COBERTURAS MÚLTIPLES
2 3/4 ILIMITADO
3
10
4
11
1
5
9
6
8
2
8
3
10
4
11
1
5
9
8
6
2
7
ACHIQUE COLECTIVO
VARIANTE OFENSIVA 1-4-4-2
VARIANTE DEFENSIVA
sólo aproximar líneas
REPLIEGUE
3
10
4
11
1
5
9
8
6
2
7
ACHIQUE COLECTIVO

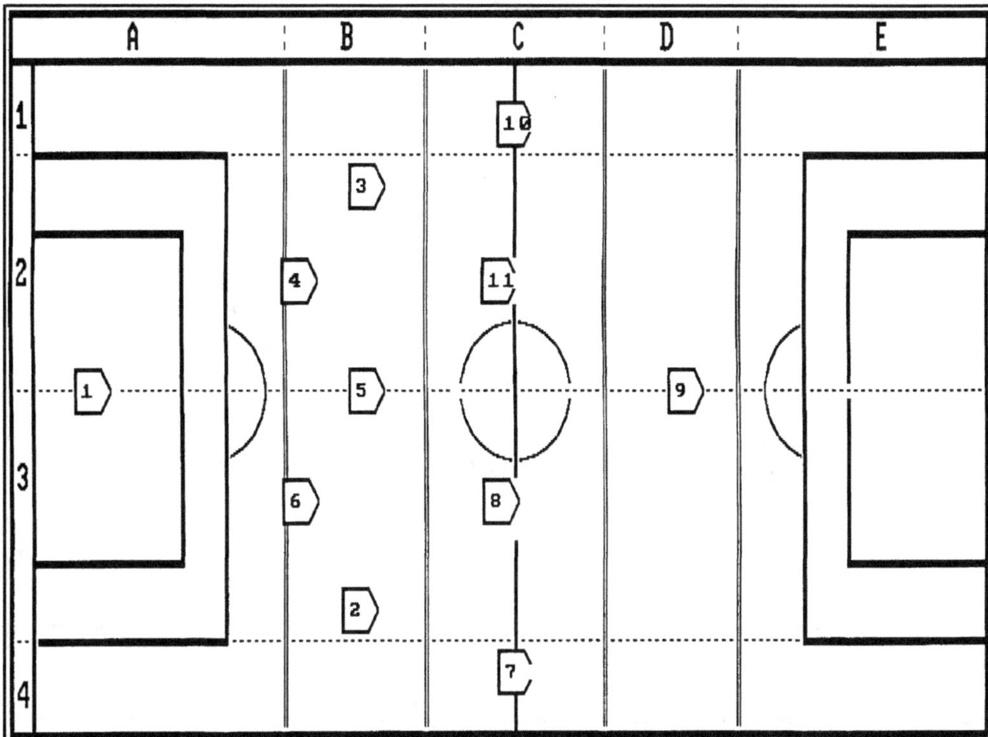

Debemos suponer que nuestro planteamiento es válido siempre y que con él vamos a lograr nuestro objetivo. Por tanto nos apoderamos del balón anulando los argumentos de los contrincantes; estaremos por tanto en posesión del balón, esto es en acciones ofensivas. Al fútbol nunca le escatimaremos la creación, la fantasía; ello con el balón en nuestro poder nos obliga a corresponder a esta, crear alternativas de juego de ataque esperando el éxito final, estaremos entonces combatiendo al equipo oponente, en función de la eficacia, estando más próximos o menos alejados del equipo de condición de poderoso; por añadidura si combatimos a nuestros rivales de forma positiva tendremos:

A)- Hemos neutralizado con éxito (por tanto lo propuesto es válido).

B)- Si poseemos el balón tenemos más posibilidades de éxito que el rival pues él no lo tiene.

C)- Seremos por poseedores del balón los que determinaremos los parámetros del juego en cuanto a control y ritmo del partido.

En el aporte ofensivo defino las zonas según la idea de combatir.

Zona A1 a A4 = De construir en origen # de ataque directo (presionado).

Zona B1 a B4 = De ataque organizado # de contraataque previsto.

Zona C1 a C4 = De contraataque previsto # de transición en organizado.

Zona D1 a D4 = De pase previo a final # remate media distancia.

Zona E1 a E4 = De centro lateral # de finalización.

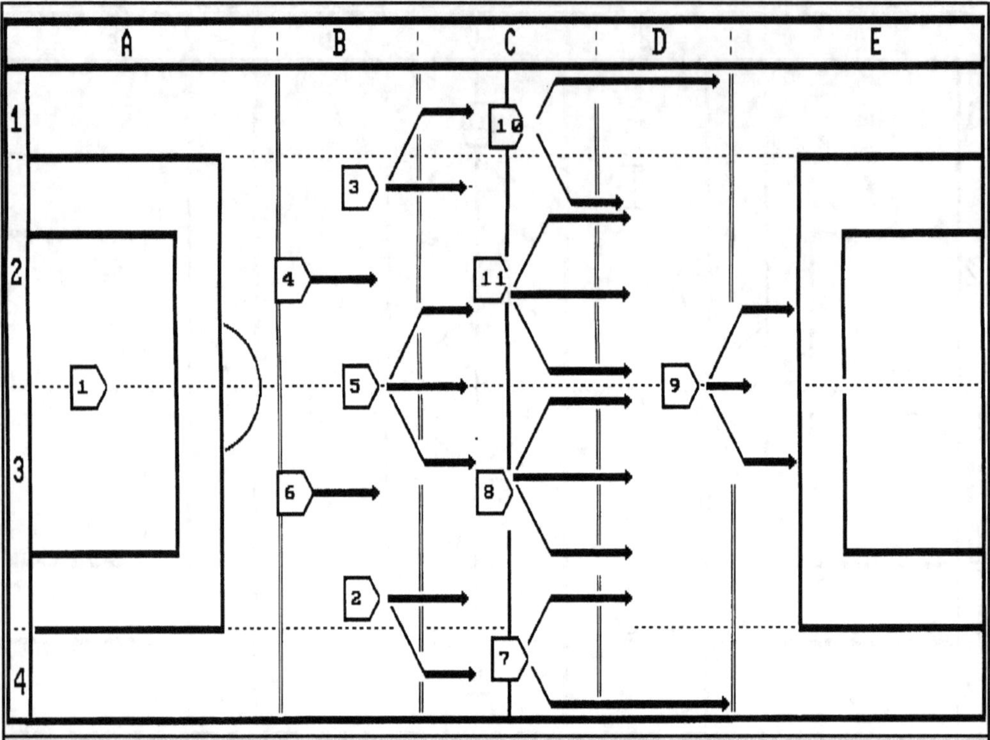

1 - 5 - 4 - 1 (DOS LIBRES)

En la presente página vemos los movimientos básicos ofensivos colectivos representados gráficamente como. ——————

Observamos que los apoyos se dan por detrás del poseedor del balón y que los interiores son los que originan los desmarques de ruptura; estos pueden producirlos también los laterales, entonces si se precisa y se daría un desdoblamiento con los interiores.

Los dos libres sólo achican el espacio ofensivamente.

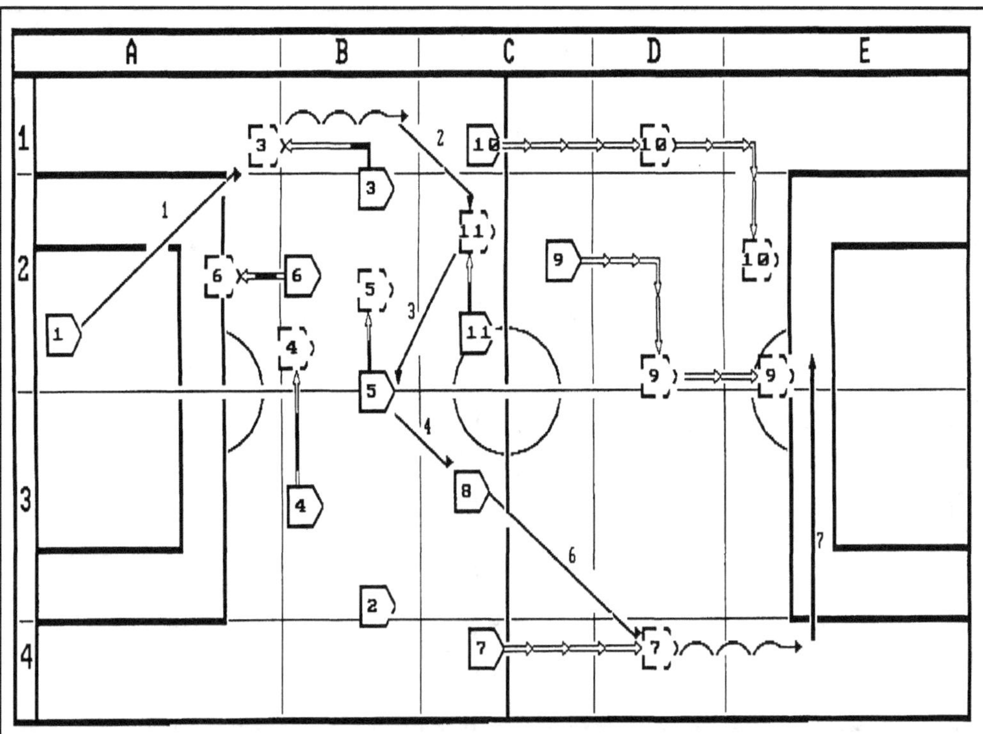

1 - 5 - 4 - 1 (DOS LIBRES)

EJEMPLO DE ATAQUES ORGANIZADOS

DESMARQUES

De apoyo   De sostén   De ruptura   Pase   Jugador que cambia posición   Pase   Movimiento sin balón   Conducción

INICIAMOS POR EL LATERAL: Lateral izquierdo 3 se desmarca de apoyo para recibir de su portero y recibe, los dos libres le dan sostén con objeto de que 3 mantenga la posesión o en el peor de los casos que no la pierda el equipo; 11 y 5 dan desmarque de apoyo a poseedor n.º 3; en este momento nuestro interior izquierdo n.º 10 se desmarca de ruptura aclarando el espacio de salida al lateral.

El n.º 3 poseedor pasa al medio centro orientado a la izquierda n.º 11 el cual se apoya en su central n.º 5, para que este entregue al medio centro ubicado a la derecha n.º 8; en este momento se incorporan el interior derecho n.º 7 y el delantero centro en desmarque de ruptura. El medio centro derecho en posesión entrega al interior derecho, este recibe y orienta o cundece para el centro previo al remate. En el desarrollo de este ataque organizado vemos una reiteración de pases en el centro campo. Su objetivo es dar tiempo para tener jugadores por delante del poseedor del balón y efectuar la transición con éxito; iniciar en una banda, finalizar en la opuesta.

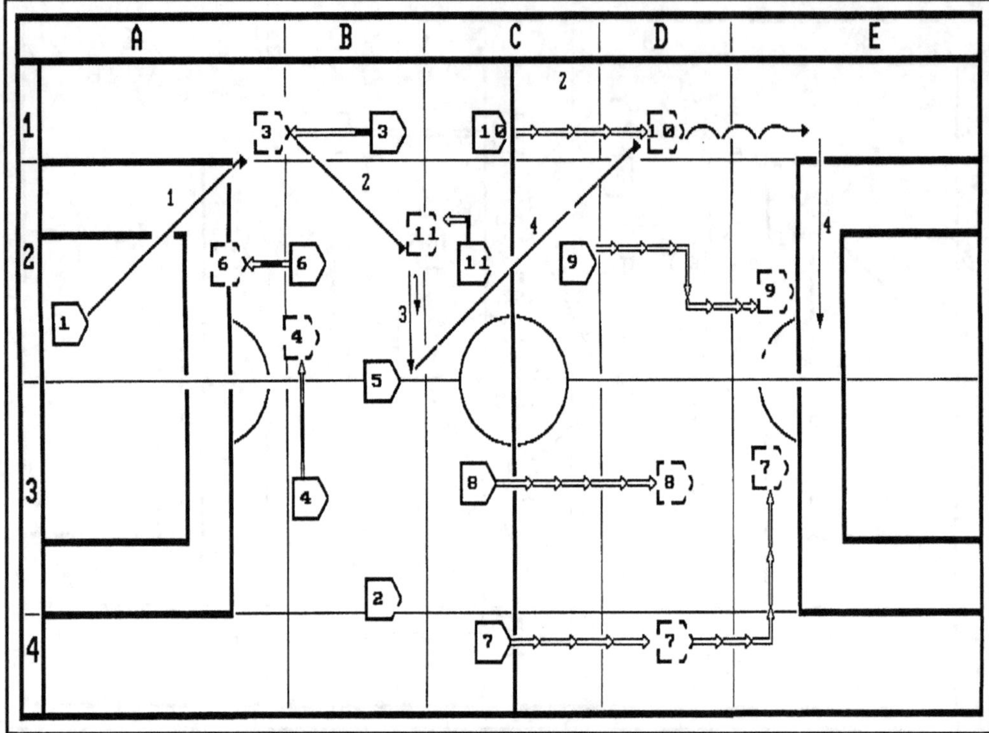

1 - 5 - 4 - 1   (DOS LIBRES)

EJEMPLO DE ATAQUES DIRECTO

DESMARQUES

⟹ De apoyo   ⟹ De sostén   ⟹⟹ De ruptura   → Pase

⌐⟩ Jugador que cambia posición   → Pase   ┄┄► Movimiento sin balón

∿∿► Conducción

INICIAMOS POR EL LATERAL: Lateral izquierdo 3 se desmarca de apoyo para recibir de su portero y recibe, los dos libres le dan sostén con objeto de que 3 mantenga la posesión.

El medio ubicado a la izquierda se desmarca de apoyo a recibir, recibe, hace pantalla, controla o simplemente le pone el balón para el desplazamiento largo del central al desmarque de ruptura de los dos interiores para que el receptor profundice y centre.

Lógicamente se deberá producir un achique de espacios colectivos.

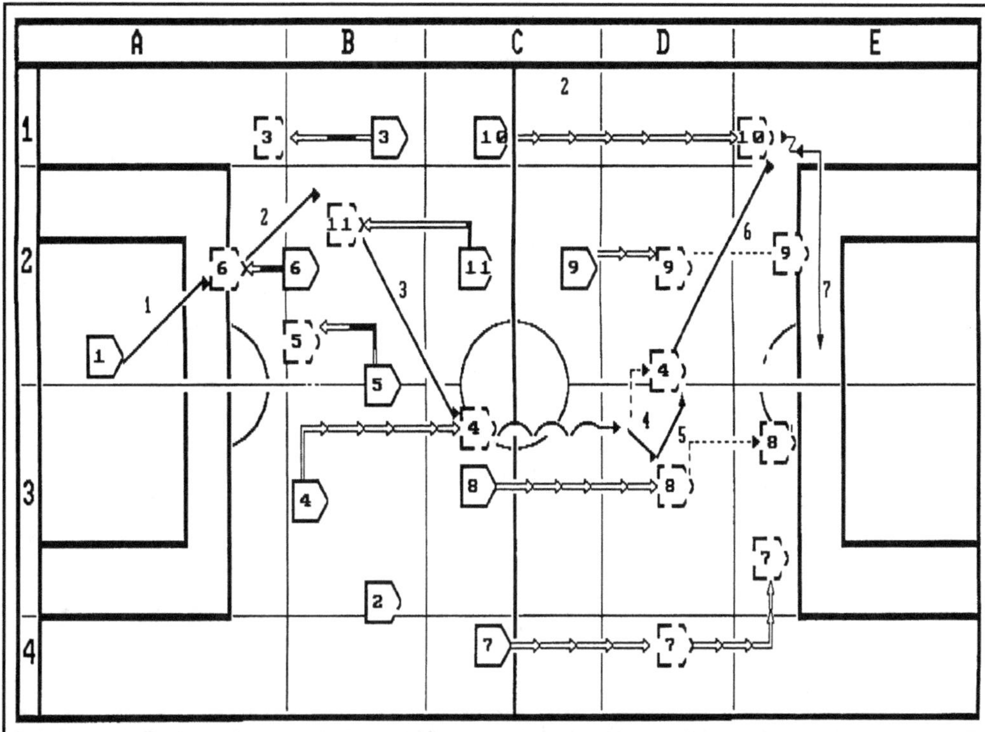

1 - 5 - 4 - 1 (DOS LIBRES)

EJEMPLO DE ATAQUES ORGANIZADOS

DESMARQUES

De apoyo   De sostén   De ruptura   Pase
Jugador que cambia posición   Pase   Movimiento sin balón
Conducción

El disponer en nuestro sistema de jugadores en posición de libre además de una eficacia defensiva nos permitirá diseñar ataques organizados con la participación de estos; especialmente en los frontales, veamos un ejemplo:

El libre ubicado del centro a la izquierda n.º 4 recibe de su portero, el central n.º 5 y el lateral n.º 3 le dan apoyo para que no pierda el balón; en este momento se produce un desmarque de apoyo de un medio centro y de ruptura del otro; el libre en posesión entrega al medio centro que viene en desmarque de apoyo (n.º 11), el otro libre el ubicado en la derecha n.º 4, se desmarca de ruptura al nuevo poseedor del balón, recibe el balón e inicia una progresión en la que cuenta delante de él con los desmarques de los n.ºs. 7, 8, 9 y 10 como alternativas de transición.

Por ejemplo juega en pared con n.º 8 y tras ella (si no le es posible el disparo) apertura al n.º 10 en desmarque de ruptura en banda izquierda para que este sirva el centro previo al remate final.

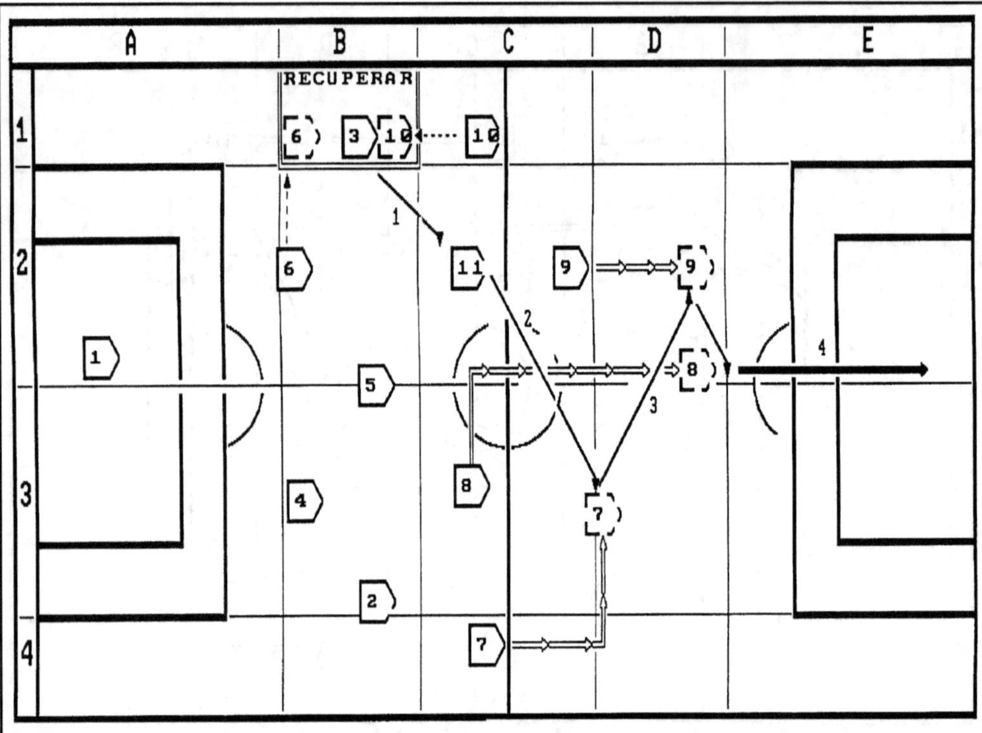

1 - 5 - 4 - 1 (DOS LIBRES)

EJEMPLO DE CONTRAATAQUES PREVISTOS

DESMARQUES

→ De apoyo   ⇒ De sostén   ⇒⇒ De ruptura   → Pase

Jugador que cambia posición   → Pase   ·····→ Movimiento sin balón

∿∿→ Conducción

Definimos los parámetros del contraataque:

A).- Zona donde trataremos de apoderarnos del balón. B).- Participantes en restar el balón al rival. C).- Pasador inicial. D).- Número de pases. E).- Participantes finales.

Obligamos bajo presión intensa a llegar al rival a la zona donde nos apoderaremos del balón (B2) y los recuperadores en un 3x1 serán nuestros jugadores 3-10-6; receptor inicial tras la recuperación el medio centro ubicado a la izquierda n.º 11, jugadores de finalización N.os 8, 7, 9; en tres pases más finalización.

Vemos el desarrollo del contraataque según el orden numérico del pase.

Recordemos la precisión y la velocidad.

NEUTRALIZACIÓN DE UN SISTEMA 1 - 3 - 3 - 3 - 1

En la próxima jornada nos enfrentaremos a un equipo que juega un 1-3-3-3-1, sistema que le define y al que aporta características propias siendo estas:

A). Su línea de defensa está formada por tres defensores que alternan la posición de hombre libre en función del movimiento y dirección de ataque del balón.

El jugador ubicado en el centro puntualmente hace cobertura a sus compañeros de defensa, cuando esto se da es porque uno de los centro-campistas están cumpliendo función de marcador central, de no ser así no abandona su demarcación.

B). En el centro del campo dispone de dos líneas escalonadas de tres jugadores, la primera línea, es decir, la más próxima a los defensores, es de corte defensivo incluso llegando a ser defensas natos en partidos fuera de casa, la segunda línea más alejada de la defensa o más próxima al punta es de corte netamente ofensivo, llegando incluso en los partidos de casa que al menos dos puedan ser delanteros natos.

C). Por delante de estas tres líneas mantienen un sólo atacante en punta; este es un jugador muy fuerte físicamente y muy buen rematador del juego aéreo.

D). Su sistema lo tienen diseñado, matizado y fundamentado en tres premisas básicas:

D.1.- Defienden con las dos últimas líneas de tres jugadores, por tanto, con seis jugadores.

D.2.- Construyen su juego y anulan el del rival, con la dos líneas intermedias entre los tres defensores y el punta, por tanto con seis jugadores.

D.3.- Atacan con el punta y la línea de tres más alejada de su propia área, por tanto con cuatro jugadores, distribuidos en dos extremos un delantero centro y un media punta.

E). Tienen establecidos un código organizativo en lo referente a sus tres líneas de tres jugadores y no es de extrañar su comunicación con el citado código; denominan a la de los tres defensores primera línea, la línea de medios segunda línea, y a la de los tres llamémosles medias puntas, tercera línea.

La 1.ª línea = Línea de achique y ataque directo.

La 2.ª línea = Línea de recuperación y polivalencia.

La 3.ª línea = Línea de desequilibrio y superioridad numérica.

Veremos que esta definición de las líneas determina en gran parte la filosofía de juego; la línea de achique y ataque directo juega rápido a la segunda o tercera línea, no mantiene el balón, la segunda línea sus jugadores cambian posiciones con sus homólogos en zona de la línea delante o de la línea de detrás (polivalencias) construyen y recuperan los rechaces del rival; por último la tercera línea llega en ataque en segunda opción y da superioridad numérica a la de centro-campistas.

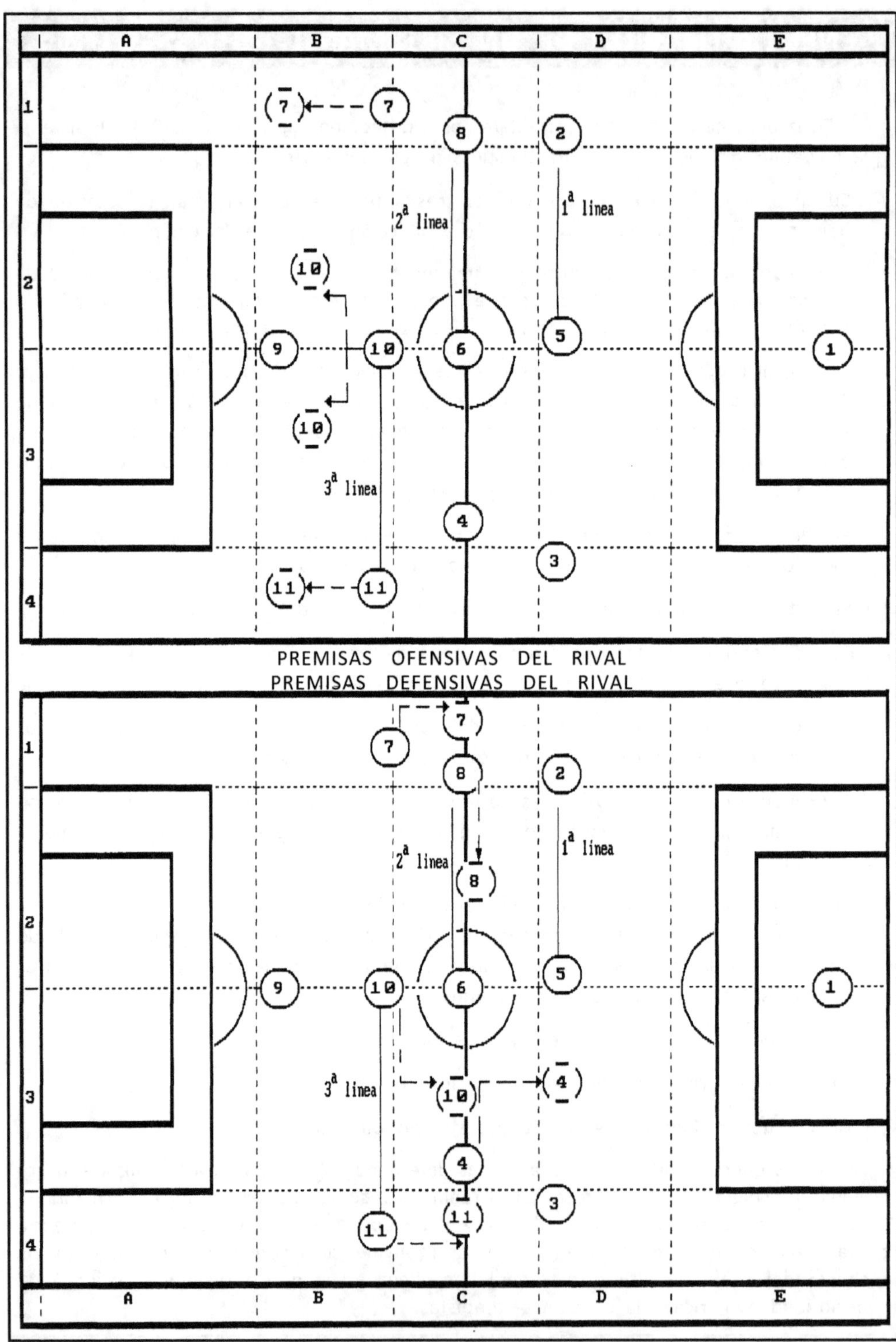

A
B
C
D
E
7
7
8
2
2ª linea
1ª linea
10
9
10
6
5
1
10
3ª linea
4
3
11
11
PREMISAS OFENSIVAS DEL RIVAL
PREMISAS DEFENSIVAS DEL RIVAL
7
7
8
2
2ª linea
1ª linea
8
9
10
6
5
1
3ª linea
10
4
4
11
3
11
A
B
C
D
E

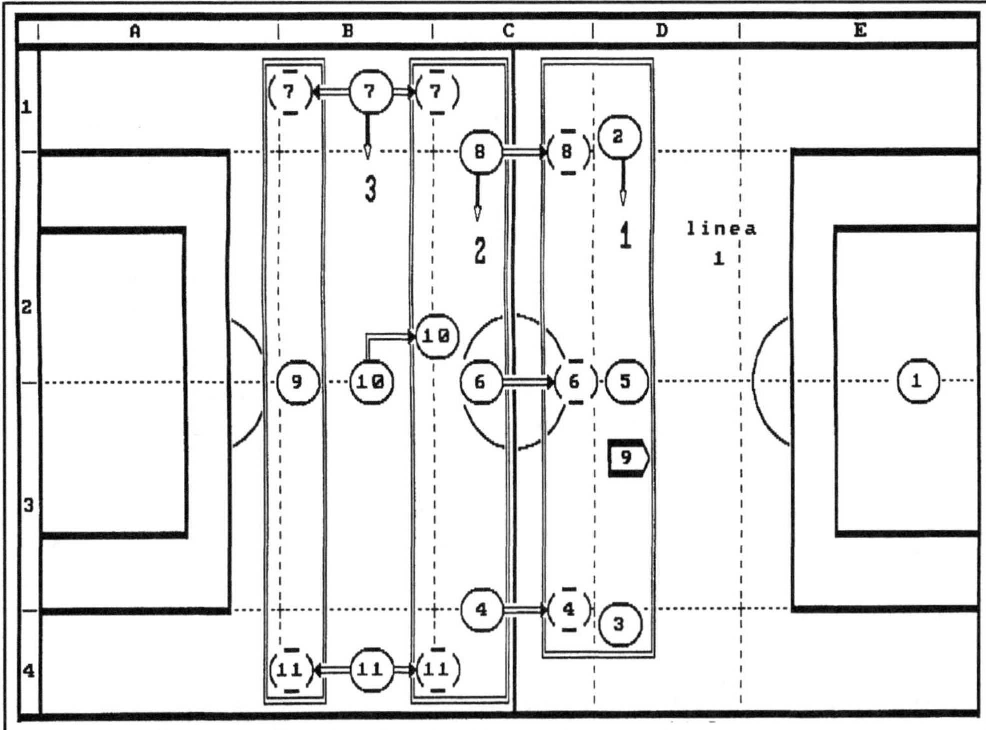

PREMISAS OFENSIVAS DEL RIVAL

Ya conocemos los datos tácticos propios del comportamiento del equipo oponente, los cuales vamos a neutralizar, al ver en la pizarra su distribución y movimientos debemos considerar y oponer a estos:

1).- El diseño táctico del rival implica por parte de sus componentes una gran disciplina al asumir los recorridos de achique o repliegue, en función de que esté su equipo en posesión o no del balón, damos por sentado que han asumido esa disciplina táctica.

Vemos el gran número de recursos que les da su sistema y destacaremos como fundamentales los siguientes:

A).- Al replegar la línea 2 se aproxima a la línea 1 lo cual les premite una organización de seis defensores, los tres de la primera línea 2-5-3 mas los tres de la segunda 8-6-4.

B).- Al replegar la tercera línea se aproxima sobre la segunda o al achicar la segunda línea se aproxima sobre la tercera, en ambos casos tendrán una organización en el centro del campo de seis jugadores; 8-6-4 de la segunda línea mas 7-10-11 de la tercera.

C).- Por último al aproximar como mínimo dos jugadores 7-11 de la tercera línea al punta, contarán como mínimo con tres atacantes natos.

2).- Su sistema puede ser desequilibrante en ataque, debido a las llegadas de los jugadores de la tercera línea.

3).- Puede ser de un gran criterio de construcción de juego en el centro del campo por contar con 6 jugadores, lo cual les permitiría triangular, darse ayudas permanentes y estar entre ellos en contacto y apoyo.

Al mismo tiempo y por contar con los seis jugadores citados, el sistema les va a permitir dominar el concepto de presión en superioridad numérica al rival, por tanto, tendrán una gran capacidad para destruir la creación del juego rival.

4).- La aproximación de la segunda línea a su primera línea les va a dar una gran solvencia defensiva, tener presente que defienden con seis jugadores, dificilmente los movimientos de sus oponentes conseguirán seis jugadores en ataque para dar al menos igualdad numérica.

Nuestra neutralización pasará por el perfecto conocimiento del paso de acción ofensiva a defensiva del rival y aprovechar esta para con ataques directos empezar a neutralizar al rival; de inicio contra una defensa de tres jugadores opondremos un punta, que caerá al lado contrario de tránsito del balón, lo que obligará a abrir su defensa al menos en uno de sus laterales.

Según mi criterio el inconveniente del sistema del rival es que si éste ubica alineados a los jugadores de sus tres líneas puede dejar pasillos interiores que pueden desestabilizarse, seguidamente detallo la anomalía:

Si el rival situa al lateral derecho n.º 2 alineado en vertical con el interior derecho n.º 8 y con su media punta derecho n.º 7; si alinea del mismo modo al central n.º 5, con el medio centro n.º 6 y con el media punta del centro n.º 10; si hace lo mismo con su lateral izquierdo n.º 3, su interior izquierdo n.º 4 y su media punta izquierdo n.º 11, dejará un pasillo entre las tres líneas verticales, e incluso entre las dos líneas formadas por lateral, interior y media punta y la línea de banda.

Debemos utilizar esta posibilidad para ubicar a los jugadores de nuestro equipo que van a conformar nuestro sistema; es decir y a modo de ejemplo: entre el medio centro y el interior colocaremos uno de nuestros jugadores de oposición.

En lo relativo a la organización de nuestro sistema ya tenemos ubicado un delantero centro, el cual deberá tener una gran movilidad y una gran capacidad de presión, no estando exento de un poderoso remate de balones centrados o aéreos, recordemos el detalle ya comentado de los ataques directos.

Sea cual sea nuestro diseño final ya vemos que dispondrá de un jugador en punta.

También cabe la posibilidad de ubicar los dos jugadores más contundentes del centro a la izquierda o derecha y los más técnicos del centro hacia la banda opuesta (izquierda o derecha); esta alternativa la utilizaremos en función de que queramos diseñar el juego de ataque construido de nuestro equipo por una u otra banda, o que queramos neutralizar en concreto al rival en una de las bandas, bien sea por contundencia o control; en ambos casos situaremos nuestros jugadores entre las dos líneas de tres del rival, es decir entre la línea 2 y 3, con un objetivo clave como es que las citadas líneas del oponente duden en quien de sus jugadores deben marcar a nuestro cuarto centro-campista; si los tres componentes de la línea 3 mas uno de la línea 2, o los tres componentes de la línea 2 más un componente de la línea 3.

Esta incertidumbre puede ser un gran arma a nuestro favor, por tanto nuestros cuatro integrantes de la línea del centro del campo, deberán estar en constante participación en el juego con y sin balón, pudiendo incluso intercambiar sus posiciones entre sí. Es muy importante recalcar que estos cuatro jugadores defensivamente deberán estar todos por detrás del balón, ofensivamente mínimo tres de los cuatro, en páginas posteriores entenderemos el porqué.

Ya tenemos definida una segunda línea del sistema que vamos a utilizar, recordemos que lo estamos haciendo en base a controlar los argumentos tácticos del contrincante poderoso al que nos enfrentaremos en la próxima jornada.

Ya sabemos que este sistema que utilizaremos estará compuesto por una línea de cuatro centrocampistas más un punta.

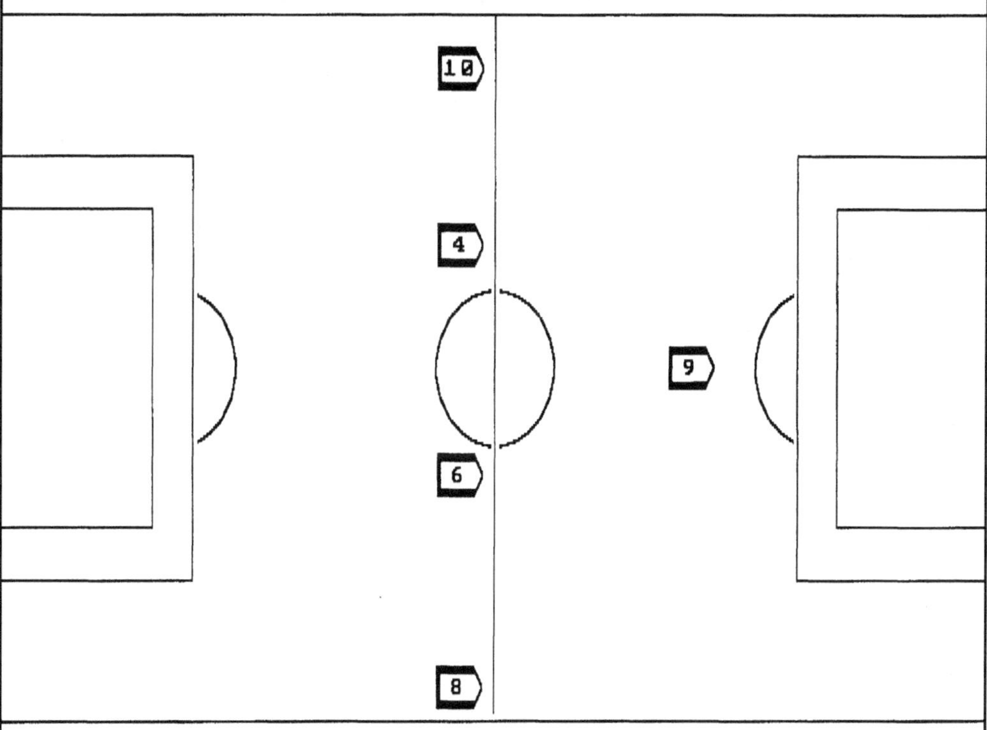

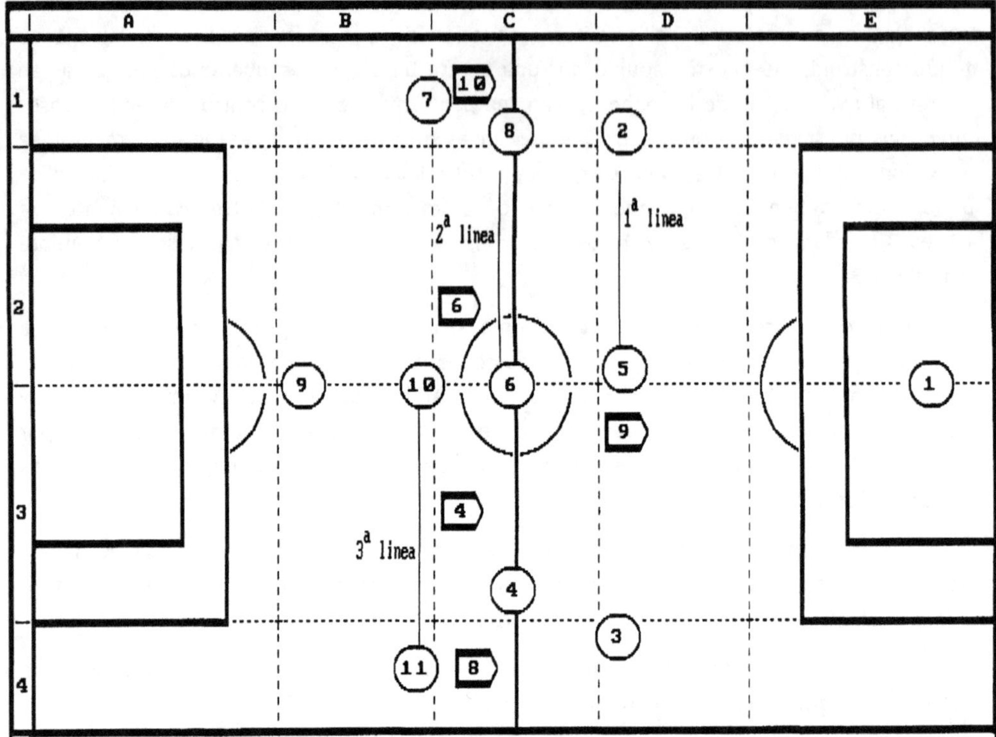

En los sistemas anteriores iniciamos la neutralización desde la defensa del rival hasta llegar a neutralizar su línea de ataque; en esta ocasión y debido a lo peculiar del sistema del rival y una vez ubicado nuestro delantero centro, diseñamos nuestra línea del centro, teniendo siempre presente que las líneas 2.ª y 3.ª del rival van a determinar un mínimo de seis jugadores para crear su juego y destruir el del rival.

Nosotros le opondremos una línea de cuatro jugadores de los cuales al menos dos serán futbolistas de envergadura, donde sin renunciar a su calidad técnica sean de corte físico poderoso, buenos en la interceptación, anticipación y juego aéreo, que posean un aceptable pase largo (especialmente diagonales).

Los otros dos jugadores del centro del campo sin desmerecer su capacidad serán dos jugadores de mayor control y dominio en la posesión del balón, capaces de «enfriar» el partido dándole al juego un ritmo adecuado a las circunstancias del juego de pausado a rápido y viceversa.

Podemos ubicar a estos cuatro jugadores colocando los dos de control en el centro y los dos de corte más físico en las bandas, o alternar uno de control en banda, el otro más físico en la banda opuesta, por lo que estamos obligados a colocar en el centro del campo, a un jugador de control y otro de físico, de inicio pondríamos al jugador de control del centro del campo entre los de envergadura, el de la banda y del centro del campo.

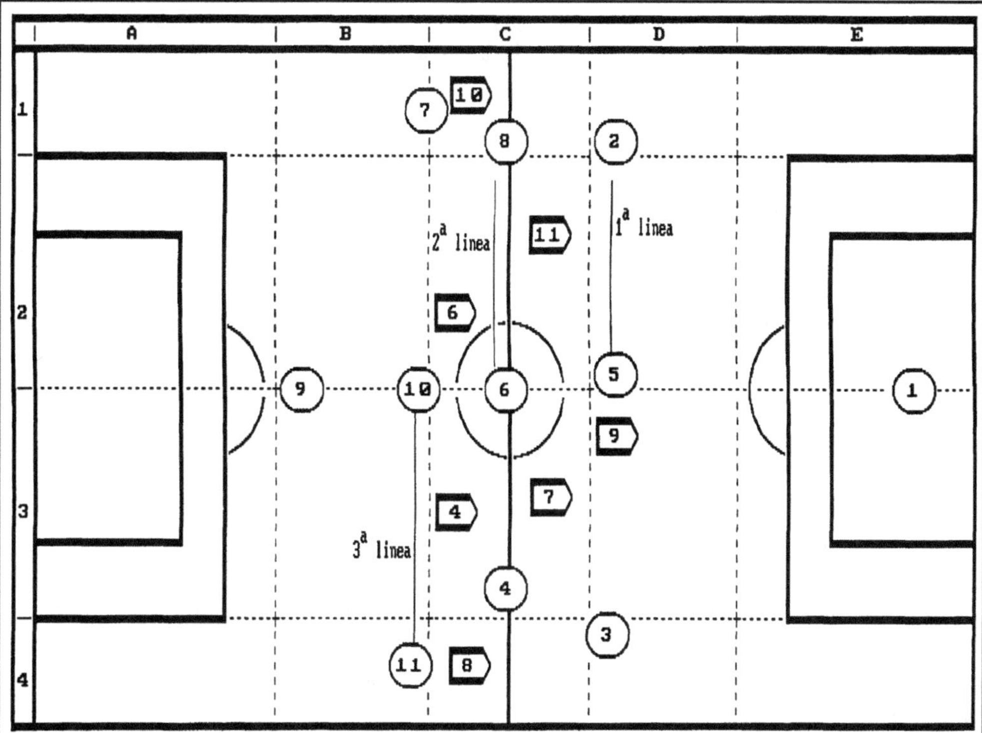

Hemos sembrado la duda en sus dos líneas del centro del campo; su segunda y tercera línea y en nuestro afán de hacer infructuoso el planteamiento del contrincante, seguiremos oponiéndole incertidumbres tácticas, que pienso que podrían resolver aproximando sus líneas, pero si el oponente debe solventar los argumentos que les planteamos significará que no sólo hemos logrado nuestro objetivo de neutralizarle, además estaremos siendo superiores dado que él se está preocupando de nosotros los modestos.

Vamos a colocar dos jugadores en la media punta, es decir entre nuestra línea de cuatro centrocampistas y nuestro media punta, según vemos en el dibujo de la página actual a nuestros jugadores n.º 7 y n.º 11.

Ambos deben poseer principalmente la virtud de complicar al rival y disfrutar haciéndolo, jugadores de los que llamamos los entrenadores «descarados» deben preocupar constantemente a los oponentes, aportando velocidad, movilidad y mucha intuición, chutando de media distancia sin miedo al posible fallo, cayendo a las bandas alternando estas.

Como veremos en su comportamiento táctico, pueden ser estos grandes artífices del éxito del planteamiento previsto para neutralizarlo al equipo oponente por tanto de su neutralización, esto implica para ellos una gran disciplina táctica.

Hemos situado a nuestras medias puntas n.º 7 y n.º 11 y vamos a entender de inmediato la importancia de su misión en el desarrollo del sistema.

Inicialmente les ubicamos y diremos que estarán entre las líneas de centrocampistas y el punta; ofensivamente tienen absoluta libertad, defensivamente uno replegará hasta la línea del centro del campo y el otro bajará un poco más en ayuda de sus compañeros de la medular.

Si al diseñar nuestros cuatro jugadores en el centro del campo decíamos, que debían sembrar la duda en lo referente a que línea del rival se encargaría de su marcaje; con la incorporación en el sistema le complicamos al rival aún más la forma de marcar de esos cuatro centrocampistas, porque estos van a originar la misma duda, es decir:

¿Les marcan dos de los tres defensas de primera línea?

¿Les marcan un defensa y un jugador de la segunda línea?

¿Les marcan dos jugadores de la segunda línea?

En el aspecto defensivo estos dos medias puntas deberán presionar al poseedor del balón del equipo oponente y lo harán por detrás de él, si añadimos una presión de uno de nuestros jugadores de los cuatro del centro del campo, conseguiremos uno contra uno sin posibilidad del poseedor de avanzar ni retroceder el balón, quizás tenga que jugar horizontal, entonces quizás podamos oponerle otro media punta o uno de los medios centros; estamos recalcando el concepto de presión, esta será de máxima importancia.

En nuestro diseño ya disponemos de cuatro en el centro del campo dos medias puntas y un punta.

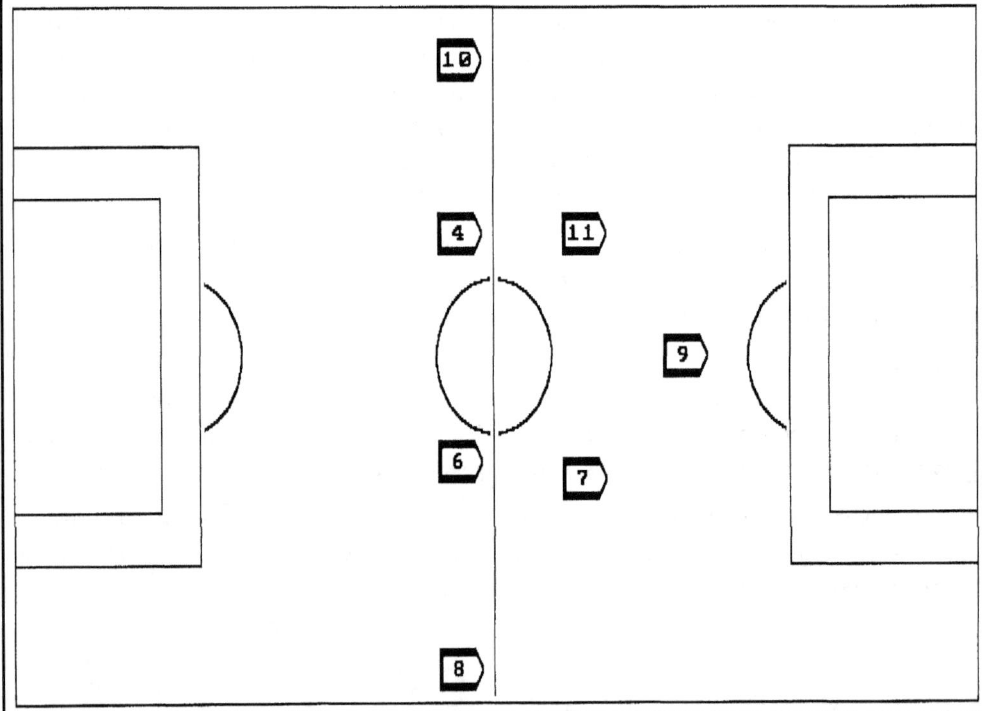

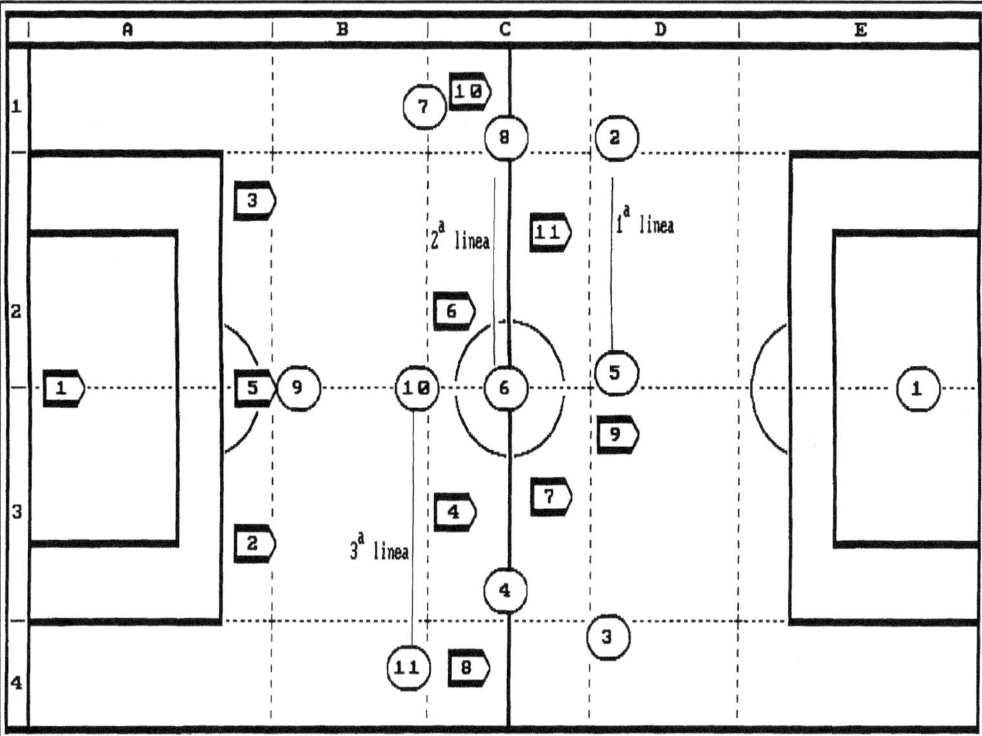

Por último nos falta definir nuestra línea defensiva, sabemos que el equipo rival juega con un sólo punta nato y que sus aportes ofensivos son más de los jugadores de la tercera línea y por tanto su punta aporta más creación de espacios para sus compañeros de la citada línea que finalización, salvo que sean en remates de cabeza o de disparos en segunda opción y de media distancia.

Por tanto, ante un sólo delantero colocaremos tres defensores que efectuarán un marcaje en zona sobre el punta atacante; deberán ser contundentes y eficaces sin retención del balón por dos puntos básicos: A).- No tiene cobertura. B).- Les llegará con toda seguridad uno o dos jugadores de la tercera línea del rival.

Si el rival ataca por un banda los tres defensores bascularán en esa dirección, el defensor más alejado del ala de ataque se contituirá en jugador libre ocupando la posición y función de un libre, el espacio que deja este defensor que se ubica como libre lo ocupará el jugador de la línea de cuatro centrocampistas que se ubica delante del citado defensor; es decir, el interior más lejano a la dirección de ataque del balón, en este momento y con el retroceso a presión de uno de los medias puntas nuestro sistema ha quedado transformado momentánea y defensivamente en un 1-4-4-2, asumiendo las funciones específicas de dicho sistema, al margen de que el centro del campo esté construido en ese momento en una línea de cuatro o un rombo.

Junto con nuestro portero hemos creado nuestro sistema de oposición a nuestro contrincante en función de las características técnico tácticas que este posee.

Hemos quedado establecidos en 1-3-4-2-1 como definición quizás no sea muy ortodoxa o no conocida o no inventada, nuestra obligación como entrenadores es apasionarnos y esta pasión exige innovar, no quiero pecar de pedante, vamos a omitir la innovación y le llamaremos al sistema de la denominación ya establecida y a la que más se aproxima, diremos por tanto que estamos en un 1-3-4-3 pero debo insistir en que no jugamos el citado sistema.

Evidentemente cualquiera que lea estas páginas quizás se asombre al ver que digo que me sitúo como el entrenador de un modesto y me permito jugar al «todo poderoso» con tres defensas y matices tres en ataque, recuerdo que esta es una posición de partida que mi filosofía es superar a ese grande con lo movimientos colectivos que nos den superioridad numérica en zona de balón y sus zonas adyacentes como defino en el título de mi libro.

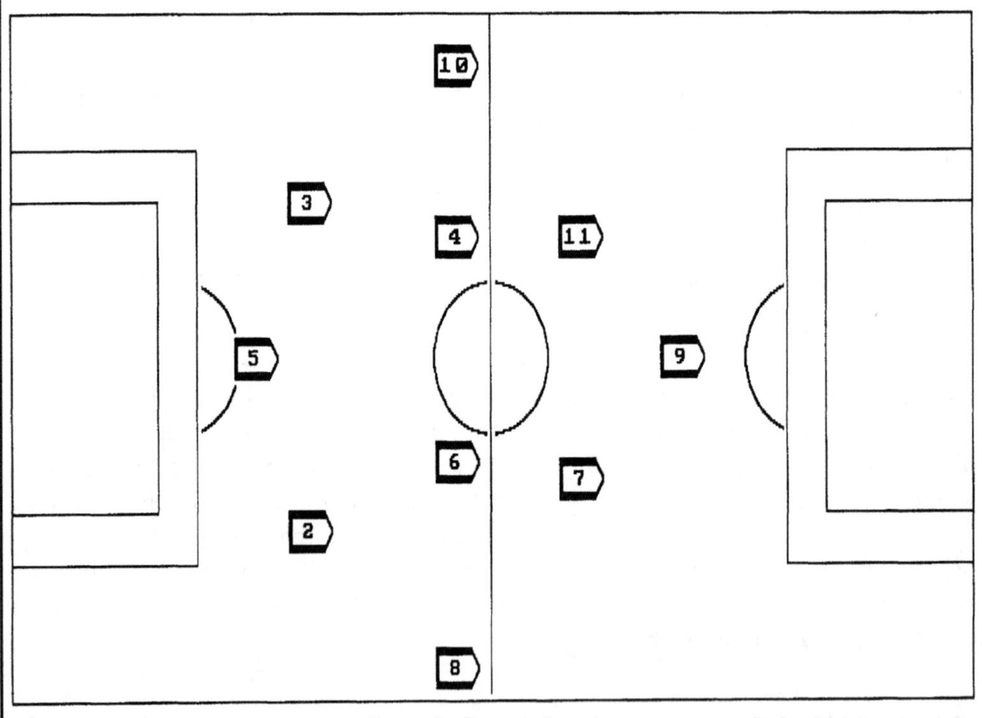

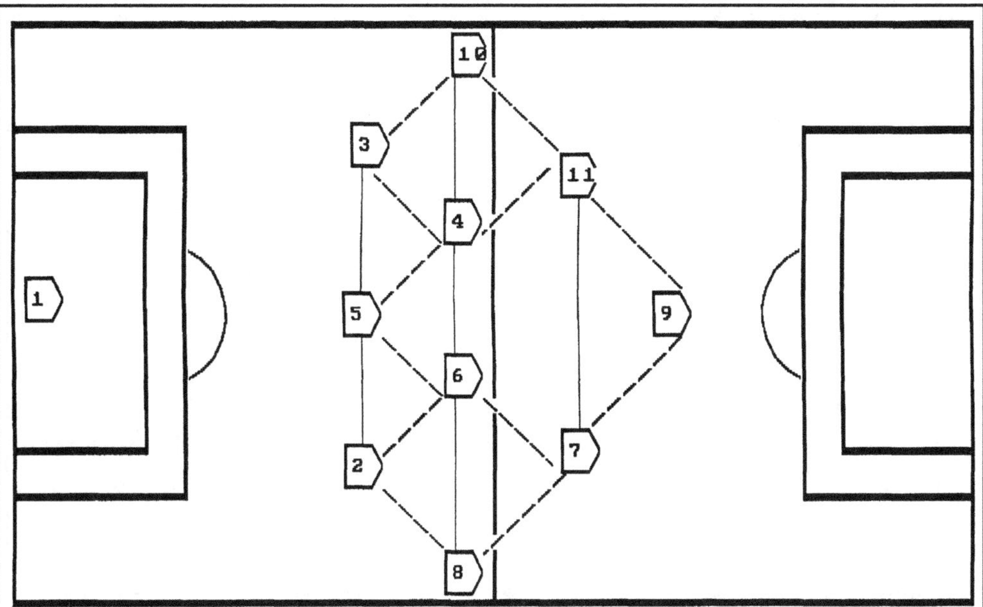

En esta página vemos en la figura superior la geometría del sistema la ubicación formando triángulos de apoyo/cobertura.

En el dibujo inferior la ubicación en distancias en amplitud y profundidad del sistema ***** debemos recordar que la distancia en amplitud es de mera referencia, estando esta condicionada por las basculaciones *****.

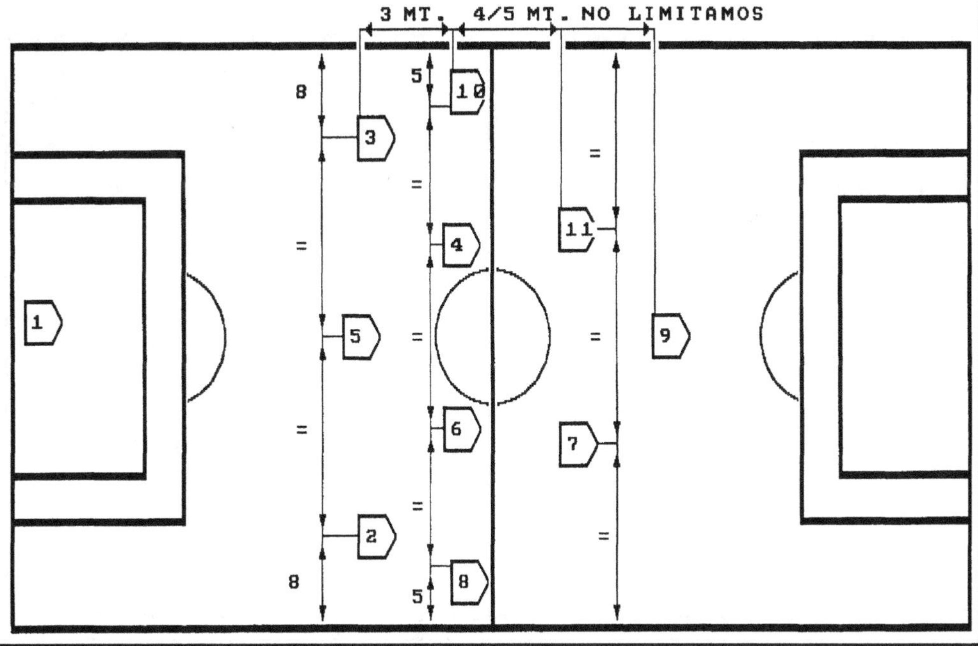

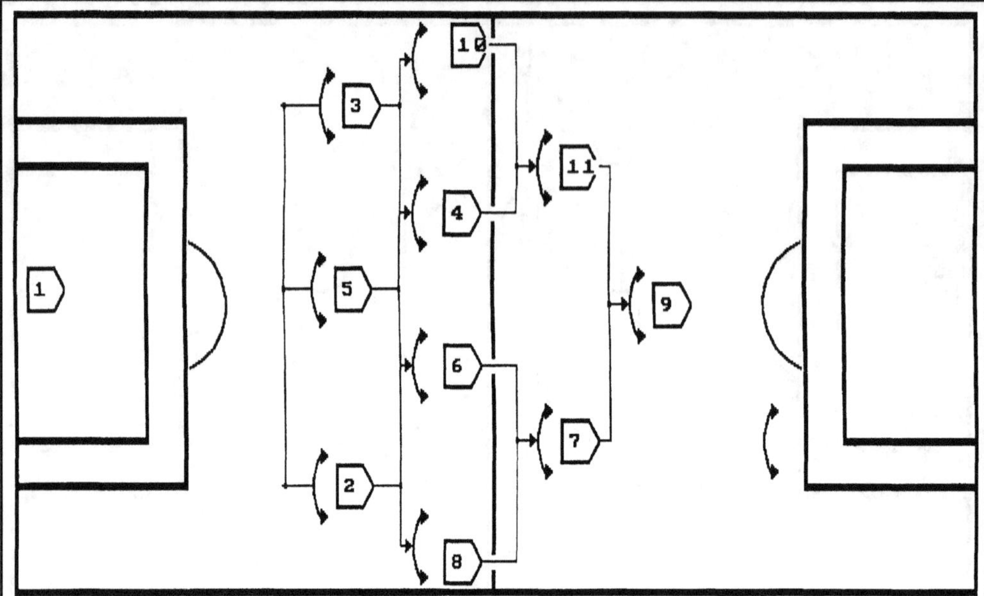

En esta página vemos en la figura superior las coberturas múltiples que nos permite el sistema.

En el dibujo inferior la ubicación y organización de los repliegues y achiques colectivos.

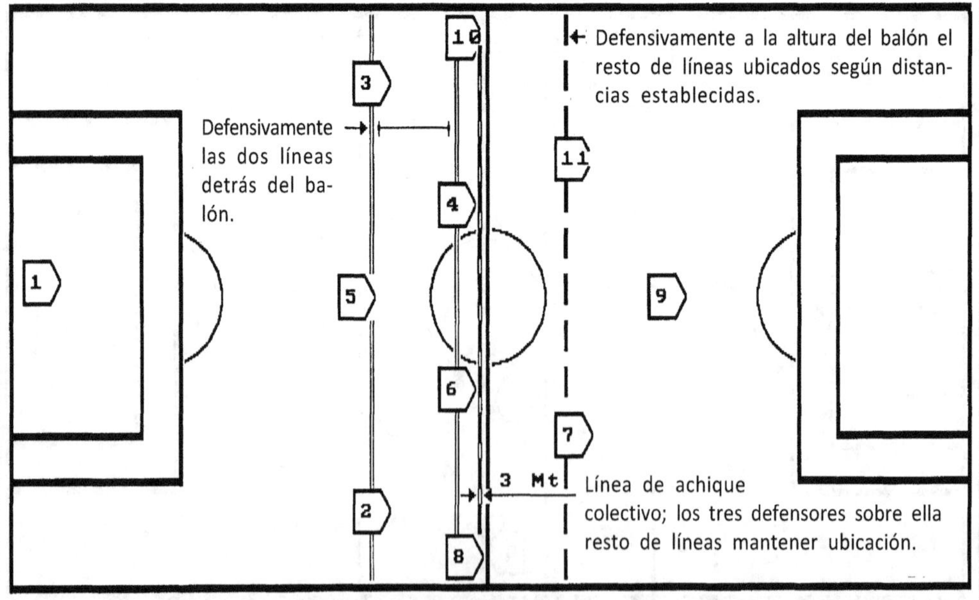

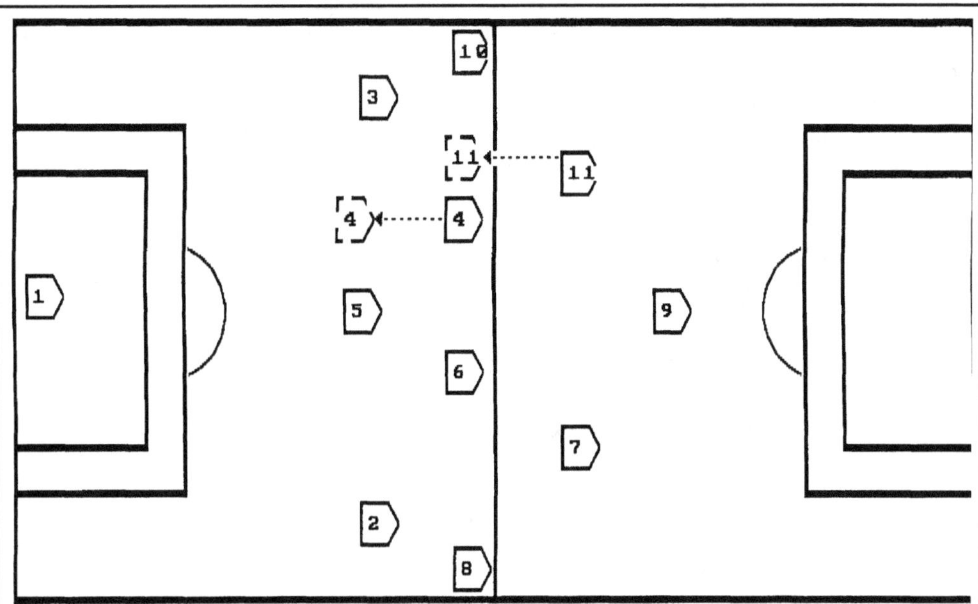

VARIANTE DEFENSIVA: retrasamos uno de los cuatro centrocampistas a formar como cuarto defensa; y a uno de los medias puntas a formar en el lugar que dejó el centrocampista al bajar a la línea defensiva, estaremos en 1-4-4-2.

VARIANTE OFENSIVA: Adelantamos a los dos medias puntas a formar como delanteros a ambos lados del delantero centro, pasaremos en ese momento a 1-3-4-3.

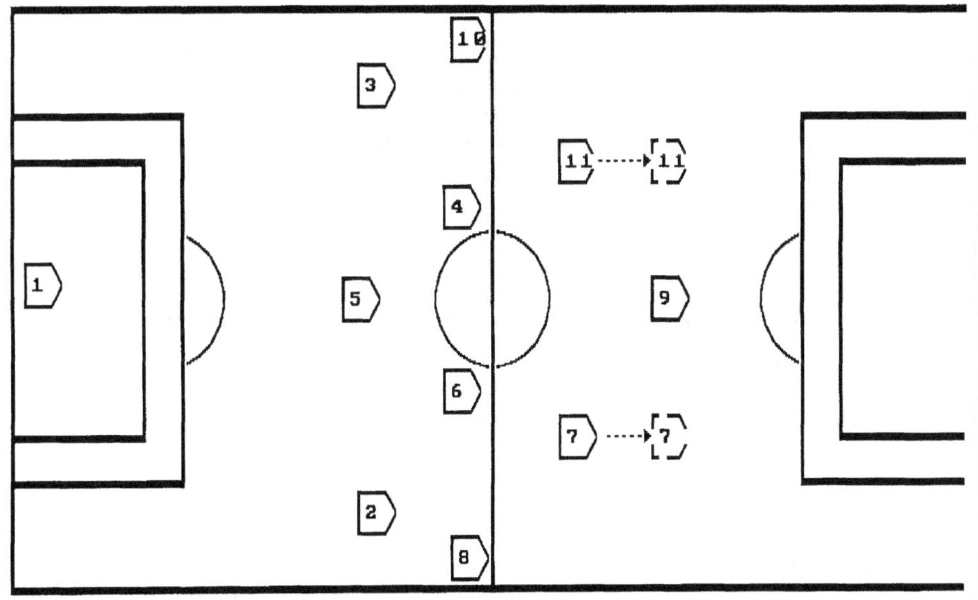

- Hemos configurado nuestro sistema desde la perspectiva de neutralizar a nuestro rival.
- Hemos diseñado nuestra ubicación racional sobre el terreno de juego.
- Hemos determinado organización individual y colectiva.
- Hemos aportado nuestras variantes ofensivas y defensivas al sistema adoptado.
- Nos queda por definir el objeto de la obra: MOVIMIENTOS PARA LOGRAR SUPERIORI-DAD NUMÉRICA.

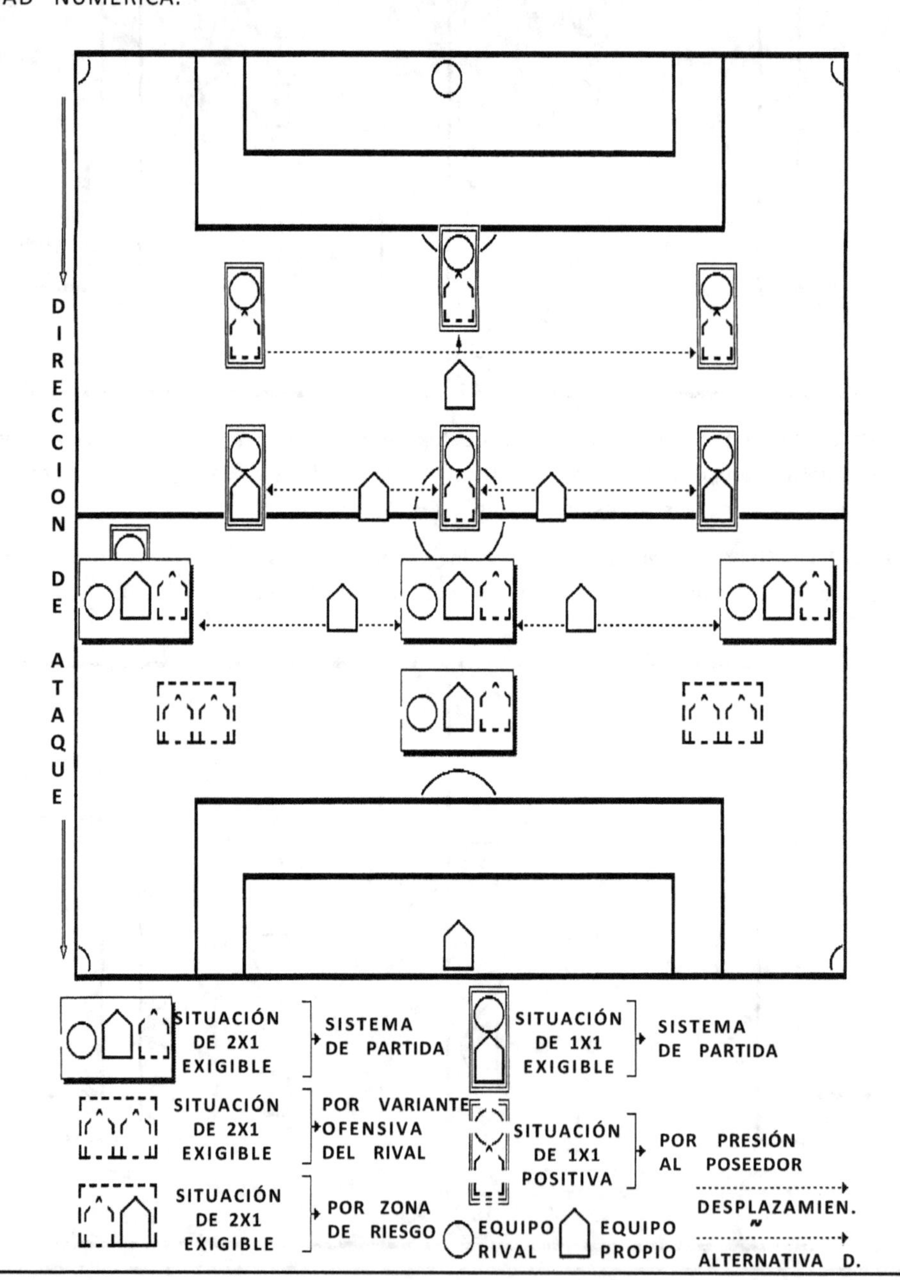

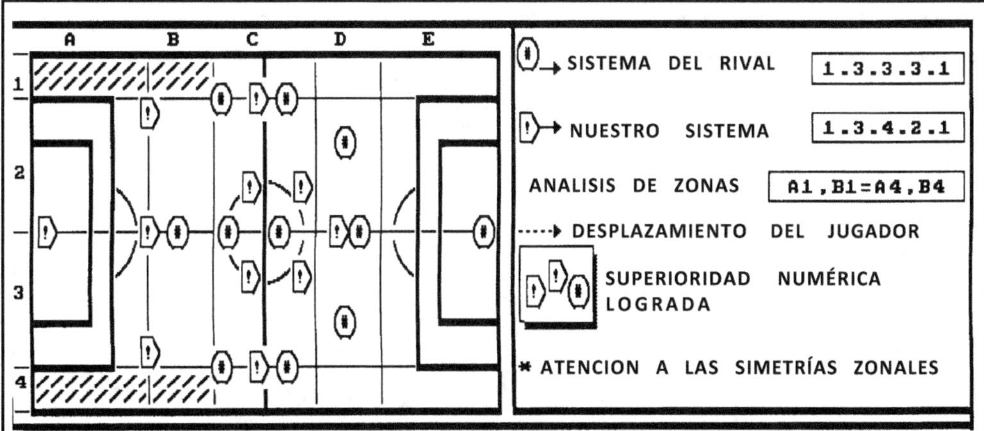

UBICACIONES INDIVIDUALES QUE DEBEMOS GANAR EN SUPERIORIDAD. SEGUIDAMENTE VEMOS LAS ZONAS QUE DEBEMOS SERLO.

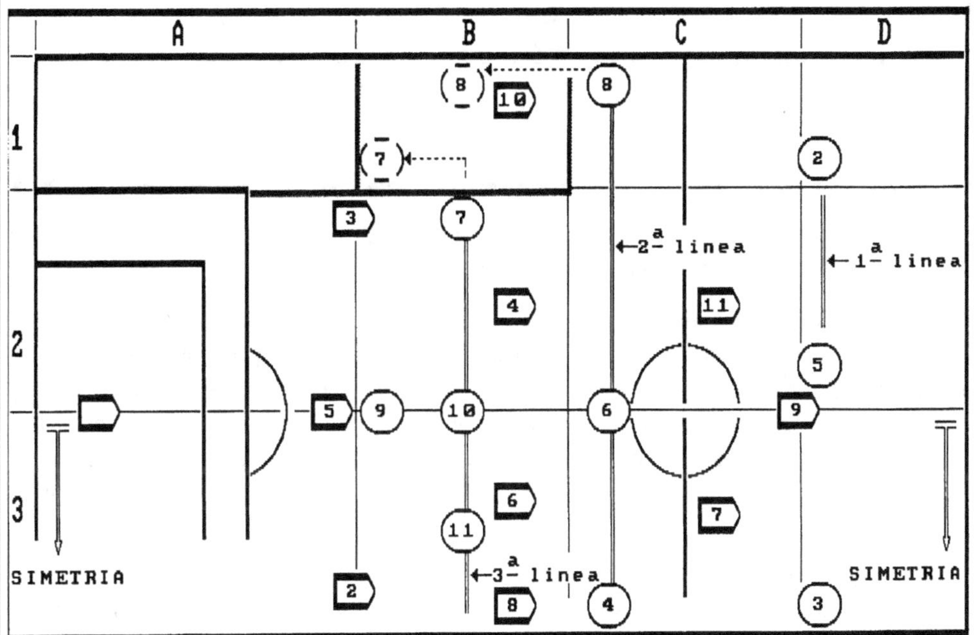

Creo que han quedado suficientemente detalladas en páginas anteriores cuales serán las aportaciones ofensivas del equipo oponente; y por su diseño táctico vemos que se pueden dar las mismas situaciones en la mayoría de las zonas del campo, está claro que la idea del sistema, siempre según mi opinión, en función de avance y retroceso más una basculación, podrán presentar siempre esos jugadores en todas las zonas del campo, salvo en la de ataque que al no formar una línea de tres, la superioridad numérica se podría dar en la zona ancha y no en las subzonas que definen dicha zona ancha.

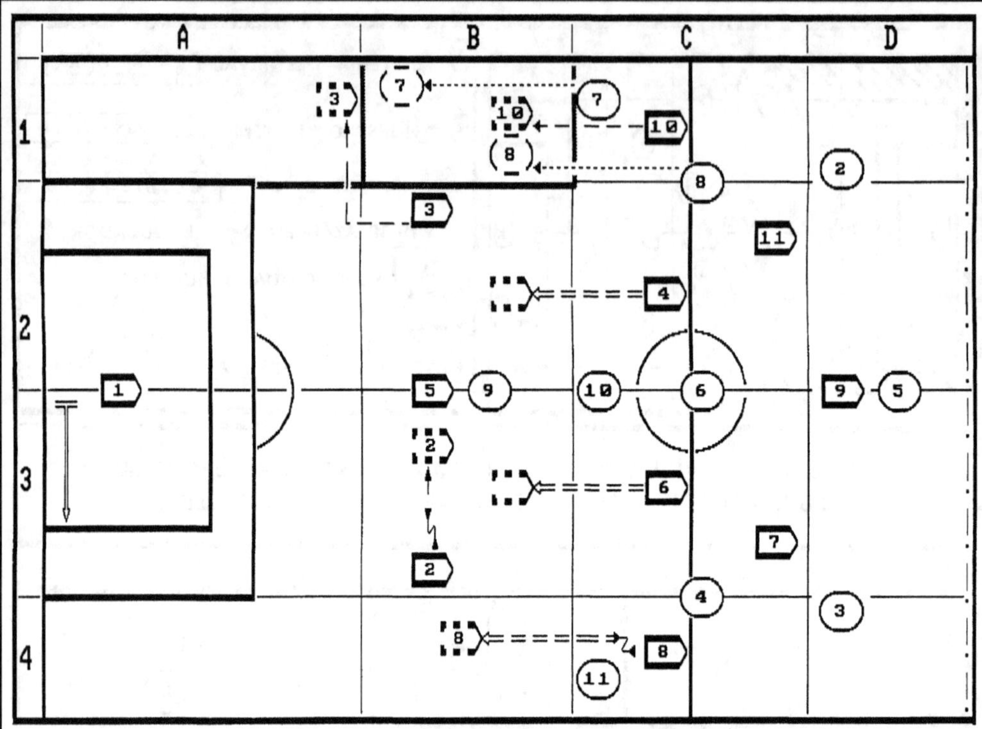

La página actual muestra la incursión de los jugadores de la banda derecha de la segunda y tercera línea del equipo rival, en la zona B1.

Al darse esta circunstancia hemos de sospechar que el balón estará en posesión del jugador de banda de la línea n.º 8; que el jugador en banda de la segunda línea se desmarca de ruptura, para que el primero conserve el balón o se lo entregue en su demarque, supondremos también que el balón será orientado desde las líneas de atrás hacia esa zona. En ambos casos el rival intenta hacer un dos contra uno; nuestra filosofía es lograr superioridad numérica en la zona del balón y en las zonas próximas a este. Para neutralizar esta circunstancia debemos:

1).- Nuestra línea de cuatro centrocampista realizará un repliegue intensivo, pues como establecimos en nuestras premisas al diseñar nuestro sistema de juego decíamos que la citada línea en acciones defensivas, estaría siempre por detrás del balón.

2).- A su jugador de ala de la tercera línea oponemos nuestro lateral n.º 3 y al de la segunda línea nuestro n.º 8, en este instante tenemos a nuestro central contra su delantero centro n.º 9 aproximamos a nuestro n.º 2 a nuestro n.º 5 hacemos un 2x1 contra su n.º 9; el espacio que deja nuestro n.º 2 será cubierto por nuestro interior n.º 8, por tanto su repliegue es más largo.

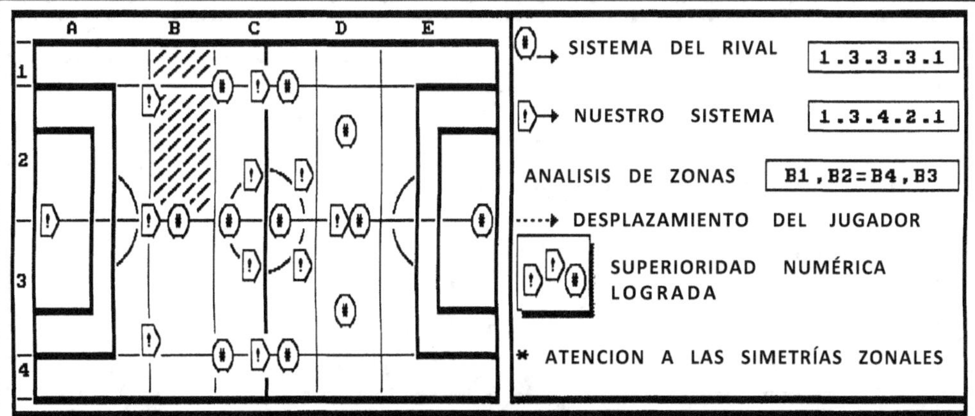

UBICACIONES INDIVIDUALES QUE DEBEMOS GANAR EN SUPERIORIDAD. SEGUIDAMENTE VEMOS LAS ZONAS QUE DEBEMOS SERLO.

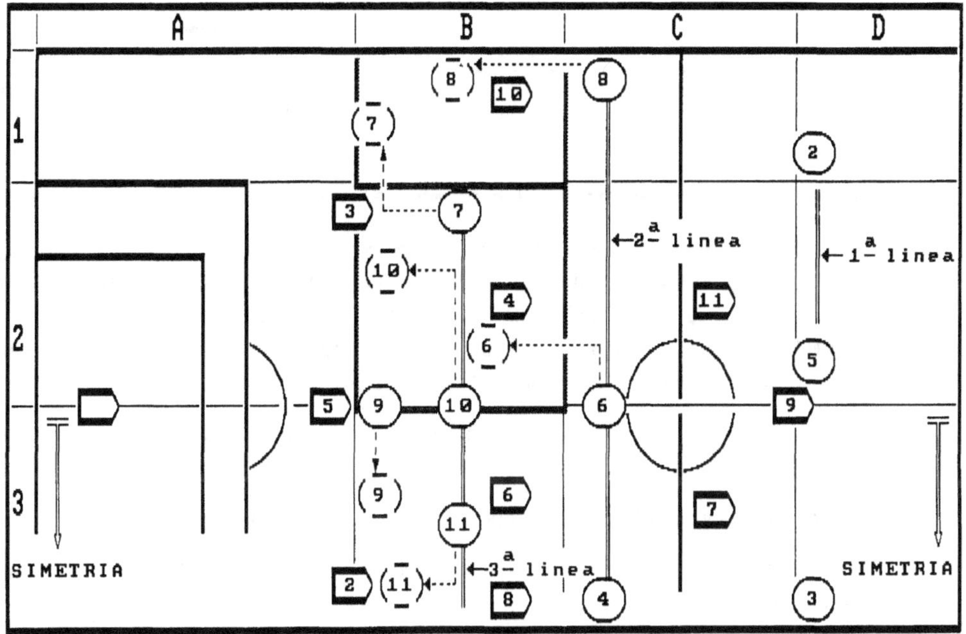

En esta lámina vemos una de las múltiples posibilidades (quizás la más típica), que el sistema le permite al rival, como recordaremos decíamos: las aportaciones en ataque de la tercera línea y lo desequilibrante de esta.

Se produce una apertura del punta hacia una banda y del exterior derecho n.º 7 de la tercera línea hacia la contraria; pese a tener una gran importancia la ubicación del balón nos preocuparía relativamente, si nos preocupara que el balón llegara con toda seguridad al espacio que han creado los jugadores rivales n.º 7 y n.º 9.

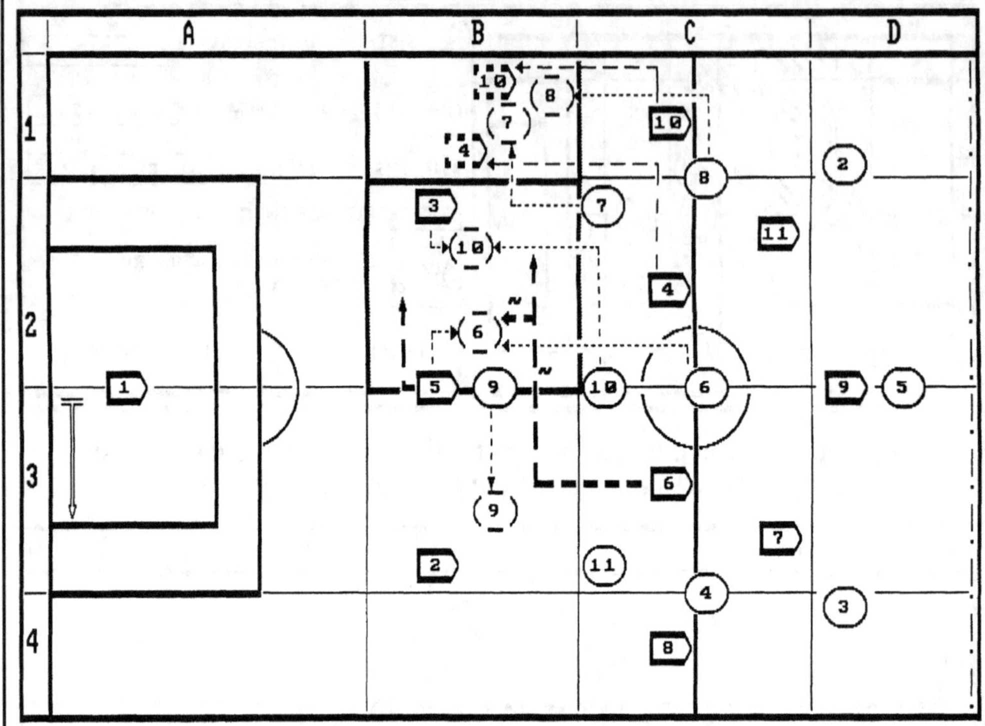

Como comentamos en la página anterior, quizás sea esta la variante más típica y espectacular que permite este sistema, en ella detectamos la intención del equipo contrincante, como es crear un espacio delante de la frontal de nuestro área con el objeto de que sea utilizada y aprovechada por dos jugadores llegando desde su tercera línea; debemos neutralizar este desequilibrio anulando esta posibilidad para lo cual:

1).- A la caida del n.º 7 a la banda en B2 opondremos nuestro medio centro ubicado hacia la izquierda n.º 4.

2).- A la entrada del interior n.º 8 en B2 oponemos el nuestro n.º 10.

3).- A la apertura del n.º 9 hacia la banda izquierda en B3 y en base a que nuestro marcaje es zonal le espera y se opone nuestro n.º 2.

4).- A la entrada de los rivales n.ºs 6 y 10 en el espacio creado por la apertura de los n.ºs 7 y 9 les opondremos nuestros defensores n.ºs 3 y 5 que no han sido arrastrados por los movimientos de los citados rivales n.ºs 7 y 9.

5).- Por último la superioridad numérica en la zona se la damos al ubicar a n.º 6 en este momento totalmente libre de marca y podemos hacerlo de dos formas: incorporando a este jugador a la zona B2, o pasando esta a marcar al rival n.º 6, pasando nuestro n.º 5 a jugar de libre. Yo me inclino por alternar estas dos opciones.

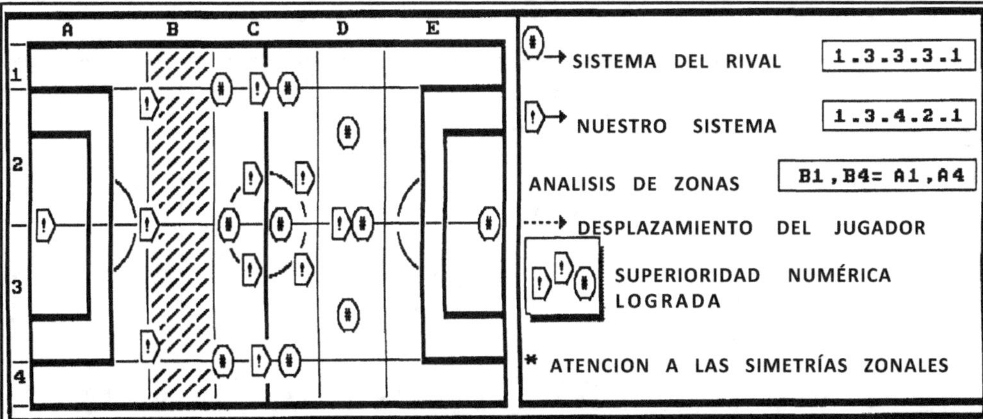

UBICACIONES INDIVIDUALES QUE DEBEMOS GANAR EN SUPERIORIDAD. SEGUIDAMENTE VEMOS LAS ZONAS QUE DEBEMOS SERLO.

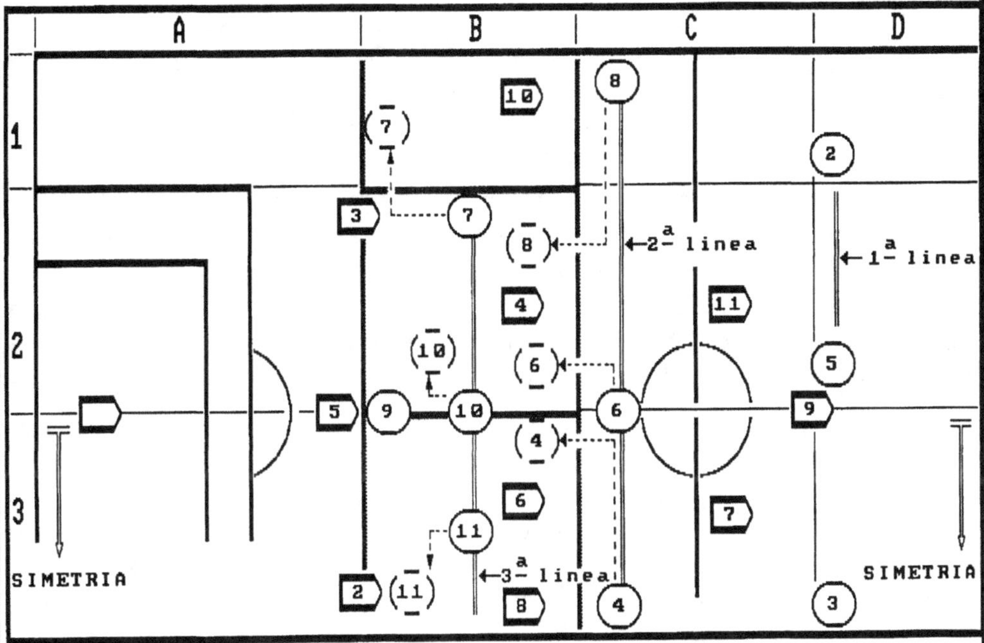

En esta lámina vemos la jugada clásica de incorporación de dos líneas en la zona ancha.

Debemos recordar que las mismas alternativas se darán en las zonas simétricas y evidentemente en las zonas anchas, es decir, en el presente caso se darán las mismas premisas tanto en B1 - B4 como en el A1 - A4 y en C1 - C4, la diferencia estriba en que el juego se desarrolle más o menos próximo a la meta del equipo defensor.

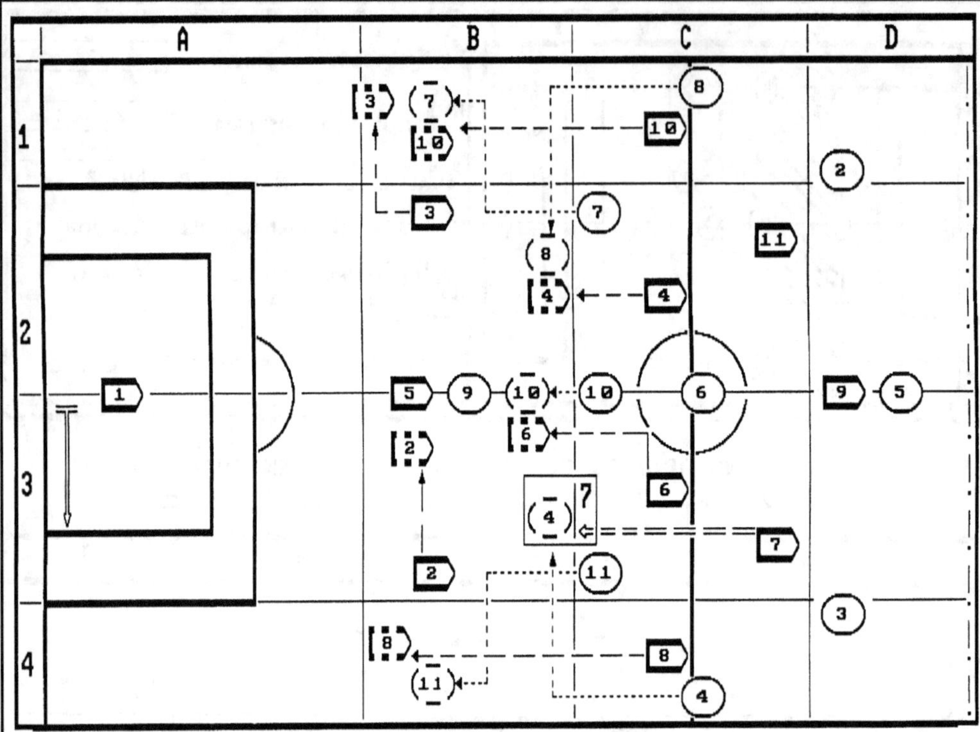

En esta situación se demuestra la aproximación de dos líneas de tres jugadores rivales en la misma zona ancha, (la 2.ª y 3.ª), vemos que con el repliegue de nuestros cuatro jugadores del centro del campo más nuestros tres defensas ya tendríamos lograda la superioridad numérica en la citada zona; entonces desequilibrarán por la dirección de los movimientos de los rivales, lo solventamos:

1).- Debemos tener presente que tendremos que llevar a dos de nuestros defensores al ala donde transite el balón (por ejemplo a B1, por estar 7 en posesión de este), para hacer un 2x1, lógicamente al salir un defensor a ese 2x1 dejamos a nuestro central contra su delantero centro, por lo que deberemos aproximar el otro defensor a su compañero el central y hacer también un 2x1 contra el delantero centro rival. Esto nos va a obligar a utilizar el media punta del lado del lateral que se aproxima al central, para corregir el desajuste en espacios.

2).- A su jugador n.º 7 en situación de extremo y en posesión del balón le oponemos nuestro lateral n.º 3 e interior n.º 10; a su exterior de 2.ª línea n.º 8 oponemos nuestro medio centro de su lado; a la entrada de su medio centro n.º 10 le oponemos nuestro otro medio centro n.º 6; a la llegada del exterior de 3.ª línea n.º 11 le oponemos nuestro interior n.º 8; por lo que el media punta n.º 7 solventará el desequilibrio que crea su n.º 4.

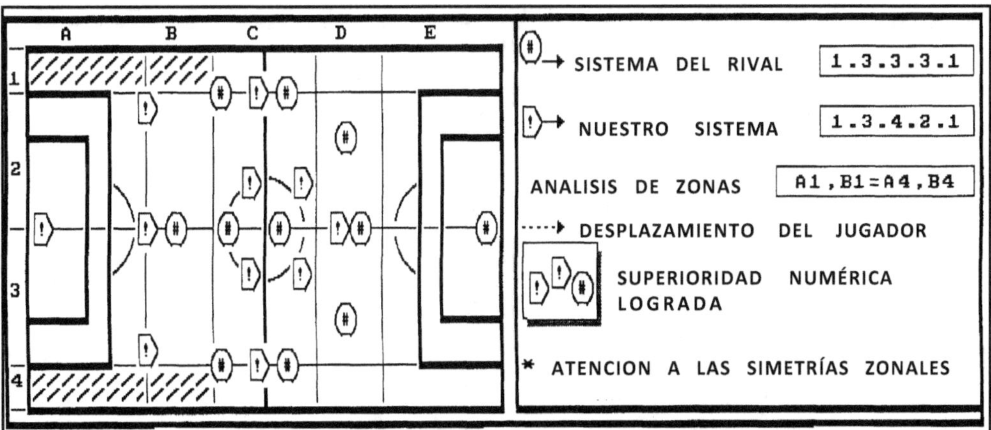

UBICACIONES INDIVIDUALES QUE DEBEMOS GANAR EN SUPERIORIDAD. SEGUIDAMENTE VEMOS LAS ZONAS QUE DEBEMOS SERLO.

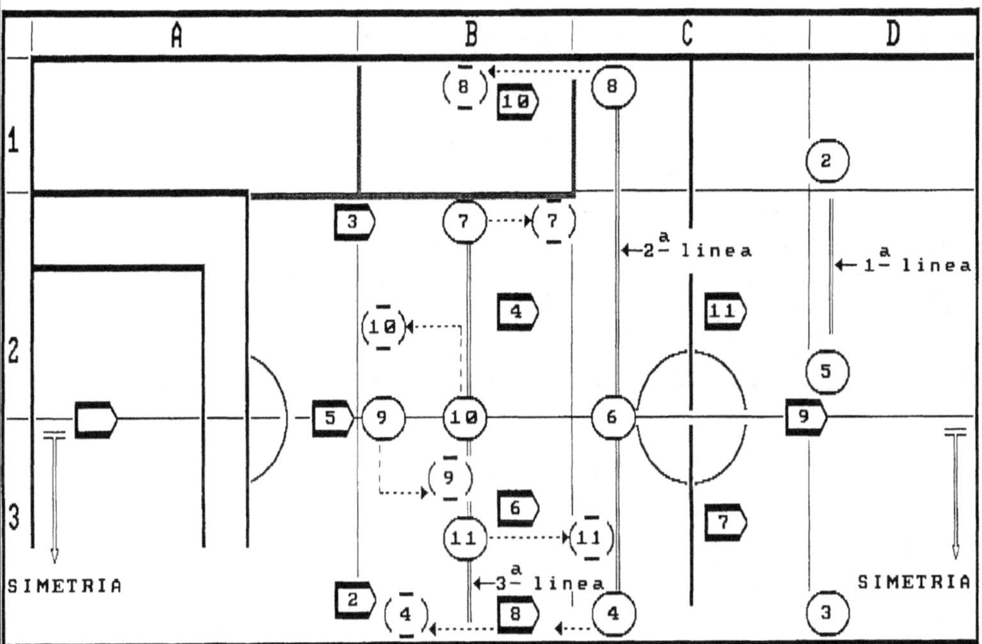

Como confirmación al concepto polivalencia vemos en la presente página como el equipo rival intercambia las posiciones de jugadores de la segunda línea con los de la tercera, e incluso su punta cambia la posición con un compañero de su tercera línea.

Al cambiar de posición los jugadores cambiarán de cometido a nivel individual, pero sus líneas se regirán por los mismos parámetros independientemente de quienes sean los que formen esas líneas. Nosotros marcamos en zonas, por lo tanto más que el rival que ocupe la zona será la zona nuestra preocupación, cierto es que la calidad del rival que la ocupe nos complicará más o menos su control.

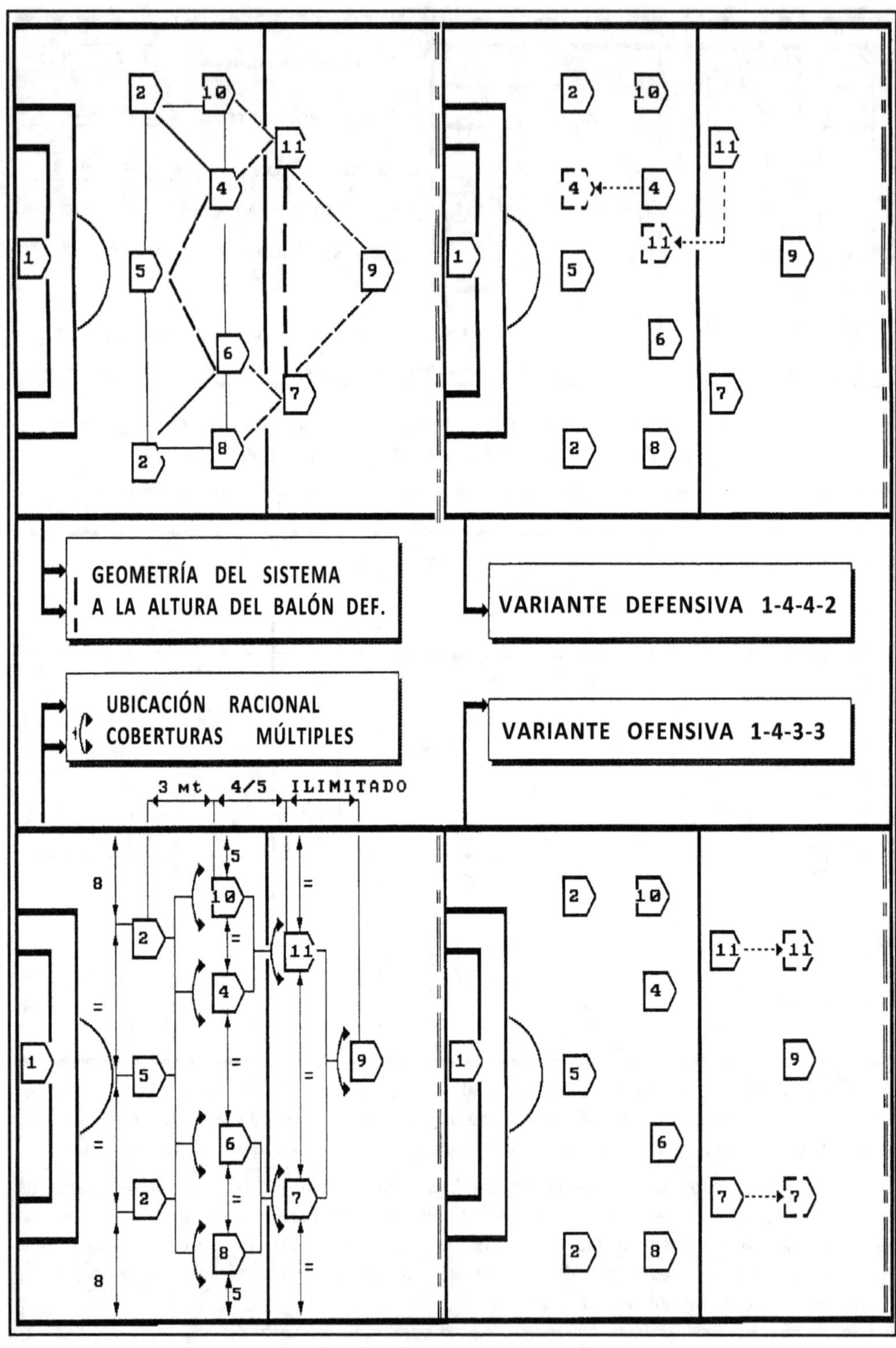
GEOMETRÍA DEL SISTEMA
A LA ALTURA DEL BALÓN DEF.
UBICACIÓN RACIONAL
COBERTURAS MÚLTIPLES
VARIANTE DEFENSIVA 1-4-4-2
VARIANTE OFENSIVA 1-4-3-3
3 mt 4/5 ILIMITADO

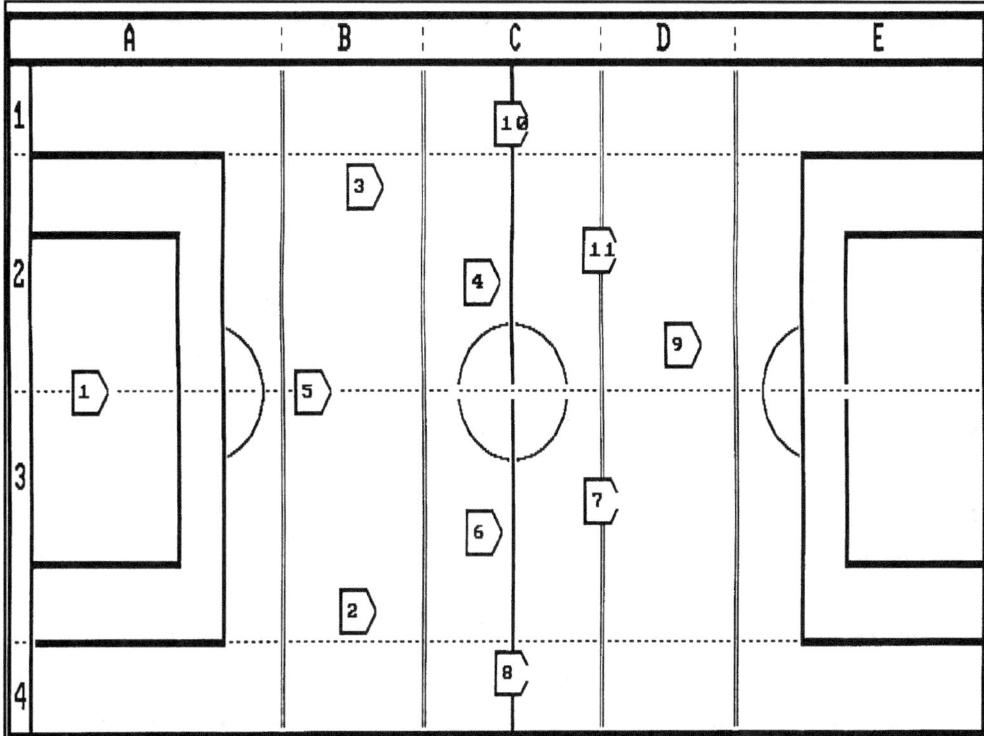

Debemos suponer que nuestro planteamiento es válido siempre y que con él vamos a lograr nuestro objetivo. Por tanto nos apoderamos del balón anulando los argumentos de los contrincantes; estaremos entonces en posesión del balón, esto es en acciones ofensivas.

Al fútbol nunca le escatimaremos la creación, la fantasía; ello con el balón en nuestro poder nos obligamos a corresponder a estas y crear alternativas de juego de ataque esperando el éxito final. Estaremos entonces combatiendo al equipo oponente, en función de la eficacia estaremos más próximos o menos alejados del equipo de condición de poderoso; por añadidura si combatimos a nuestros rivales de forma positiva tendremos:

A).- Hemos neutralizado con éxito (por tanto lo propuesto es válido).

B).- Si poseemos el balón tenemos más posibilidades de éxito que el rival pues él no lo tiene.

C).- Seremos por poseedores del balón los que determinemos los parámetros del juego en cuanto a control y ritmo del partido.

En el aporte ofensivo defino las zonas según la idea de combatir.

Zona A1 a A4 = de construir en origen # de ataque directo (presionando).

Zona B1 a B4 = de ataque organizado # de contraataque previsto.

Zona C1 a C4 = de contraataque previsto # de transición en organizado.

Zona D1 a D4 = de pase previo a final # remate media distancia.

Zona E1 a E4 = de centro lateral # de finalización.

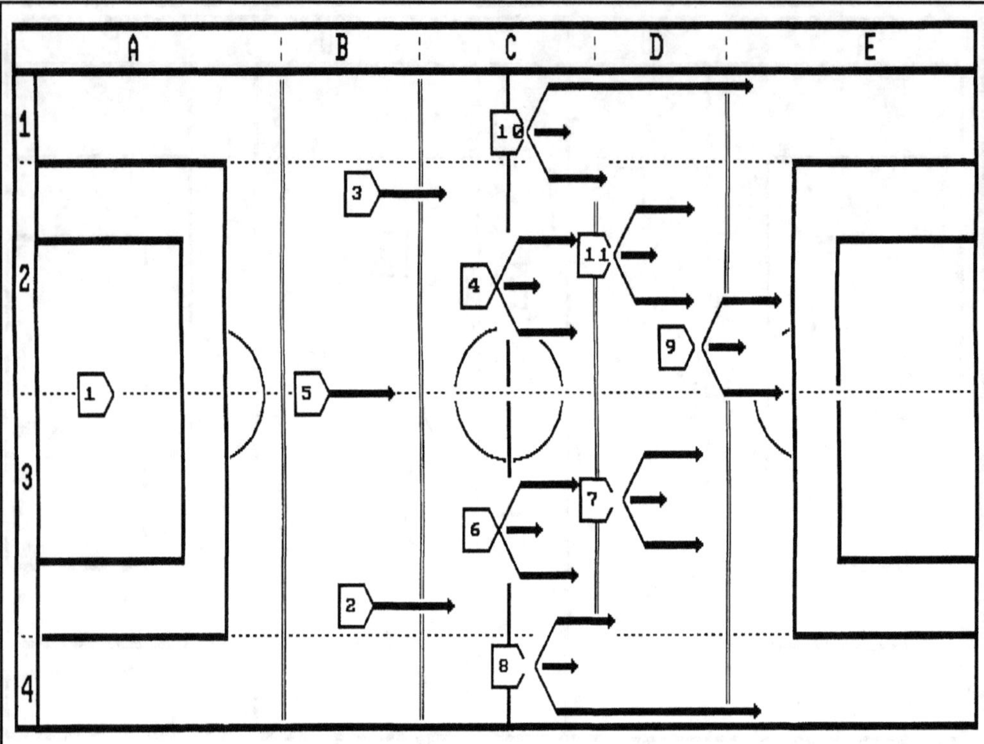

En esta página vemos los movimientos ofensivos básicos de forma colectiva representados gráficamente por

Los defensores en el aspecto ofensivo sólo achican el espacio; los interiores sólo se incorporan por banda uno en una misma jugada, dado que los dos medias puntas y el delantero estaríamos en cuatro atacantes.

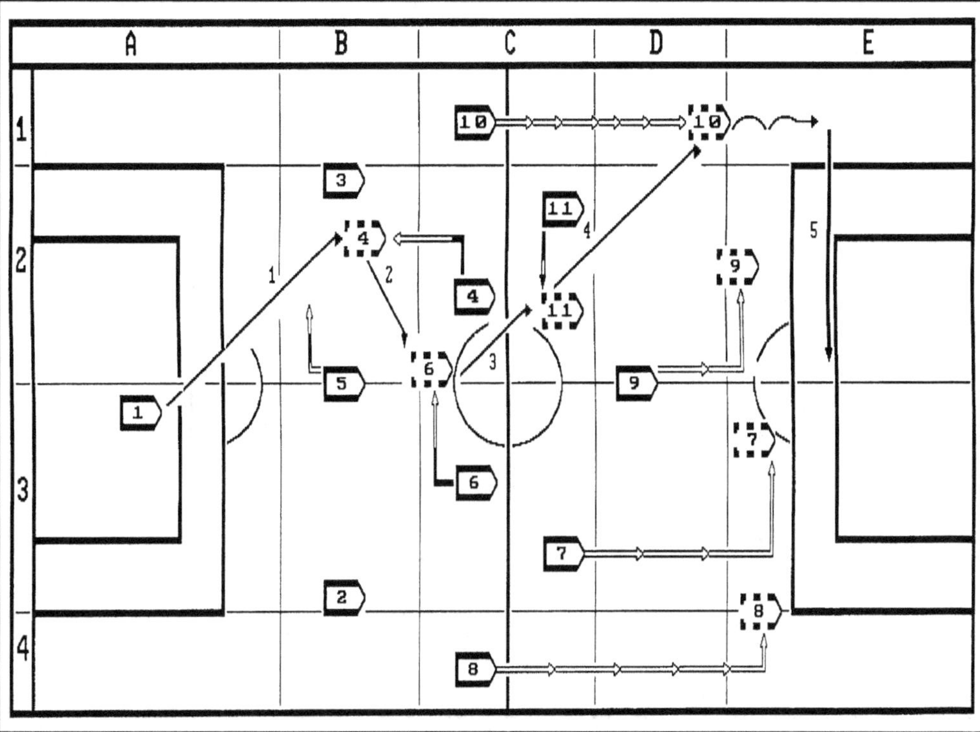

EJEMPLO DE ATAQUES ORGANIZADOS

DESMARQUES

De apoyo   De sostén   De ruptura   Pase

Jugador que cambia posición   Pase   Movimiento sin balón

Conducción

Vemos como el medio centro ubicado a la izquierda se desmarca de apoyo a recibir de su portero; una vez con el balón entrega al desmarque de apoyo del otro medio centro; en este comento el interior derecho n.º 8 se desmarca de ruptura, el n.º 4 entrega al apoyo del n.º 6. Con el balón en posesión el n.º 6, el interior izquierdo n.º 10 se desmarca de ruptura y el media punta de la izquierda n.º 11 lo hace de apoyo.

La transición del centro del campo al ataque la efectúa el n.º 6, entregando al n.º 11 y en este momento el otro media punta y el delantero centro n.º 9 se desmarcan de ruptura, el 11 juega a banda al n.º 10, que tras recibir conduce y centra para el remate final de 7, 9 y 8.

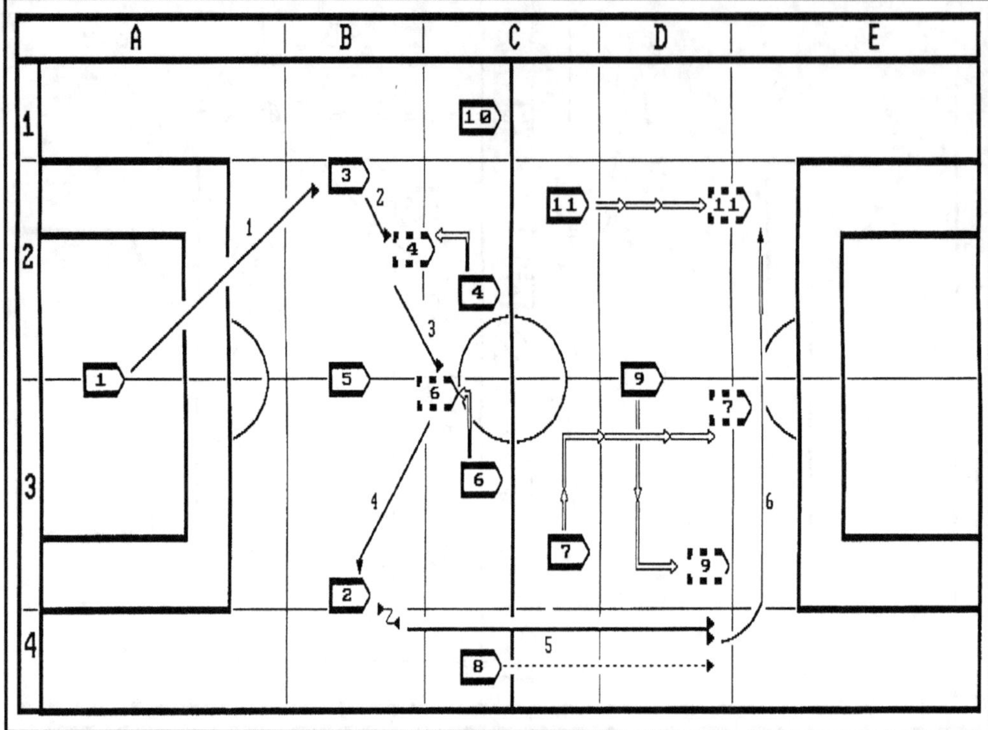

EJEMPLO DE ATAQUES ORGANIZADOS

DESMARQUES

De apoyo   De sostén   De ruptura   Pase

Jugador que cambia posición   Pase   Movimiento sin balón

Conducción

En este ataque organizado vamos a pretender obligar al contrario bascular su defensa para buscar su espalda en la zona más alejada del balón, para lo cual deberemos acabar con el pase previo al remate final en el lado diagonalmente opuesto al lugar de inicio.

Recibe el lateral izquierdo n.º 3 de su portero, los dos medios centros n.os 4 y 6 se desmarcan de apoyo; el n.º 3 inicia el ataque construido jugando con el n.º 4, el cual se apoya en el n.º 6,. En este momento el equipo rival estará basculando en dirección a la zona de caída del balón.

El n.º 6 entrega a su compañero n.º 2 el cual al primer toque mete en profundidad para la entrada del interior derecho n.º 8, este deberá manifestar una gran velocidad de desplazamiento; en este momento el media punta ubicado a la derecha n.º 7 y el delantero centro n.º 9 se desmarcan de ruptura intercambiando sus posiciones, y el media punta izquierda n.º 11 se desmarca de ruptura, con la seguridad de que le llegará el cambio de orientación del interior derecho n.º 8.

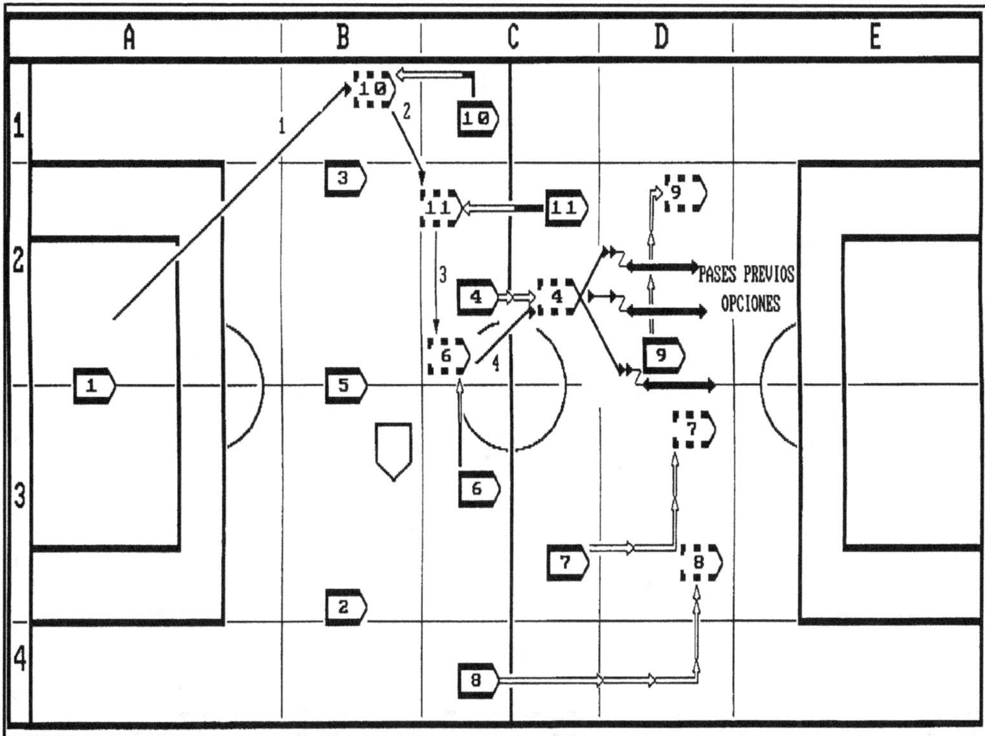

1 - 3 - 4 - 2 - 1

EJEMPLO DE ATAQUES ORGANIZADOS

DESMARQUES

De apoyo   De sostén   De ruptura   Pase
Jugador que cambia posición   Pase   Movimiento sin balón
Conducción

En este ataque construido el pase previo al remate final, intentaremos que sea un pase interior entre los defensas rivales, debemos tener presentes cuatro detalles para el éxito final:

A).- La velocidad en el desplazamiento previo al remate final (si no somos rápidos se nos puede anticipar el portero).

B).- La zona donde se efectúa el pase previo, procuraremos que la recepción de nuestro delantero sea unos metros fuera del área.

C).- La posibilidad de que el rival intente dejarnos fuera de juego.

D).- Podríamos tener que jugarnos un 1x1 con el portero rival.

Inicia nuestro interior izquierdo n.º 10 que se desmarca de apoyo a recibir de su portero, n.ºˢ 11 y 6 se desmarcan de apoyo, mientras que los n.ºˢ 4, 7, 9, 8 lo hacen de ruptura; el interior en posesión se apoya en el desmarque del media punta n.º 11, que a su vez entrega al desmarque del medio centro derecho n.º 6, este pasa al otro medio centro n.º 4 en desmarque de ruptura; este efectuará el pase previo.

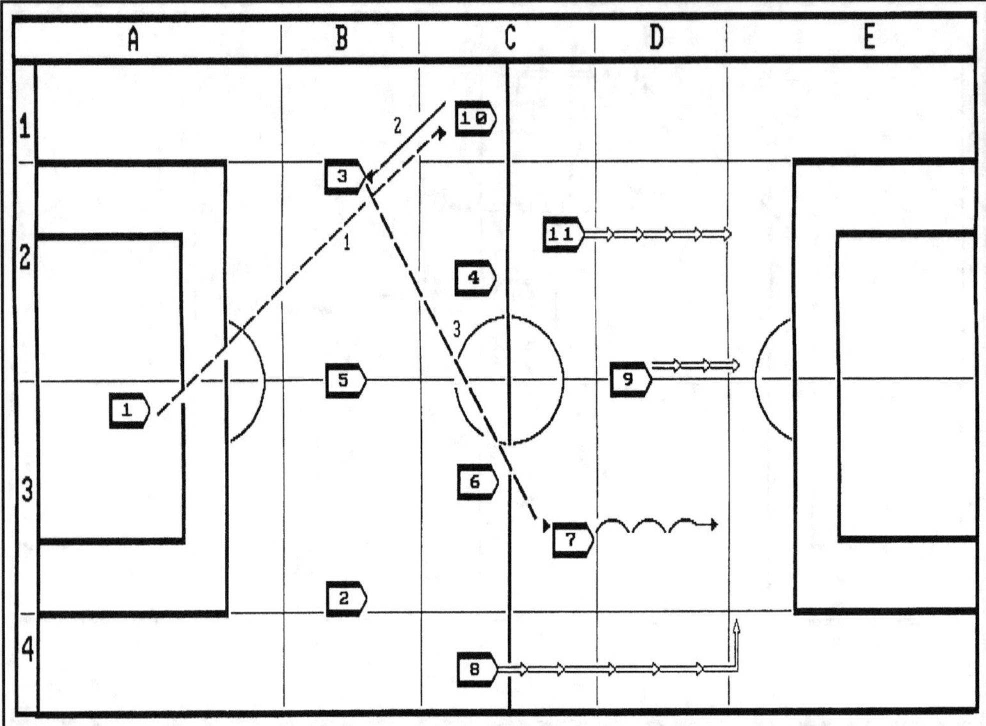

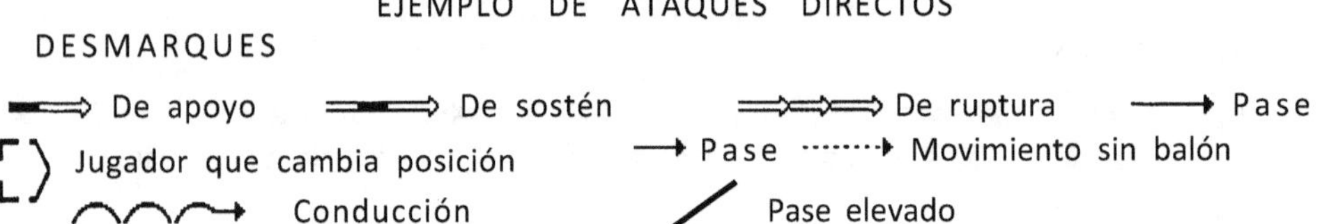

1 - 3 - 4 - 2 - 1

EJEMPLO DE ATAQUES DIRECTOS

DESMARQUES

⇒ De apoyo   ⇒ De sostén   ⇒⇒ De ruptura   → Pase

⌐⌐) Jugador que cambia posición   → Pase   ┈┈→ Movimiento sin balón

∿∿→ Conducción   / Pase elevado

Vemos en la presente página una jugada típica de ataque directo en la que detectamos que se llega con tres toques a la frontal del área rival.

Recordemos que un pase largo bien orientado, nunca será un boleón, es un pase desequilibrante y eficaz.

El portero saca un balón aéreo sobre su interior izquierdo n.º 10, este para y deja a su defensor n.º 3 para un cambio de orientación sobre el media punta derecho n.º 7.

Acompañarán en desmarque de ruptura n.ᵒˢ 8, 9 y 11.

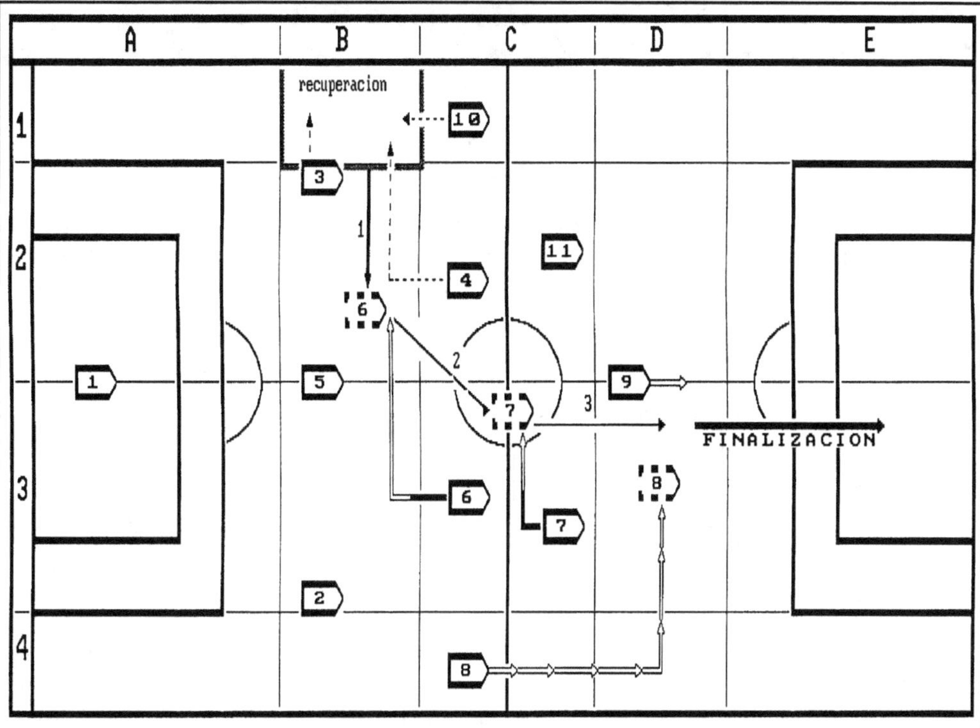

1 - 3 - 4 - 2 - 1

EJEMPLO DE CONTRAATAQUE PREVISTO

DESMARQUES

De apoyo   De sostén   De ruptura   Pase

Jugador que cambia posición   Pase   Movimiento sin balón

Conducción

Como ya sabemos debemos primero determinar la zona donde intentaremos apoderarnos del balón (B1), los jugadores que participarán en la recuperación y el número de pases que constituirán el contraataque.

Presionamos a nuestros rivales de forma colectiva con el objeto de que nuestra presión les lleve a la zona de recuperación del balón; en dicha zona estarán en la recuperación nuestros n.ᵒˢ 3, 10, 4 y nuestro interior n.º 6 será el receptor del primer pase tras la recuperación, con el objeto de dar la salida y la orientación del contraataque.

El n.º 6 se desmarca de apoyo a la zona de recuperación del balón, recibe y a dos toques máximo entregarán al desmarque de apoyo del media punta derecho, este si puede al toque al desmarque de ruptura del interior y el delantero centro n.º 9.

El 4.º pase forzosamente deberá ser la finalización.

NEUTRALIZACIÓN DE UN SISTEMA 1 - 4 - 4 - 2

En la próxima jornada nos enfrentaremos a un equipo que juega un 1-4-4-2, sistema que le define y al que aporta características propias siendo estas:

A).- Su línea de defensa está formada por cuatro defensas que alternan la posición de cuatro en línea, o la de tres en línea mas un jugador libre (siendo el libre el central derecho); o el central izquierdo juega adelantándose a pivote; sus laterales largos son el recurso básico de sus argumentos tácticos.

B).- El centro del campo forma en línea de cuatro, que la transforman en una línea de tres, donde uno de los dos medios centros se ubica como pivote enganchando con sus defensas, o mantienen una línea de tres y un medio centro se ubica como media punta, enganchando con sus delanteros;

Los interiores efectúan desdoblamientos con sus laterales, por lo que manifiestan unos buenos criterios defensivos, en el aspecto ofensivo, llegan por banda generando buenos centros del punto de penalti al segundo poste.

C).- Los dos laterales no se incorporan en la misma jugada, alternando las salidas, en posesión del balón o en apoyo por desmarque de ruptura al interior de su banda, de buenos centros especialmente diagonales; manifiestan una gran capacidad física, correosos marcadores con sentido de la anticipación.

D).- Sus medios centros alternan el trabajo oscuro y la calidad; el trabajo oscuro por ser buenos recuperadores del balón, estando muy bien colocados y en perfecta armonía entre ambos; el trabajo de calidad por ser poseedores de buena técnica y especialmente de una excelente visión de juego; alternan los pases, generalmente medios y cortos, entre ellos se dan muchos apoyos y ayudas y buscan pases finales, especialmente pases verticales entre los defensas rivales.

E).- Destacable el buen trato dado al balón en la circulación del mismo pese a la velocidad que imprimen a la transmisión de este.

F).- Sus dos puntas son delanteros rápidos, de fácil disparo y buenos rematadores de cabeza, con un considerable grado de habilidad. ** sin posición fija**

G).- En variante ofensiva vimos la posición de pivote y de media punta; en el defensivo uno de los interiores se transforma en lateral, quedando un central como libre. Pasan a 1-5-3-2.

Un punta retrocede unos metros como enganche del c. campo. Vemos en la página 21 su ubicación racional sobre el terreno de juego y sus movimientos básicos.

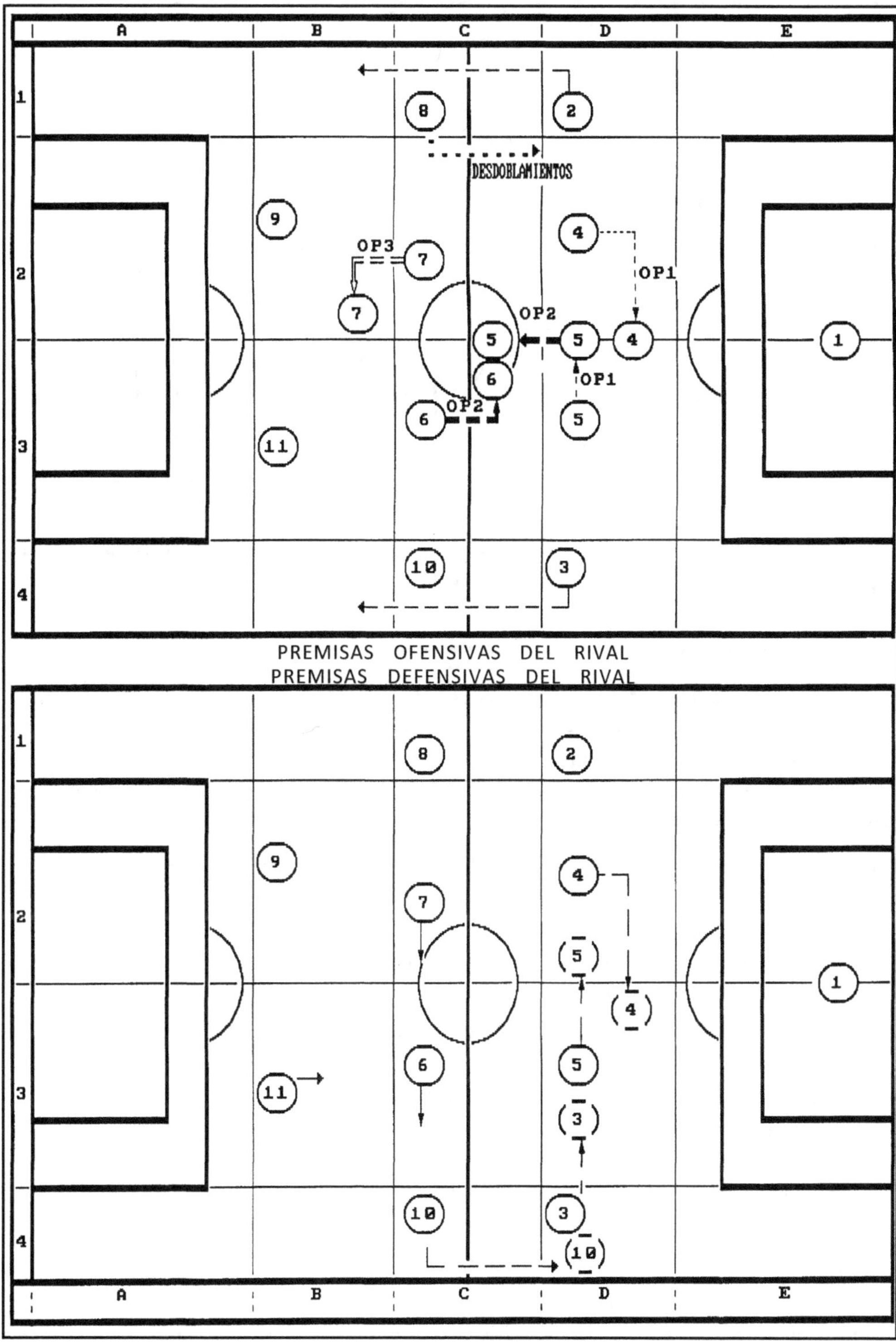
A
B
C
D
E
DESDOBLAMIENTOS
OP3
OP1
OP2
OP2
OP1
PREMISAS OFENSIVAS DEL RIVAL
PREMISAS DEFENSIVAS DEL RIVAL
A
B
C
D
E

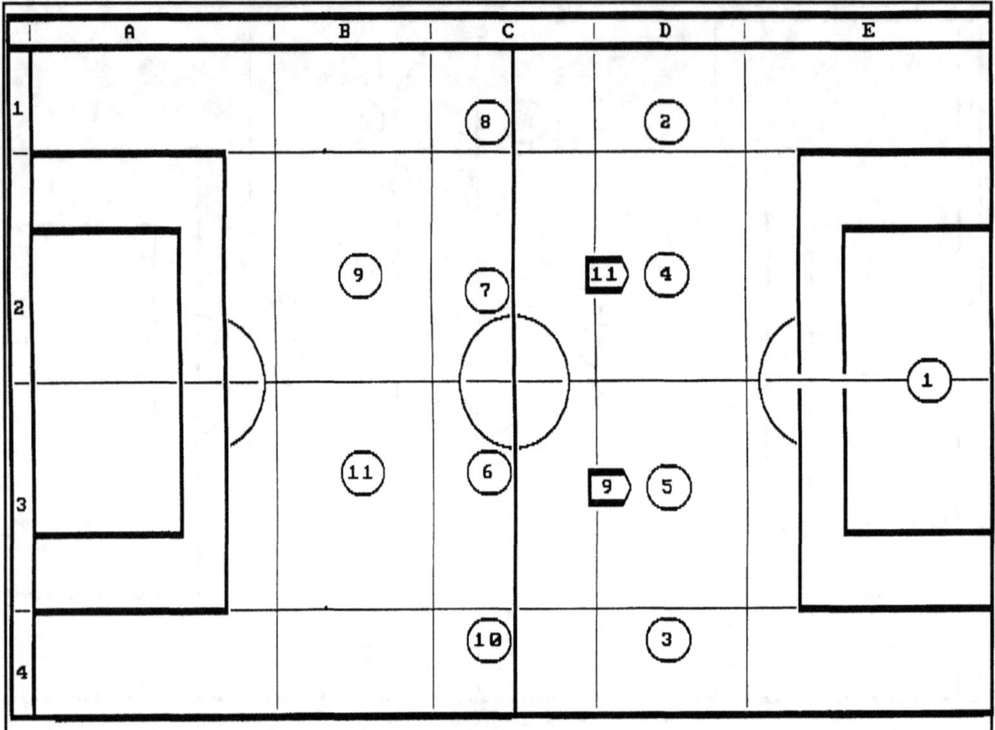

PREMISAS OFENSIVAS DEL RIVAL

Ya conocemos los datos tácticos propios del comportamiento del equipo oponente, los cuales vamos a neutralizar, al ver en la pizarra su distribución y movimientos debemos considerar y oponer a estos:

1).- Conocemos tres datos importantes relativos al comportamiento táctico de su defensa, como son:

- La salida de uno de sus laterales en acciones ofensivas.

- La incorporación de su central n.º 5 a la posición de pivote para hacer de enlace entre defensa y centro del campo.

- La adaptación de uno de sus centrales a posición y función de libre en acciones defensivas.

Para neutralizar estas facetas tácticas de su línea defensiva, mi respuesta será situar dos jugadores en punta, que se opondrán a los cuatro defensores, evidentemente la inferioridad numérica es manifiesta, por tanto debemos entender que se oponen a unas variantes tácticas, que a una posesión del balón por algunos de los citados defensores.

El argumentar este dato nos aclara la importancia de los dos puntas en el aspecto de la neutralización, al margen de que como delanteros tengan total aportación ofensiva en las jugadas finales o previas a las finales.

Como comentamos en la página anterior, vamos a argumentar la utilización de los puntas y la importancia que tendrán sobre la línea de defensas rivales.

Inicialmente los situaremos orientados de forma vertical a los postes de la portería rival, con una pequeña basculación de ambos si fuese precisa, para ubicarse entre el central y el lateral rival, esto es: Nuestro n.º 11 entre sus n.ᵒˢ 2 y 4, nuestro n.º 9, entre sus n.ᵒˢ 5 y 3. lo hacemos para lograr fundamentalmente tres objetivos, como son:

1).- Que los dos centrales rivales manifiesten una presencia sobre ellos, con lo que el central que se retrasa a posición de libre renuncie a ese movimiento, pues en ese momento dejaría a nuestro delantero n.º 11 libre de marca, o en su defecto sería marcado por su lateral derecho n.º 2 con lo cual este no podría incorporarse al ataque.

2).- Por el mismo motivo el otro delantero impedirá que el n.º 5 se incorpore como pivote entre las líneas de defensa y centro campo, dado que nuestro n.º 9 se quedase sin marca y a sus espaldas, salvo que sea marcado por el lateral izquierdo n.º 3, por tanto no se podría incorporar al ataque.

3).- Al estar colocados entre los centrales y laterales si estos últimos deciden añadirse al ataque, caerán al espacio dejado por el lateral al salir, con toda seguridad por este motivo dudará en incorporarse a dicho ataque y quizás no lo haga.

Como siempre y en función de neutralizar a nuestros oponentes vamos dibujando nuestro sistema; ya sabemos que tendrá dos puntas.

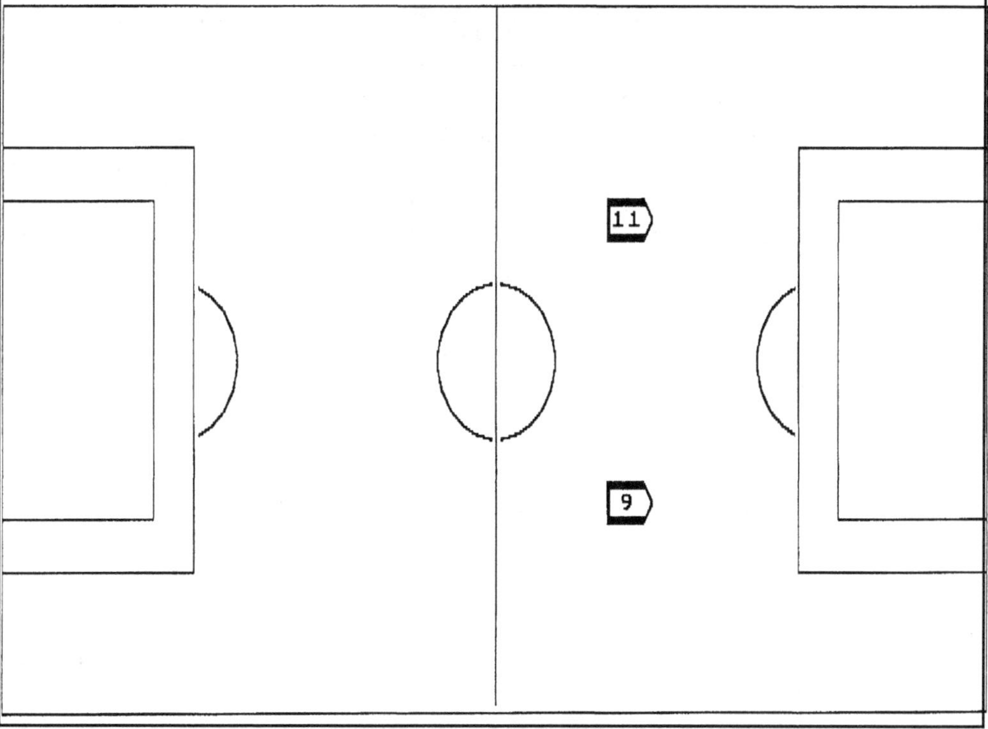

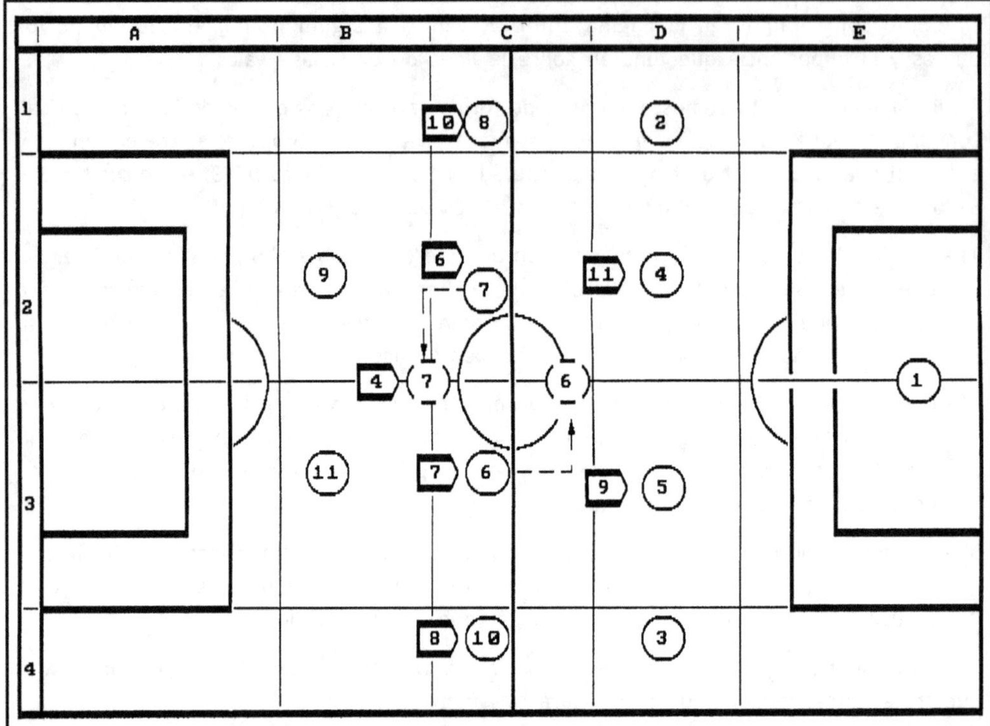

PREMISAS OFENSIVAS DEL RIVAL

Vemos en esta página la maniobra en la que un medio centro se coloca como pivote entre las líneas de defensa y centro del campo, con absoluto convencimiento buscará el balón para iniciar la construcción del juego de su equipo; por otro lado observamos que la maniobra del otro medio centro es ubicarse como media punta, con toda seguridad en este momento se incorporará un lateral y un interior, el objeto sin duda es soportar la fiabilidad de la transición de defensa ataque progresando entre los dos citados medios centros.

Si nosotros emparejamos jugadores en el centro del campo no solventaríamos el problema, dado que como conocemos el central n.º 5 también pivota entre las dos citadas líneas para participar en la creación del juego de su equipo, entonces o baja un punta con él, que podría ser una solución momentánea, pero que acarrea un riesgo, como es: que el lateral del lado del punta que se retrasa ya no dudará en incorporarse al ataque.

En mi opinión debemos más que neutralizar a cada rival en este caso debemos neutralizar la alternativa de progresión para, lo cual: ubicamos cuatro centrocampistas en línea más un quinto que estará situado detrás de esta línea de cuatro, controlando la zona en la que entrará el medio centro rival constituido de media punta.

Tenemos que este jugador será además el organizador del juego de nuestro equipo, especialmente por la posición que ocupa.

Analizaremos con detalle nuestra propuesta de neutralización del centro del campo rival.

Al colocar un jugador que controle la transformación a media punta del medio centro rival n.º 7 y en su traslado a dicha posición, vemos que el equipo oponente se queda con tres centrocampistas como son: 8, 6, 10, contra cuatro jugadores nuestros, como son: 10, 6, 7, 8, estaremos en superioridad numérica momentánea, facilitada por los movimientos de los rivales; en este momento si podríamos pretender que el jugador rival n.º 6 sea perseguido en su regreso a la situación de pivote, quedando en el centro del campo en tres contra dos, aun en superioridad numérica; además mentendremos los dos puntas arribaimpidiendo que el central rival n.º 5 se incorpore a la creación del juego, e incluso puede que logremos que el lateraldude en la salida o no salga, por los conceptos que enumerábamos en páginas anteriores.

Si logramos ser eficaces en esta neutralización quizás el equipo contrincante tenga que cambiar y esgrimir otros argumentos.

Nuestros jugadores del centro del campo, no exentos de una aceptable calidad deberán sobre todo tener una buena condición física y una gran disciplina táctica.

Nuestro jugador del media punta es a la vez nuestro organizador y conductor del juego, por ello deberán poseer una buena técnica y muy buena conservación del balón y una mejor visión de juego, de toque rápido, preciso y orientado a espacios creados.

Seguimos configurando nuestro sistema y ya tenemos cinco jugadores en el centro del campo.

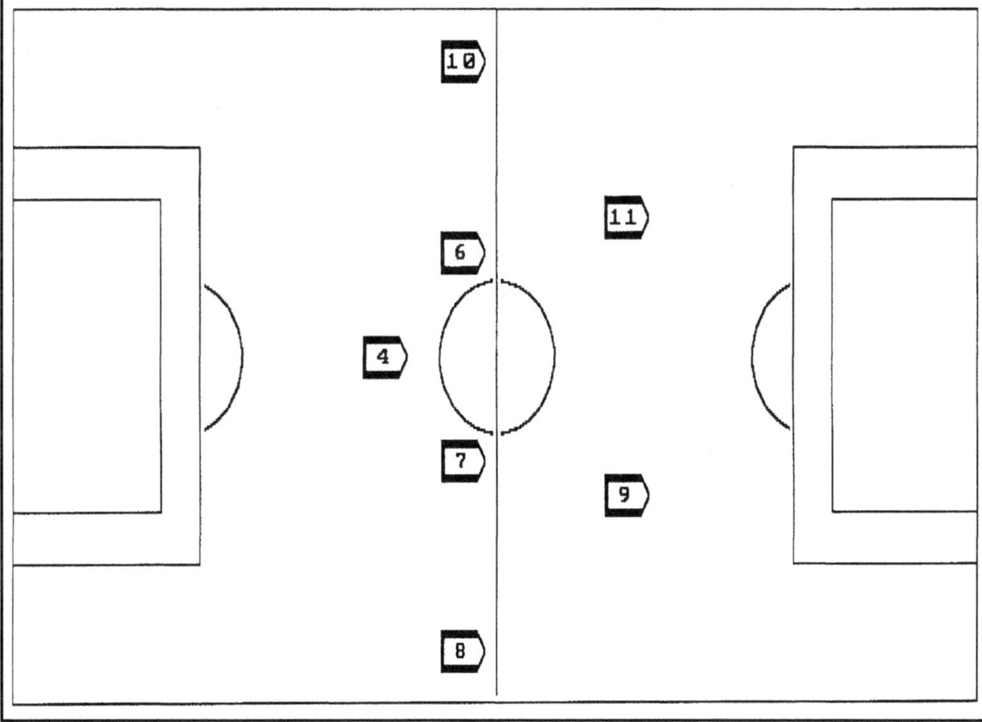

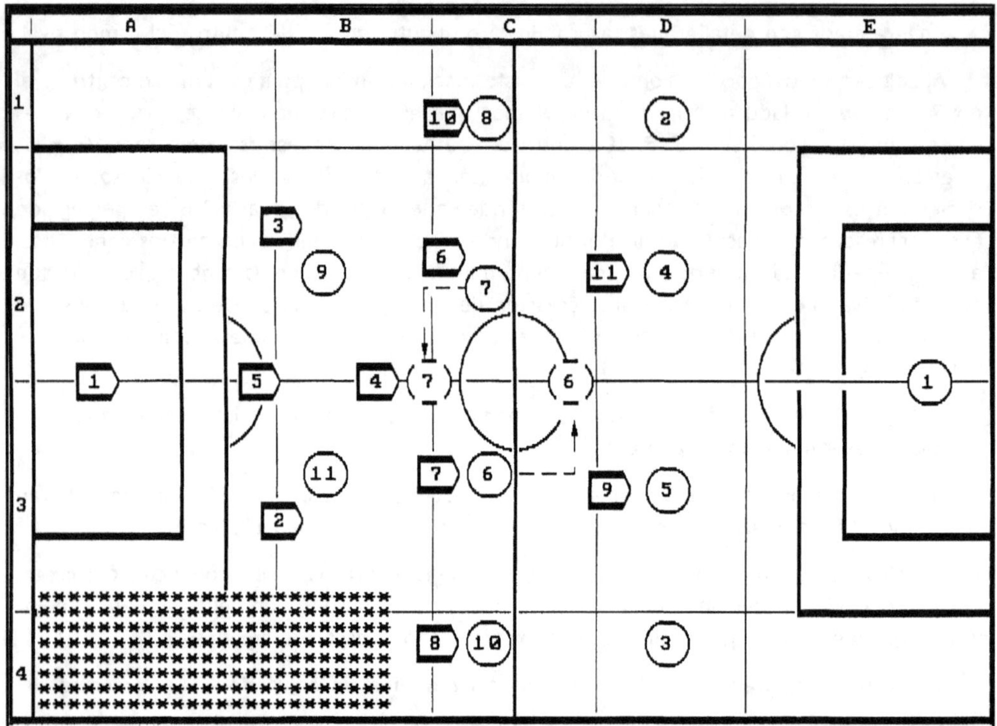

PREMISAS OFENSIVAS DEL RIVAL

Por último conformaremos nuestra defensa lógicamente con los tres jugadores de campo que nos queda por ubicar; pese a manifestarse una superioridad numérica evidentemente la definimos como escasa más por la zona de influencia que por el número de rivales a neutralizar y aclaro este concepto.

Como observamos nuestros laterales en su marca a los respectivos delanteros rivales dejen grandes espacios laterales a espaldas de sus compañeros interiores,quizás en situaciones de un balón adelantado por el rival a esas zonas y ante un repliegue no oportuno del interior, el lateral deba ir a recuperar ese balón dejando a los otros dos defensores en un dos contra dos; además la cobertura del lateral sobre el interior se hace casi improblable.

Para solventar esta anomalía nuestro jugador que controla al media punta rival deberá puntualmente constituirse como defensa central, o como jugador de cobertura a los cuatro centrocampistas especialmente a sus interiores.

Como podemos detectar este jugador no sólo debe controlar al medio centro rival venido a media punta, también debe ser el catalizador de nuestro juego y del ritmo del mismo, pero además puntualmente debe ser un defensa central; evidentemente este jugador será el alma de nuestros conjuntos, debe tener muchas virtudes pero en mi opinión debe aportar carisma y liderazgo.

Analizando a lo que nos está obligando la neutralización del rival comprobamos que estamos prácticamente formando con el mismo sistema de partida que el rival y vamos a puntualizarlo.

1).- A la posición de nuestro n.º 4 en el control del media punta rival, o en el apoyo como defensor a su defensa, está casi reiterando la función del central rival n.º 5 cuando este se adelanta a formar de pivote en creación de juego.

2).- Al actuar nuestro n.º 4 de central debemos entender que en este momento su participación en el centro del campo será más bien en el centro del campo.

3).- Si mantenemos a nuestros dos puntas adelantados para impedir que el central n.º 5 se incorpore a la construcción del juego o para impedir que los laterales salgan; estaremos manteniendo como nuestro rival dos en punta.

Podemos decir que jugamos también un 1-4-4-2, pero que la formación de nuestra defensa es en rombo, cuando el rival la conforma con cuatro en línea o tres en línea más libre.

Esta composición de nuestro sistema me ratifica en mi creencia de que el 1-4-4-2 su mejor neutralización es oponerle el mismo sistema, confirmando lo que durante mucho tiempo vengo asegurando: «que este es el sistema del uno contra uno, tanto en aspectos técnicos tácticos como físicos»; esta frase hecha por mi la complemento con: «El sistema del uno contra uno, en todos los aspectos, donde los laterales largos decantan el éxito».

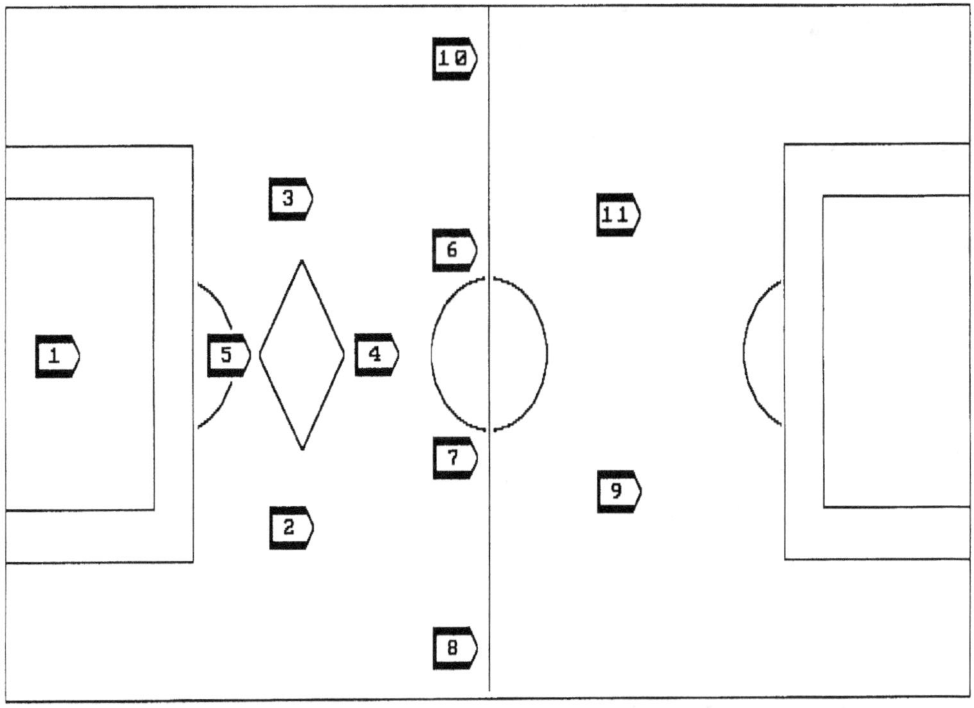

Continuando con mi aseveración en lo referente al sistema y al comportamiento del jugador que controla al media punta rival, que crea nuestras alternativas de juego y que puntualmente actúa de defensa; entiendo que este deberá tener una respuesta contundente y eficaz por parte de sus interiores, pues como decía antes los laterales decantarán el éxito, nosotros no los tenemos y por tanto el compromiso es de los interiores que deberán ser laterales puntualmente o extremos circunstancialmente; para hacerlo entendible diremos que son laterales que juegan 10 mtrs. por delante de la ubicación normal de una línea de defensa, y recordando que la primera misión de un defensor es defender doy por concluida la matización de los interiores en el aspecto defensivo, añadiendo que uno de los dos interiores en el aspecto ofensivo deberá acabar como extremo en posesión del balón.

En lo referente al organizador-controlador, etc... es de suma importancia que sea capaz de leer el partido e intuir el lado de orientación del ataque, estableciendo una comunicación verbal constante con sus compañeros del centro del campo y fundamentalmente una disposición de cobertura a sus cuatro centrocampistas pese a perder en alguna ocasión la referencia del medio centro rival venido a media punta, recordando que la supremacía en ese momento es al jugador superado con el balón controlado por el rival, que al media punta que aun con posibilidad de continuar la jugada lo hará en una segunda opción, siendo la primera el desequilibrio que sufrió y sufrirá el jugador superado y por añadidura su línea, es imprescindible recordar al superado la acción táctica de permuta.

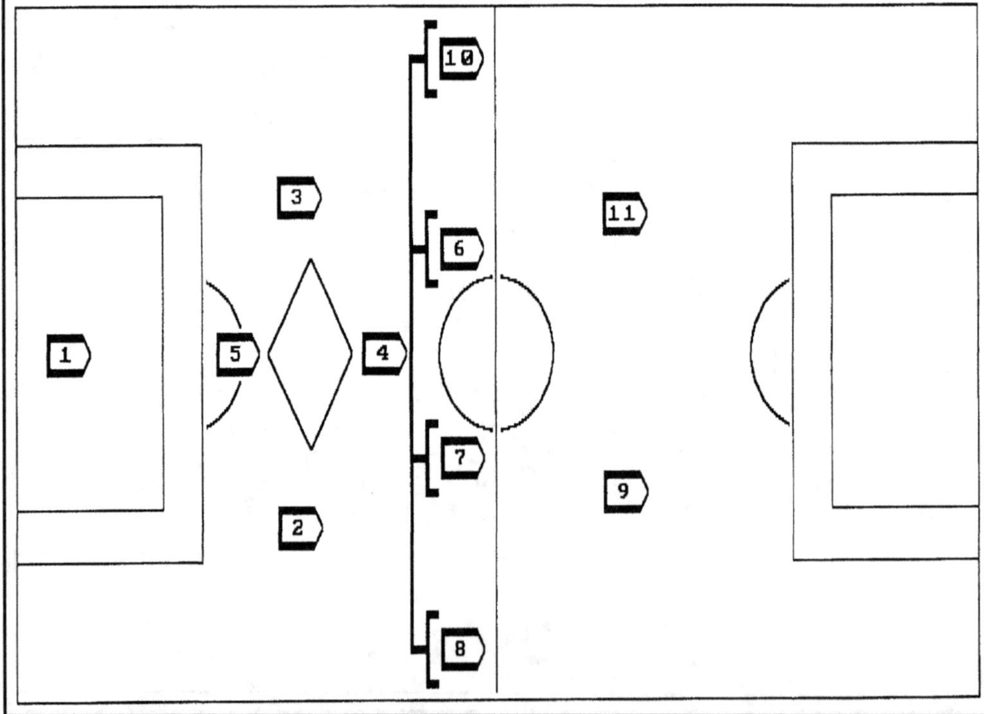

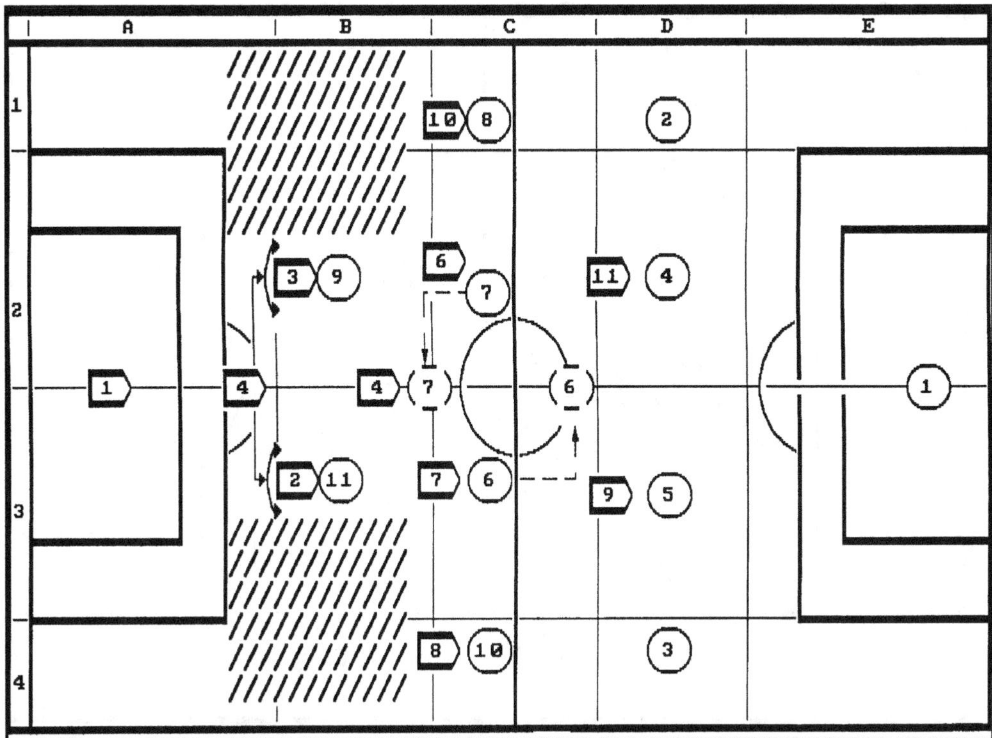

PREMISAS OFENSIVAS DEL RIVAL

Reincidiendo en la problemática que nos presenta la comentada escasa superioridad numérica; es obligado recordar la peculiariedad propia de los sistemas en los que se utilizan dos puntas fijos.

Esta peculiariedad lleva implícita unas dificultades de marcaje sobre los citados puntas, evidentemente cuanto menor sea el número de efectivos defensores mayor será la dificultad de su neutralización; esta situación de dos puntas fijos plantea cuatro comportamientos de situación táctica diferentes, uno de ellos aunque posible, ilógico totalmente, nos quedaremos por tanto con estas tres posibilidades reales las cuales nos comprometen a comportamientos de neutralización diferentes:

1).- En el primer comportamiento vemos que los dos puntas juegan de forma centrada a la portería rival, (es el dibujo de la página actual).

Los problemas como ya hemos apuntado anteriormente son los espacios que se crean desde la ubicación del lateral hasta la línea de banda, en su afán de marcar a los citados puntas, en el caso de que el lateral se dejase caer a la banda para tapar el citado espacio dejaría a los otros dos defensores en un uno contra uno. A pesar de los cinconvenientes la cobertura frontal del n.º 5 es muy factible sobre sus compañeros laterales 2 y 3.

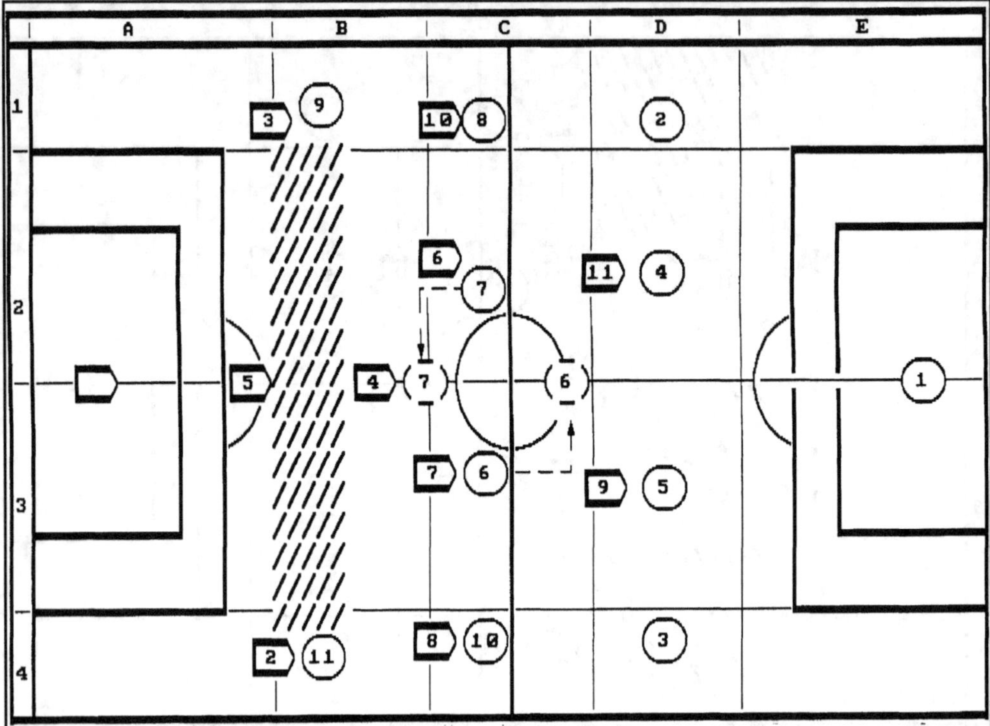

2).- Comportamiento de los puntas rivales; vemos como en esta ocasión los dos puntas rivales renuncian a su posición centrada y se ubican como extremos clásicos.

Naturalmente los espacios desde el lateral hasta la banda que veíamos en el anterior comportamiento no se produce, por el contrario, el espacio se produce en esta circunstancia en la zona central, con el riesgo que supone para nuestra portería un espacio frontal; es evidente que el motivo de esta situación de los puntas rivales tiene como cometido principal el aclarar el espacio para las llegadas desde el centro del campo de sus medios centros e interiores; es posible que alguna opinión piense que tal espacio no se produce, ya que el jugador n.º 5 situado en el centro lo elimina, yo creo que así es pero sólo posicionalmente, dado que ante la incursión de uno de los dos medios centros rivales, deberá salir a buscarle para interceptarle lo más lejos de la portería posible, por tanto el espacio estará presente y además en este caso a la espaldas del citado n.º 5; por otro lado ante un más que problable uno contra uno del extremo contra el lateral, si este n.º 5 bascula a dar cobertura al lateral encarado, el espacio es manifiesto. Por tanto sabremos que las coberturas a laterales por el n.º 5 serán prácticamente imposibles; quizás se pueda pensar que el pivote n.º 4 pueda solventar la situación colocándose como central; no solamente es que pueda, es que debe hacerlo. Estamos hablando entonces de cuatro y no tres defensas.

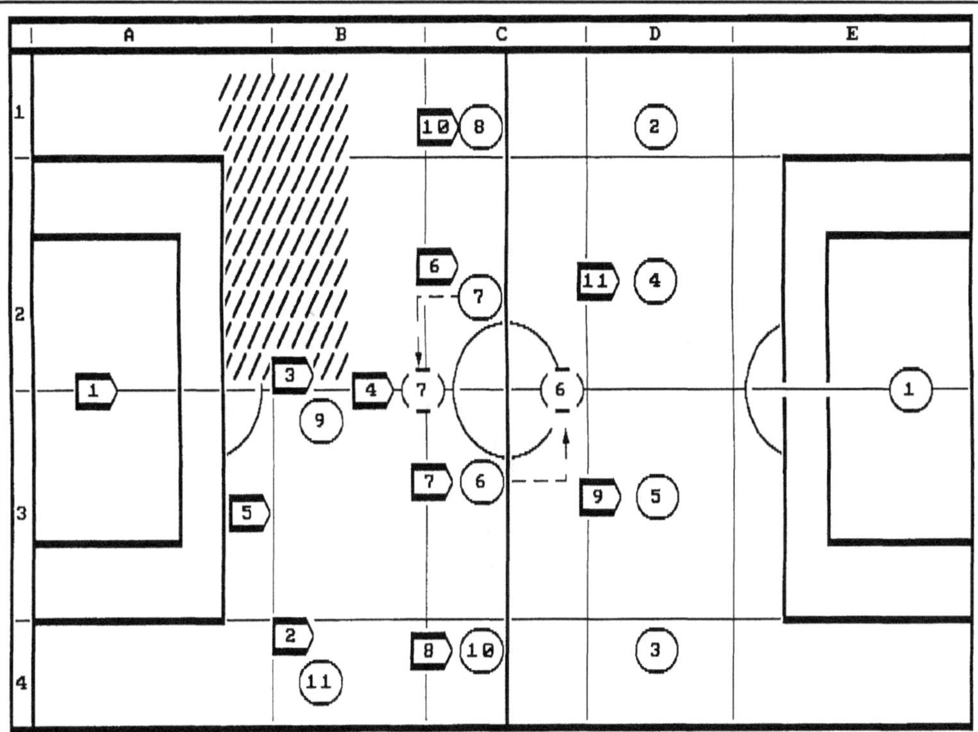

3).- Comportamiento de los puntas rivales; en este caso los dos puntas rivales no están situados como dos delanteros centros, ni como dos extremos, lo hacen como un extremo nato y un delantero centro, por lo tanto la situación de nuestros defensas debe lógicamente cambiar emparejando un marcador contra el extremo el otro contra el delantero centro, quedando el tercero n.º 5 como cobertura a los dos anteriores, evidentemente el espacio se producirá en el lado opuesto a la ubicación del extremo rival, consecuentemente el objeto de esta disposición de los atacantes rivales tiene la intención de la entrada por el espacio creado de su interior y lateral largos. Para solventarlo quizás debamos retrasar a nuestro interior al espacio libre a posición de lateral y nuestro pivote n.º 4 a posición del interior venido a lateral; sin duda será la solución y a pesar de ser más o menos momentánea, volvemos a estar cuatro con cuatro jugadores en defensa, cuatro en el centro del campo y los dos puntas. Reitero mi afirmación que la mejor neutralización a un 1-4-4-2 es el propio 1-4-4-2.

Quizás alguien opine que retrasando un punta al centro del campo, que…, el rival actuará en consecuencia adelantando a un defensa, situando…, ya no estaremos ni ellos ni nosotros jugando un 1-4-4-2.

Se presenta un cuarto comportamiento en mi opinión totalmente ilógico, pero quizás alguien le encuentre un sentido razonable y por el respeto que me merece todo aquel que fundamenta desde su criterio los aspectos tácticos del fútbol, voy a reseñarlo sin profundizar en dicho comportamiento.

Este es que los dos puntas rivales jueguen ubicados en la misma ¿como extremos?, ¿como extremo y falso extremo?... el espacio se daría en esta caso monumental y también en la banda opuesta a la que se ubican los puntas.

A la problemática de estos comportamientos hemos de añadir los movimientos de estos dos puntas que sin duda se darán y con toda seguridad, estos combinarán desmarques de apoyo y ruptura y de ruptura apoyo, y seguramente los alternarán con desplazamientos de carrera lenta pasando a rápida y de rápida pasando a lenta, en función del desmarque que estén efectuando y de la zona o hacia la zona que lo estén haciendo.

La ubicación de los puntas rivales en una u otra posición, serán según mi opinión maniobras oportunamente establecidas, cambiantes, alternadas, no reiteradas y con un objetivo táctico de segunda jugada preconcebida; creo que salvo la posición centrada de los dos puntas en un equipo que utiliza un sistema de dos puntas fijos, son estratagemas de desequilibrio.

En este croquis vemos la ubicación de los puntas como extremos.

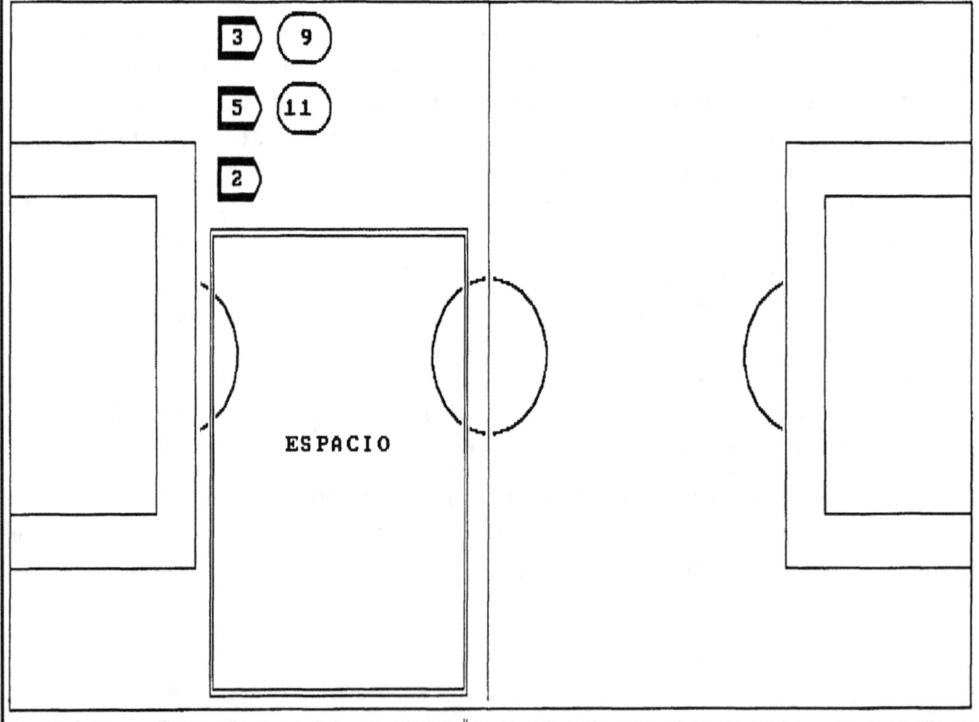

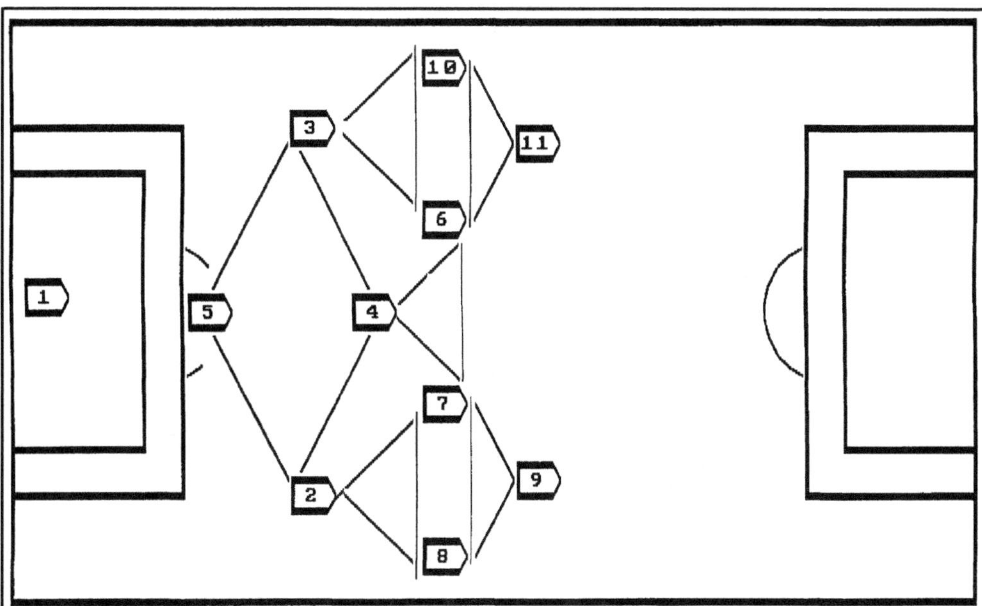

En esta página vemos en la figura superior la geometría del sistema, la ubicación formando triángulos de apoyo/coberturas.

En el dibujo inferior la ubicación en distancias en amplitud y profundidad del sistema ***** debemos recordar que la distancia en amplitud es de mera referencia, estando esta condicionada por las basculaciones *****.

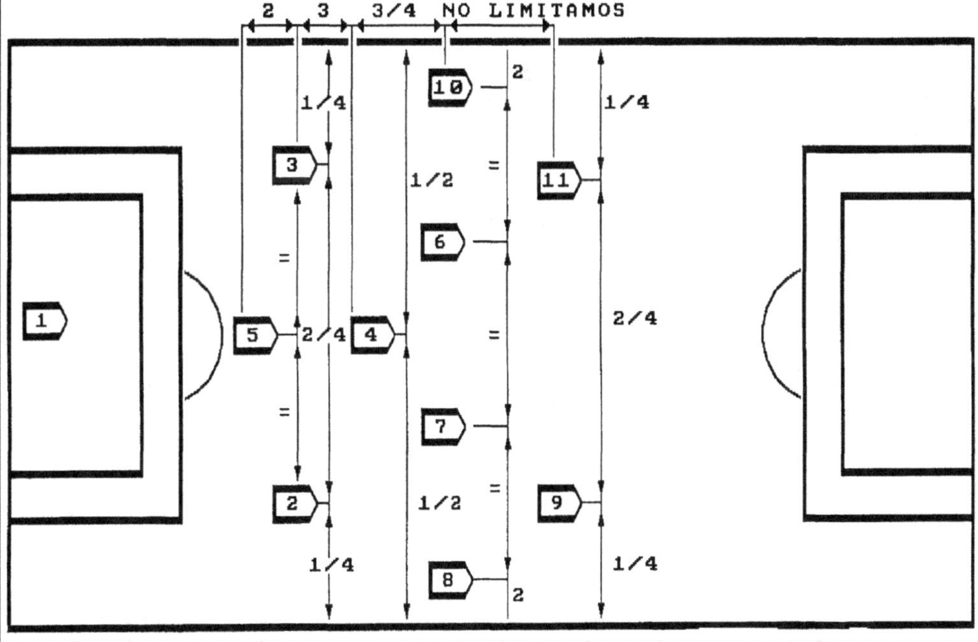

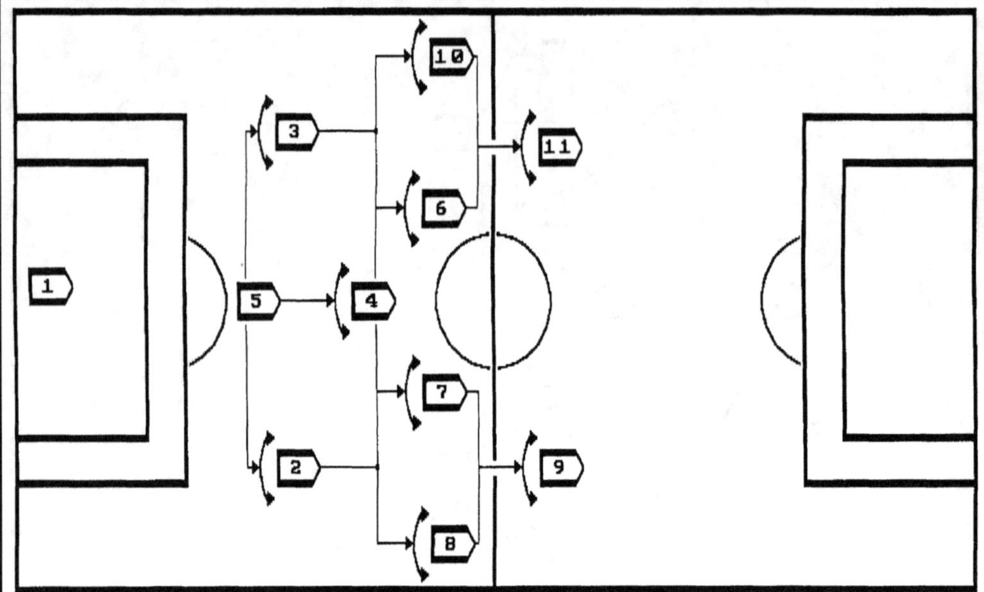

En esta página vemos en la figura superior las coberturas múltiples que nos permite el sistema.

En el dibujo inferior vemos la ubicación y organización de los repliegues y achiques colectivos.

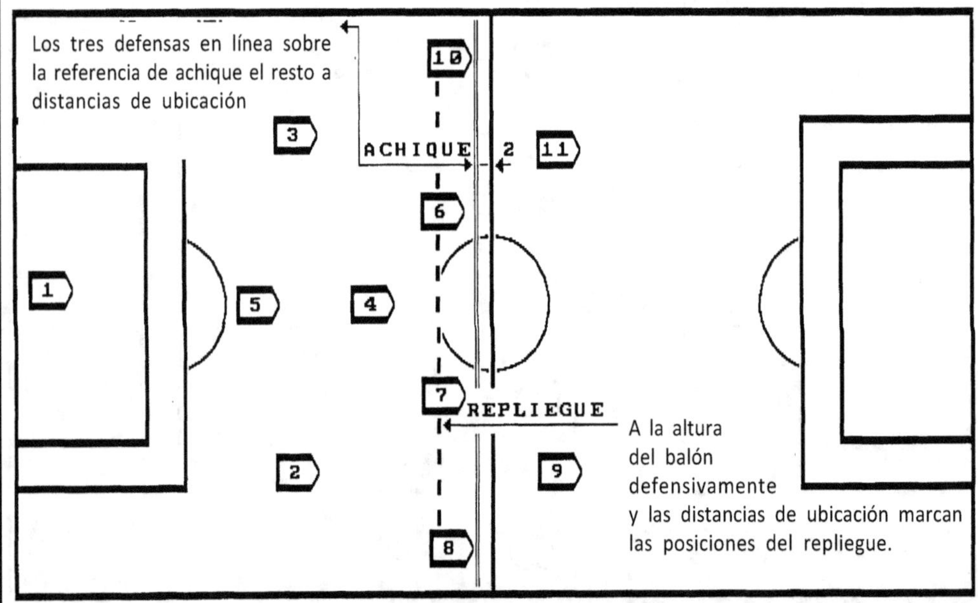

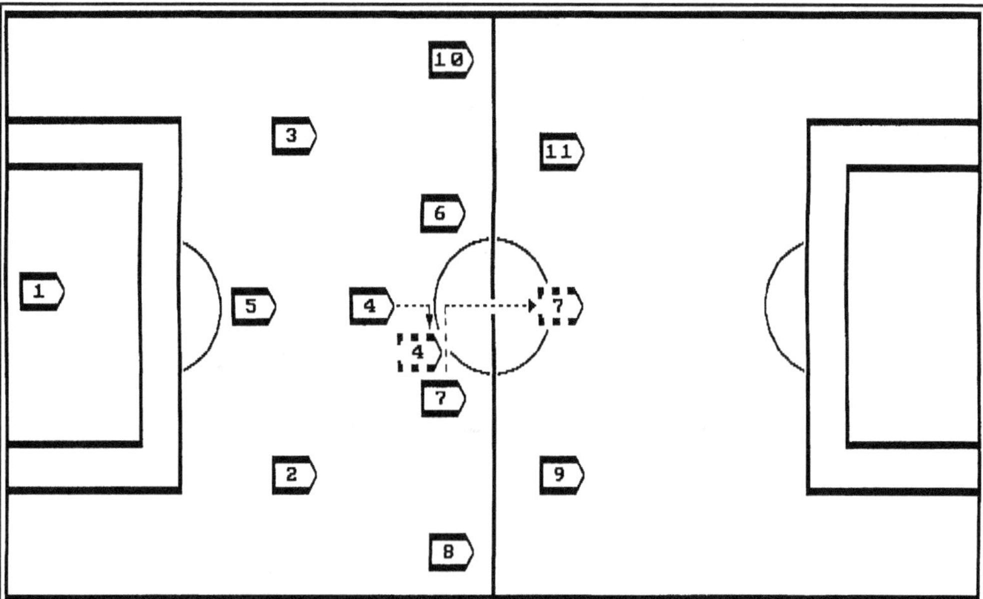

VARIANTE OFENSIVA: Adelantamos a uno de los medios centros a posición de delantero centro, y al pivote a posición del medio centro que se transformó en delantero; estaremos en un 1-3-4-3.

VARIANTE DEFENSIVA: Retrasamos a los dos interiores a laterales. Retrasamos a un punta a medio centro, estaremos en un 1-5-4-1.

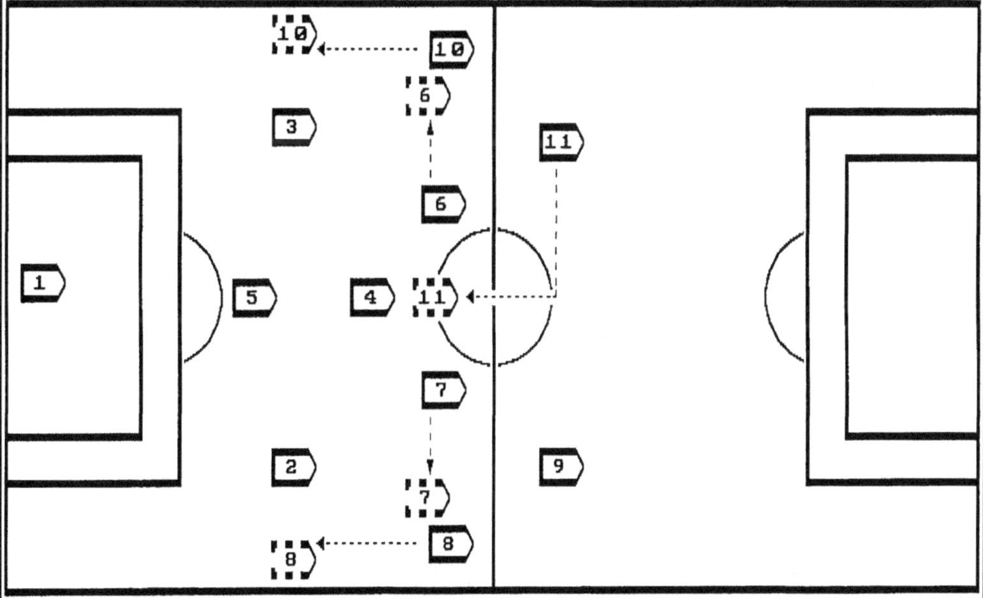

- •Hemos configurado nuestro sistema desde la perspectiva de neutralizar a nuestro rival.
- •Hemos diseñado nuestra ubicación racional sobre el terreno de juego.
- •Hemos determinado organización individual y colectiva.
- •Hemos aportado nuestras variantes ofensivas y defensivas al sistema adoptado.
- •Nos queda por definir el objeto de la obra: MOVIMIENTOS PARA LOGRAR SUPERIORIDAD NUMÉRICA.

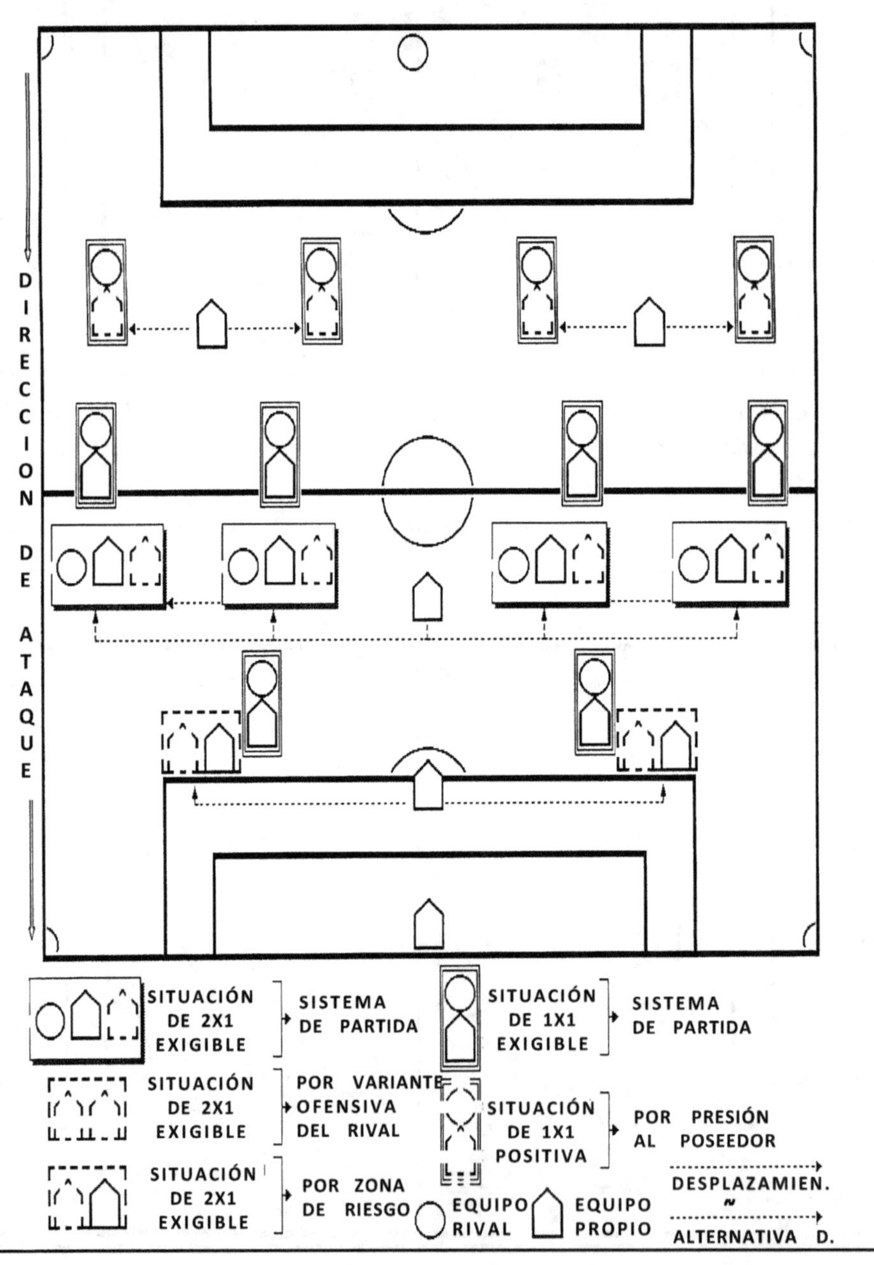

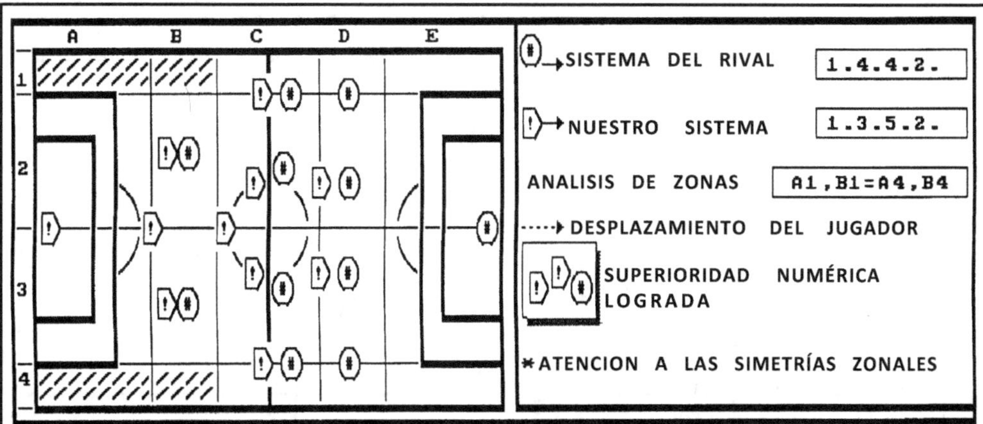

UBICACIONES INDIVIDUALES QUE DEBEMOS GANAR EN SUPERIORIDAD. SEGUIDAMENTE VEMOS LAS ZONAS QUE DEBEMOS SERLO.

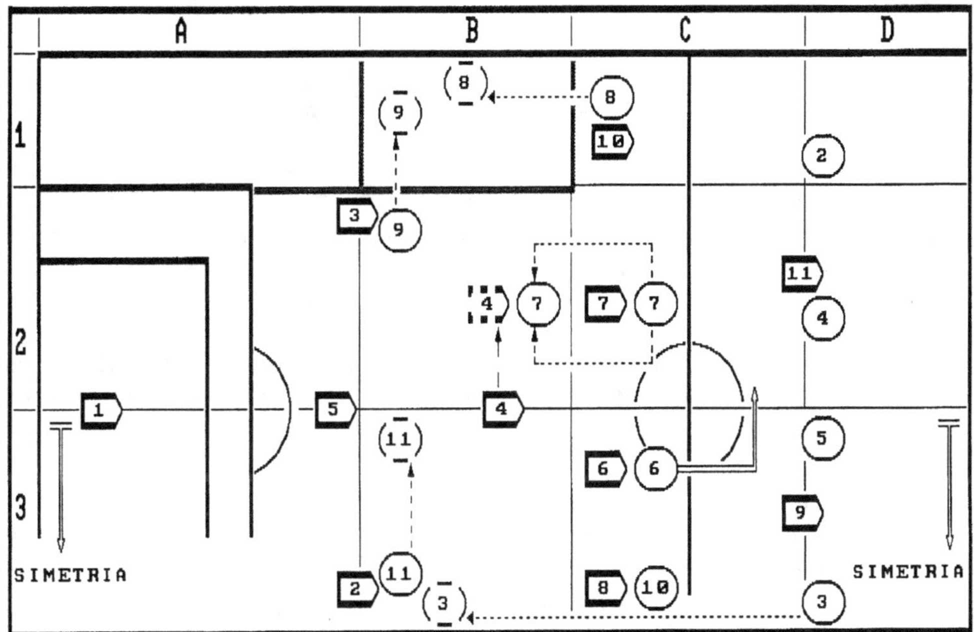

Creo que han quedado suficientemente detalladas en páginas anteriores cuales son las aportaciones ofensivas del equipo rival; por tanto en todas las situaciones que presentemos en lo sucesivo veremos al medio centro ubicado en la enunciada posición de media punta; así como la incorporación de un lateral y el interior opuesto.

En la presente página vemos que el rival trata de conseguir un dos contra uno en la zona B1 y como maniobra de desequilibrio incorpora en la zona opuesta la presencia del lateral izquierdo.

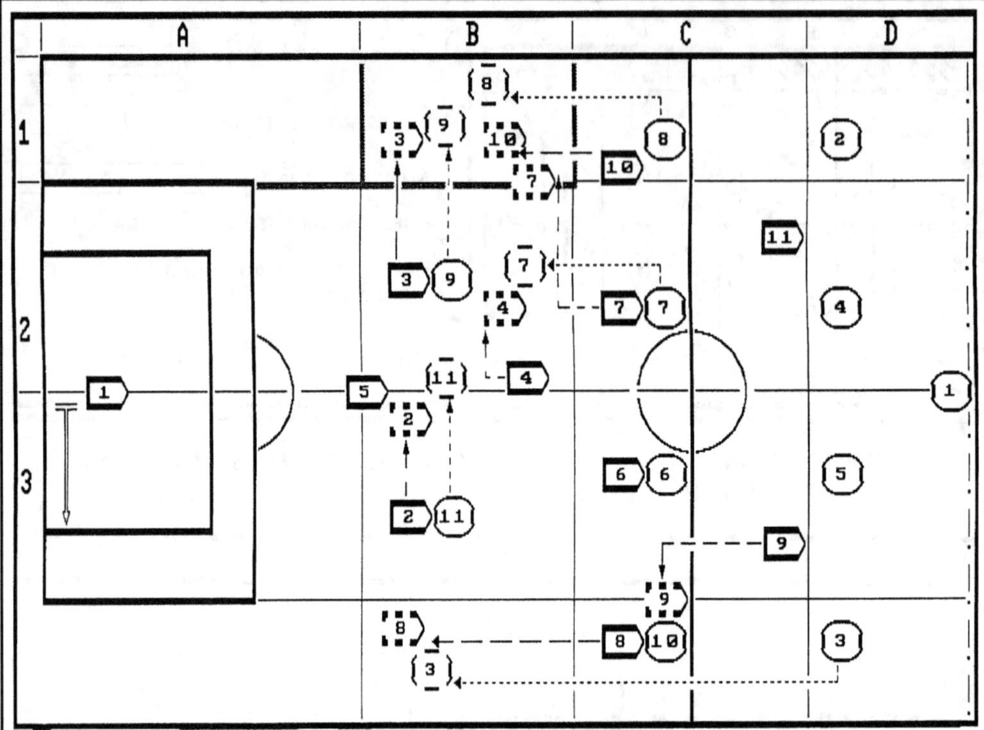

El equipo oponente trata de hacernos un dos contra uno en banda en zona B1; es evidente que el balón está en poder del interior rival n.º 8, o este ha sido desplazado a dicha zona por lo que el mencionado jugador rival va a apoderarse de él y el jugador n.º 9 va en su apoyo con el objetivo de entre ambos mantener la posesión del balón y generar una jugada posterior, posiblemente previa al remate final, como sabemos el medio centro ofensivo se ubicará de media punta; el otro delantero n.º 11 bascula hacia el balón tratando de arrastrar a su marcador para crear un espacio libre que ocupará su lateral izquierdo n.º 3 en su desmarque de ruptura.

Tenemos que neutralizar el 2x1 que se produce en B2; la alternativa que genera el medio centro transformado en media punta; el marcaje que provoca el arrastre del otro delantero y la ocupación del espacio por el lateral izquierdo; para lo cual:

1).- La oposición al media punta la tenemos lograda de partida al ubicar por sistema a nuestro pivote n.º 4.

2).- Al desplazamiento del n.º 11 oponemos nuestro lateral n.º 2.

3).- A la incursión de su n.º 3 oponemos nuestro interior derecho n.º 8.

4).- A la entrada en B1 del n.º 9 oponemos nuestro lateral derecho n.º 2.

5).- A la incorporación de su n.º 8 oponemos nuestro interior n.º 10.

6).- La superioridad numérica la logramos aportando a B2 nuestro n.º 7.

7).- El interior rival n.º 10 está libre, le aproximamos nuestro n.º 9 que al salir el lateral izquierdo n.º 3, no es controlable por él.

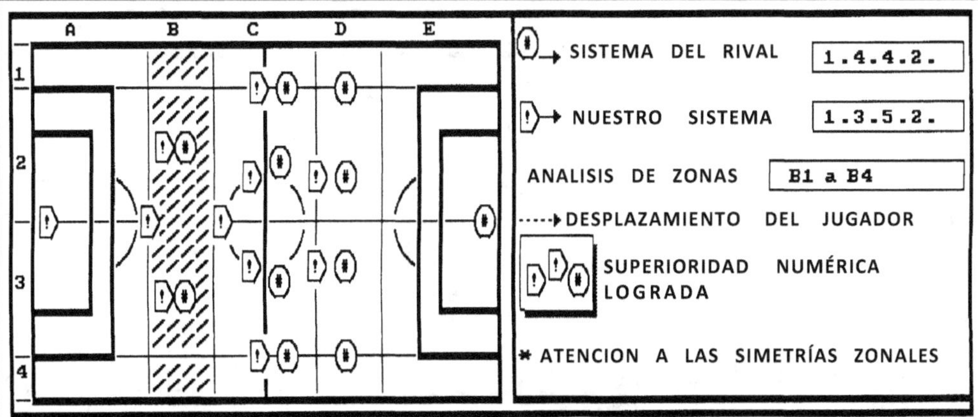

UBICACIONES INDIVIDUALES QUE DEBEMOS GANAR EN SUPERIORIDAD. SEGUIDAMENTE VEMOS LAS ZONAS QUE DEBEMOS SERLO.

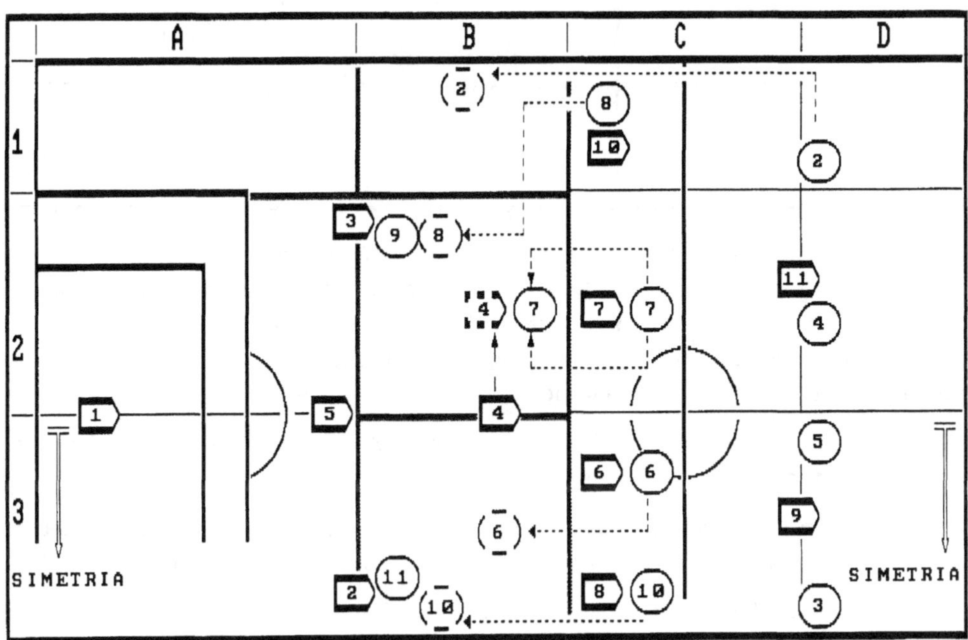

Como en cada sistema neutralizado volvemos a recordar que las mismas circunstancias ofensivas que se den en una misma zona, por simetría se darán en él la opuesta; que las mismas premisas que se den en una zona ancha, se darán ofensivamente en todos y la diferencia radica en la mayor o menor lejanía a nuestra portería, es decir, que nuestro repliegue o achique ha sido más o menos profundo.

Vemos en cada una de las propuestas a neutralizar como se demuestra más que en ningún otro sistema el uno contra uno mencionado.

La página muestra la maniobra del rival para dominar la zona ancha.

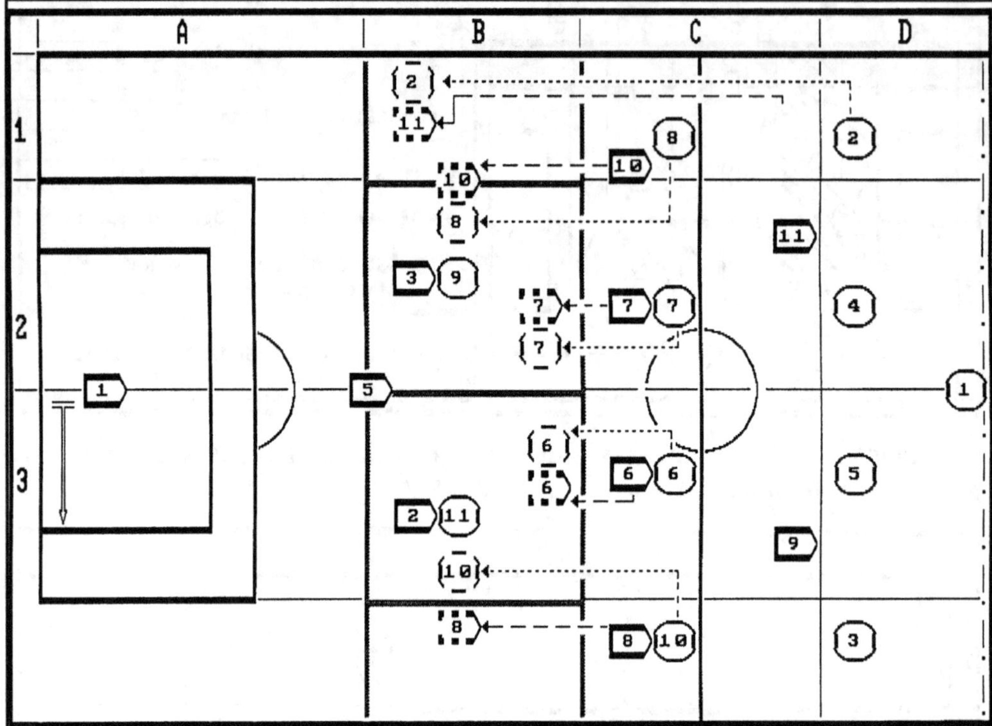

El contrincante intenta dominar la zona ancha B1 a B4 y pretende además presentar a nuestros marcadores laterales n.º 2 y 3 un 2x1, añadiendo el desequilibrio que aportaba la incursión de su lateral derecho n.º 2, este casi con absoluta seguridad será el receptor de un cambio de orientación con el objeto de «girar» a nuestra defensa, vamos a neutralizarlo con la lógica de que los desplazamientos de neutralización sean cortos y rápidos.

1).- A su medio centro transformado a media punta, como es rutina, le oponemos nuestro medio centro, que se transforma en pivote.

2).- A cada rival le oponemos su par natural con lo que estaríamos en uno contra uno en todas las demarcaciones dando la superioridad numérica en la zona nuestro n.º 5.

3).- La llegada del lateral derecho oponente n.º 2 desequilibraría nuestra superioridad numérica, estaríamos en igualdad, pero este jugador que desequilibra llega a la zona sin ninguna oposición, tras el cual puede penetrar, centrar en todos los casos conseguirá que nuestra organización pierda la oriantación de la marca. Debemos solventarlo recuperando la superioridad y aportar el repliegue de nuestro n.º 11 o en su defecto este deberá cambiar el marcaje con el n.º 7 o el n.º 8.

Insisto otra vez, en este sistema los laterales decantan el juego.

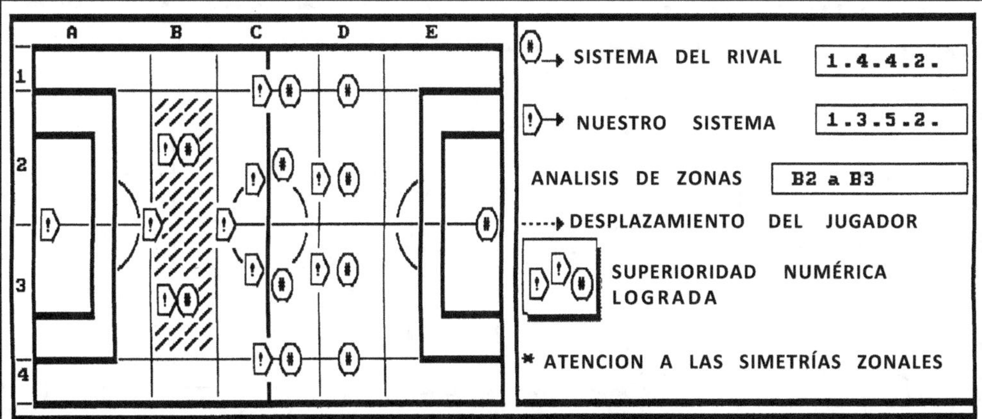

UBICACIONES INDIVIDUALES QUE DEBEMOS GANAR EN SUPERIORIDAD. SEGUIDAMENTE VEMOS LAS ZONAS QUE DEBEMOS SERLO.

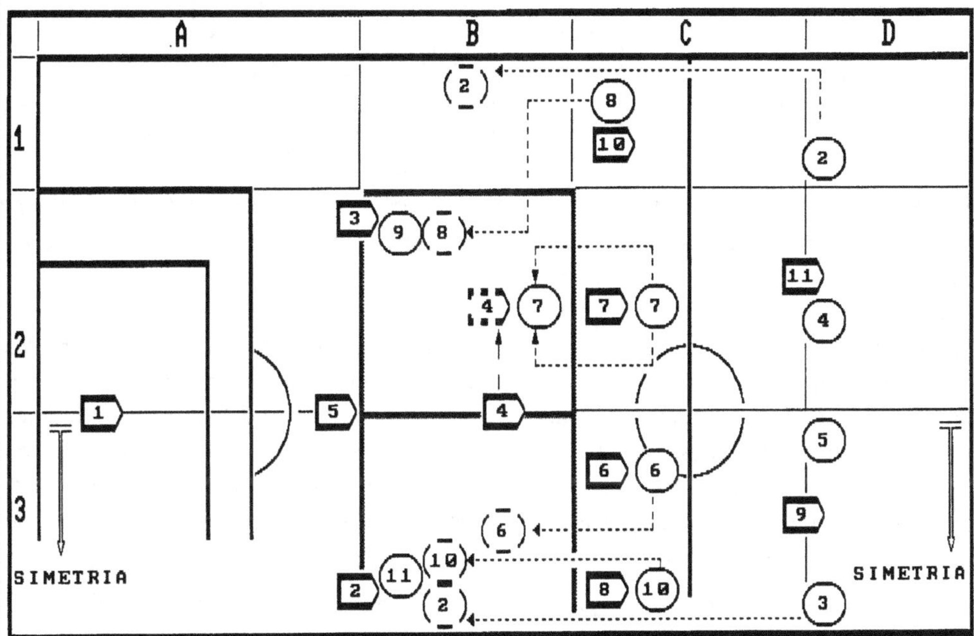

El rival ha descubierto que a la salida de sus laterales le oponemos el repliegue de nuestros puntas y entiende que eso puede ser su gran jugada defensiva, pues mejor que ganar a nuestros puntas, es el no tener que hacerlo pues no están. Es el poderoso y va correr el riesgo de sacar a sus dos laterales; decíamos que su filosofía era la incorporación de un lateral y el interior opuesto, pero nuestra capacidad de neutralización les obliga a tomar esa decisión, a pesar de los riesgos que les pueda acarrear.

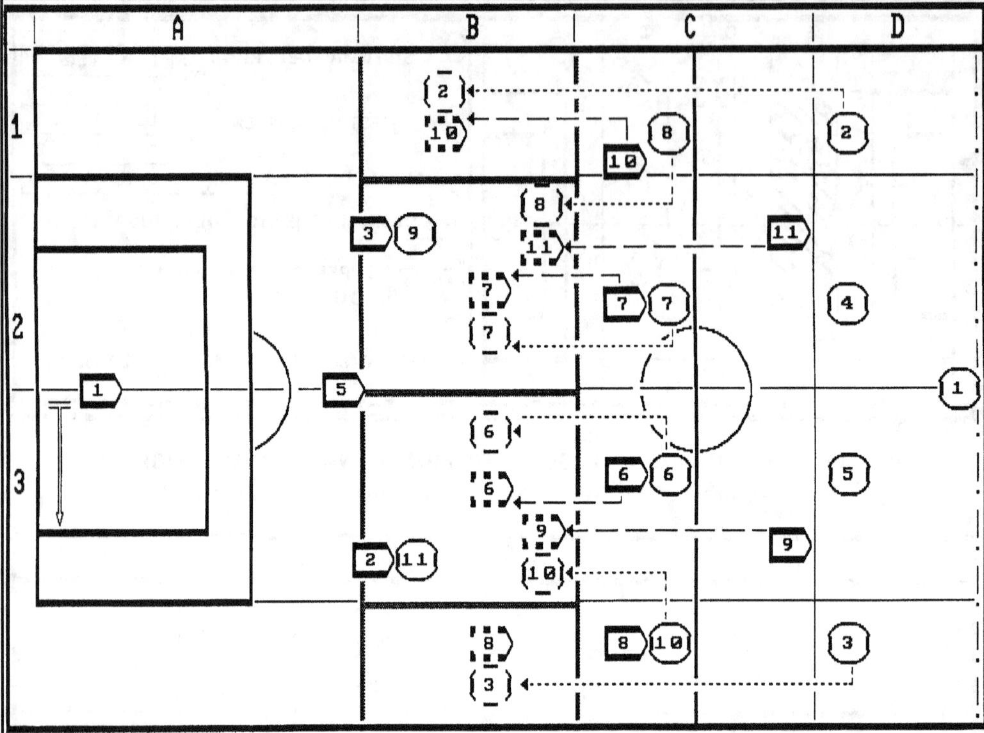

Como comentábamos en la página anterior, el contrincante se percata, de que a la salida de su lateral le oponemos el repliegue del punta del cual se ocupaba de controlar. En el supuesto de que los dos laterales salieran en la misma jugada, suponen que les vamos a oponer los dos puntas, entendiendo que la mejor manera de controlar a los atacantes rivales es que estos no estén en zona de ataque, además entienden que si los dos laterales son perseguidos por los dos puntas, al menos le quedarán otros dos defensas sin referentes rivales a los que marcar; pese al riesgo que puedan correr deciden incluir los laterales en salida de la misma jugada, algo que a nosotros si no neutralizamos nos creará problemas, por tanto neutralizaremos esta posibilidad, teniendo presente el contraataque a la hora de combatir al rival; para lo cual:

1).- A cada rival le oponemos su par correspondiente, salvo a sus interiores a los que opondremos nuestros puntas, (es obvio si argumentamos contraataques previstos).

2).- A la llegada de sus laterales les oponemos entonces nuestros interiores, con lo que el regreso de los puntas será más corto con lo que en el comentado contraataque el desgaste físico de estos será menos, por tanto mejor resolución final sin fatiga.

El rival nos obliga a unos movimientos sin transformar nuestro sistema de partida, quizás cambiemos la posición pero no el sistema.

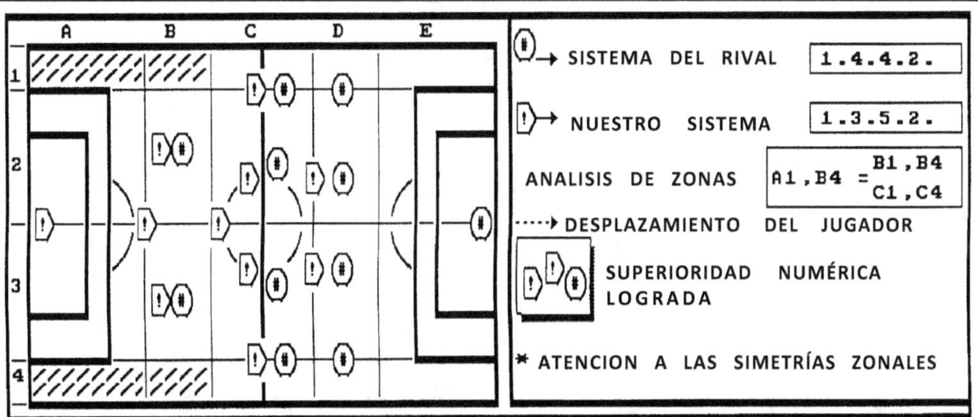

**UBICACIONES INDIVIDUALES QUE DEBEMOS GANAR EN SUPERIORIDAD.
SEGUIDAMENTE VEMOS LAS ZONAS QUE DEBEMOS SERLO.**

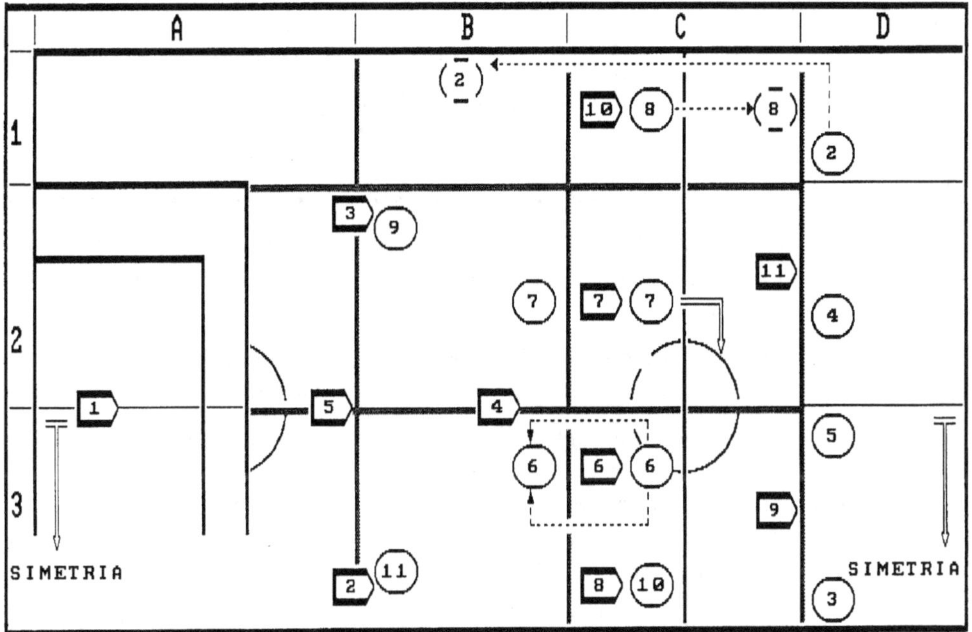

Comentábamos al describir las premisas tácticas del rival, que este sistema le permitía un desdoblamiento entre defensas laterales e interiores, e incluso entre los dos medios centros.

Vamos por último a ver a que nos compromete esta posibilidad, si debemos neutralizarla y de ser así como hacerlo.

Referente a los dos medios centros simplemente puede darse que intercambien posición y función es decir; que el jugador ubicado a la derecha y que actúa transformado en media punta cambie el cometido con el otro centro que actúa como enlace-organizador.

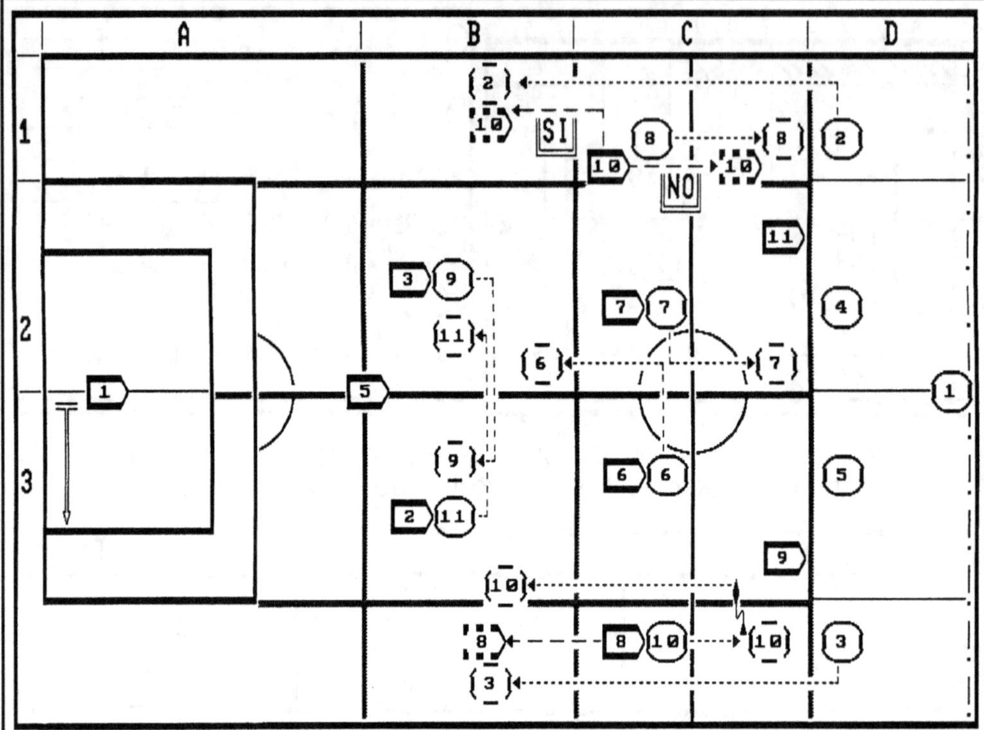

En esta página vemos que el rival maniobra cambiando las posiciones de sus jugadores y por ello las misiones específicas de cada uno de ellos ajustándose a las nuevas demarcaciones.

Esto puede ser una premisa preconcebida y en el caso de los laterales e interiores como consecuencia de un desdoblamiento táctico a la incorporación de los primeros.

El neutralizar el caso del intercambio de los puntas y los medios centros, no encierra ningún tipo de problema, simplemente recordando que nuestro marcaje es zonal esperaremos la llegada a la zona del nuevo rival responsable de ella, fijando su marca sobre el mantendremos nuestra estructura, el único problema radica en los cortos momentos en que se producen esos movimientos de cambio.

Más problemática puede ser el intercambio de los laterales por los interiores por dos conceptos, veámoslos:

1).- Que nuestro interior asuma la responsabilidad de perseguir al interior rival en su retroceso al desdoblarse y por tanto llegue el lateral rival a zona de extremo totalmente libre. **NO** debe tomar esa iniciativa. **SI** esperará al lateral en su incorporación y se constituirá en su marcador; en el momento del cruce el equipo rival estará en un dos contra uno a su favor.

2).- Podría ocurrir que el interior tras el cruce con el lateral este gire y siga detrás de su lateral logrando un dos contra uno.

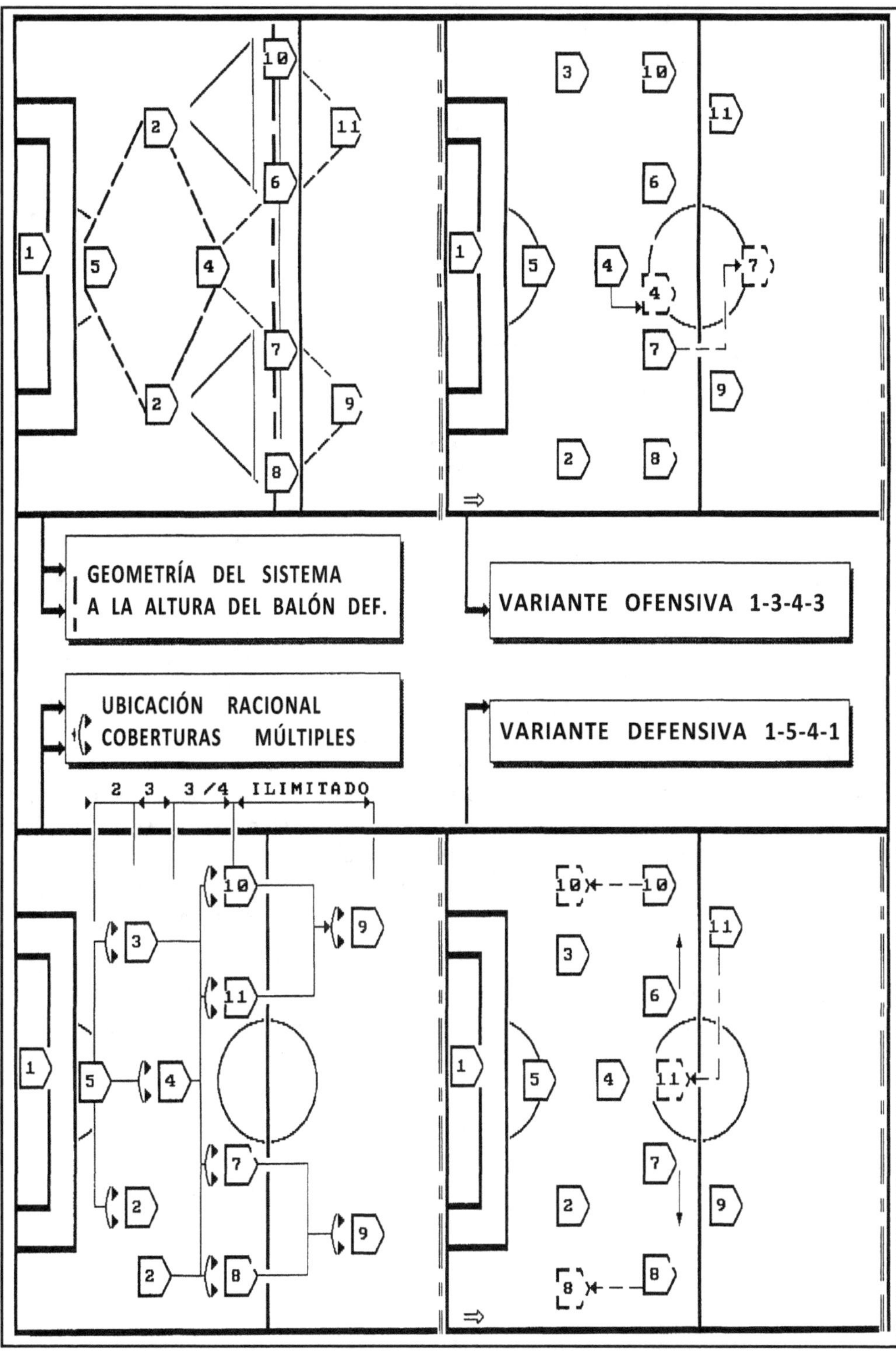
GEOMETRÍA DEL SISTEMA
A LA ALTURA DEL BALÓN DEF.
UBICACIÓN RACIONAL
COBERTURAS MÚLTIPLES
2 3 3 / 4 ILIMITADO
VARIANTE OFENSIVA 1-3-4-3
VARIANTE DEFENSIVA 1-5-4-1

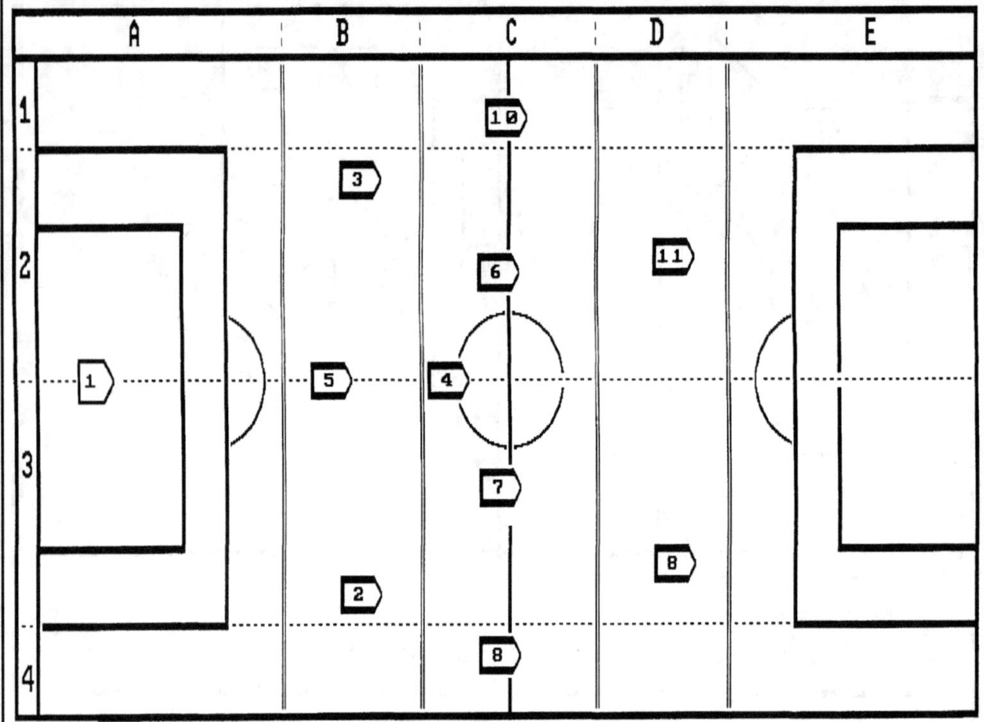

Debemos suponer que nuestro planteamiento es válido siempre y que con él vamos a alograr nuestro objetivo, por tanto nos apoderamos del balón anulando los argumentos de los contrincantes; estaremos por tanto en posesión del balón, esto es en acciones ofensivas. Al fútbol nunca le escatimaremos la creación, la fantasía; ellos con el balón en nuestro poder nos obliga a corresponder a estas, crear alternativas de juego de ataque esperando el éxito final, estaremos entonces combatiendo al equipo oponente, en función de la eficacia, estando más próximos o menos alejados del equipo de condición de poderoso; por añadidura si combatimos a nuestros rivales de forma positiva tendremos:

A).- Hemos neutralizado con éxito (por tanto lo propuesto es válido).

B).- Si poseemos el balón tenemos más posibilidades de éxito que el rival pues él no lo tiene.

C).- Seremos por poseedores del balón lo que determinaremos los parámetros del juego en cuanto a control y ritmo del partido.

En el aporte ofensivo defino las zonas según la idea de combatir.

Zona A1 a A4 = de construir en origen # de ataque directo (presionado).

Zona B1 a B4 = de ataque organizado # de contraataque previsto.

Zona C1 a C4 = de contraataque previsto # de transición en organizado.

Zona D1 a D4 = de pase previo a final # remate media distancia.

Dona E1 a E4 = de centro lateral # de finalización.

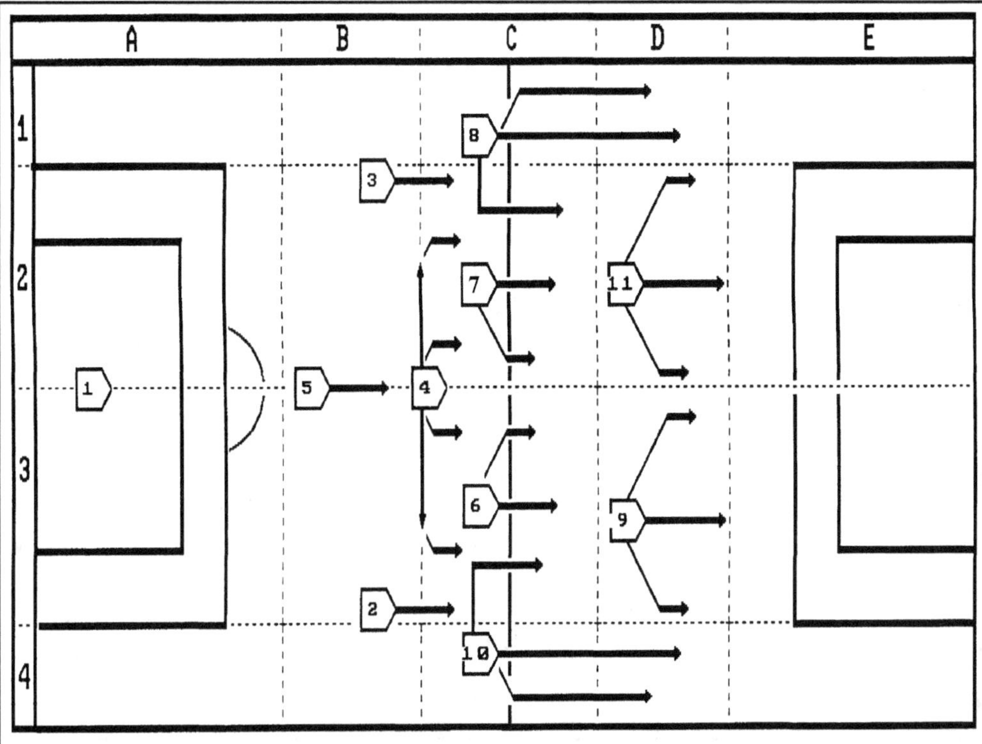

1 - 3 - 5 - 2

ACCIONES COMBINADAS CONJUNTAS

– En esta página vemos los movimientos básicos ofensivos colectivos representados gráficamente como

– Defensas sólo achican espacios.

– 4 siempre queriendo el balón y cuando entregan a la línea de cuatro del centro del campo va por detrás hacia el que entregó el balón dándole apoyo.

– La línea cto. campo (8-7-6-10) una vez entregado el balón (8-10) los puntas se desmarcan de ruptura por banda esperando el pase y centrar, o en su defecto desequilibrar a la defensa rival, si el pasador fuese medio centro (7) va por detrás de los puntas a dar apoyo, recibir un pase atrás, o recuperar el despeje de los defensas rivales.

NOTA:

Estos movimientos ofensivos colectivos únicamente son válidos para ataques construidos en origen, para ataques organizados o para ataques directos.

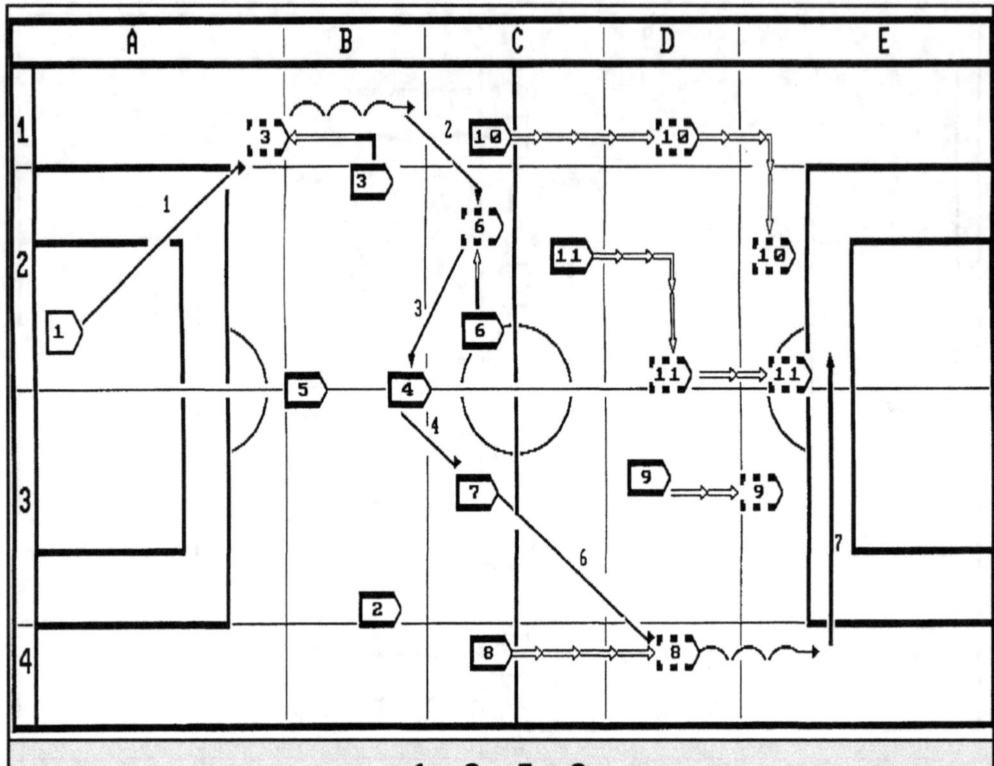

INICIAMOS POR EL LATERAL: El lateral izquierdo n.º 3 se desmarca de apoyo a recibir de su portero, recibe, conduce buscando el apoyo; el medio centro ubicado a la izquierda n.º 6 se desmarca de apoyo y recibe del lateral tras su conducción, n.º 6 en posesión se apoya en el pivote n.º 4 para que este inicie la transición por la otra banda; en este momento el interior 10 inicia un desmarque de ruptura; el pivote orienta la salida por la otra banda entregando al medio centro ubicado a la derecha n.º 7, en este momento el interior derecho n.º 8 y los dos puntas n.ºs 9 y 11 se desmarcan de ruptura, el medio centro n.º 7 entrega en profundidad al desmarque del interior n.º 8, el cual tras una conducción sirve el pase previo al remate final. Esperando este pase estarán los jugadores n.ºs 9-10-11.

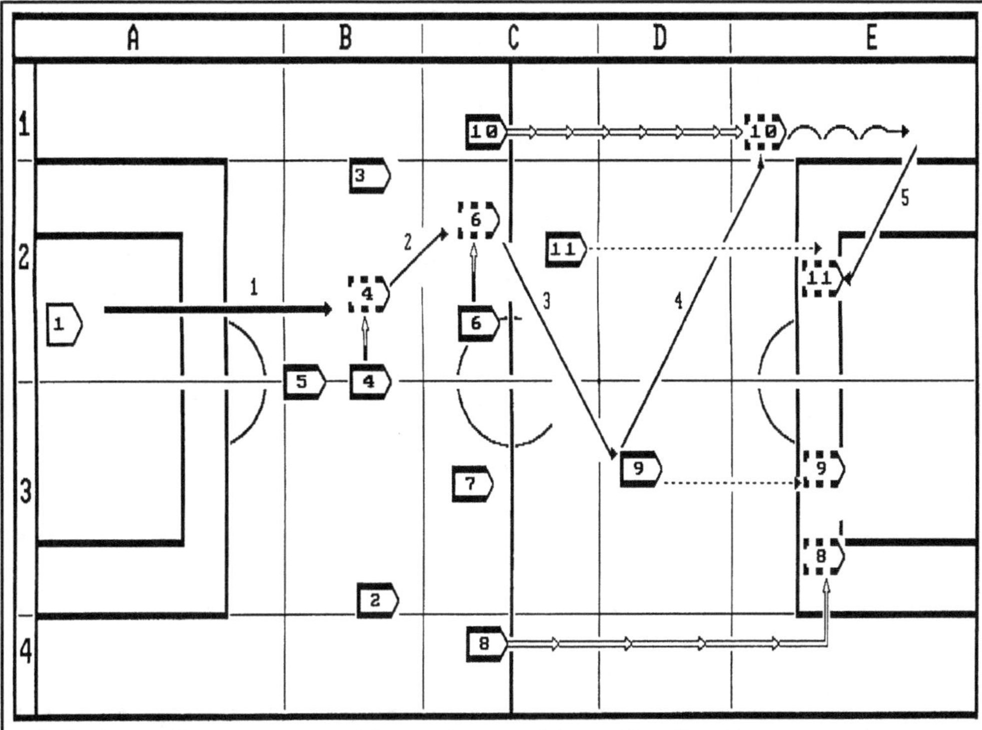

1 - 3 - 5 - 2

EJEMPLO DE ATAQUE ORGANIZADO

DESMARQUES

⇒ De apoyo ⇒ De sostén ⇒⇒ De ruptura → Pase

⌐⌐ Jugador que cambia posición → Pase ······→ Movimiento sin balón

∿∿→ Conducción

INICIAMOS POR EL PIVOTE: Nuestro pivote n.º 4 se desmarca de apoyo a recibir de su portero; recibe orienta la salida y entrega al medio centro de la izquierda n.º 6, en ese momento los dos interiores se desmarcan de ruptura.

El n.º 6 al delantero n.º 9 para que se juegue una pared larga entre tres con el interior n.º 10 que como hemos enunciado se está desmarcando de ruptura; recordemos que la pared nos la debemos jugar al toque.

El balón en posesión del n.º 10 conduce hasta la línea de fondo y se juega un pase atrás («pase de la muerte») a la llegada del otro punta n.º 11, o un pase medio al punta n.º 9, o un pase largo al interior derecho n.º 8.

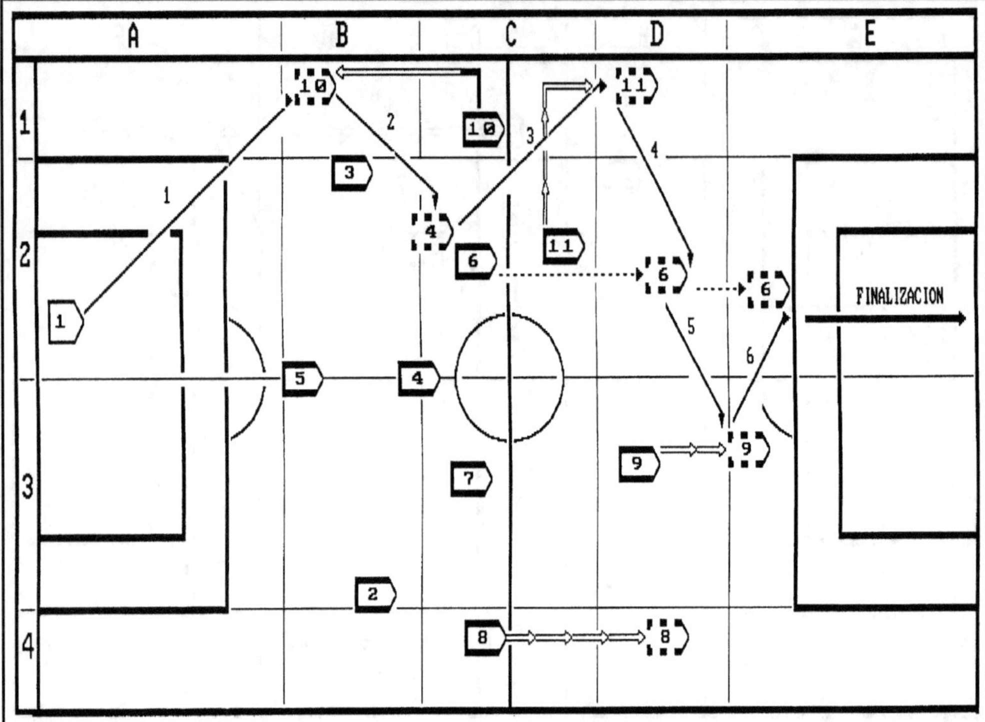

Las jugadas combinadas tanto en ataques organizados como en contraataques previstos se prestan a un sinfin de posibilidades; en esta página quiero presentar un ataque construido en progresión y contínuas paredes múltiples.

Iniciamos por el interior izquierdo que se ha desmarcado de apoyo para recibir de su portero, recibe y entrega al desmarque de apoyo del pivote n.º 4; este a su vez entrega al desmarque de ruptura del punta n.º 11 caído a banda, el cual entrega a la llegada del medio centro de la izquierda n.º 6, que viene en apoyo por detrás del balón, recepciona este y se apoya en el otro punta n.º 9 para que lo devuelva en pared y finalice con disparo.

Vemos en esta acción combinada la patente manifestación de desdoblamientos colectivos, donde a pesar de los movimientos de ataque hemos mantenido la geometría de nuestro sistema.

NEUTRALIZACIÓN DE UN SISTEMA   1 - 3 - 5 - 2

En la próxima jornada nos enfrentaremos a un equipo que practica un 1-3-5-2, sistema que define al que aporta características propias siendo éstas:

A).- Su línea de defensa esta formada por tres defensas en línea alternan la posición de libre en función de la orientación del ataque rival, sabiendo que tienen una incorporación del medio campo, en la zona mas lejos de la posición del balón. Son tres defensores especialistas en defender, no aportan nada a la creación del juego, saben cuales son sus virtudes y las rentabilizan al máximo.

B).- El centro del campo lo conforman cinco jugadores, situados en dos líneas, una de dos jugadores (pivotes) y otra de tres jugadores ubicados en la zonas ancha, los dos pivotes se ubican entre la línea de tres defensas y tres centro-campistas: ambos de una gran capacidad de diseñar la construcción del juego, con gran visión de este, muy coordinados y de gran conocimiento de las alternativas del sistema, uno se ocupa de atacar la banda izquierda con pases medios y largos, el otro la derecha y centro con pases medios y largos, este construye mas; el de la izquierda lo hace menos, recurre mas a ataques directos, pero los dos poseen una gran calidad de pase.

Los interiores son de largo recorrido, pueden en un momento dado estar actuando como laterales y segundos después pueden estar ubicados como extremos, especialmente el izquierdo que es mas veloz y mas preciso en el centro, por lo que como decíamos los ataques directos van a la espalda de sus rivales por delante de él. El medio centro es el complemento de los pivotes, pudiendo alternar en ocasiones la misión con estos. Efectúa las transacciones defensa ataque y conjuga muy bien los aspectos ofensivos defensivos.

Como variante ofensiva suelen aportar el movimiento de el medio centro y un pivote, (el de pases medios/ cortos) situarlos como medias puntas.

En el aspecto defensivo los dos pivotes se instalan como centrales pasando el jugador del centro de la defensa a actuar como libre.

C).- Los puntas aportan llegadas y una gran dificultad en fijarles las marcas, de disparo rápido y fácil, muy verticales, presionantes, con cruces constantes, incansables y con mucho peligro, si en el desplazamiento de cruce reciben el balón juegan dejándose el balón atrás el uno al otro para el disparo del segundo, abusan de esta jugada pues les reporta éxito.

D).- Equipo muy espectacular en las alternativas de creación de juego, y al margen del resultado disfrutan jugando bien.

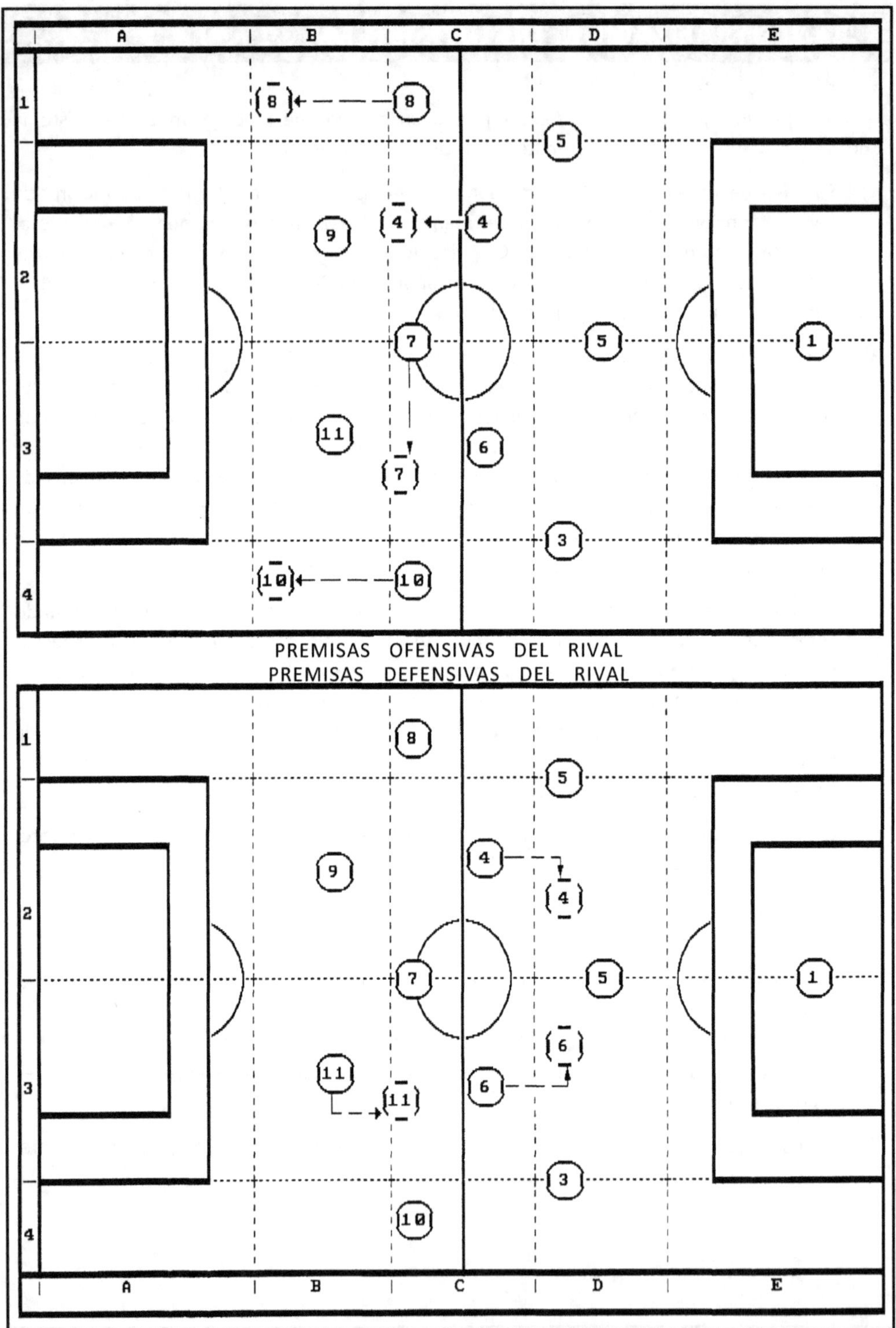
PREMISAS OFENSIVAS DEL RIVAL
PREMISAS DEFENSIVAS DEL RIVAL

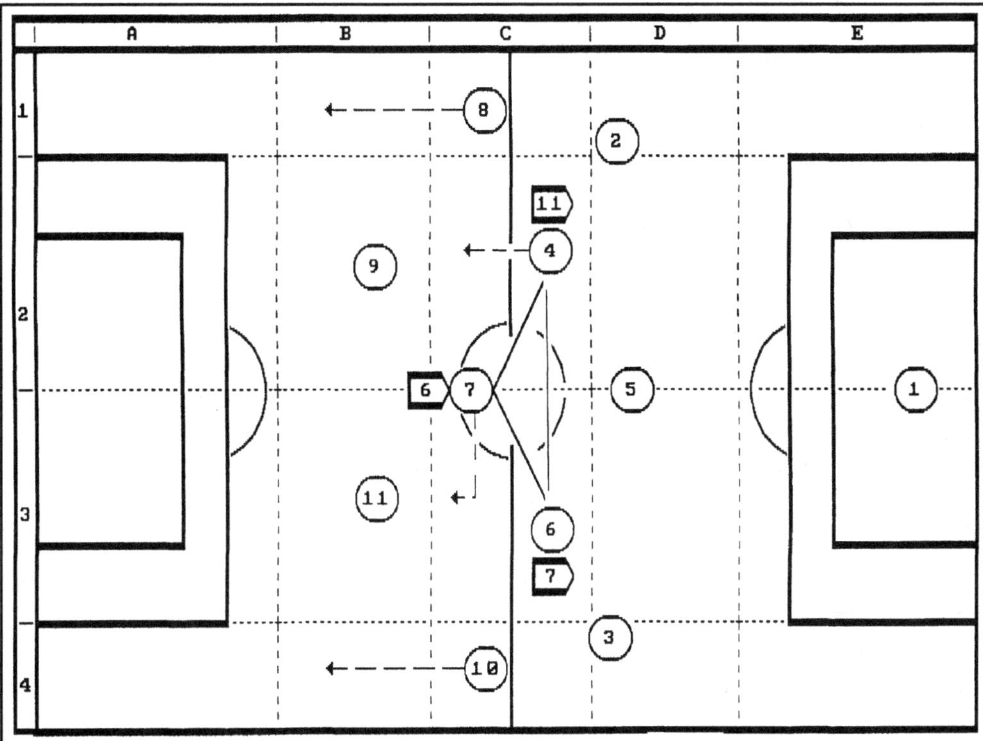

PREMISAS OFENSIVAS DEL RIVAL

Ya conocemos los datos tácticos propios del comportamiento del equipo oponente, los cuales vamos a neutralizar, al ver en la pizarra su distribución y movimientos debemos considerar y oponer a estos:

1).- Como detallábamos en la página anterior este equipo tiene muchas y muy variadas alternativas en la creación de juego, pero esta pasa por la capacidad de construir de sus pivotes n.ºs 6 y 4 en primera opción y del medio centro n.º 7 en segunda opción, esta segunda alternativa del medio centro pasa siempre por una entrega previa de los pivotes, por lo que debemos en lo posible evitar la participación de estos tres jugadores rivales, especialmente los dos pivotes y además tenemos que recordar que el medio centro puede alternar su posición y su cometido con los pivotes.

Es evidente que el rival fundamenta su eleboración en las posibilidades que genere su triángulo de creación y en la medida de que estas posibilidades sean mayores o menores decantarán el control del partido en mayor o menor medida; por tanto el primer y básico objetivo al que nos comprometeremos es el de reducir al máximo el porcentaje de participación del citado triángulo de construcción del juego rival; para lo cual emparejaremos a cada oponente un jugador propio, los cuales aportarán argumentos concretos a su ubicación.

Al comentar que estos jugadores que opondríamos a los rivales del triángulo de creación, tendrían argumentos concretos en relación a su ubicación debe aclarar el porque de esta matización; los dos opositores a los pivotes están situados en posiciones de medias puntas y esto puede inclinar a estos a entender que tienen un único argumento ofensivo, cierto pero posterior, anterior a este está el neutralizar a los dos pivotes rivales, por lo que inicialmente su mentalidad será de centrocampistas y después de delanteros, presionantes e incordiantes; «no dejar pensar».

En el caso del medio centro no sólo debe interpretar que su objeto es únicamente evitar la transición del medio centro rival de la defensa o la línea de pivotes a su ataque, pero además debe efectuar nuestras transiciones y diseñar nuestro juego organizado; con sentido perfecto de la anticipación al medio centro rival, teniendo un marcado sentido de jugador lanzador de los pases de contraataque por lo que éstos serám precisos en la potencia y exactos en cuanto a la orientación, teniendo presente que al interceptar el balón siempre tiene de referencia por delante de él tres compañeros; si la interceptación del pase no es posible, debe presionar y temporizar para permitir los movimientos defensivos de los medias puntas.

Dominará el concepto de la orientación del marcaje, en función de quien sea el pivote rival que posea el balón.

El neutralizar al rival nos está llevando a dibujar nuestro sistema de juego, en el cual ya disponemos de un medio centro y dos medias puntas. ** También nuestro triángulo de creación.**

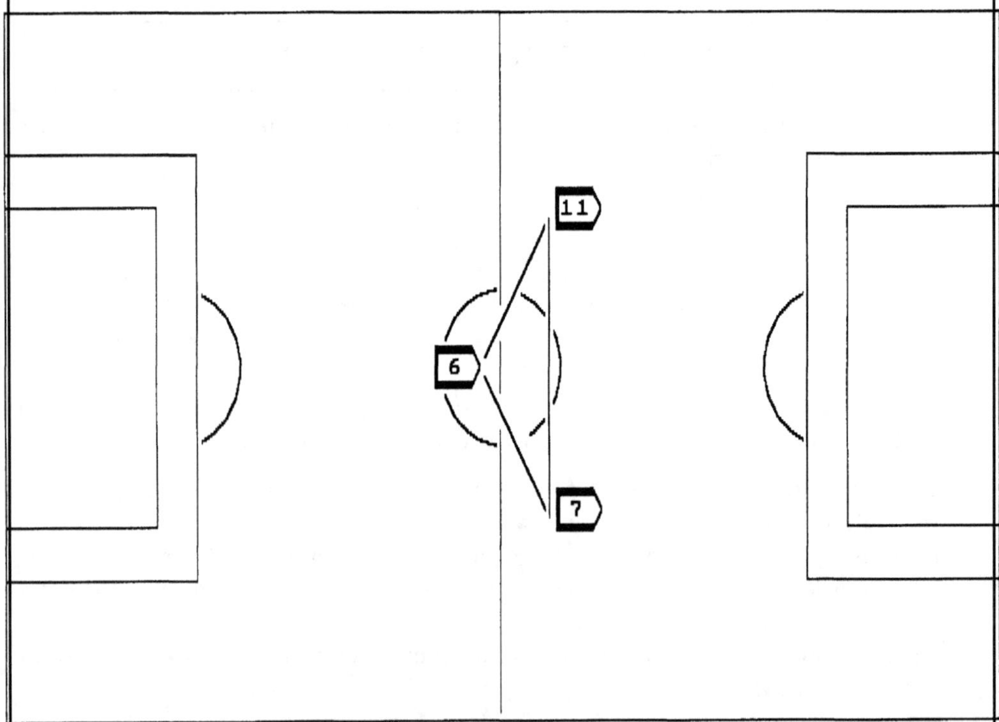

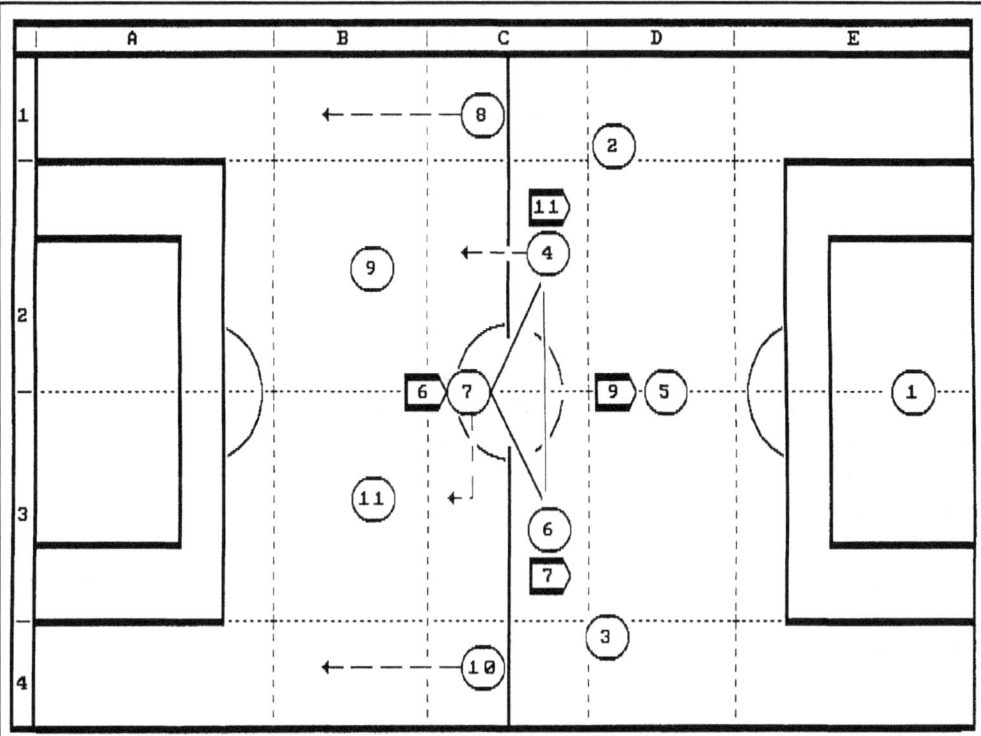

PREMISAS OFENSIVAS DEL RIVAL

2).- Decíamos que los defensores son especialistas en defender y rentabilizan sus virtudes al máximo.

Por lógica futbolística sabemos que es más fácil repeler los balones frontales y además conocemos que enfrente tenemos eficaces defensores, evitaremos por tanto todo tipo de balones verticales a la portería contraria, orientado los centros de forma diagonal, con esto dificultaremos el despeje a los tres defensores, les obligaremos a bascular y no les permitiremos que sus rechaces y despejes los orienten a sus dos pivotes, con ello estos últimos tendrán la dificultad añadida de tener que acomodarse el balón, por no recibirlo en buenas condiciones facilitará por tanto, la presión de nuestros medios puntas evitando el pase a medio centro en primera opción.

Sumamos a la reseñada dificultad de ataque por banda el abrir la defensa, (recordemos de tres), con la dificultad que esto presenta de cara a la cobertura posible.

Agregamos a la dificultades colectivas que le oponemos a la defensa rival la presencia de un delantero centro de potencia que complique la citada rentabilidad del rival.

Este delantero centro debe fundamentalmente evitar la creación en origen del rival que como sabemos es un pase a sus pivotes.

Por otro lado su movilidad será constante, dificultando el marcaje a sus rivales; cayendo a una banda y cuando el lateral rival fije su marca, se desplaza hacia el centro y viceversa, esta maniobra tiene por objeto que el rival al salir de su marca efectúe una vigilancia, por no saber cual será su siguiente maniobra, la vigilancia sobre el rival evitará la atención del 100% sobre el balón con lo que se reducirá su eficacia y resolución defensiva.

El desmarque que efectuará será de apoyo-ruptura, ir en dirección al balón y oportunamente alejarse de él ubicándose a la espalda del jugador rival que está ejerciendo la marca sobre él, este movimiento al margen de crearse un espacio detrás de él y de su marcador va dificultar que le hagan un dos contra uno y si los defensores rivales deciden hacerle ese dos contra uno dejarían al otro defensor sólo ante la llegada del balón controlado por el equipo oponente, lo más propio es que se dé cobertura al defensor que se enfrentará al rival con balón; esto nos lleva a que si se mueve bajo los parámetros indicados estará en muchas situaciones en uno contra uno ante el defensa rival, si su desmarque es bueno puede lograrle la espalda con relativa facilidad; su enemigo será entonces el caer en fuera de juego, será agresivo hasta el límite de lo legal. Rápido y chutador, nuestro sistema ya lo conforma un medio centro, dos medias puntas y un delantero.

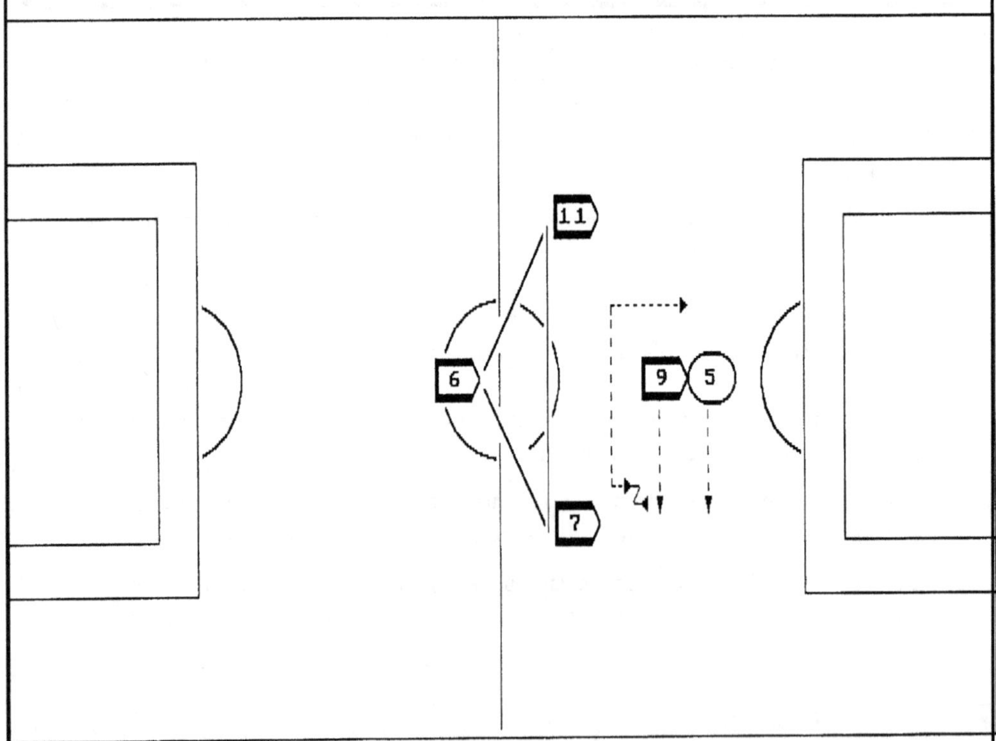

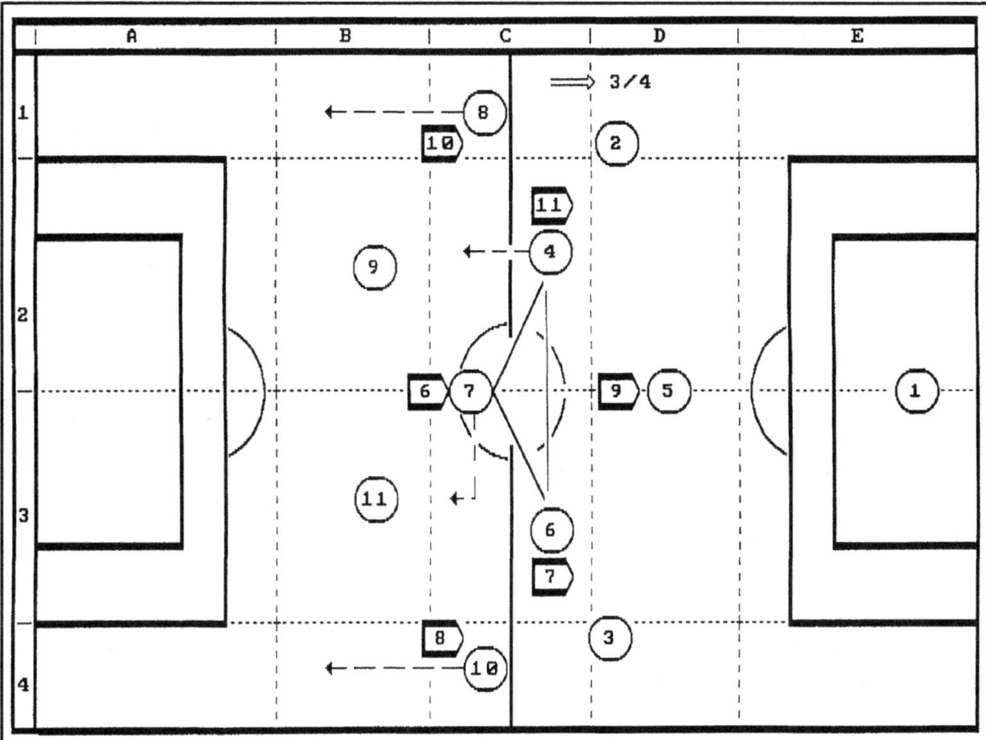

PREMISAS OFENSIVAS DEL RIVAL

3).- Lo que nos preocupa de sus interiores es que sabemos que su largo recorrido les va a permitir en ocasiones actuar como laterales y acto seguido hacerlo como extremos.

Esto plantea la dificultad que nos presenta el tener enfrente dos jugadores de gran capacidad física, este es el primer problema que debemos solventar, inicialmente lo hacemos oponiendo dos interiores cuya misión fundamental es controlar las aproximaciones a extremos, por lo que no les perseguiremos hasta su línea de laterales esperándoles en los 3/4 del campo, con el claro objeto de ahorrar energía, que necesitaremos en el repliegue.

A esta neutralización podemos añadir cambios no tácticos provistos esto es: sustituimos nuestros interiores ya al límite de su capacidad por nuevos interiores que sumen las mismas funciones que los sustituidos, es decir, cambiamos los hombres pero no de sistema.

Estamos preconizando una intensidad física máxima de nuestros interiores, lógicamente la más alta intensidad física acarrea un agotamiento y por tanto una disminución en las prestaciones relativas a calidad técnica.

El perseguir al interior rival hasta los tres cuartos del campo no llegando hasta la zona de laterales, le va a permitir al rival crear el juego en origen con los citados interiores, esto dá el comportamiento de nuestros interiores que será de aproximación al poseedor del balón, «robarle metros» de maniobra y como sabemos que el juego construido lo generan sus dos pivotes en primera opción, la presión sobre éstos debe ser total, con el objeto de que el interior poseedor del balón no tenga referencias de pase. pero atención si el poseedor es el interior izquierdo sabemos de su gran desplazamiento largo a la espaldas de nuestra defensa, en este caso el robar metros se debe traducir en una presión activa que impida el citado pase largo.

Una vez que los interiores finalicen la jugada de inicio en origen, nuestra respuesta es estar presente en el uno contra uno en el desplazamiento, por tanto nuestros dos jugadores de oposición deben tener un gran concepto del juego sin balón en el aspecto defensivo.

La alternativa de unos cambios no tácticos previstos creo que es entendible por lógica, no solamente vamos a correr para impedir jugar al rival, tendremos que jugar, aportar alternativas especialmente centros diagonales desde la mencionada línea de tres cuartos a nuestro punta y pases medios y cortos a nuestros medias puntas; además en posesión del balón el interior opuesto al tránsito del balón llegará en desequilibrio como extremo. Seguimos definiendo el sistema que vamos a oponer al contrincante para neutralizarle, a lo ya diseñado añadimos los dos interiores.

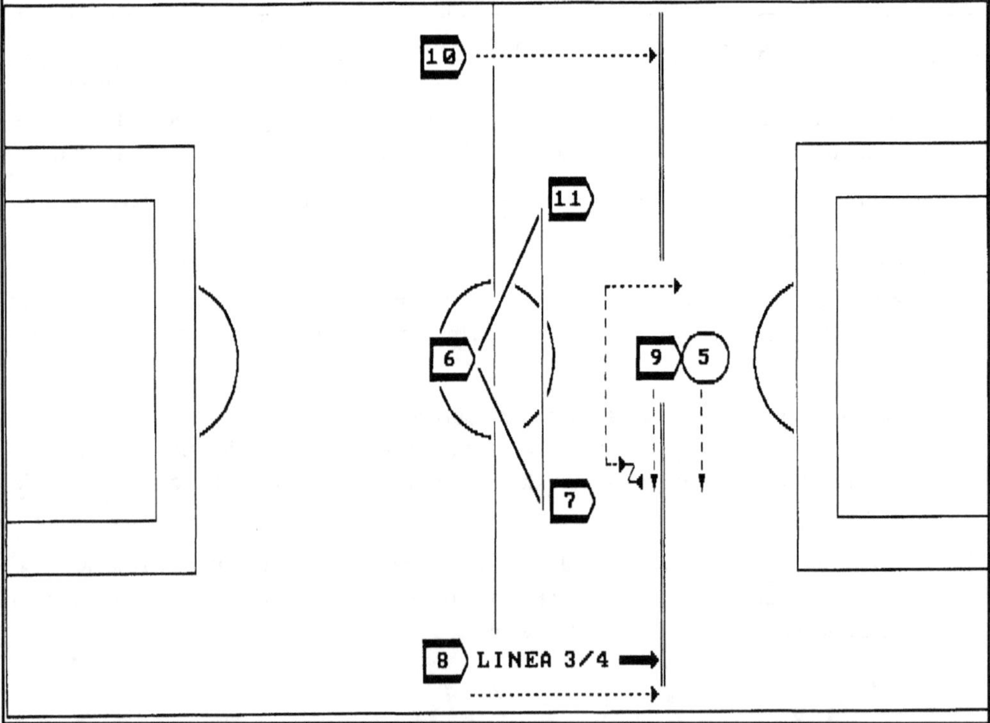

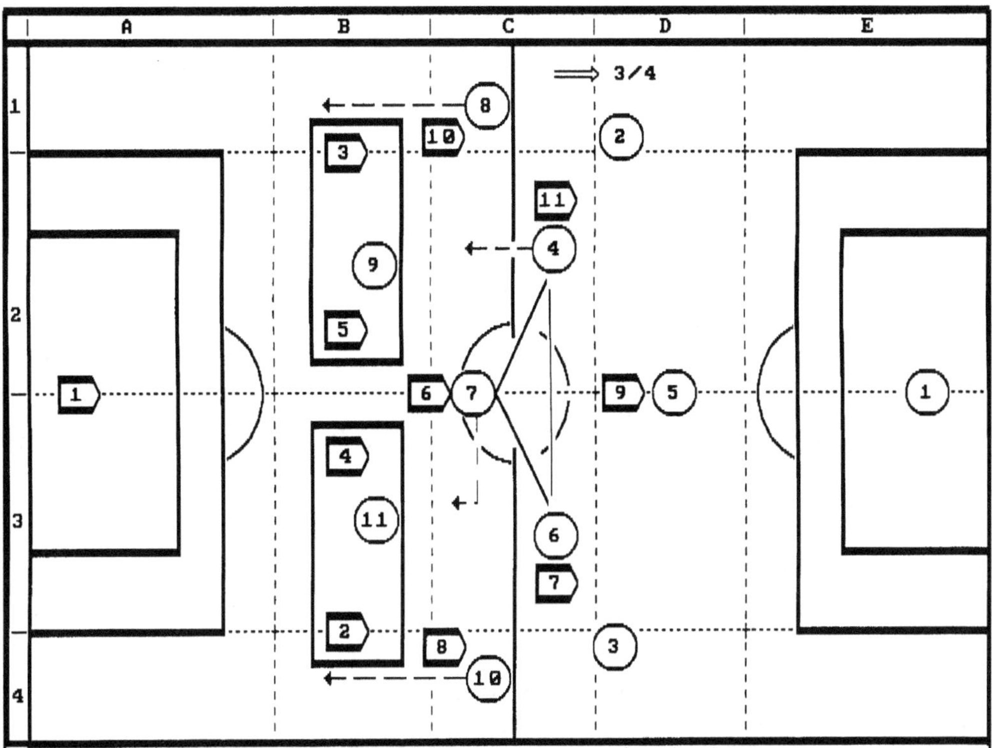

PREMISAS OFENSIVAS DEL RIVAL

4).- Debido a la gran dificultad que anunciábamos para fijar la marca a los puntas rivales y como ya hemos comentado en sistemas anteriores en que juegan con dos puntas fijos, nos vemos obligados a jugar con un tipo de marcaje en zona con una defensa de cuatro jugadores, inicialmente en línea.

Cabe la posibilidad de retrasar a uno de los centrales a la posición de libre principalmente en desplazamiento a balón parado, sería una defensa de tres más libre pero el tipo de marcaje seguirá siendo en zona.

Pese al riesgo que implica y jugando una defensa en línea, es recomendable el achique de espacios, para provocar el fuera de juego de los rivales; no en todas las circunstancias, si no únicamente cuando el balón esté en posesión del interior izquierdo rival que como sabemos utiliza como recurso el pase largo a las espaldas de los defensas, principalmente a las del lateral derecho y centrales.

Atención siempre que nos refiramos al fuera de juego premeditado como acción táctica defensiva, nos estaremos refiriendo obligadamente a la concentración, coordinación y disciplina en el achique del espacio.

En el aspecto defensivo nuestros cuatro jugadores en línea como hemos definido marcan en zona, pero deben intentar que la marca se revierta en dos contra uno, esto es: Lateral más central ubicado en la zona inmediata interior a la del lateral.

Se nos puede presentar un riesgo en una (o las dos bandas) si el interior rival como sabemos de largo recorrido llega a zona de extremo sin la correspondiente marca de nuestro interior en su repliegue.

Se nos pueden además presentar las dificultades propias de que uno de los puntas se «pegue a una banda» con lo que el intentar el dos contra uno nos pueda crear un gran espacio en el centro del área frontal a nuestra portería; cabe la probabilidad aunque ilógica de que los dos puntas «se peguen» una a cada banda el problema sería exactamente el mismo pero el espacio sería aún mayor.

Al estar jugando en línea vamos a permitir la incorporación limitada al ataque de uno de los laterales, matizo lo de limitada:

A).- En función de la ubicación del punta (deberá estar marcado).

B).- No salen los dos laterales en la misma jugada.

C).- Deben analizar la posición de su interior y el interior rival.

Junto con nuestro portero hemos definido nuestro sistema y vemos que estamos en un 1-4-5-1.

Recuerdo lo de la definición más o menos ortodoxa, pero no quiero que se interprete que jugamos con tres puntas.

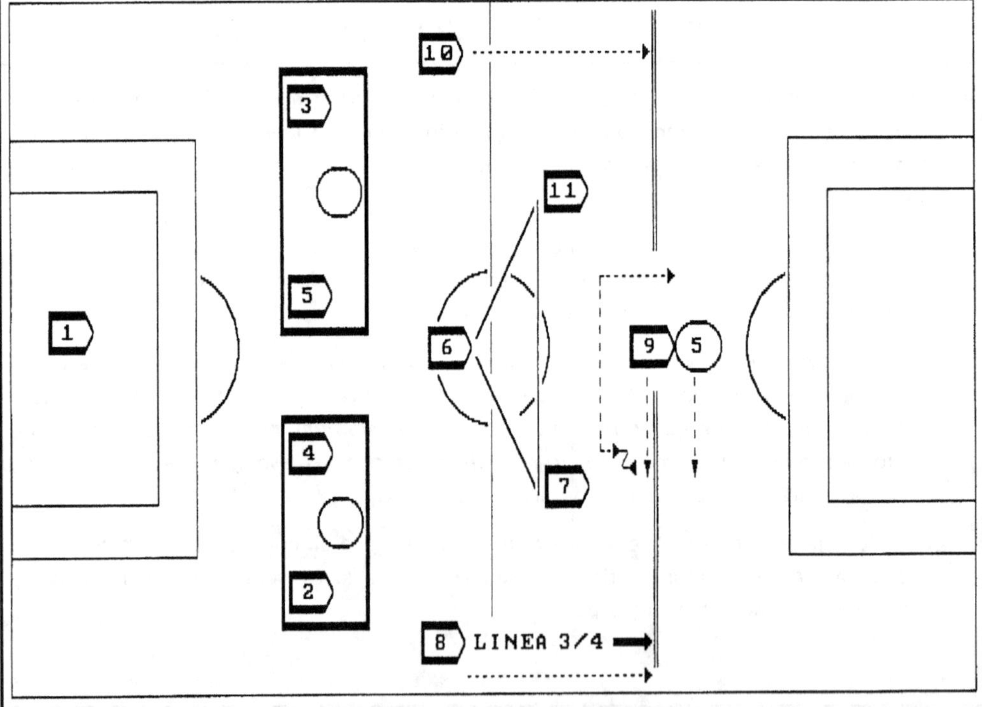

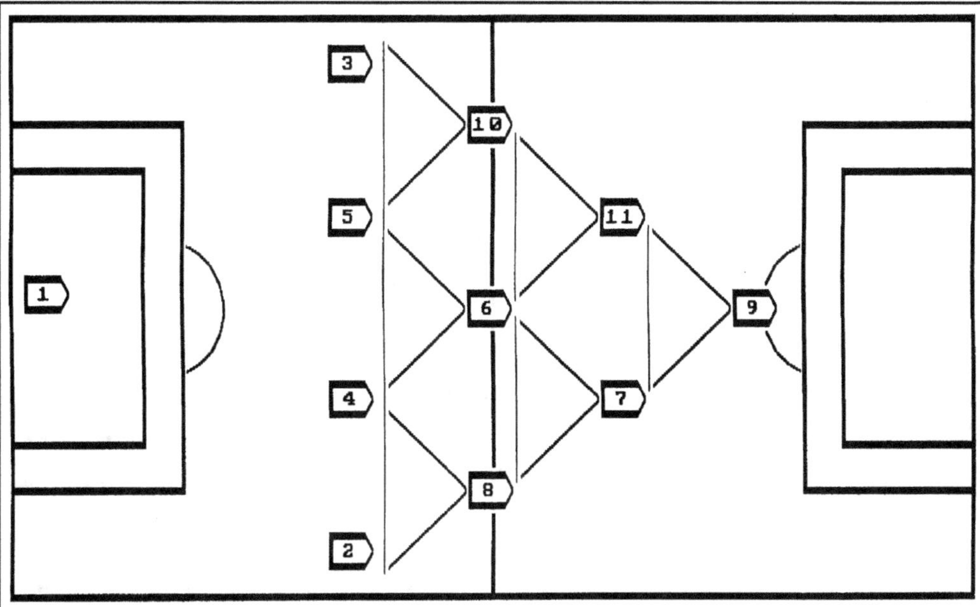

En esta página vemos en la figura superior la geometría del sistema la ubicación formando triángulos de apoyo/cobertura.

En el dibujo inferior la ubicación en distancias en amplitud y profundidad del sistema ***** debemos recordar que la distancia en amplitud es de mera referencia, estando esta condicionada por las basculaciones *****.

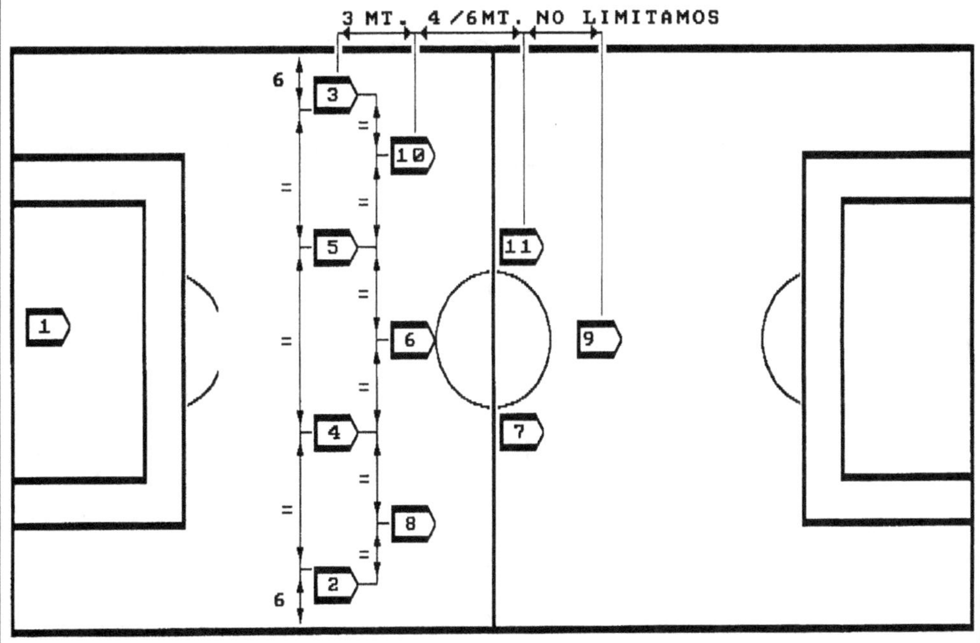

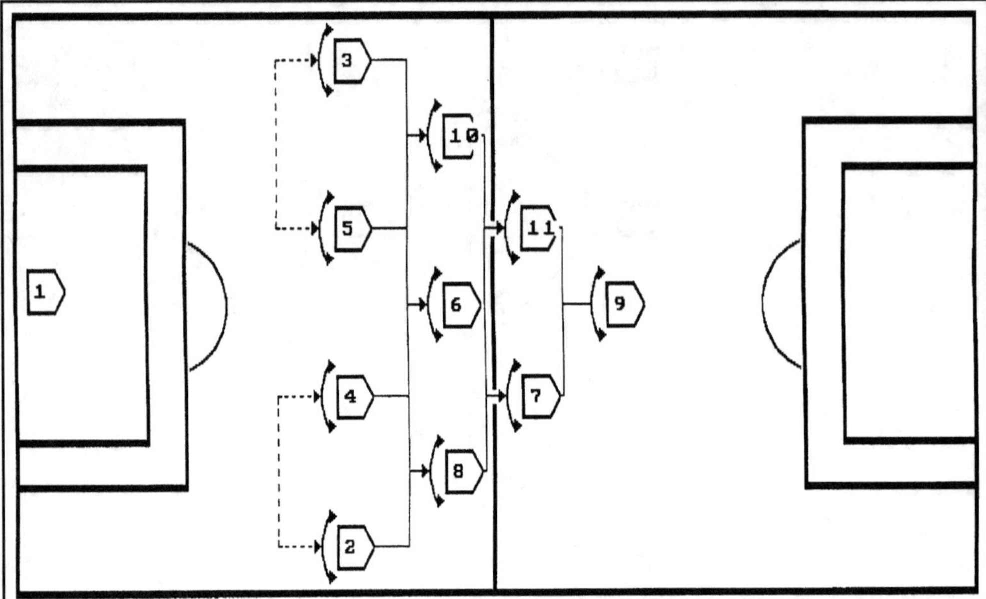

En esta página vemos en la figura superior las coberturas múltiples que nos permite el sistema.

En el dibujo inferior vemos la ubicación y organización de los repliegues y achiques colectivos.

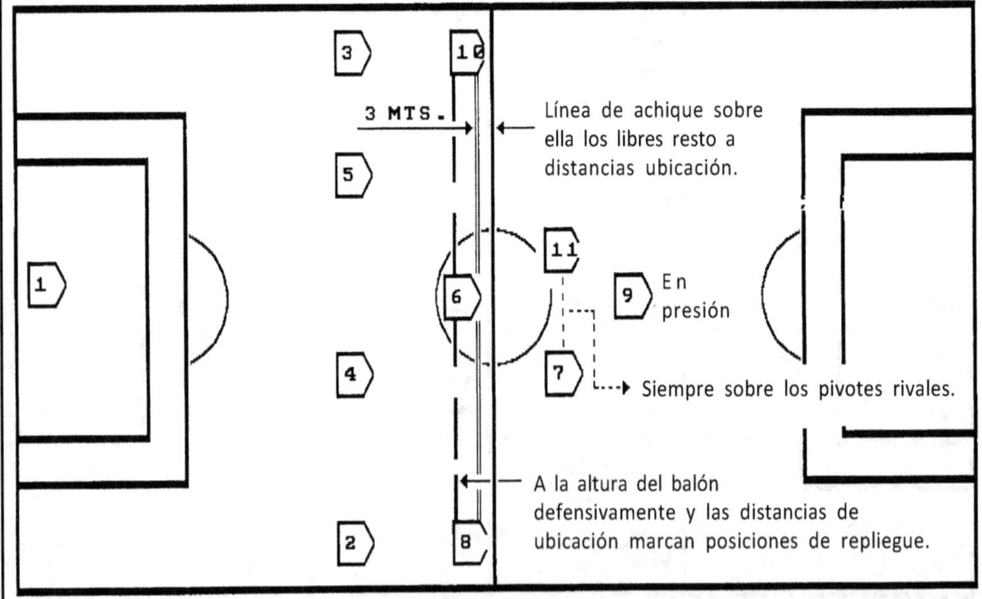

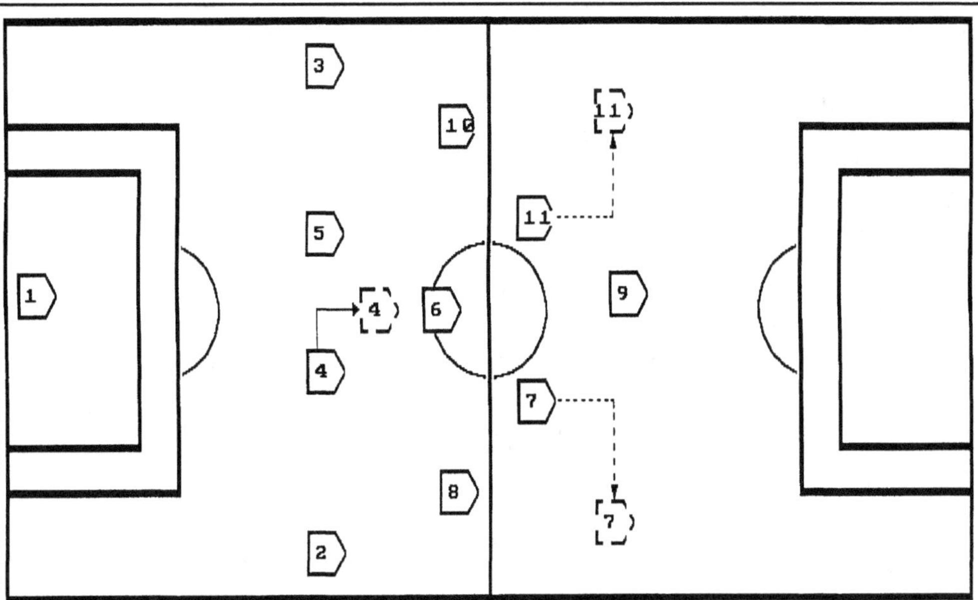

VARIANTE OFENSIVA: Adelantamos a los dos medias puntas a posición de extremos; estaremos en un 1-3-4-3.

VARIANTE DEFENSIVA: Retrasamos a uno de los dos centrales a posición de libre; el medio centro lo replegamos a central; incluimos los dos medias puntas en el centro del campo, pasando a un 1-5-4-1.

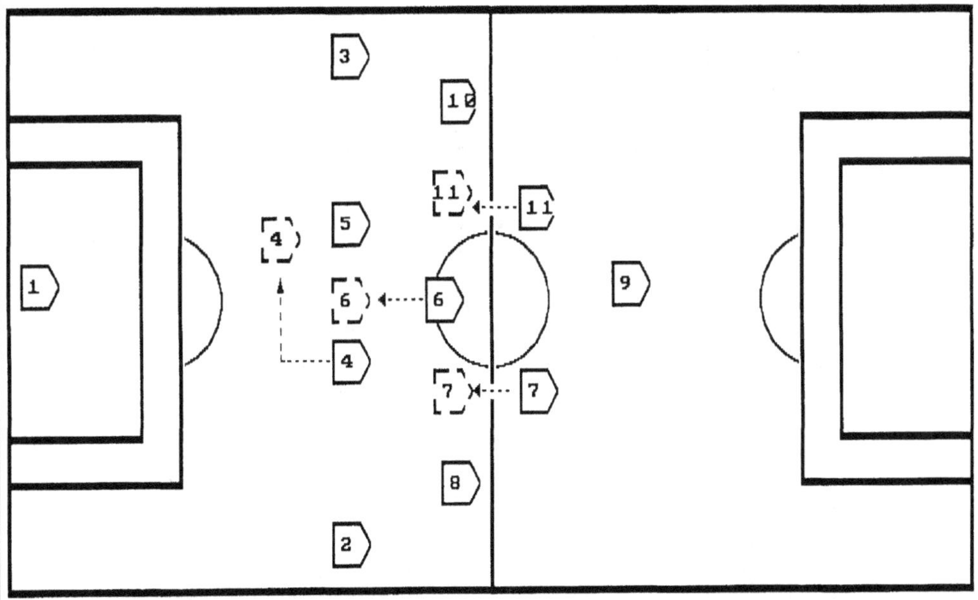

- Hemos configurado nuestro sistema desde la perspectiva de neutralizar a nuestro rival.
- Hemos diseñado nuestra ubicación racional sobre el terreno de juego.
- Hemos determinado organización individual y colectiva.
- Hemos aportado nuestras variantes ofensivas y defensivas al sistema adoptado.
- Nos queda por definir el objeto de la obra: MOVIMIENTOS PARA LOGRAR SUPERIORI-
  DAD NUMÉRICA

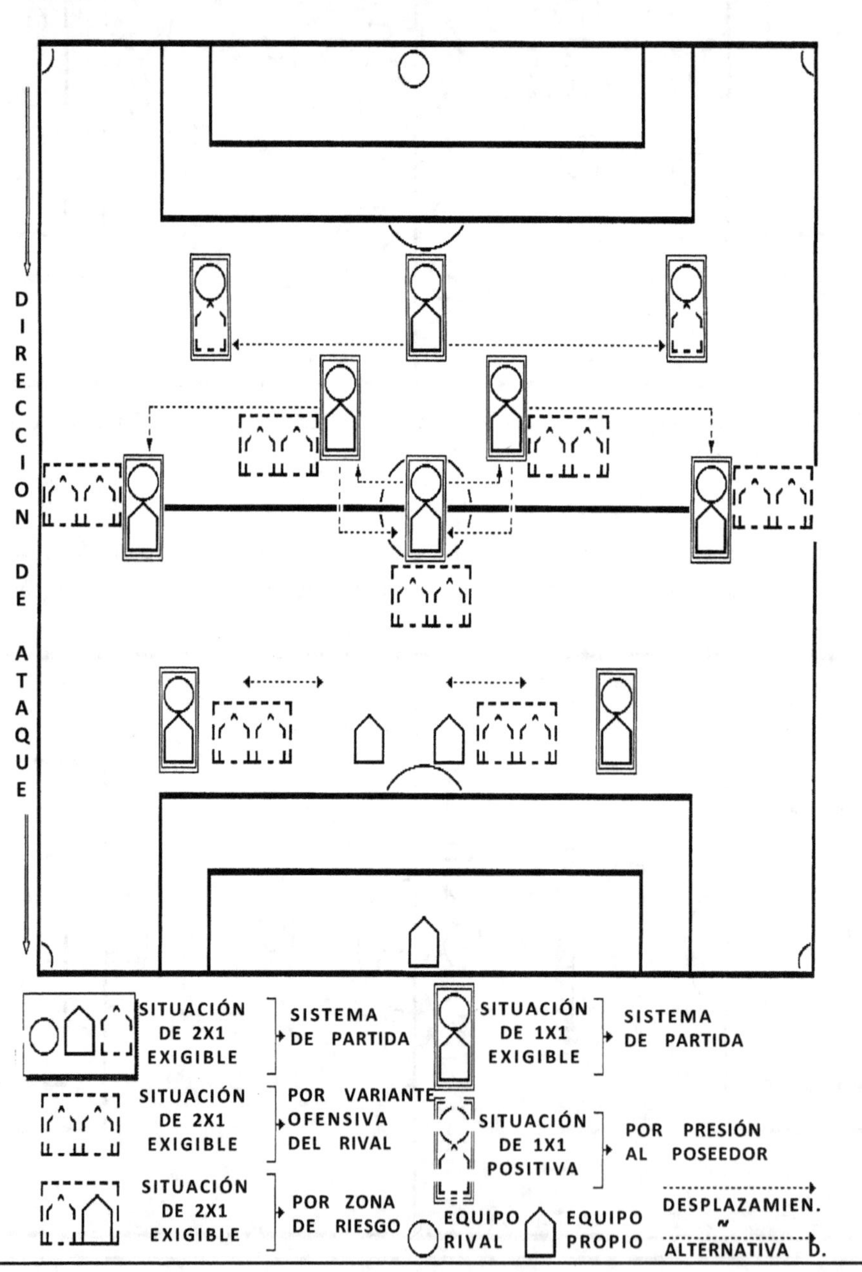

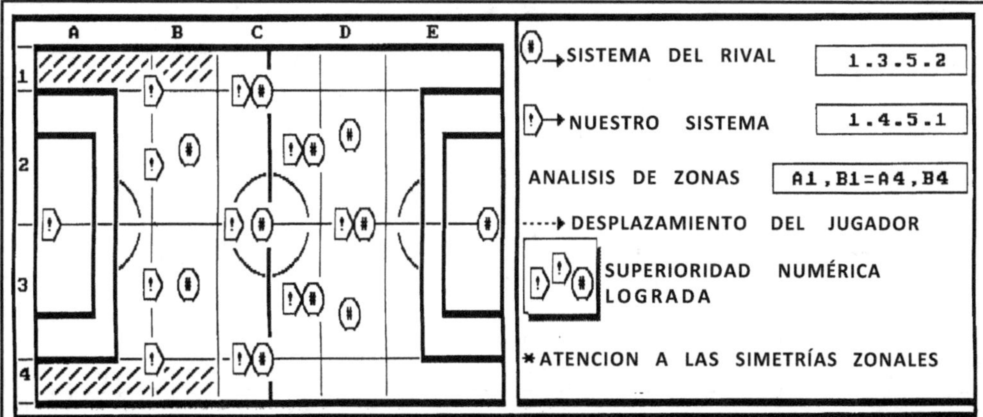

UBICACIONES INDIVIDUALES QUE DEBEMOS GANAR EN SUPERIORIDAD. SEGUIDAMENTE VEMOS LAS ZONAS QUE DEBEMOS SERLO.

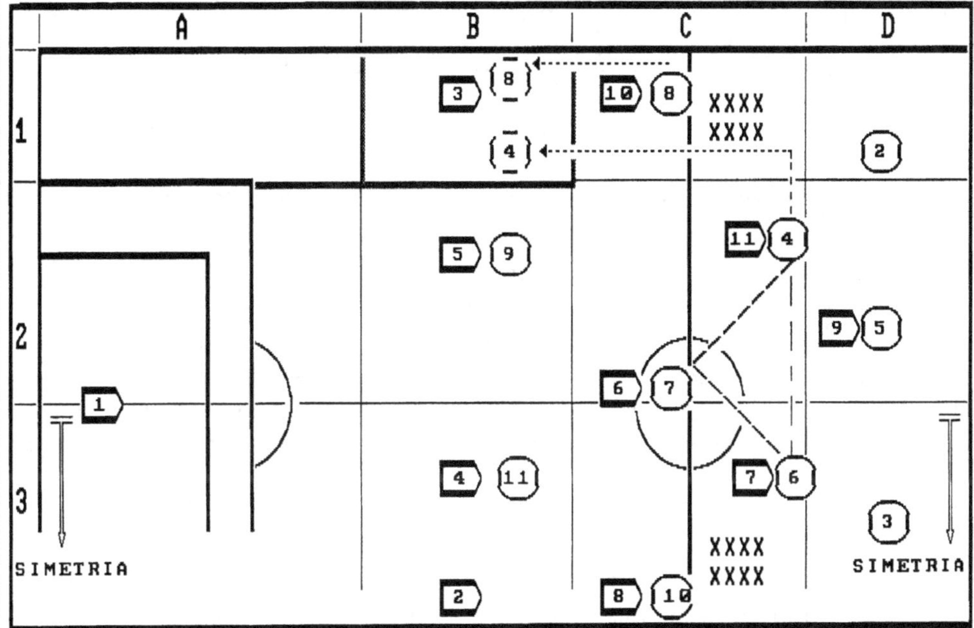

Opino que este es un equipo en el que la capacidad física de sus interiores, añadida a la calidad y variedad en el diseño de sus ataques organizados, nos va a originar muchos espacios en la zona ancha del centro del campo; espacios que van a tratar de utilizar y aprovechar los jugadores del denominado triángulo de creación. Debemos tener presente que las circunstancias que se dan en una banda se darán exactamente igual en la otra por el concepto de simetría, la neutralización es la misma con los jugadores opuestos.

* Vemos la entrada del interior y pivote derechos n.ºs 8 y 4 en B1

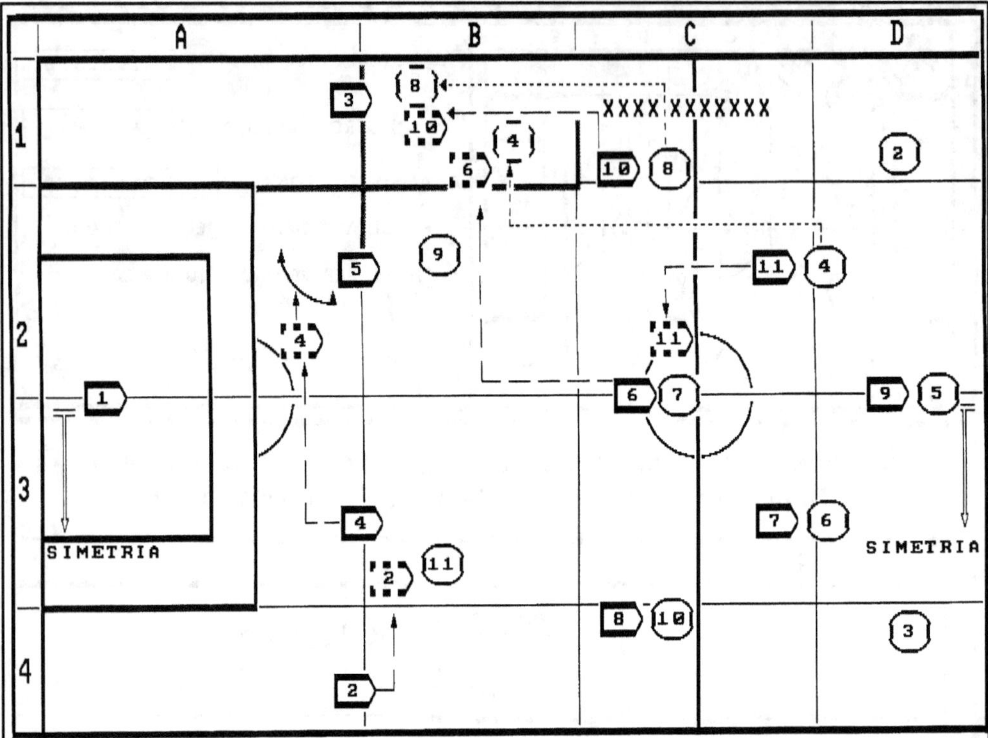

Como comentábamos en la página anterior el desmarque de ruptura de los interiores rivales y al ser estos marcados por nuestros interiores en repliegue, nos origina un espacio que puede ser aprovechado por el pivote del lado del interior que se desmarca; también podría ocuparlo el lateral, algo más improbable al jugar sólo con tres defensas; esto nos plantea que en un momento dado el equipo oponente nos supere en número en las zonas B1/A1/C1 (dependiendo de su profundidad), e incluso puede incorporar al delantero n.º 9 a esa zona, pese a tener esta gran densidad de jugadores. Nuestra neutralización pasa por:

1).- A su interior n.º 8 le oponemos el nuestro n.º 10 mas el lateral n.º 3 que le espera a su llegada a la zona.

2).- A su pivote derecho n.º 4 le oponemos nuestro medio centro n.º 6, pero al maniobrar de esta forma su medio centro n.º 7 estará libre y con espacio por delante, le opondremos el media punta que marcaba al pivote que entró en B1, al cual ya no controla.

3).- El central más alejado del balón repliega en diagonal para hacer cobertura a todos sus compañeros en zona B1 y con estos lograr la superioridad numérica.

4).- En este momento el lateral (n.º 2) más alejado de la ubicación del balón efectuará un férreo marcaje al otro punta rival n.º 11, lógicamente nuestro n.º 8 ejercerá una vigilancia sobre el interior n.º 10 transformándola en marcaje si se precisa.

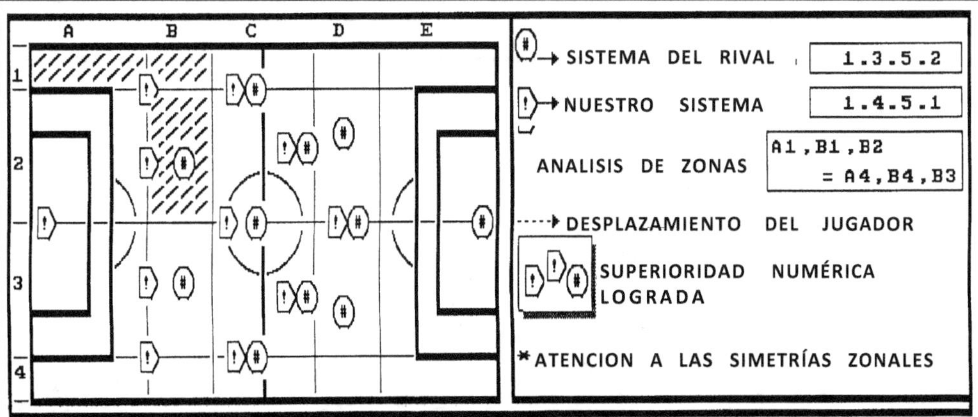

UBICACIONES INDIVIDUALES QUE DEBEMOS GANAR EN SUPERIORIDAD. SEGUIDAMENTE VEMOS LAS ZONAS QUE DEBEMOS SERLO.

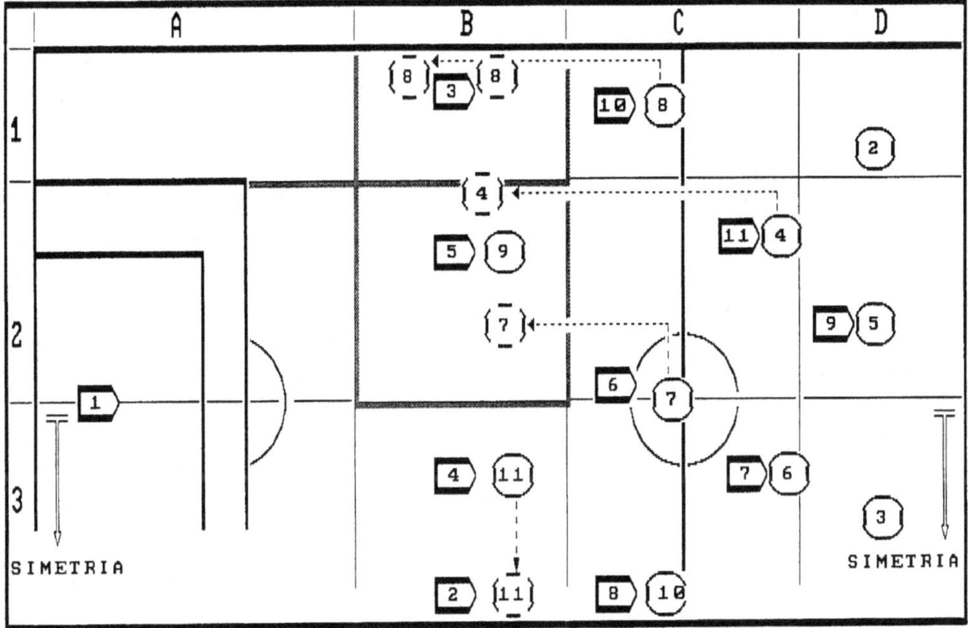

En esta página vemos una típica alternativa de juego de las muchas posibilidades que como comentábamos el rival posee, debido a su gran calidad y variedad en la creación de sus ataques organizados.

Observamos que pretende darle profundidad al ataque con la incursión de su interior derecho n.º 8 y dotarle al mismo tiempo de una amplitud a dicho ataque que provoca el punta n.º 11 alejándose de la zona prevista de transición del balón, es evidente la intención de las maniobras del contrincante; las analizaremos y neutralizaremos.

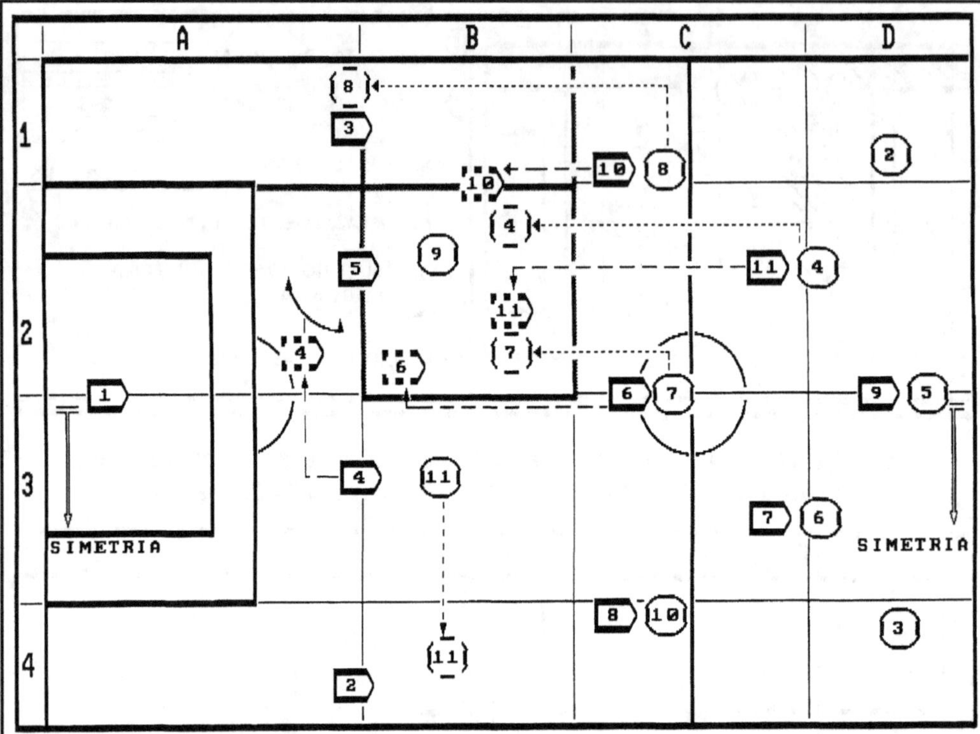

La intención del equipo contrincante es al pegar a su interior derecho n.º 8 a la banda como extremo, que el defensor n.º 3 le fije la marca, y con la misma premisa se deja caer a banda el punta derecho n.º 11 para que sobre él fije la marco nuestro lateral n.º 2, en este momento nuestros centrales n.ᵒˢ 4 y 5 estarán en oposición a su delantero centro n.º 9 pero nuestros laterales están en un 1 x 1 sin cobertura posible; esto es una evidencia pero creo entender que el equipo contrario lo que busca, más que la falta de cobertura a los defensas laterales, es la creación de un espacio para llegadas de una segunda línea de ataque creándola el medio centro y uno de los pivotes, con toda seguridad el balón estará en estos momentos en posesión del otro pivote o del interior que está en tránsito por el centro del campo; neutralizaremos con:

1).- A las caidas a banda de sus jugadores como el rival prevé les opondremos nuestros dos laterales.

2).- Nuestro interior izquierdo n.º 10 ya no tiene la referencia del interior derecho oponente, que estará con nuestro lateral n.º 3; por tanto lo oponemos al n.º 4.

3).- A su medio centro oponemos nuestro media punta izquierda n.º 11.

4).- Atrasamos a nuestro medio centro n.º 6, lo ubicamos como central y nuestro central n.º 4 lo colocamos como libre.

* Tenemos superioridad numérica teórica, aplicar máxima velocidad a los movimientos para que la superioridad numérica sea real.

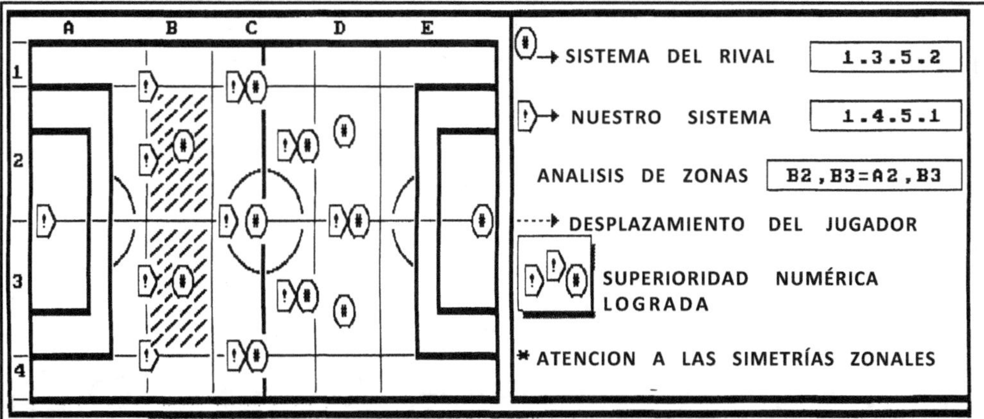

UBICACIONES INDIVIDUALES QUE DEBEMOS GANAR EN SUPERIORIDAD. SEGUIDAMENTE VEMOS LAS ZONAS QUE DEBEMOS SERLO.

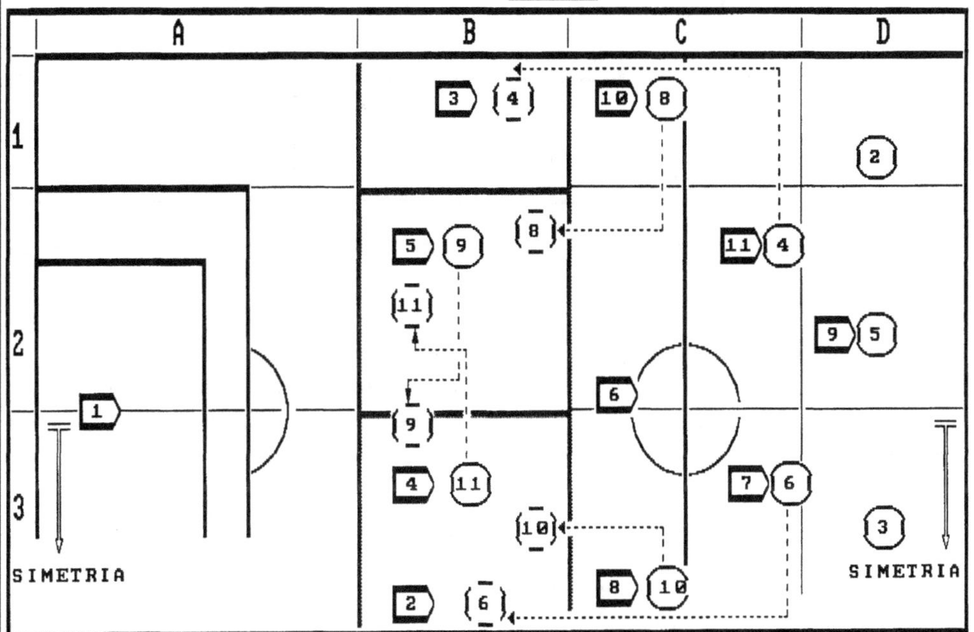

Apelando al sin fin de recursos de creación de que dispone el oponente, en esta página vemos como este utilizando los conceptos de polivalencias, que le permitirán sus individualidades y el conocimiento pleno de las alternativas del sistema y las capacidades físicas y técnicas de sus hombres, va a utilizar la rotación de posiciones de sus jugadores pero no las misiones específicas de cada demarcación.

La propuesta del rival es apoderarse de la zona ancha con la rotación del balón y de las posiciones.

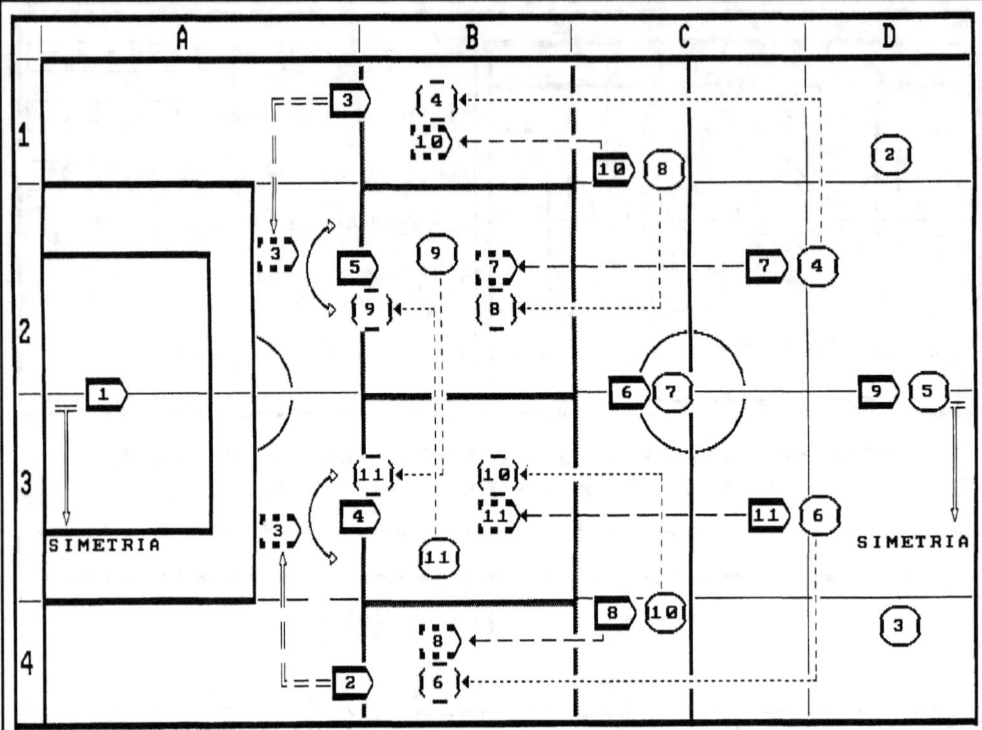

Con el cruce de los puntas intentarán arrastrar a los marcadores centrales, con la caida de los interiores a la franja vertical intentarán arrastrar a sus pares con el objeto de liberar un espacio para la entrada de los pivotes doblando por el exterior pegados a banda; después de estos movimientos el equipo sigue ubicado exactamente igual que al inicio, pero los interiores actúan de pivotes y los pivotes como interiores, pero su dibujo táctico no ha variado; nuestro problema son los desplazamientos de los rivales más que quien ocupe la nueva demarcación y debemos neutralizarlos para lo cual:

1).- Recordemos el concepto de marcaje en zona, quiero decir con ello; que no perseguimos a nuestros rivales, esperamos en la zona a los nuevos jugadores que llegarán a ella.

Oponiendo a sus interiores nuestros medias puntas y a sus pivotes nuestros interiores, y nuestros centrales esperarán con el intercambio de los puntas, pero deberán hacerlo con máxima concentración.

2).- Atención: debemos aportar unas coberturas especialmente a los dos marcadores centrales, (sin olvidar estas a los interiores) para ello aproximamos a los laterales a los marcadores centrales en una posición intermedia, para poder ofrecer también una posible cobertura a los interiores.

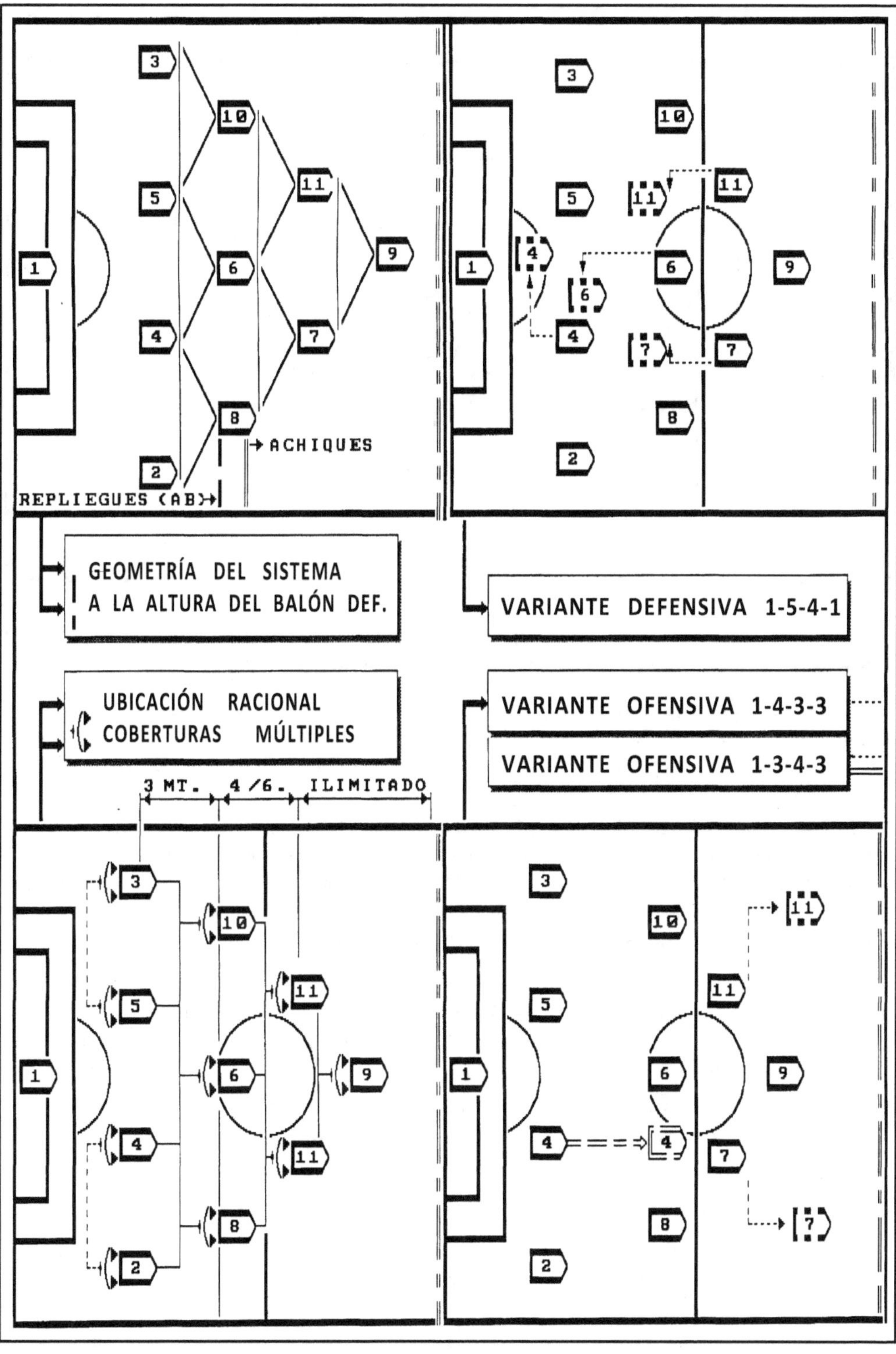
REPLIEGUES (AB)
ACHIQUES
GEOMETRÍA DEL SISTEMA
A LA ALTURA DEL BALÓN DEF.
UBICACIÓN RACIONAL
COBERTURAS MÚLTIPLES
3 MT. 4/6. ILIMITADO
VARIANTE DEFENSIVA 1-5-4-1
VARIANTE OFENSIVA 1-4-3-3
VARIANTE OFENSIVA 1-3-4-3

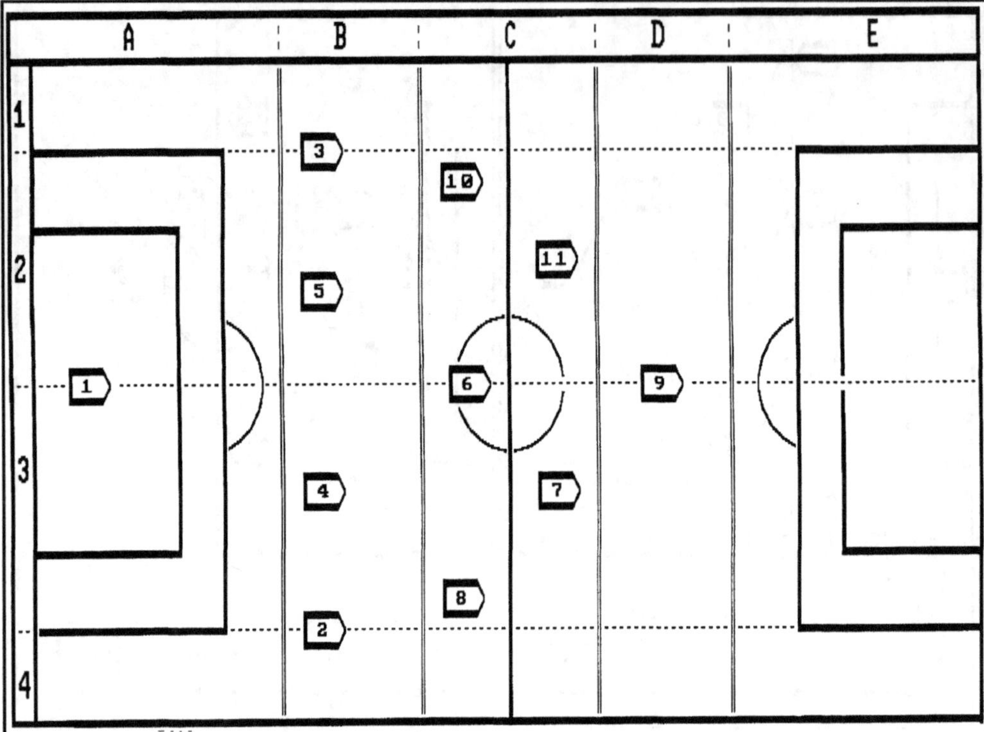

Debemos suponer que nuestro planteamiento es válido siempre y que con él vamos a lograr nuestro objetivo. Por tanto nos apoderamos del balón anulando los argumentos de los contrincantes; estaremos entonces en posesión del balón, esto es en acciones ofensivas.

Al fútbol nunca le escatimaremos la creación, la fantasía; ello con el balón en nuestro poder nos obliga a corresponder a estas y crear alternativas de juego de ataque esperando el éxito final. Estaremos entonces combatiendo al equipo oponente, en función de la eficacia estaremos más próximos o menos alejados del equipo de condición de poderoso; por añadidura si combatimos a nuestros rivales de forma positiva tendremos:

A).- Hemos neutralizado con éxito (por tanto lo propuesto es válido).

B).- Si poseemos el balón tenemos más posibilidades de éxito que el rival pues él no lo tiene.

C).- Seremos por poseedores del balón los que determinemos los parámetros del juego en cuanto a control y ritmo del partido.

En el aporte ofensivo defino las zonas según la idea de combatir.

Zona A1 a A4 = de construir en origen # de ataque directo (presionando).

Zona B1 a B4 = de ataque organizado # de contraataque previsto.

Zona C1 a C4 = de contraataque previsto # de transición en organizado.

Zona D1 a D4 = de pase previo a final # remate media distancia.

Zona E1 a E4 = de centro lateral # de finalización.

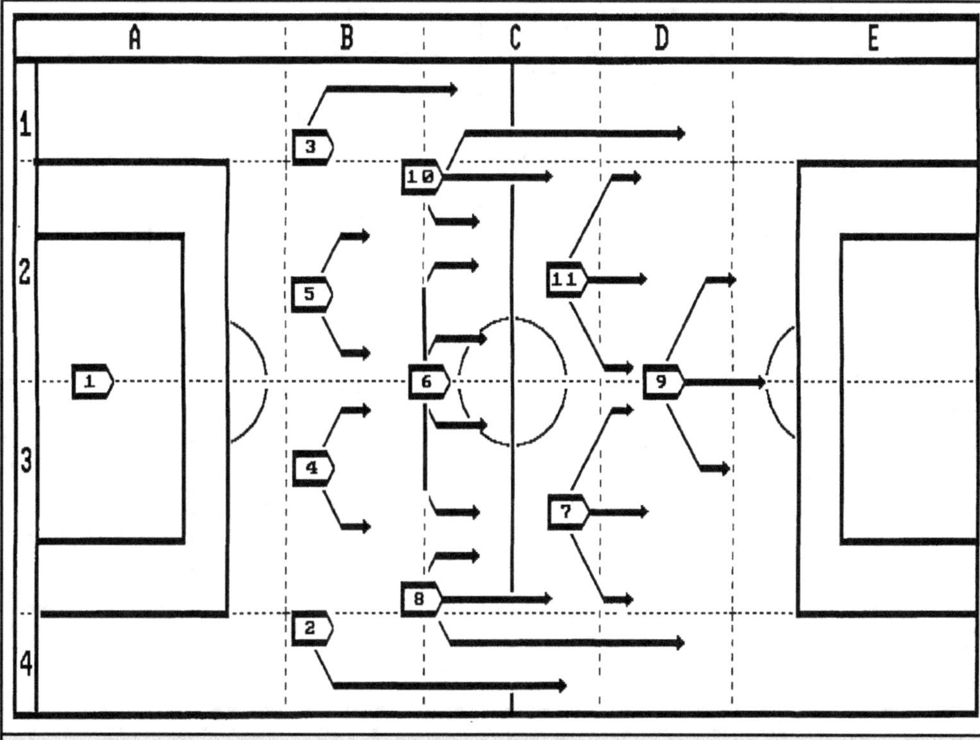

ACCIONES COMBINADAS CONJUNTAS

En esta página vemos los movimientos básicos ofensivos colectivos representados gráficamente como ⟶

Defensas no sólo achican espacios, los laterales se incorporan al ataque (no los dos en la misma jugada), e incluso uno de los dos centrales podría añadirse a la creación en el centro del campo; si uno de ellos se incorpora mantendremos en posición a los laterales.

Los medias puntas serán centro-campistas en acciones defensivas y extremos en acciones ofensivas.

Le cederemos al rival su propio campo, esperando en el nuestro, intentando contraataques previstos; esto no significa que por sistema se renuncie al ataque organizado, todo lo contrario y lo generaremos de origen en defensa por contar con cuatro jugadores. Debemos tener presente que nuestro sistema es de los denominados piramidelaes y estos permiten un sin fin de desdoblamientos.

NOTA:

Estos movimientos ofensivos colectivos únicamente son válidos para ataques construidos en origen, para ataques organizados o para ataques directos.

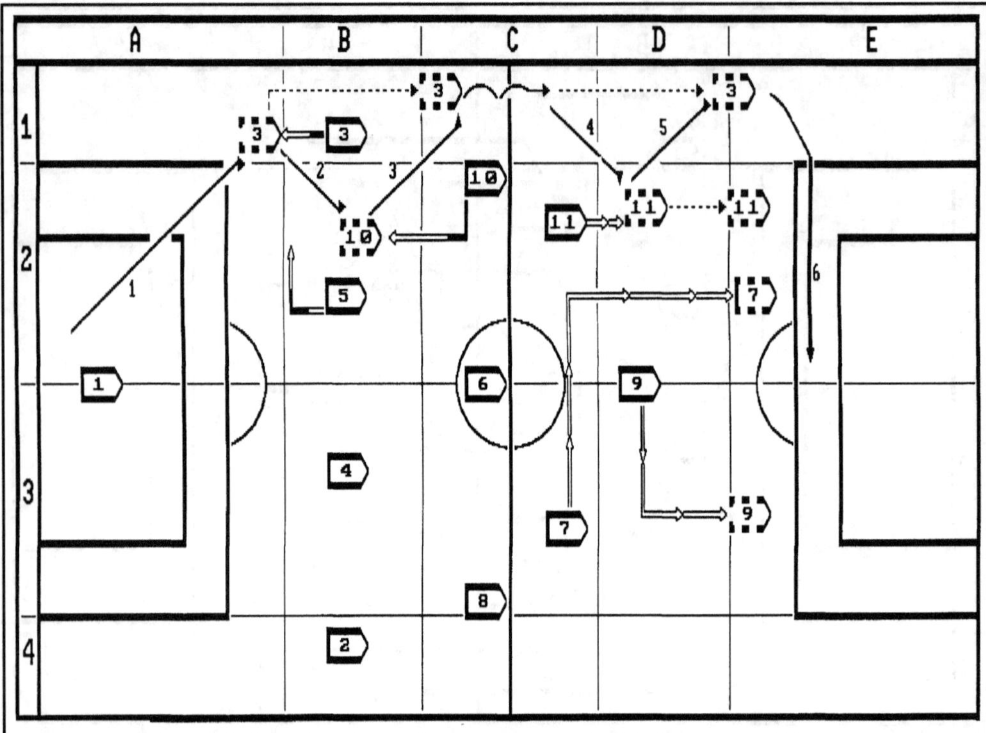

EJEMPLO DE ATAQUES ORGANIZADOS

DESMARQUES

⟹ De apoyo   ⟹ De sostén   ⟹⟩ De ruptura   ⟶ Pase

⌐⟩ Jugador que cambia posición   ┈┈┈► Movimiento sin balón

∿∿► Conducción

Vemos en esta página un ataque organizado en origen y cuya progresión por banda manifiesta paredes múltiples.

1).- El lateral izquierdo n.º 3 viene a zona A1 a recibir de su portero, recibe y orienta la salida por su propia banda, normalmante la orienta obedeciendo del organizador una indicación, e incluso partiendo esta de él hacia el resto de los compañeros.

2).- El interior izquierdo n.º 10 se desmarca de apoyo con el objeto de recibir el balón o permitir que su compañero lo mantenga, en ese momento el central más próximo se desmarca de sostén. El lateral pasa al interior n.º 10 que le devuelve en pared, conduce unos metros y viendo las alternativas posibles; el media punta de su banda se desmarca de ruptura sin perder la referencia del balón, mientras que el otro media punta y delantero lo hacen de ruptura intercambiando posición y teniendo como referencia el espacio y no el balón; el lateral sirve al media punta n.º 11 que le devuelve en pared; el lateral realizará el pase previo al remate final, generalmente un centro.

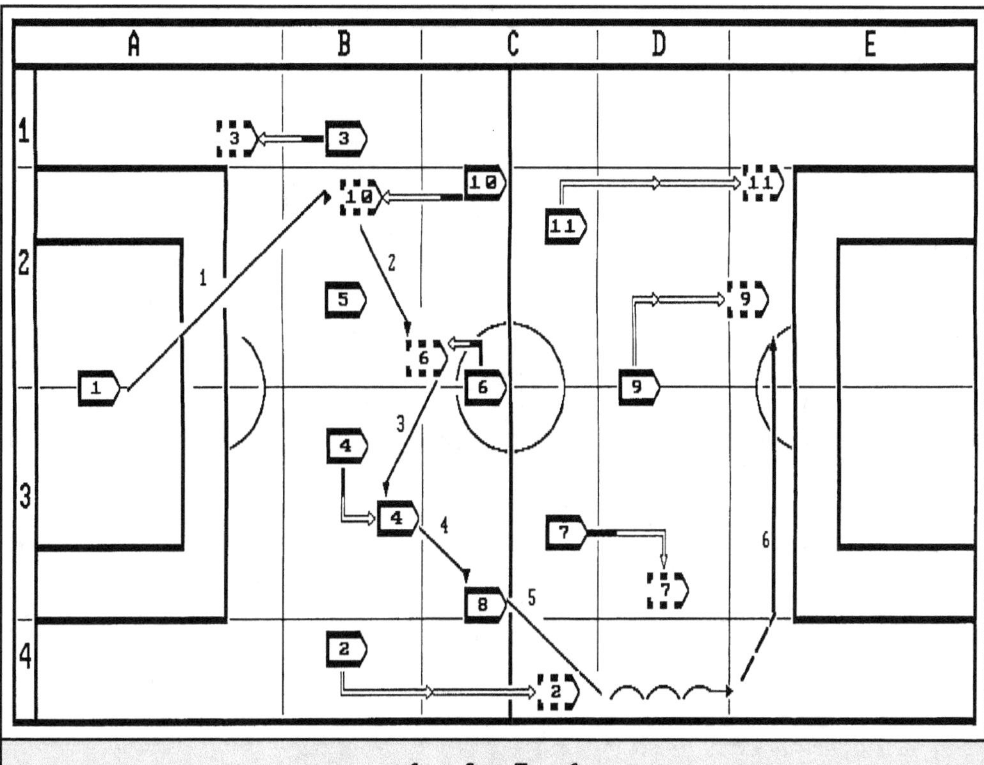

1 - 4 - 5 - 1

EJEMPLO DE ATAQUES ORGANIZADOS

DESMARQUES

⟹ De apoyo   ⟹ De sostén   ⟹⟹ De ruptura   ⟶ Pase

⌐） Jugador que cambia posición   ·······▸ Movimiento sin balón

⌁⌁⤳ Conducción

Tanto el lateral como el interior izquierdos, se desmarcan de apoyo para recibir de su portero; el cual opta por jugar con el interior izquierdo n.º 10, este posee el balón y entrega al desmarque de apoyo del medio centro n.º 6, que por estar de espaldas al campo contrario decide apoyarse en el central de la derecha n.º 4, el cual entrega al interior derecho n.º 8 que está en sostén de la jugada; el lateral derecho n.º 2 se desmarca de ruptura pidiendo el balón adelantado a su carrera; en este momento el media punta del lado del lateral que sale n.º 7, se desmarca de apoyo para permitir a su lateral continuar con la penetración, o en su defecto que su equipo no pierda la posesión del balón; en este instante el punta n.º 9 y el otro media punta n.º 11 se desmarcan de ruptura a recibir el pase previo al remate final.

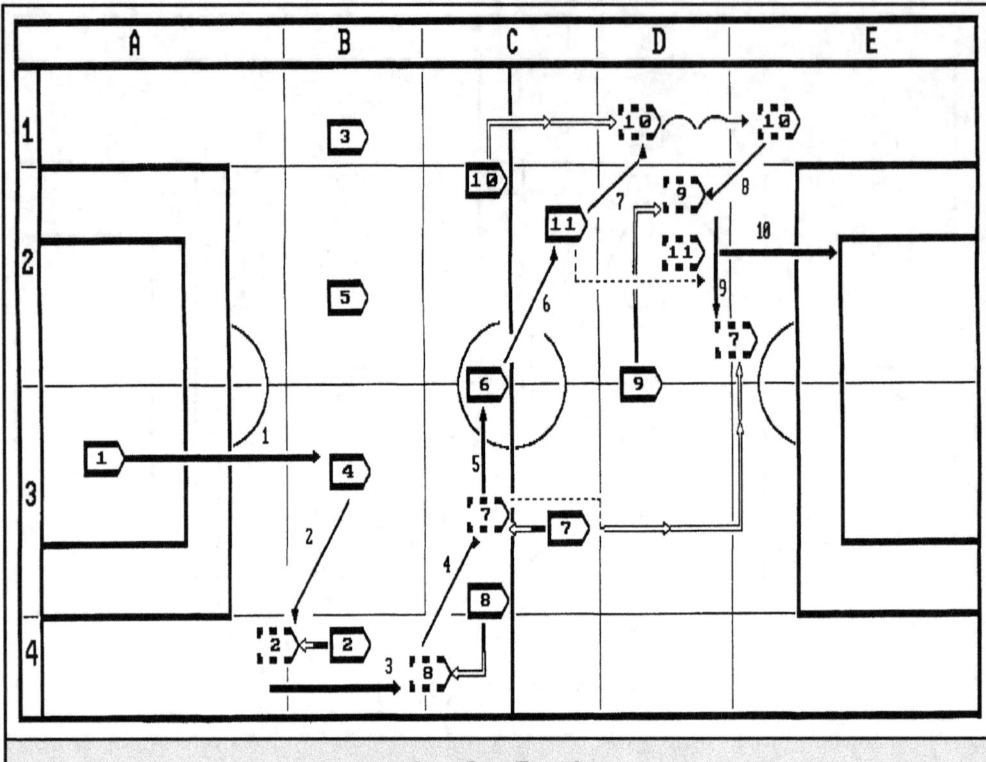

EJEMPLO DE ATAQUES ORGANIZADOS

DESMARQUES

De apoyo   De sostén   De ruptura   Pase

Jugador que cambia posición   Pase   Movimiento sin balón

Conducción

He querido en esta página demostrar que una ubicación racional del terreno de juego especialmente en un sistema de formación piramidal, como es el que nos ocupa, nos permitirá en base a la organización en triángulos un ilimitado número de apoyos y ayudas, que van a propiciar la conservación, control del balón y las rotaciones del mismo, hasta encontrar la posibilidad de penetración. Debo recalcar como crítica a lo anteriormente matizado que la reiteración de pases sin profundidad sólo te permitirá tener la posesión del balón, pero no el hacer ocasiones de gol.

Resaltamos en el dibujo la movilidad de todos los componentes, no esperando el balón, queriéndole y buscándole.

La transición no necesita más aclaración que la de seguir el orden numerado de los pases. Como máxima: colectividad en la creación de la jugada, individualidad en la finalización de la misma.

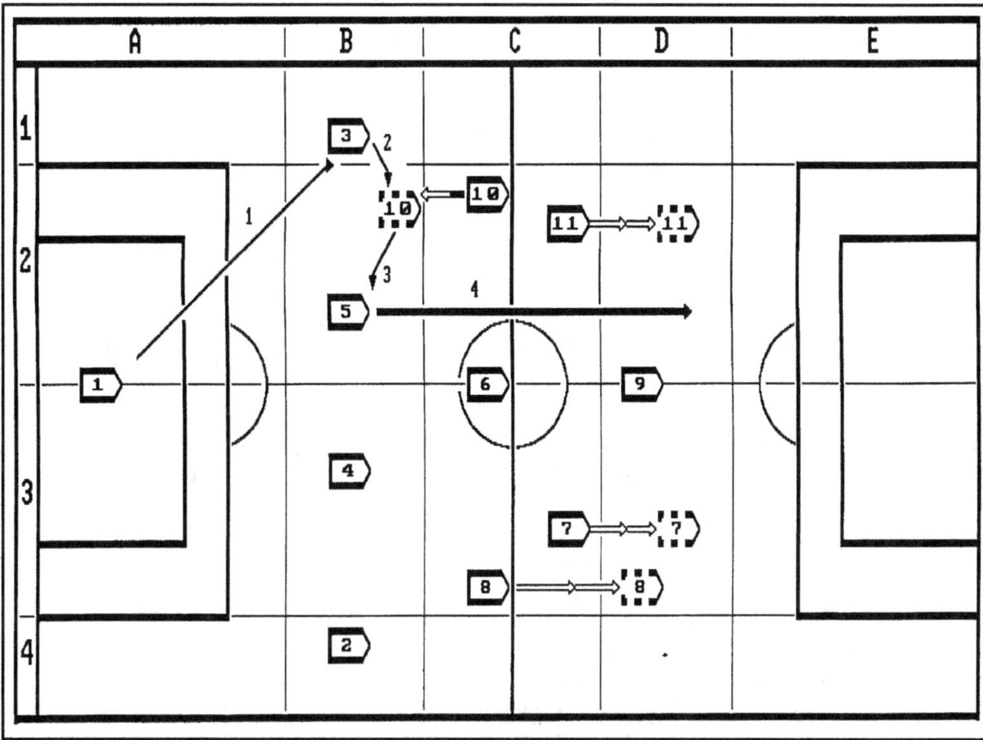

1 - 4 - 5 - 1

EJEMPLO DE ATAQUES DIRECTOS

DESMARQUES

De apoyo   De sostén   De ruptura   Pase
Jugador que cambia posición   Pase   Movimiento sin balón
Conducción

Insistiré en que un pase largo siempre que sea preciso en orientación potencia y dirección deja de ser un balonazo, para pasar a ser una acción técnica quizás definitiva, además de una premisa táctica para combatir la presión de los contrarios, si a este pase como es obligado le acompañamos un achique de espacios ofensivo y colectivo, tal vez estemos argumentando la mejor jugada de ataque; simplemente por llegar antes a la portería contraria; si nuestras jugadas de ataques directos son reiteradas y con la precisión demandada, tendremos un número de ocasiones-aproximaciones acordes con la reiteración-precisión de los mencionados pases largos.

El ataque será más o menos directo en función del número de pases previos que necesitemos para efectuar el pase largo; yo opino que si utilizamos más de tres pases previos estaremos jugando un ataque organizado.

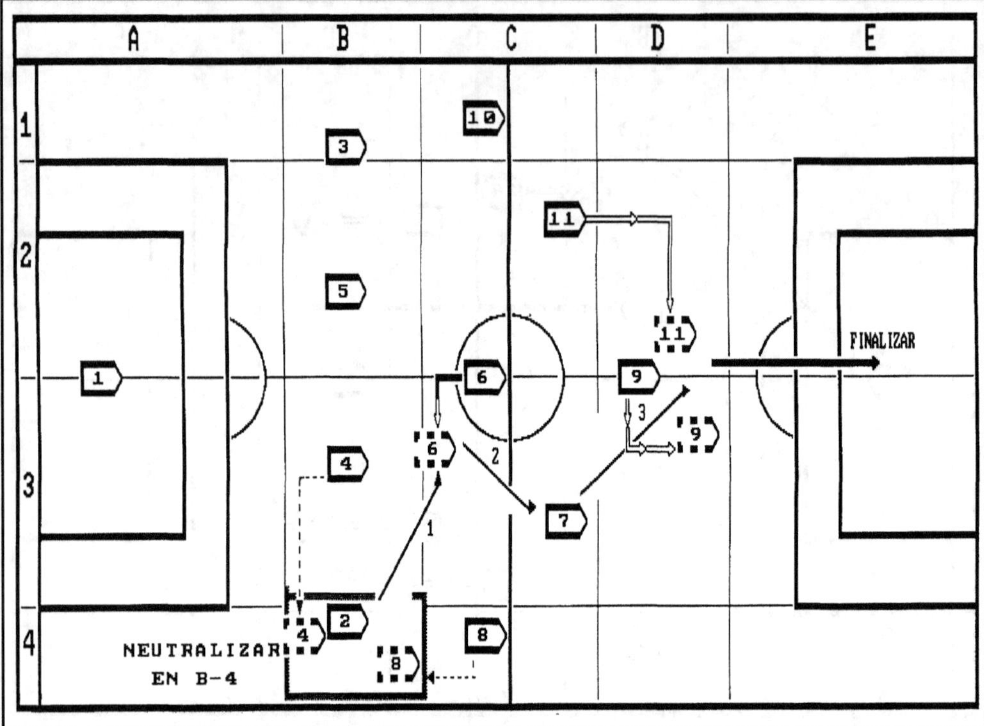

1 - 4 - 5 - 1

EJEMPLO DE CONTRAATAQUE PREVISTO

DESMARQUES

De apoyo   De sostén   De ruptura   Pase

Jugador que cambia posición   Pase   Movimiento sin balón

Conducción

Como ya hemos anunciado a lo largo del presente trabajo, para el diseño de un contraataque previsto debemos determinar los parámetros del mismo como son:

1).- Zona donde tenemos previsto apoderarnos del balón.

2).- Forma de presión que obligue al rival a caer a la zona donde recuperaremos el balón.

3).- Participantes en la neutralización y receptor del pase tras la neutralización (organizador-lanzador del contraataque)

4).- Número de pases que van a determinar el contraataque (cuantos menos mejor).

5).- Participantes en el desarrollo y finalización del mismo.

** Vemos en la lámina un ejemplo de contraataque previsto donde la zona en la cual restaremos el balón es la B4.

PRESION-OPORTUNIDAD-RESTAR-PRECISIÓN-VELOCIDAD   =   ÉXITO   FINAL

NEUTRALIZACIÓN DE UN SISTEMA 1 - 2 - 3 - 2 - 3

En la próxima jornada nos enfrentaremos a un equipo que juega un 1-3-2-3-2, sistema que define y al que aporta características propias siendo éstas:

A).- Su línea de defensa está formada por dos jugadores de cierre a semejanza de libres; por delante ubican a tres futbilistas en línea que alternan las funciones defensivas y las de centro campistas; de estos tres componentes el situado en la zona central ejerce de organizador y los dos restantes como laterales largos; en acciones defensivas se posicionan en línea de cuatro jugadores con sus dos «libres», quedando el jugador del centro, delante de ésta como jugador enlace.

B).- El centro del campo lo forman los tres reseñados jugadores que están ubicados delante de los dos cierres, más dos jugadores por delante a modo de dos medias puntas.

C).- El ataque está compuesto por dos extremos y un delantero centro, al estilo más clásico.

Puntualmente los extremos cambian de posición jugando en la banda contraria con el objeto de buscar el centro con efecto al segundo poste, veremos que cuando esto ocurre el delantero centro se posiciona desde el punto de penalti hasta el segundo poste.

D).- El objetivo del equipo oponente al utilizar este novedoso sistema es:

D.1).- Defender con cinco jugadores.

D.2).- Construir su juego y destruir el del oponente con cinco jugadores.

D.3).- Atacar con cinco jugadores.

** En las siguientes páginas veremos con detalle la composición de las tres premisas mencionadas.

E).- Este equipo utiliza este sistema pues todos sus elementos son especialistas de la función de su demarcación, por lo que nos encontramos:

E.1).- Dos cierres rapidísimos en los cruces, contundentes y de muy buena calidad en todo tipo de pases.

E.2).- La línea de tres por delante de los cierres conjugan la calidad individual, con la condición física y una gran disciplina táctica.

E.3).- Los jugadores ubicados como medias puntas especialmente aportan equilibrio a la línea de tres jugadores, situada detrás de ellos, y la desestabilización del rival sumándose a los tres delanteros.

E.4).- Los tres jugadores de punta son desequilibrantes en el uno contra uno principalmente sus extremos; de centro fácil y preciso a los que acompaña un rematador nato en el centro del ataque.

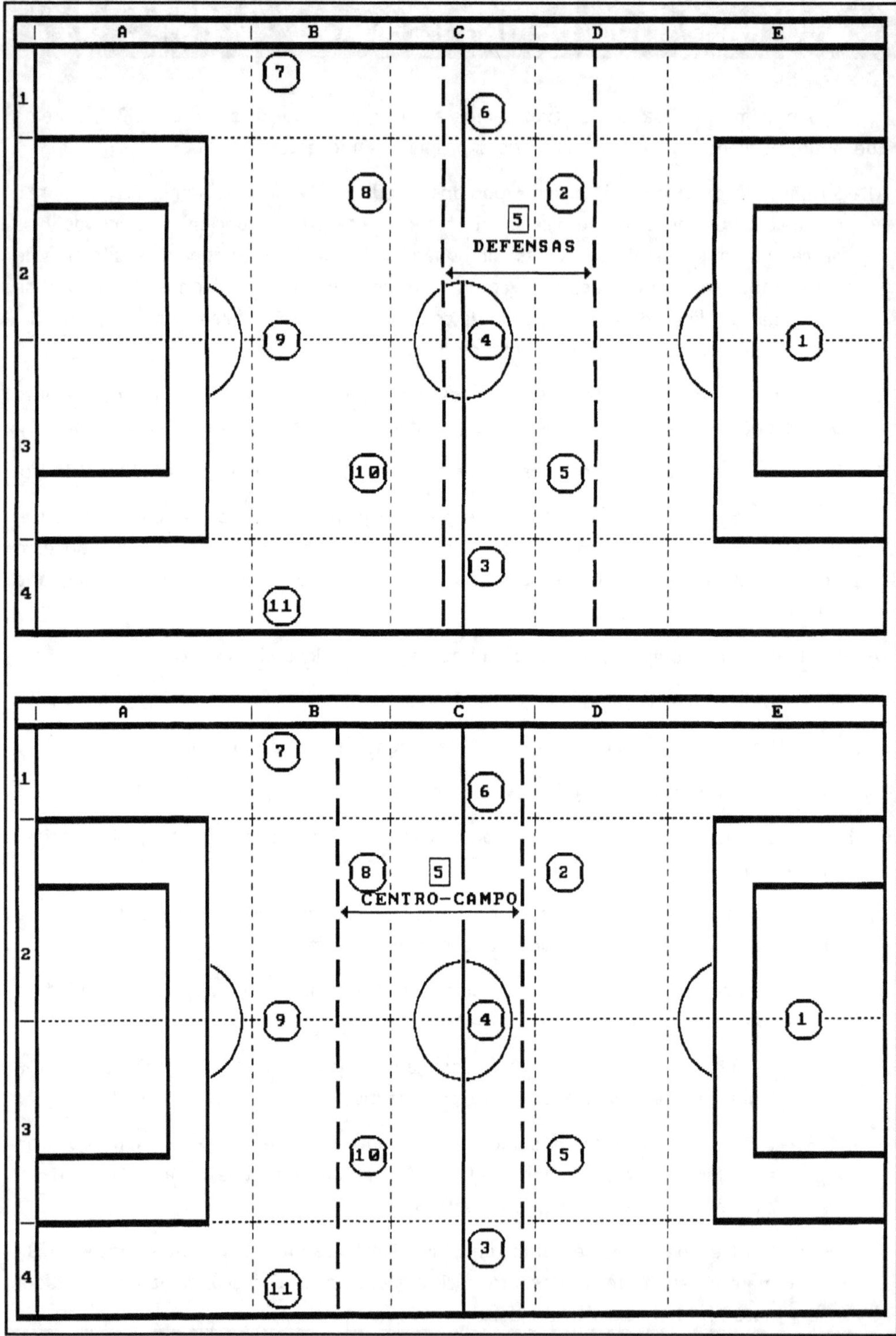
A B C D E
7
6
8 2
5
DEFENSAS
9 4 1
3
10 5
3
11
A B C D E
7
6
8 5 2
CENTRO-CAMPO
9 4 1
10 5
3
11

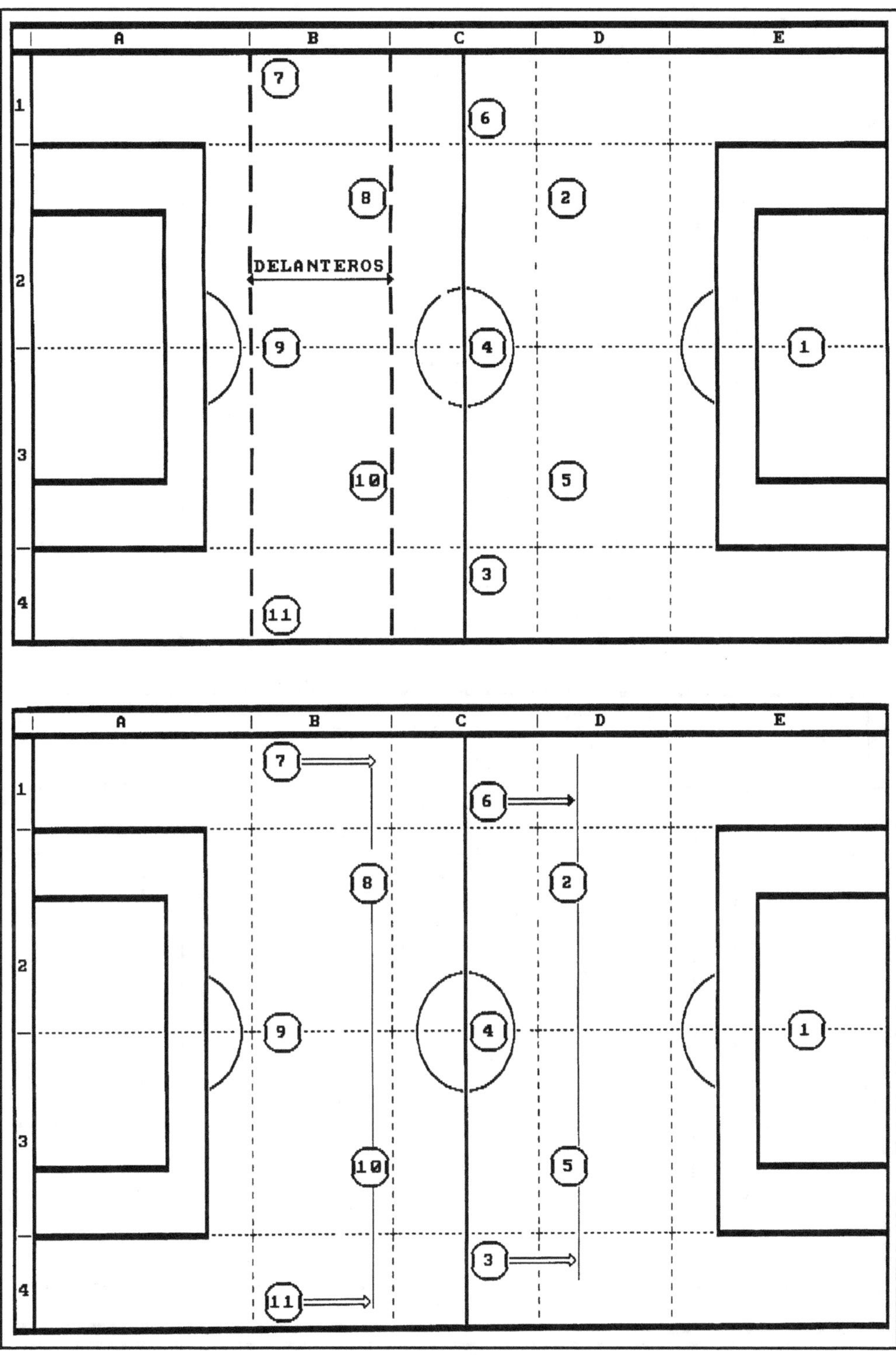
A   B   C   D   E
1
7
6
8
2
DELANTEROS
9
4
1
10
5
3
11
A   B   C   D   E
7
6
8
2
9
4
1
10
5
3
11

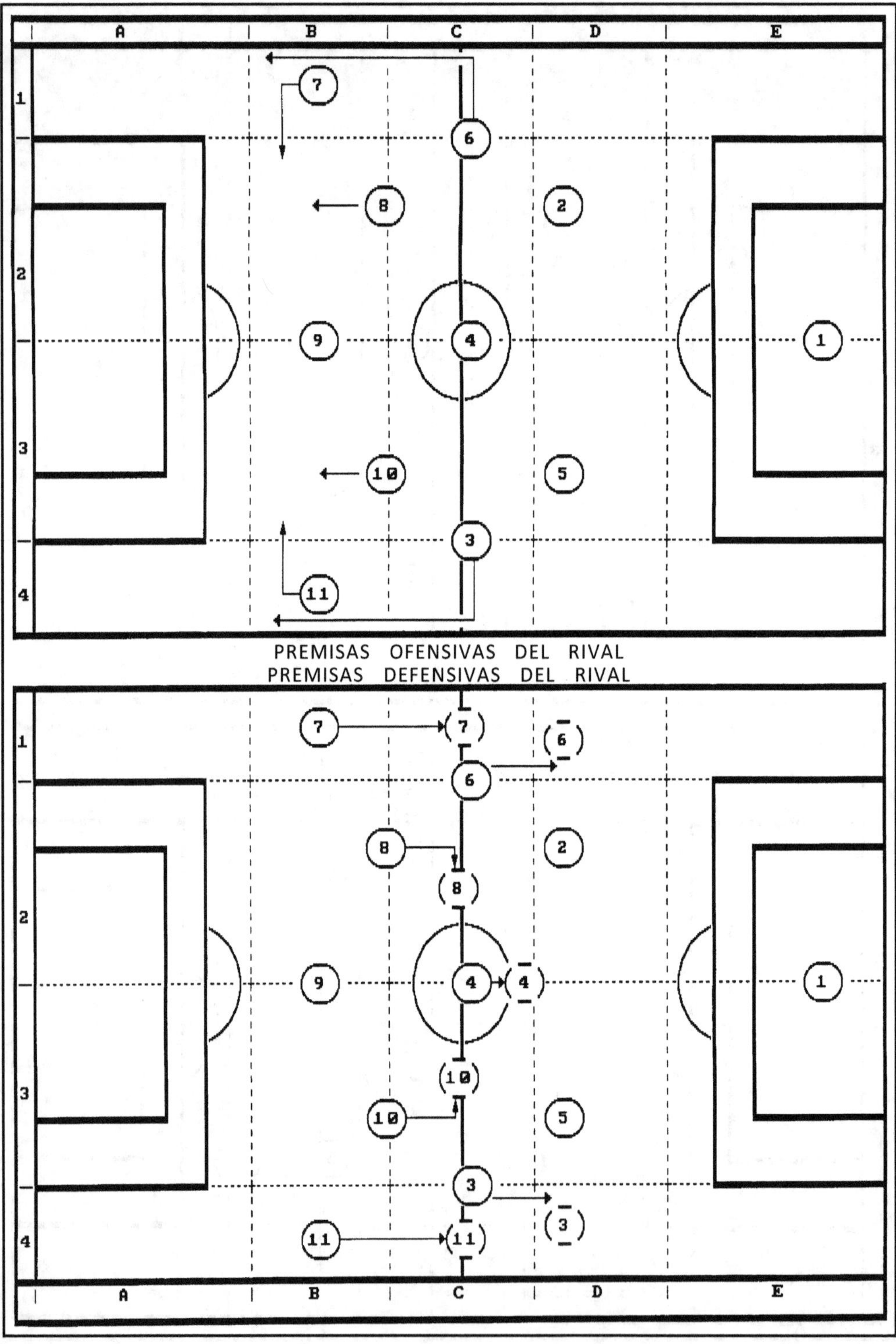

PREMISAS OFENSIVAS DEL RIVAL
PREMISAS DEFENSIVAS DEL RIVAL

NOTA:

Una de mis propuestas para neutralizar el sistema del rival que en estos momentos nos ocupa, es decir, una neutralización a un equipo que juega un 1-2-3-2-3 es oponerle una formación que juega un 1-5-4-1.

De estos cinco defensas indicados en el equipo que le enfrentamos, dos jugarían de libres y los otros tres como marcadores en zona y situados en línea.

En la zona del centro del campo ubicamos a sus componentes en línea; manteniendo un punta arriba.

Observemos que este sistema lo hemos utilizado para la neutralización de un equipo que juega un 1-3-4-3.

por tanto al ser conocido por nosotros el mencionado sistema, sólo detallo la ubicación de oposición al planteamiento del rival.

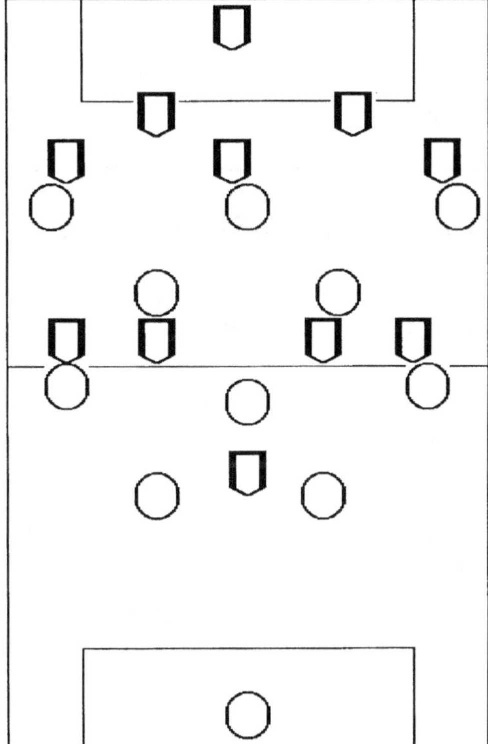

Utilizaremos otra alternativa para neutralizar al oponente no tratada hasta el momento.

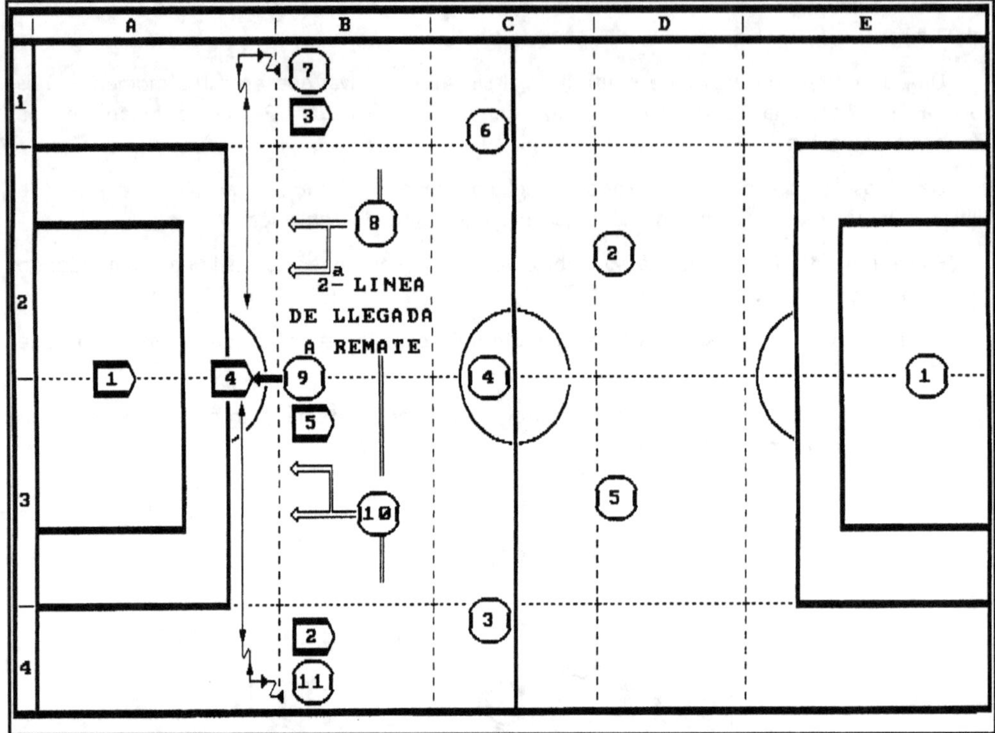

PREMISAS OFENSIVAS DEL RIVAL

Ya conocemos los datos tácticos propios del comportamiento del equipo oponente, los cuales vamos a neutralizar, al ver en la pizarra su distribución y movimientos debemos considerar y oponer a estos:

1).- Como ya hemos anunciado los componentes de este equipo todos son auténticos especialistas en su demarcación, pero de tener que darle una supremacía en la eficacia entre todos los jugadores del bloque, yo se la doy a los dos extremos, tanto si juegan en su banda natural como si lo hacen en la banda contraria, donde su uno contra uno es casi insuperable y sus posteriores centros sobre el delantero centro, suelen ser de una precisión milimétrica.

Estas opciones de centro de los extremos y remate del delantero centro, son el principal argumento de finalización; sus estadísticas manifiestan, que casi la totalidad de goles marcados se produjeron tras las citadas opciones; el resto de ellos salvo un mínimo porcentaje de jugadas de estrategia, los marcan sus jugadores de segunda línea de llegada a remate, es decir, los dos medias puntas, siendo estos muy buenos chutadores a media distancia.

Cambiamos nuestra rutina de neutralización en la que iniciábamos haciéndolo con la línea defensiva del rival, en este caso y debido a su complejidad empezamos por neutralizar su ataque.

Al decantarme en dar la supremacía de la eficacia a la línea de ataque del rival, estaba asumiendo que los mayores problemas lógicamente me los plantearía dicha línea; intentando matizar su neutralización me decido por plantearme una defensa de cuatro jugadores, ubicados tres en la marca y uno en las coberturas como libre; posiblemente alguien piense que ante un ataque de tanta calidad, sea insuficiente la defensa planteada. Yo estimaba otra posibilidad de neutralización quizás más válida; pero me inclino por una forma de neutralizar en la que como veremos más adelante, evite a toda costa que se le puedan transmitir pases a los mencionados extremos y por tanto al no tener estos el balón, no tendrán la opción del centro y lógicamente el delantero centro no tendrá remates que finalizar reduciendo su efectividad de cara al gol y por añadidura romperemos sus espectaculares estadísticas.

No obstante y siguiendo con la conformación de las características de nuestra defensa matizaremos:

A).- Eficacia total del marcaje y anticipación de los tres jugadores de marca; con una concepción clara de la temporización al encarar en el 1X1, para dar tiempo a los movimientos defensivos colectivos del resto de jugadores del equipo.

B).- El libre debe bascular estando siempre en cobertura pero muy próxima al lateral o central que pueda ser desbodado en el citado 1 X 1, ordenando achiques colectivos en el momento que pasemos a poseedores del balón y este transite lejos del área.

** Nuestro sistema empieza a dibujarse con cuatro defensas.

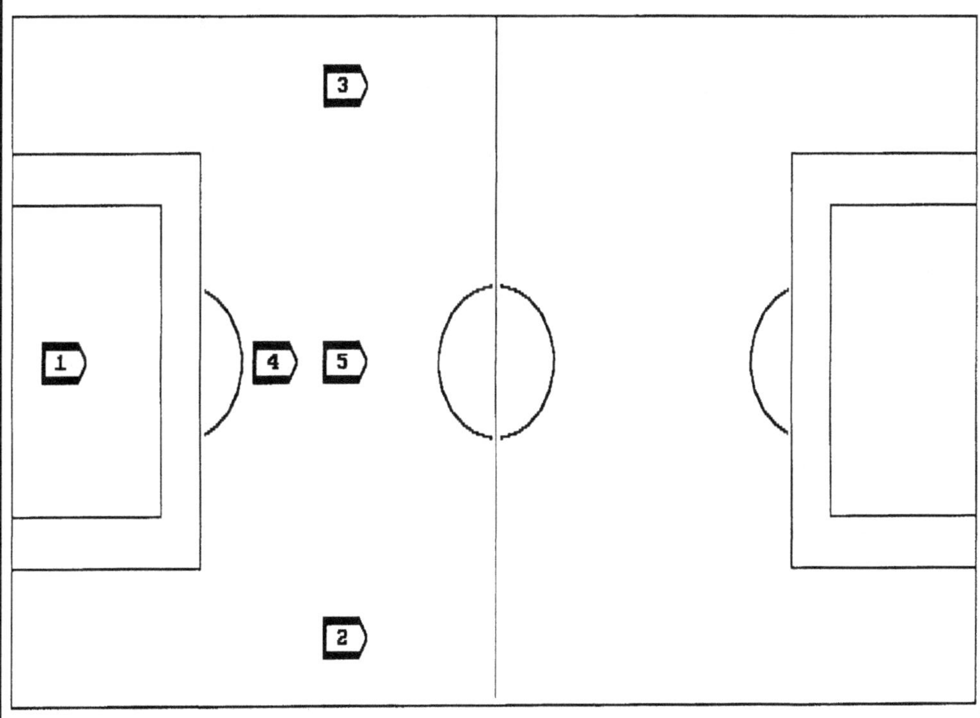

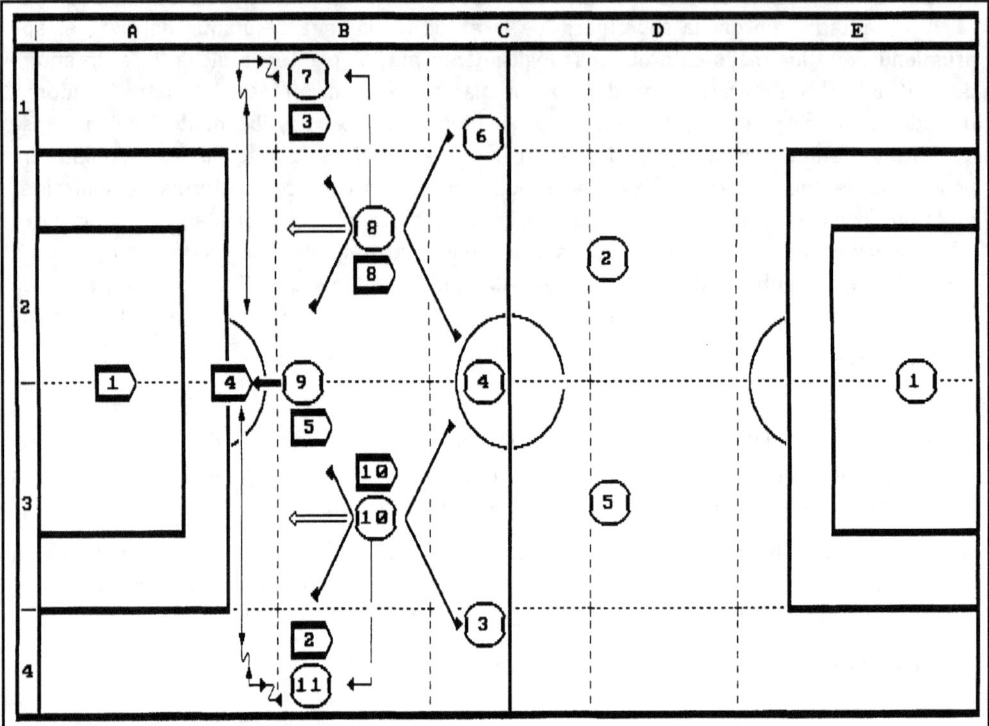

PREMISAS OFENSIVAS DEL RIVAL

2).- Los dos jugadores ubicados como medias puntas, no sólo aportan las llegadas en segunda opción de ataque; como detallábamos en páginas anteriores dan el equilibrio a su equipo en el centro del campo y desequilibran la organización defensiva del equipo oponente con la conocida suma al ataque.

A pesar de todo lo comentado no son éstas sus mejores tácticas, o al menos las más importantes, siendo éstas:

2.a).- Son los generadores junto con el jugador central de la línea de tres delante de los cierres de las transiciones defensa/ataque, aportando una amplia variedad de alternativas de pase.

2.b).- Son los constructores del juego organizado de su equipo con la participación del citado jugador central de la línea de tres detrás de ellos.

2.c).- Entregan y van en apoyo por detrás del receptor si este es uno de los tres delanteros, se ofrecen por delante si los que tienen el balón son algunos de los tres jugadores ubicados por delante de los dos defensores de cierre.

2.d).- En entradas a zonas centrales B2/A2 y B3/A3 por los extremos los citados medias puntas suelen al menos uno desmarcarse de ruptura entre el extremo y la línea de banda.

3.e).- Están en movimiento constante queriendo el balón e intercambiando la posición entre ellos.

De inicio les oponemos dos jugadores que los definiremos: Pivotes.

Estos dos pivotes que oponemos a sus dos medias puntas tendrán dentro de nuestra organización dos cometidos básicos:

1).- Anular la creación de los dos medias puntas rivales, evitando fundamentalmente que estos puedan generar pases a los tres puntas.

Intentar reducir al máximo su porcentaje de posesión del balón, hacer coberturas a la línea de tres compañeros que como veremos tendrán por delante.

Intentar el dos contra uno especialmente en banda tanto en la situación de los interiores como en la de los extremos.

2).- En el aspecto ofensivo del equipo deberán canalizar el juego de control y ataque organizado de nuestro equipo, generando todo tipo de alternativas de situaciones de precariedad del equipo oponente.

Serán los responsables de las variantes del sistema, dado que puntualmente o bajo indicación expresa se constituirán en medias puntas (como idea preconcebida).

Serán éstos dos jugadores de carisma con una marcada capacidad de resistencia física, con la intención clara de superar al par rival en dicha resistencia a lo largo de todo el encuentro, haciendo que éste se sienta incómodo, su virtud será la disciplina táctica y el sacrificio.

Nuestro sistema se va configurando, al margen de nuestro portero y nuestros cuatro defensas, vemos que en el centro del campo ya ubicamos dos pivotes.

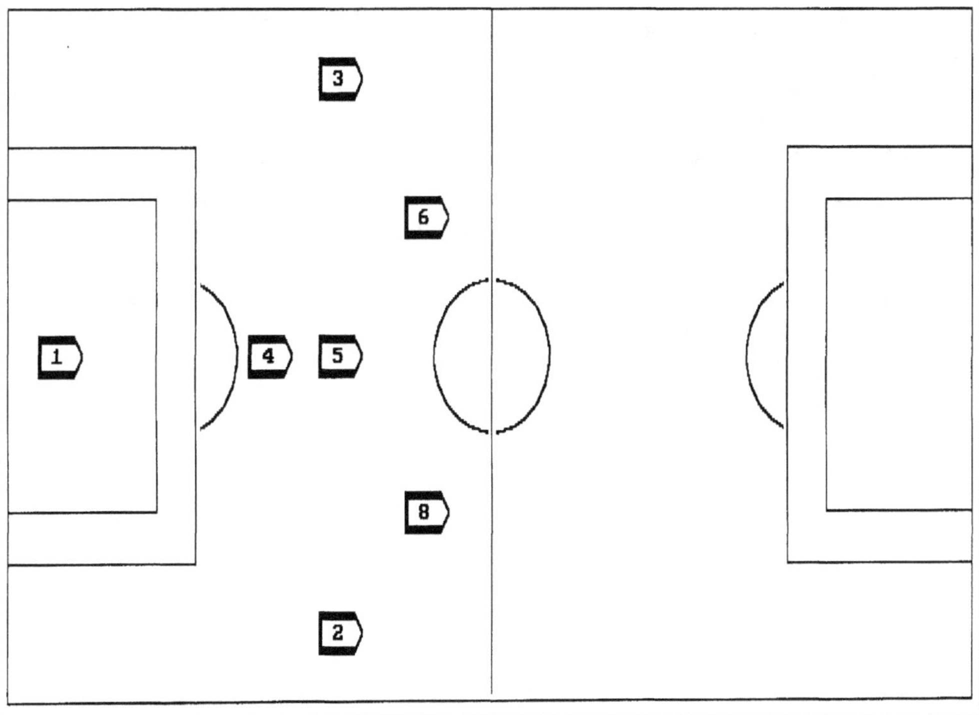

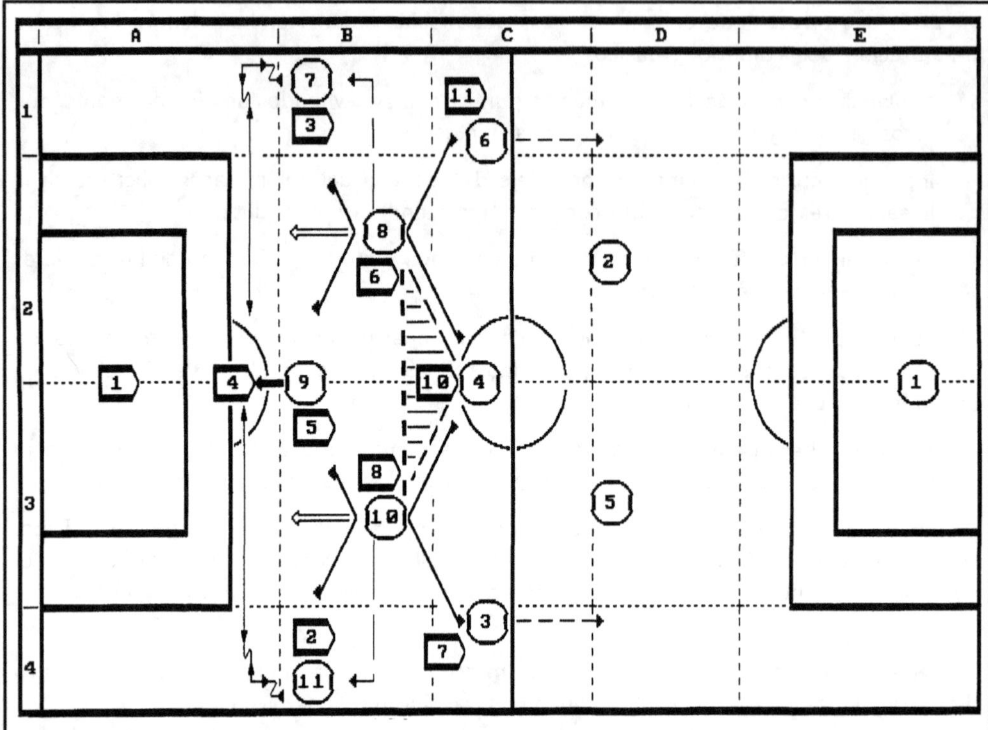

PREMISAS OFENSIVAS DEL RIVAL

3).- Su línea denominémosla centro campo/defensa, está formada por tres jugadores, que alternan las funciones de defensas, al menos dos y los tres las funciones de centrocampistas cuando su equipo está en posesión del balón.

De estos tres componentes los exteriores se transforman en laterales en acciones defensivas y en el aspecto ofensivo llegan por detrás de los medias puntas y extremos con el objeto de recuperar los rechaces.

El jugador del centro de esta línea de tres jugadores actúa como el organizador del juego de su equipo, que junto a los dos medias puntas forman un triángulo de creación, transición y canalización del juego y del ritmo del mismo.

Este jugador de gran calidad técnica en ambas piernas tiene como fundamentales virtudes:

A).- Dar el ritmo adecuado al juego según convenga a su equipo en cada momento.

B).- De excelente trato del balón al cual siempre da una salida jugándolo con criterio.

C).- Con una gran capacidad de conservación del balón, haciéndolo muy dificil arrebatárselo.

F).- No posee grandes virtudes defensivas, pero su talento le permite estar lo suficientemente bien colocado para no ser desbordado por el rival.

Les opondremos tres centrocampistas con características definidas.

La definición de las características de los tres centrocampistas que les oponemos pasan por alternar una buena condición física, en especial de los interiores, debido a los largos recorridos que efectuarán en el control de los interiores rivales y una no menos buena intuición en el desmarque, dado que ganando la espalda a su oponente llegan por banda a la línea de los dos cierres defensivos del equipo contrincante y con un gran espacio. Esto nos está diciendo:

1).- Que el interior más alejado al tránsito del balón no haga el repliegue completo, con el objeto de llegar antes al área rival y con menos metros que recorrer.

2).- Que jugaremos contraataque previstos a la zona diagonalmente opuesta a lugar por donde está circulando el balón, e incluso ataques directos dirigidos al mismo lugar.

3).- Que por tanto nuestros pases serán medio/largos precisos y con más de dos toques.

4).- Que debemos dejar venir al rival, presionar, robar el balón, lanzar y achicar el espacio colectivamente.

Estamos diciendo al enumerar estas premisas que nuestro medio centro debe ser un buen pasador, con gran dominio de la oportunidad y gran visión periférica para orientar perfectamente los pases. Dirigidos a las espaldas de los interiores rivales, dando a los nuestros todas las posibilidades, «balones no divididos», debe tener además una buena interpretación de la presión al medio centro oponente para que no pueda crear.

Observemos que en el dibujo del sistema que oponemos al rival ya tenemos tres centrocampistas y también un triángulo de creación.

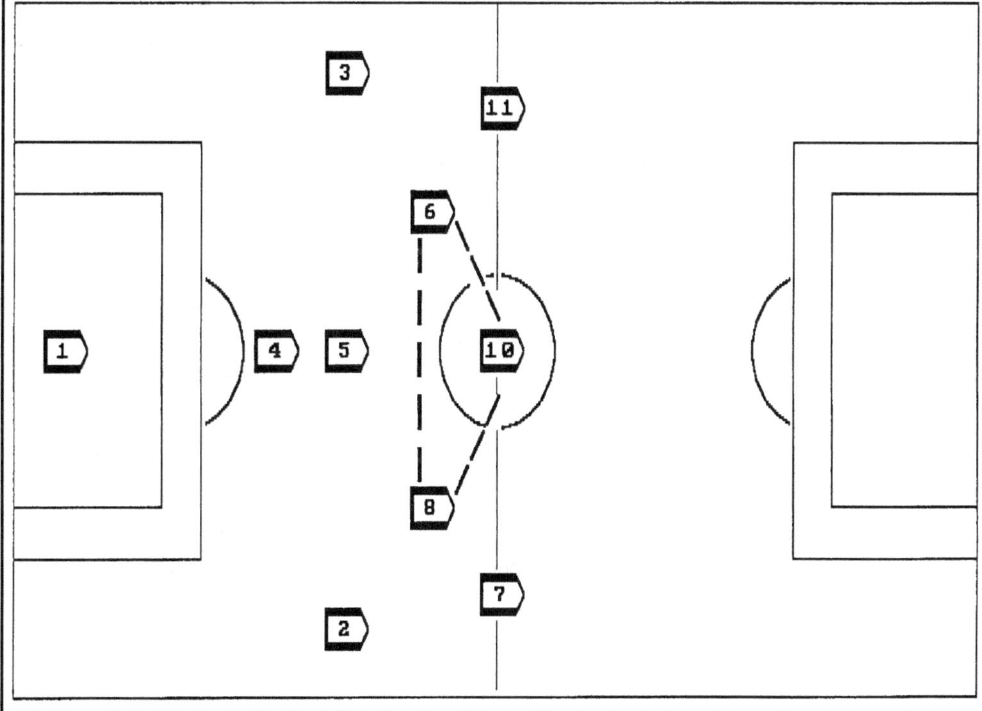

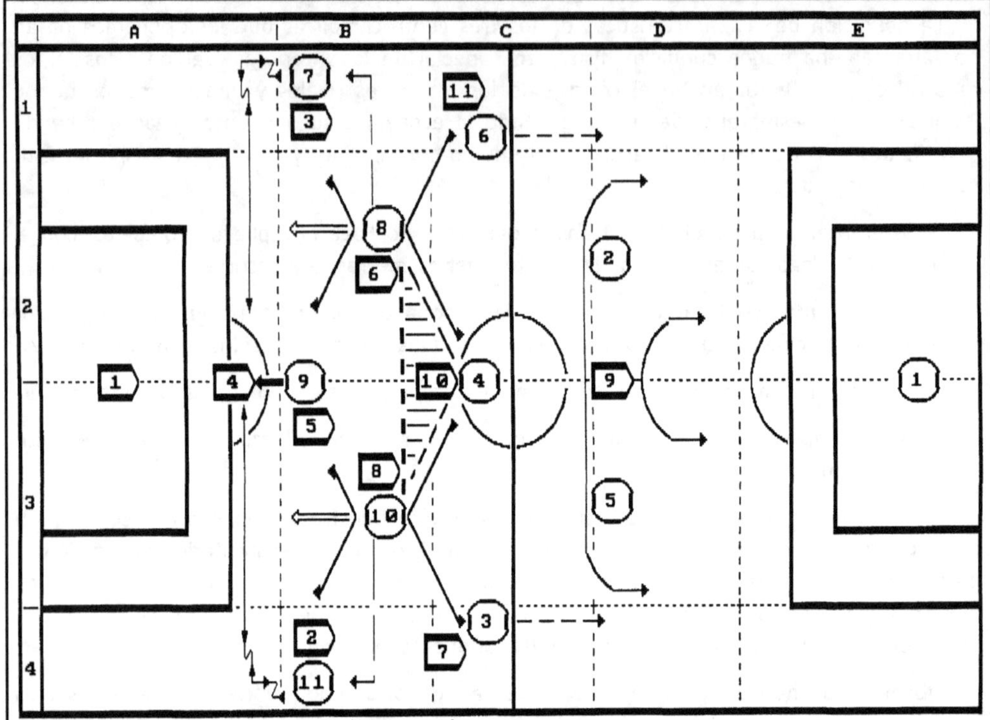

PREMISAS OFENSIVAS DEL RIVAL

4).- Por último nuestro contrincante sitúa a dos jugadores de cierre a modo de libres.

Son estos dos futbolistas especialmente veloces donde destaca entre otras cosas su capacidad para llegar a los cruces, en los que se reparten el terreno desplazándose uno del centro a la derecha y el otro del centro de la izquierda.

Su principal misión es cortar todo el juego de sus oponentes que sobrepase la línea de tres centrocampistas/defensas delante de ellos, a modo de los denominados defensas «escoba».

Ofensivamente no aportan nada en lo referente a la creación de juego, simplemente el balón si lo poseen se lo transmiten a cualquiera de sus compañeros del triángulo de creación o alguno de los dos jugadores exteriores de la línea de tres por delante de ellos, siendo esta su preferencia pues entienden que les resultará más fácil reparar una entrega defectuosa a la banda que una efectuada al centro (al triángulo).

Son enérgicos y contundentes, de muy buen juego y excelentes boleas y semiboleas.

Áchican constantemente el espacio, perfectamente coordinados entre ambos y con una constante comunicación verbal con los dos exteriores.

Ante una línea de dos defensores estimo suficiente oponerles un sólo delantero, al cual impondremos unas obligaciones mínimas

El delantero que enfrentamos a sus dos jugadores de cierre entenderá que a pesar de estar en inferioridad numérica de partida, esta se produce en una zona muy amplia, lo cual le va a permitir el liberarse de la presencia de los dos rivales con relativa facilidad siempre y cuando este no permanezca estático.

Estamos demandando de entrada a este punta movilidad y se la reclamamos no sólo para librarse de la presencia de defensores, lo hacemos además por que esta originaría desajustes defensivos al equipo contrincante.

Se ubicará inicialmente entre los cierres con el objeto de que ambos traten uno de fijarle y el otro estar en posible cobertura del primero, estro provocará que desatiendan al menos momentáneamente las bandas y como comentábamos en páginas anteriores uno de nuestros argumentos era jugar al espacio detrás de los exteriores tanto con contraataques previstos como con ataques directos.

Por tanto en la medida que nuestro delantero inquiete con su presencia más la movilidad demandada a los dos cierres, estos se verán más obligados a desasistir las bandas a las espaldas de sus exteriores por lo que es muy problable que estos estén menos avanzados, pese a que tengan más posibilidades de iniciar juego en su origen, esto acarreará que el medio centro sólo tenga transición vertical coartando las bandas por faltarle los apoyos de los citados exteriores, si añadimos el marcaje individual de los medias puntas y los extremos tendremos ganada una gran parte de la neutralización a nuestro contrincante.

Por esto el delantero que termina de definir nuestro sistema será agresivo, rápido, presionante, chutador sorpresivo, «un descarado».

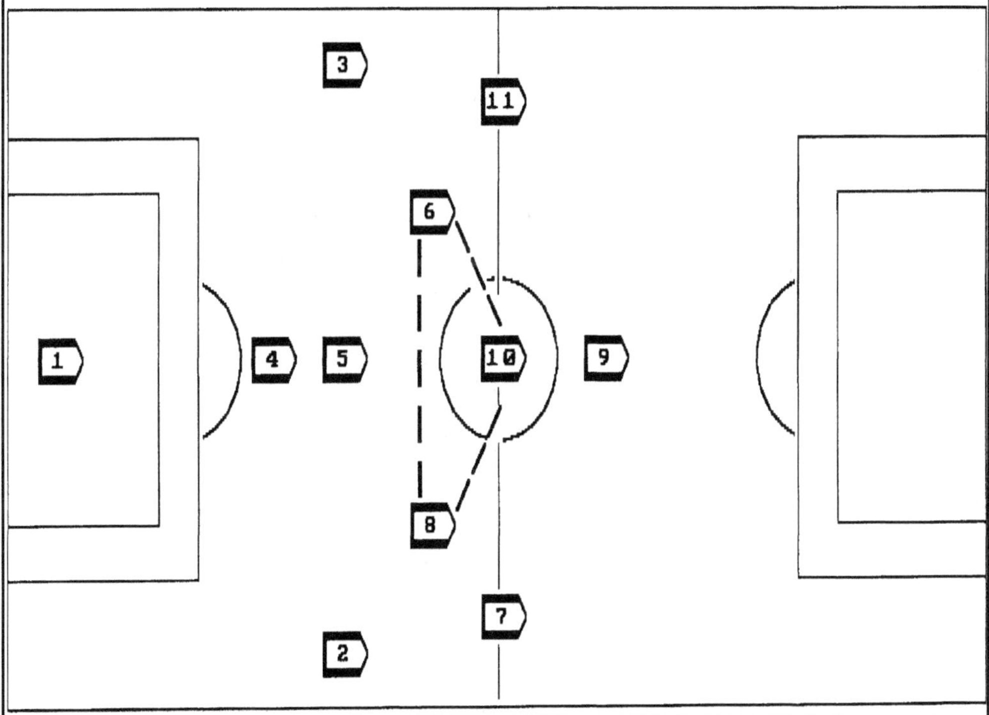

Hemos definido nuestro sistema al que denominamos un 1-4-5-1, pero esta denominación ya se la dimos en la neutralización del sistema anterior el 1-3-5-2, y como vemos pese a denominarlos igualmente estos son diferentes, la diferencia radica en que de los cinco jugadores del centro del campo, en el caso que nos ocupa dos juegan de pivotes, mientras que la neutralización del sistema anterior se ubicaban como media punta (**1** y **2**).

Reconozco que esta alternativa me apasiona, que como comentaba en mi libro «Los sistemas tácticos» son sistemas de mi reiteración y que incluso uso los dos en un mismo partido pasando de uno a otro, según las necesidades del encuentro, el paso es tras unas claves conocidas de aviso originando unos movimientos de transformación.

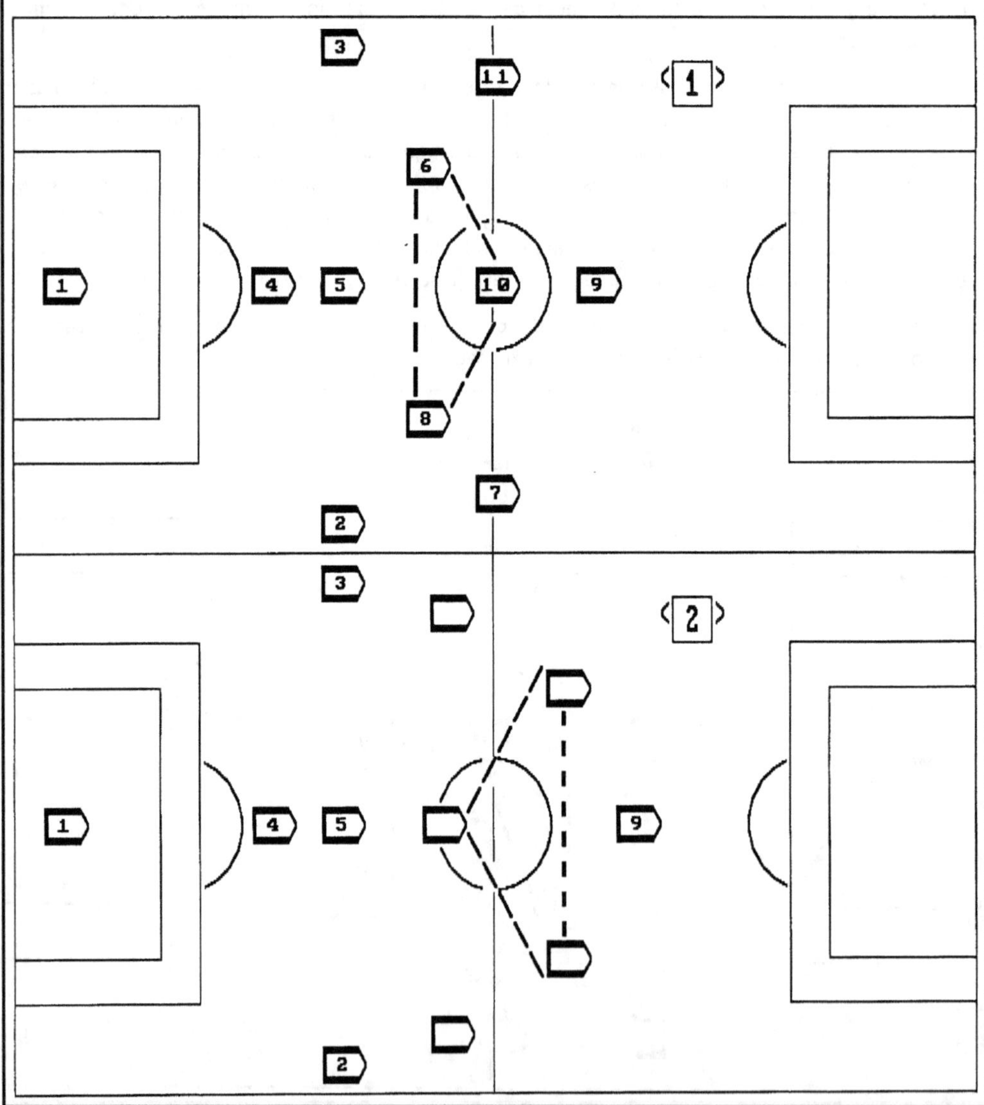

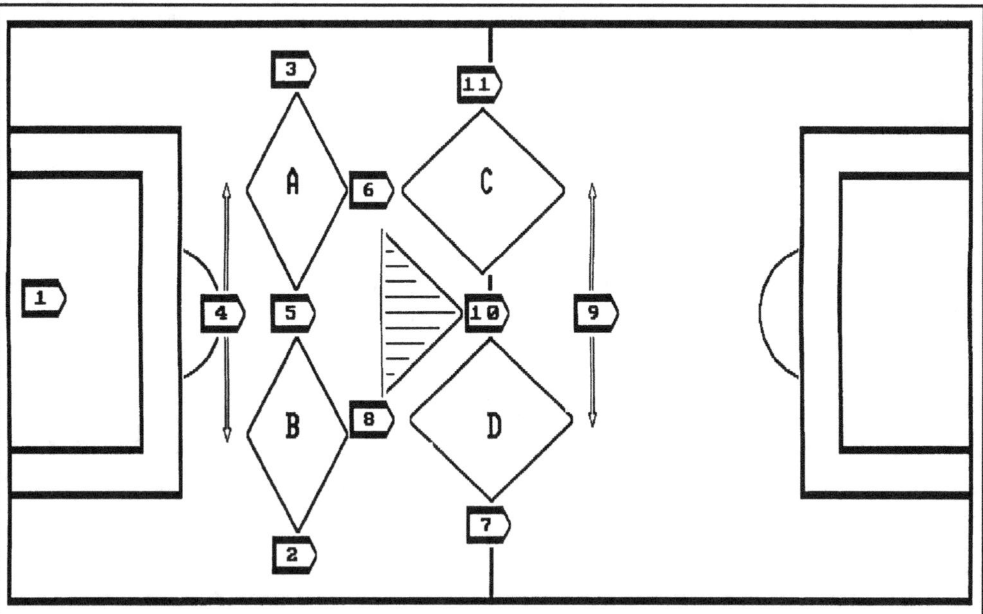

En esta página vemos en la figura superior la geometría del sistema la ubicación formando rombos de creación/cobertura.

En el dibujo inferior la ubicación en distancias en emplitud y profundidad del sistema ***** debemos recordar que la distancia en amplitud es de mera referencia, estando esta condicionada por las basculaciones *****.

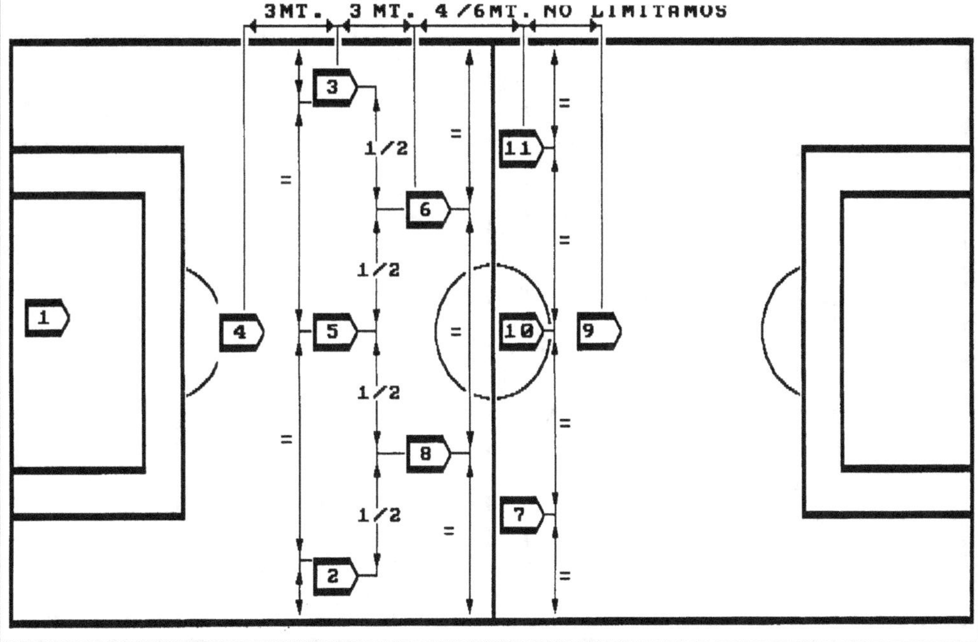

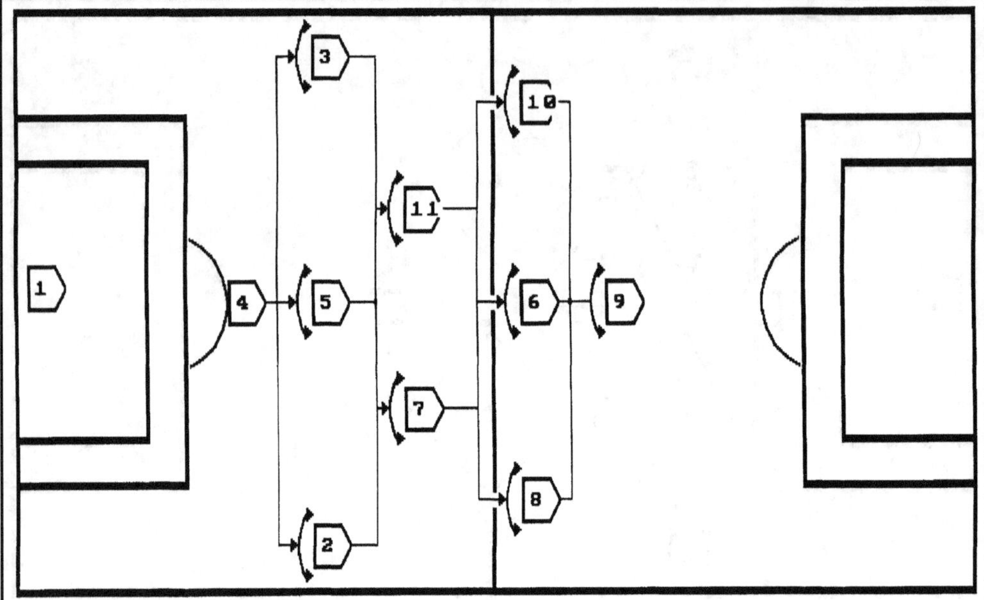

En esta página vemos en la figura superior la cobertura múltiples que nos premite el sistema.

En el dibujo inferior vemos la ubicación y organización de los repliegues y achiques colectivos

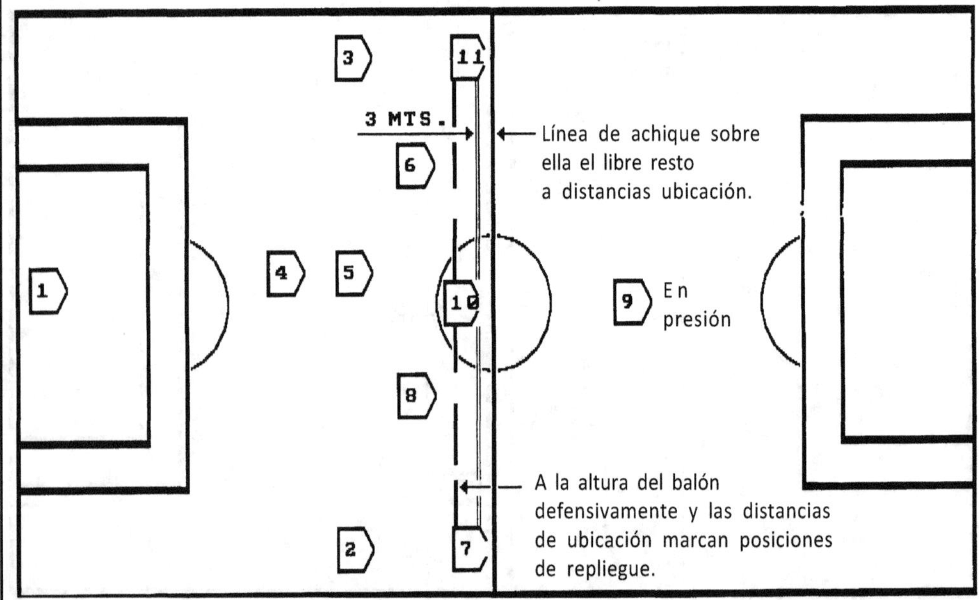

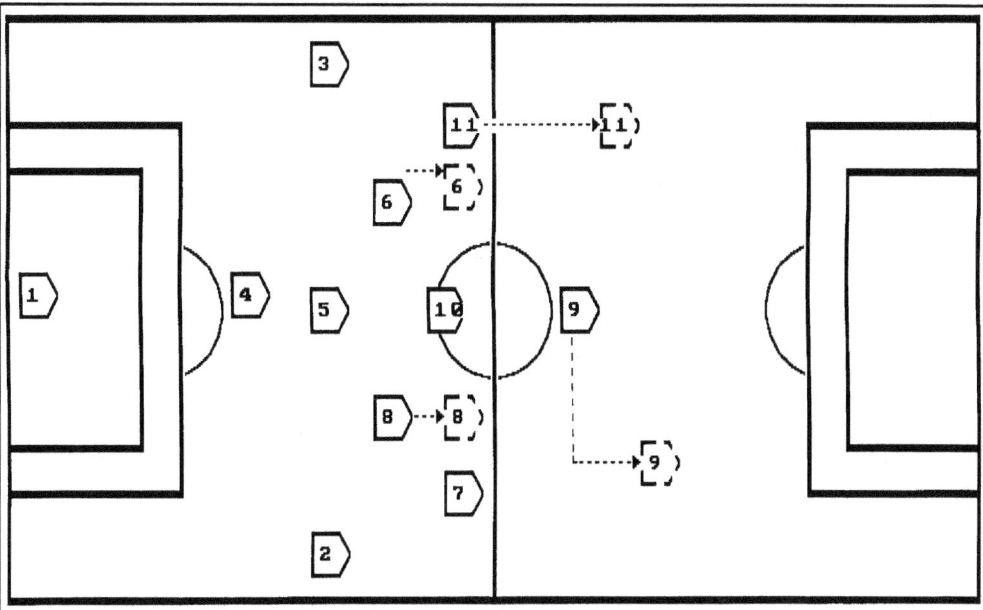

VARIANTE OFENSIVA: Adelantamos a un interior a la punta de ataque y adelantamos a los pivotes al centro campo: estaremos en 1-4-4-2.

VARIANTE DEFENSIVA: Retrasamos a uno de los dos pivotes a central y al central como segundo libre; adelantamos al otro pivote al centro del campo, estaremos en un 1-5-4-1. Aproximar líneas

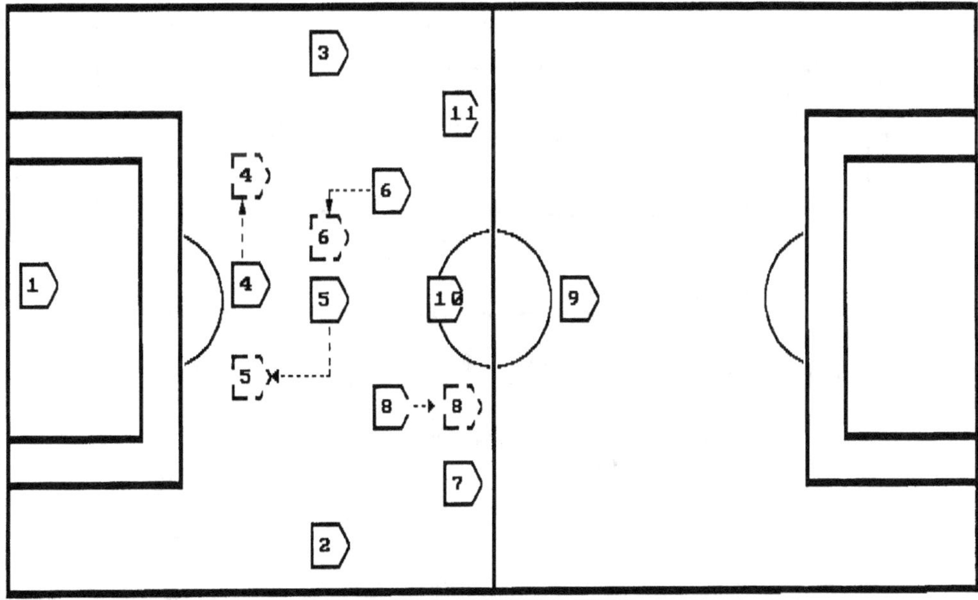

- Hemos configurado nuestro sistema desde la perspectiva de neutralizar a nuestro rival.
- Hemos diseñado nuestra ubicación racional sobre el terreno de juego.
- Hemos determinado organización individual y colectiva.
- Hemos aportado nuestras variantes ofensivas y defensivas al sistema adoptado.
- Nos queda por definir el objeto de la obra: MOVIMIENTOS PARA LOGRAR SUPERIORI-DAD NUMÉRICA.

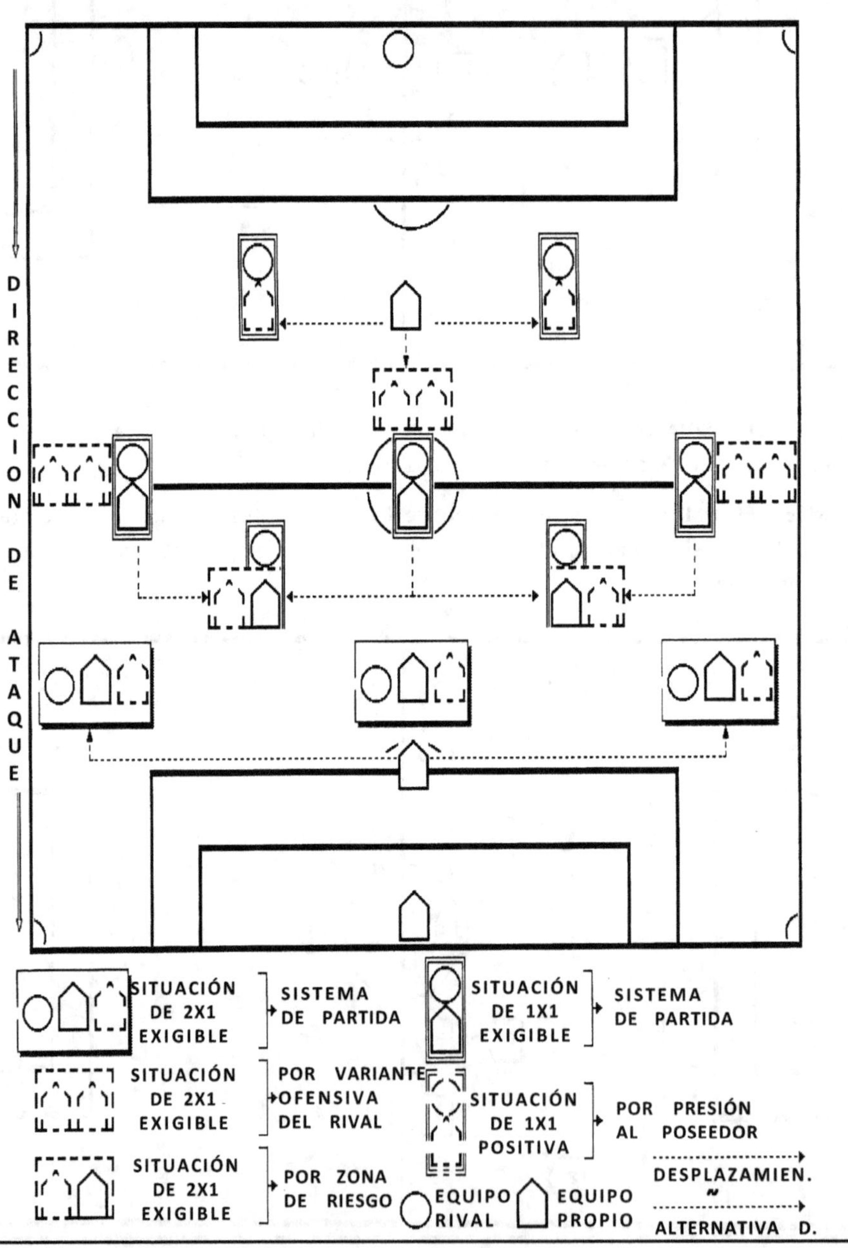

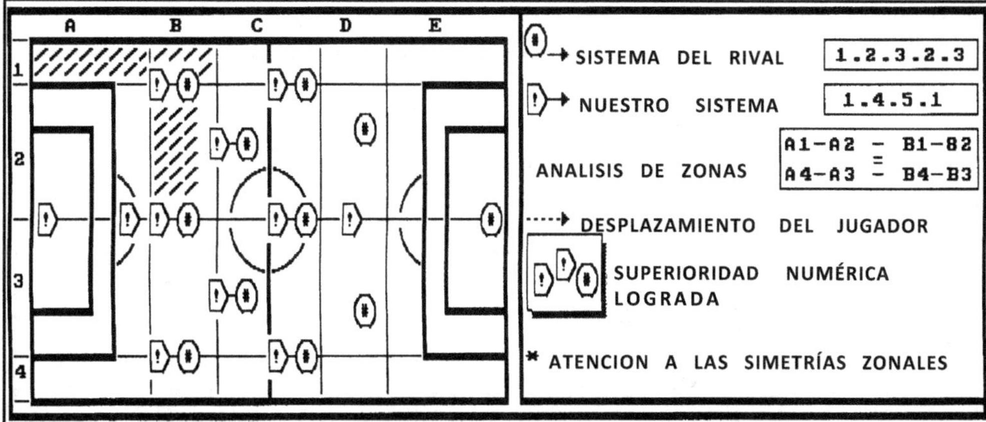

UBICACIONES INDIVIDUALES QUE DEBEMOS GANAR EN SUPERIORIDAD. SEGUIDAMENTE VEMOS LAS ZONAS QUE DEBEMOS SERLO.

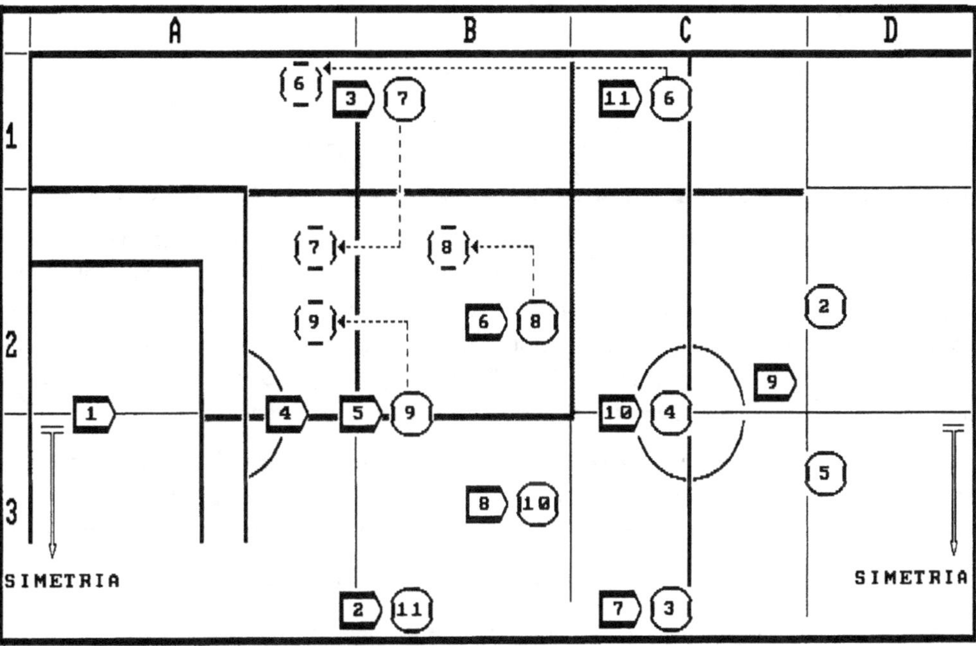

En mi opinión un equipo que plantea de inicio un sistema con un delantero centro y dos extremos natos, sus aportaciones en lo referente a variantes ofensivas, se darán en la llegada de una segunda línea de ataque. Pese a ser esta mi creencia no voy a descartar otras variantes que aún pareciéndome ilógicas o que yo no utilizase tengan una posibilidad de ser utilizadas por mi rival.

Debemos tener presente que las circunstancias que se dan en una banda se darán exactamente igual en la otra por el concepto de simetría, la neutralización es la misma con los jugadores opuestos.

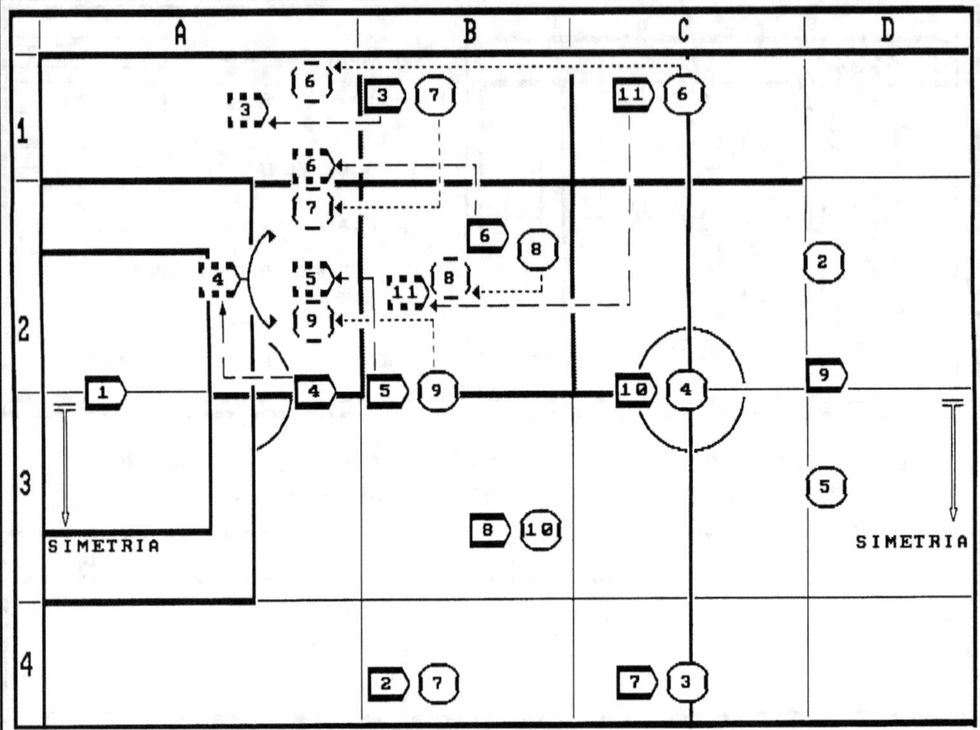

Como manifestaba en la página anterior en un equipo que su sistema de juego sitúa a tres jugadores en punta de partida, sus aportaciones ofensivas llegarán desde atrás, es más, ante una urgencia en la que tengan que insistir en el ataque, por tener que remontar un resultado, se le origina el problema de sustituir defensa por delantero, al tener ya tres les presentará una gran densidad de jugadores propios y por lógica también rivales, agotando por tanto el espacio de desarrollo del juego y de maniobras sin balón.

Vemos en la presente lámina como decía la incorporación desde la segunda y tercera línea de elementos en ataque, como son el interior y el media punta de la derecha n.os 6 y 8 con el objeto de dar progresión a su juego en A1 / A2 y B1 / B2; neutralizaremos con:

1).- A su interior derecho n.º 6 le oponemos nuestro lateral izquierdo n.º 3.

2).- A su extremo derecho n.º 7, le oponemos nuestro pivote izquierdo n.º 6.

3).- A su media punta derecho n.º 8 le oponemos nuestro interior n.º 11.

4).- Retrasamos nuestro libre y le hacemos bascular de tal forma que esté en cobertura a zonas A1/B1/B2; es este el jugador que nos da la superioridad numérica.

** Observemos que mantenemos una polivalencia en la marca, donde el defensor más próximo a la portería marca, al rival más cercano a esta y no les hacemos marcajes individuales, por evitar espacios esto implica un gran riesgo si omitimos la disciplina táctica.

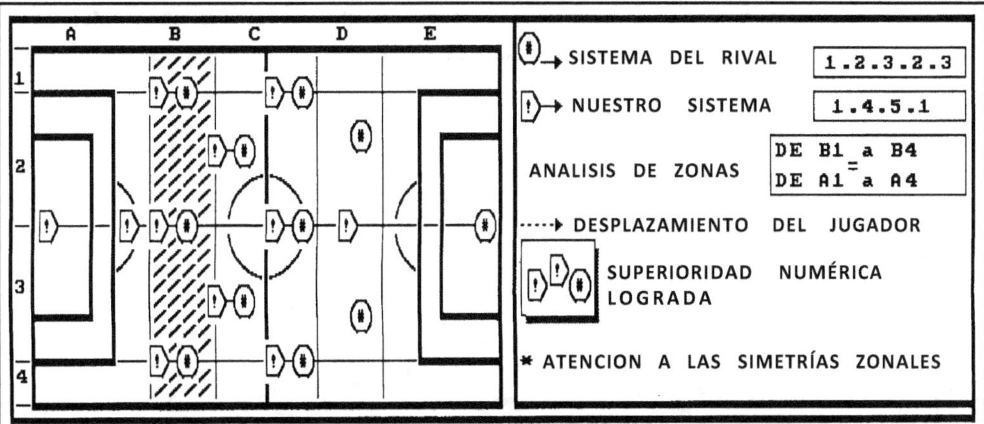

UBICACIONES INDIVIDUALES QUE DEBEMOS GANAR EN SUPERIORIDAD. SEGUIDAMENTE VEMOS LAS ZONAS QUE DEBEMOS SERLO.

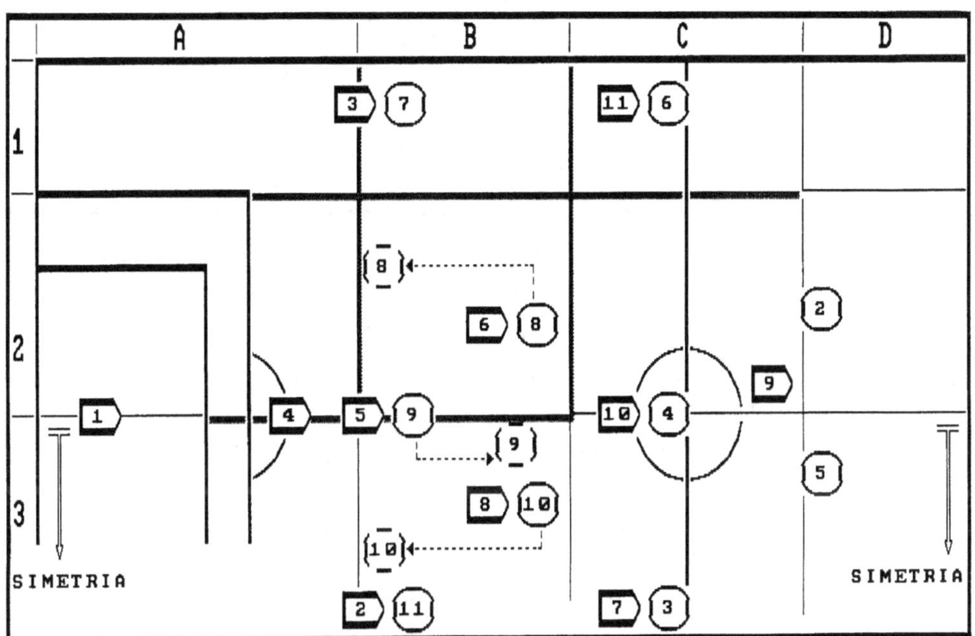

Como continuación a mi aseveración, en la cual afirmaba que las aportaciones en este sistema llegarían de una segunda línea, creo además que serán de más riesgo las individualidades que las citadas llegadas desde atrás.

Vemos una maniobra muy típica de este sistema como es el venir al delantero centro a buscar el balón a la segunda línea, o venir a esta sin la intención de jugar el balón, en ambos casos crea un espacio a sus espaldas para la entrada de los pivotes, o para sí mismo si vuelve a recuperar su posición.

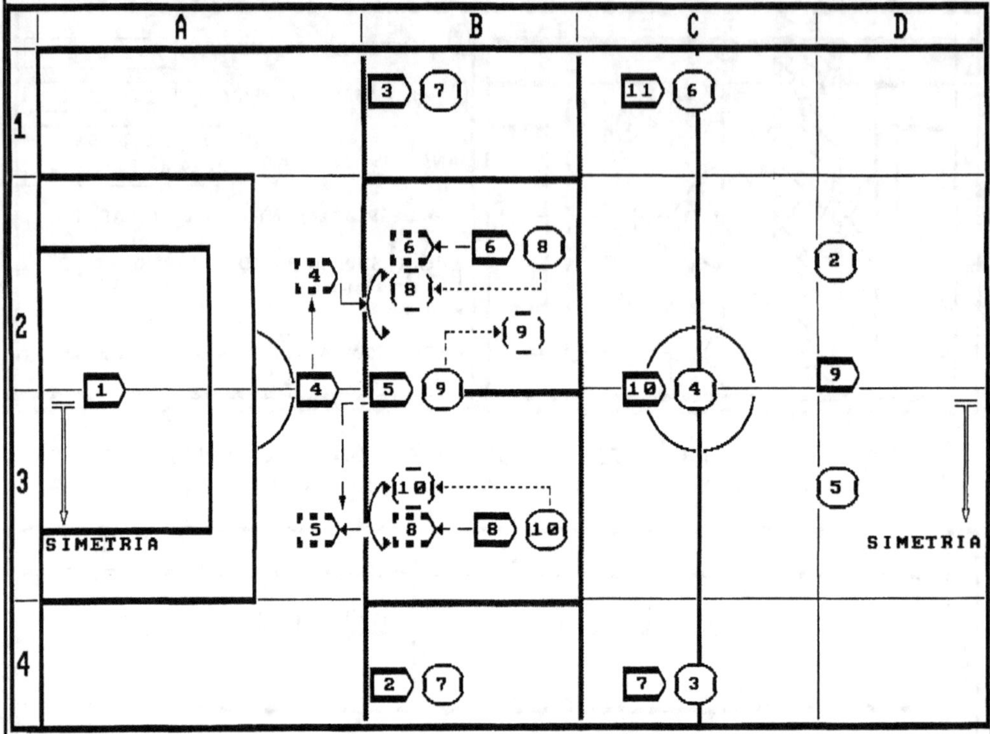

Vemos en esta moniobra del contrario que su intención es que el delantero centro n.º 9 arrastre en su desplazamiento a nuestro central n.º 5 que le marca, con cuatro objetivos:

1).- Crear un espacio detrás de éste n.º 9 y de su central marcador.

2).- Invitar al libre a que abandone su zona al salir detrás del central para poder hacerle una cobertura muy próxima.

3).- Que sus medias puntas aprovechen el espacio que creó.

4).- Que si el libre no abandona su demarcación siguiendo a su central en la marca del delantero centro rival y al llegar a ese espacio los dos medias puntas rivales, le quepa la duda de a cual de las dos encara para hacer cobertura a sus compañeros en marcas de dichos medias puntas. Nuestra neutralización pasa por:

A).- Dejamos irse al delantero sin oposición ni marca momentánea.

B).- A la entrada de los dos medias puntas les oponemos nuestros dos pivotes.

C).- En este momento oponemos el central en cobertura al pivote que controla a su media punta 10; el libre en cobertura al otro pivote n.º 6 que marca a su media punta n.º 8.

* Somos superiores numéricamente, pero tenemos al delantero n.º 9 suelto en la segunda línea y a los extremos enfrentados a nuestros laterales con cobertura lejana. Achicar y acercar centro campistas.

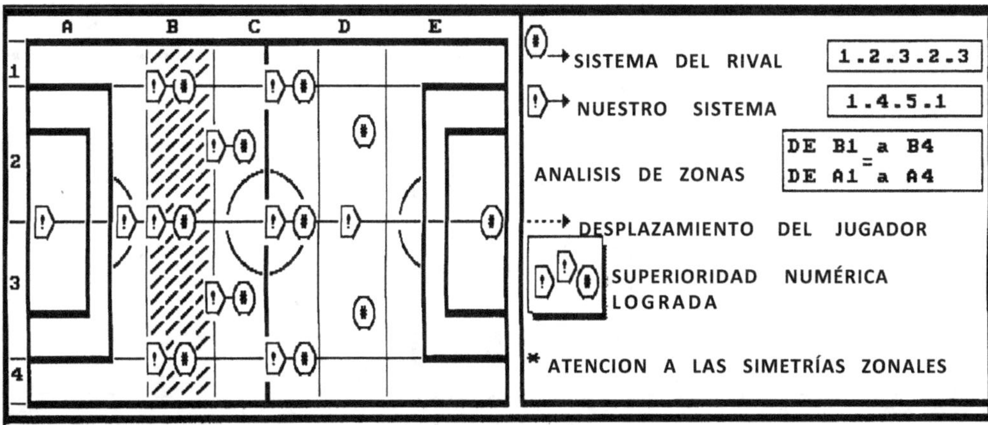

UBICACIONES INDIVIDUALES QUE DEBEMOS GANAR EN SUPERIORIDAD. SEGUIDAMENTE VEMOS LAS ZONAS QUE DEBEMOS SERLO.

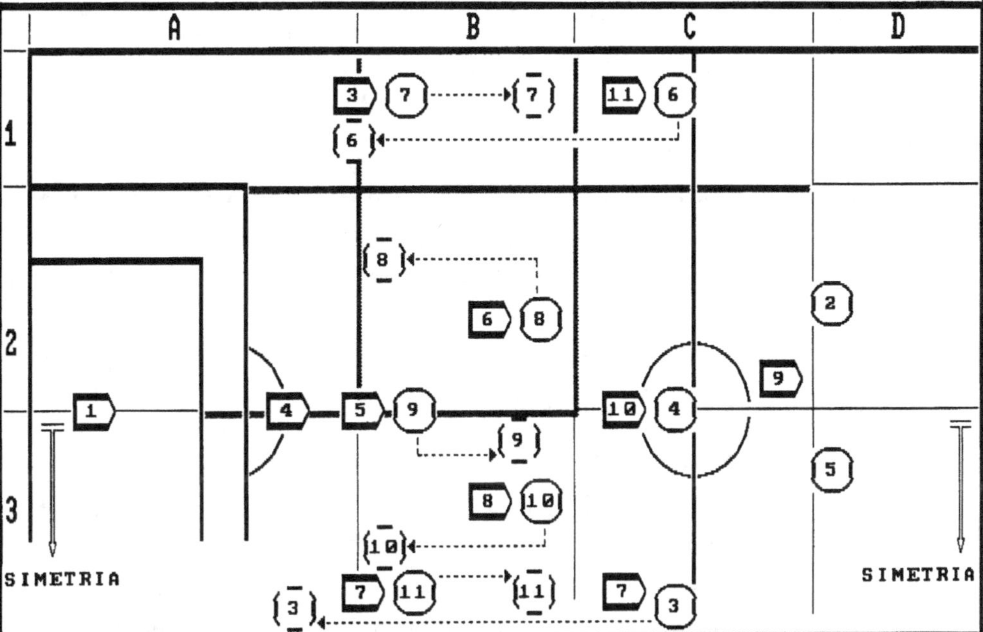

Vemos en esta página como utilizando argumentos de polivalencia el equipo contrincante intercambia la primera línea de ataque, por la segunda y tercera, esta última sólo parcialmente. Los argumentos del rival son los mismos que en el supuesto anterior.

Quiero aclarar que este argumento de polivalencia, puede ser una variante establecida, pero el retroceso de la primera a intercambiar con la segunda y tercera puede ser algo no premeditado, dándose como consecuencia de un desdoblamiento colectivo.

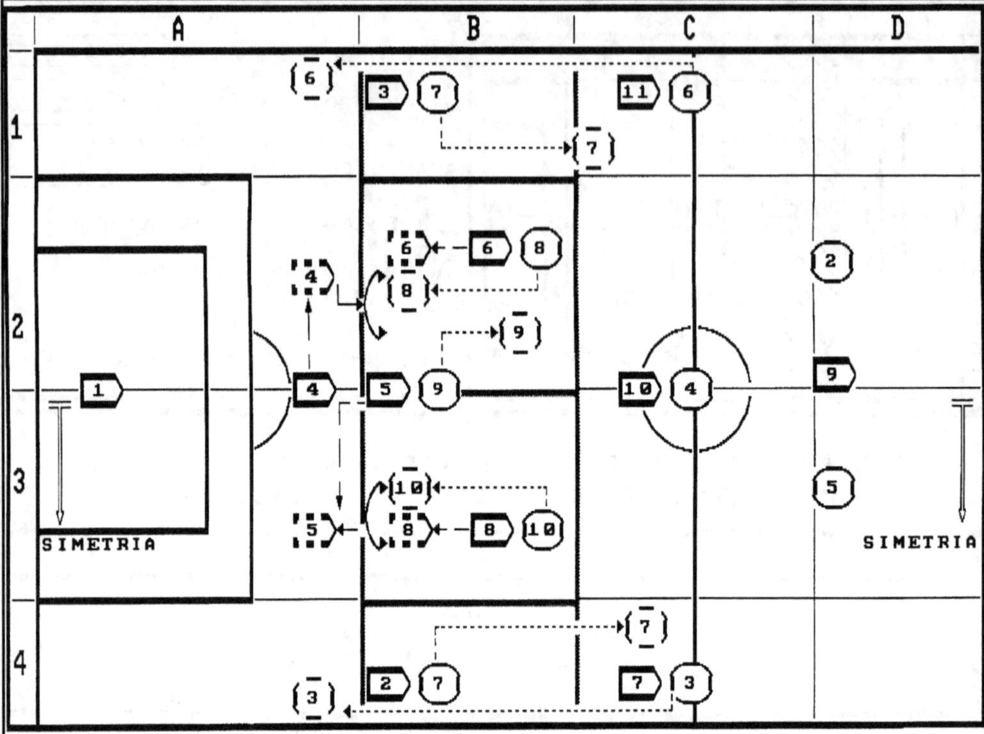

Cómo en el caso anterior las pretensiones del equipo rival serán crear espacios a las espaldas de su primera línea de ataque, en su desplazamiento para que sea ocupada y aprovechada por la segunda y tercera líneas.

** Y como en el caso anterior nuestra neutralización pasa por:

A).- Dejemos irse al delantero sin oposición ni marca momentánea.

B).- A la entrada de los dos medios puntas les oponemos nuestros dos pivotes.

C).- En este momento el central en cobertura a un pivote que controla a un media punta y el libre al otro pivote y su media punta controlado por éste.

D).- En relación con los laterales e interiores, recordemos que marcamos en zona, por tanto nuestros laterales esperan la entrada de los interiores a posición de extremos y los marcan, y evidentemente lo mismo hacen nuestros interiores con sus extremos, pero en este caso si es recomendable ir a buscarles y fijar su marca desde el momento del cruce con sus interiores, si no podría darse la circunstancia de que a la mitad de su recorrido regresen y nos hagan un dos contra uno a nuestros defensas.

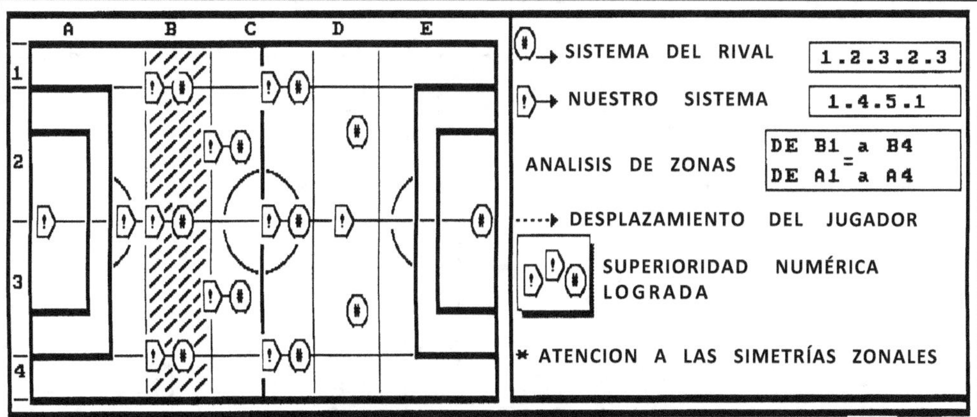

UBICACIONES INDIVIDUALES QUE DEBEMOS GANAR EN SUPERIORIDAD. SEGUIDAMENTE VEMOS LAS ZONAS QUE DEBEMOS SERLO.

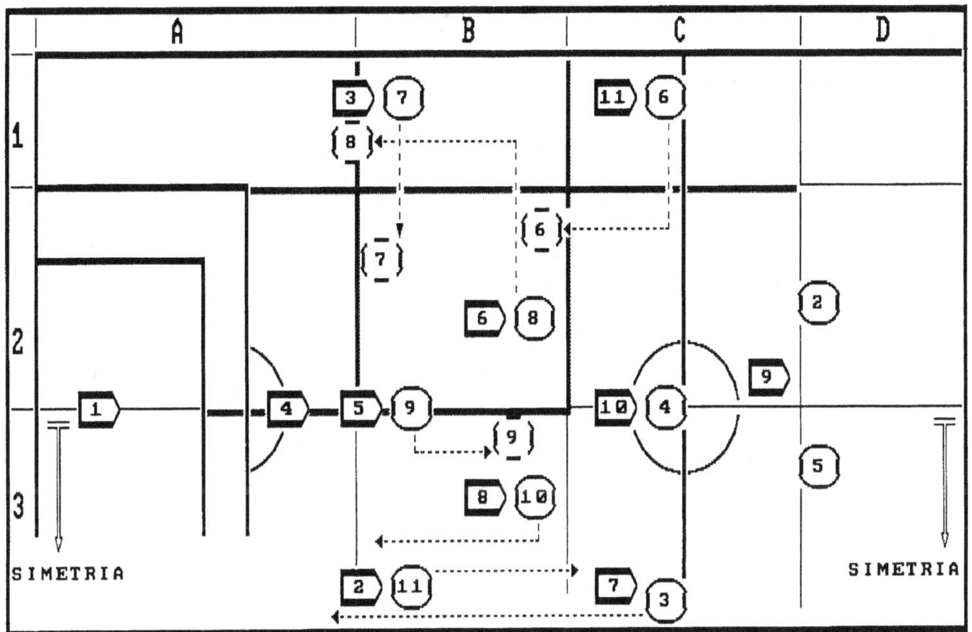

Vemos en esta página que utilizando argumentos de polivalencia; en este supuesto como el equipo oponente conjuga las diferentes posibilidades de desequilibrio que ha utilizado hasta el momento, es decir: los espacios libres y la polivalencia funcional de sus jugadores.

Esto ratifica mi opinión en dos conceptos para cuando un equipo juega con tres puntas de partida; las aportaciones vendrán desde las líneas de atrás y que puede ser definitiva la calidad individual, pese a que nuestra propuesta de neutralización sea buena.

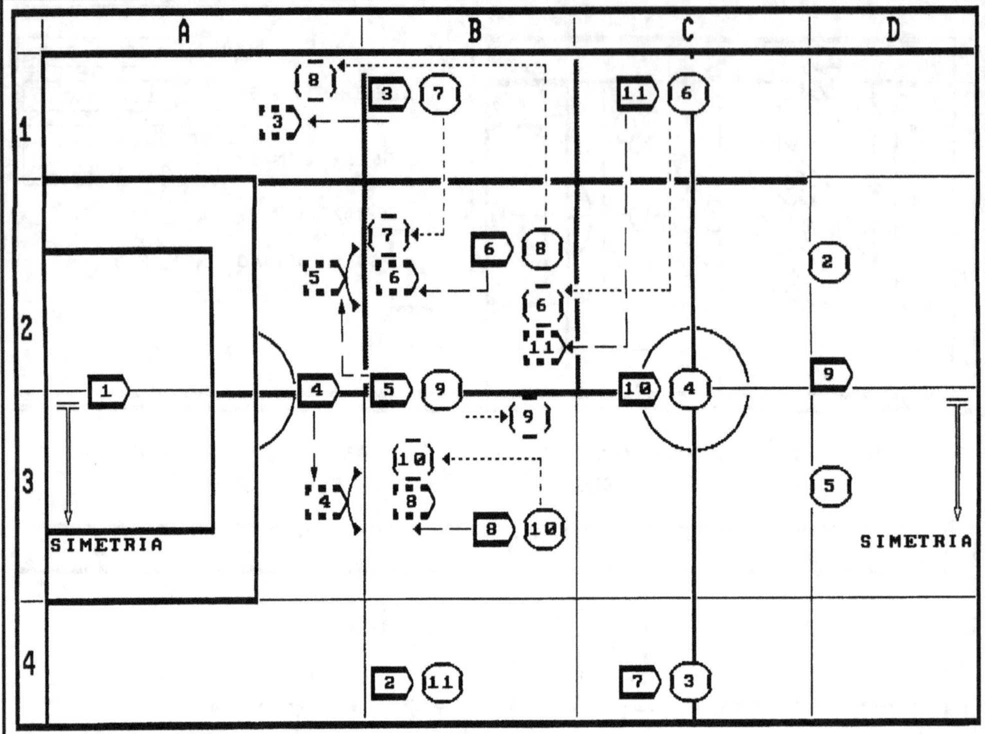

La neutralización sería tan simple y a su vez tan complicada, como observar una disciplina del juego en marcajes zonales.

Vemos que el rival combina los argumentos ya comentados, los espacios y la polivalencia táctica que le permite su calidad individual y de conjunto. Como digo neutralizamos con marcaje zonal, para lo cual:

1).- A su media punta n.º 8 caido a banda oponemos el lateral n.º 3.

2).- A su extremo derecho n.º 7 ingresando en zona vertical le oponemos nuestro pivote izquierdo n.º 6.

3).- A su interior derecho n.º 6 le oponemos nuestro interior izquierdo n.º 11.

4).- Dejamos alejarse a su delantero centro n.º 9 y esperamos la entrada de su media punta n.º 10, perseguido por nuestrop pivote derecho n.º 8.

5).- Atrasamos a nuestro central n.º 5 y basculamos a nuestro libre n.º 4 que ambos actuarán de libres dando coberturas en zonas ancha y vertical.

Somos superioridad numérica pero recordemos los riesgos: el n.º 9 libre momentáneamente y los jugadores ubicados ahora como extremos en un uno contra uno con cobertura lejana.

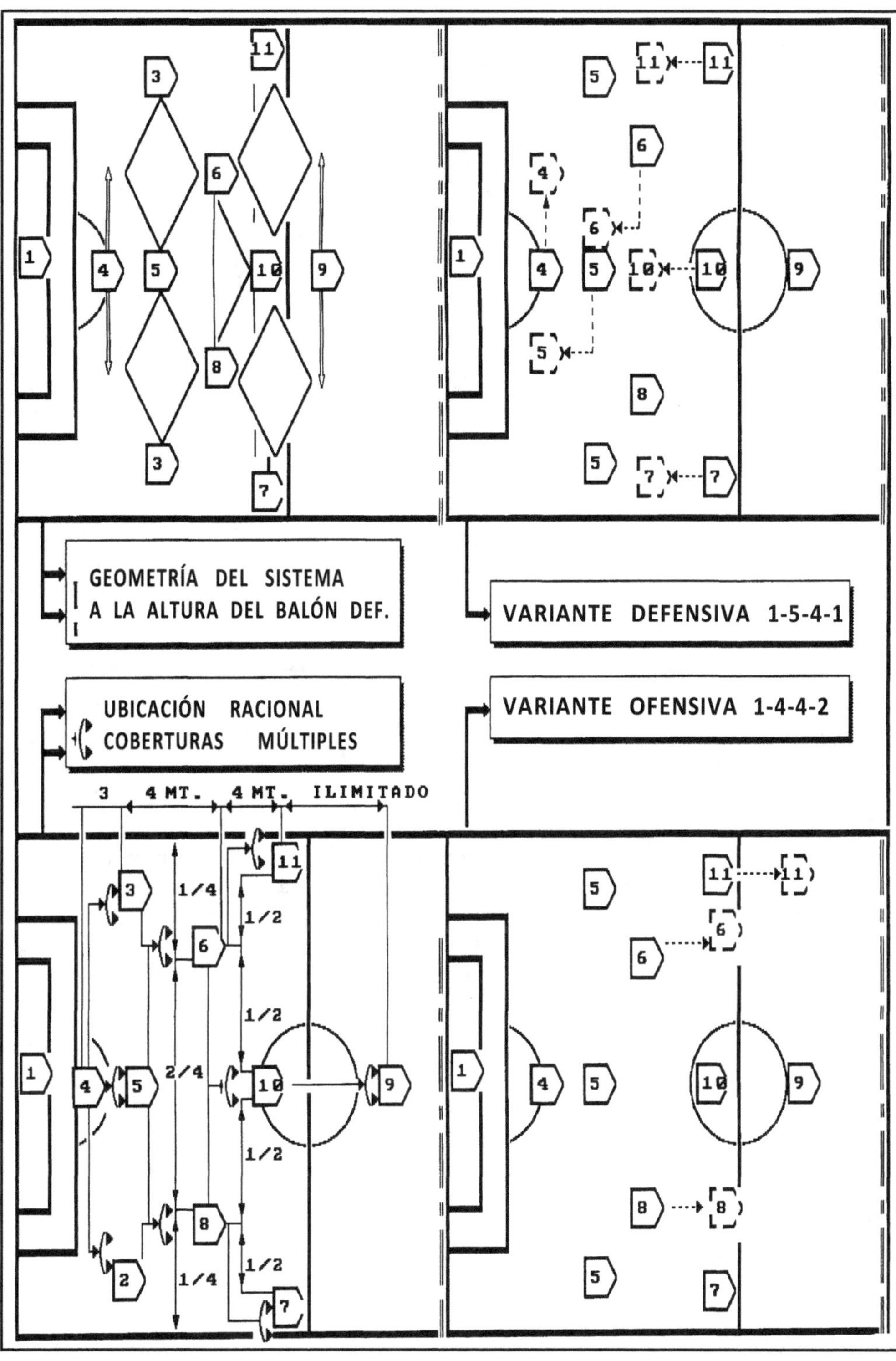
GEOMETRÍA DEL SISTEMA
A LA ALTURA DEL BALÓN DEF.
UBICACIÓN RACIONAL
COBERTURAS MÚLTIPLES
VARIANTE DEFENSIVA 1-5-4-1
VARIANTE OFENSIVA 1-4-4-2
3   4 MT.   4 MT.   ILIMITADO
1/4
1/2
1/2
1/2
2/4
1/2
1/4
1/2

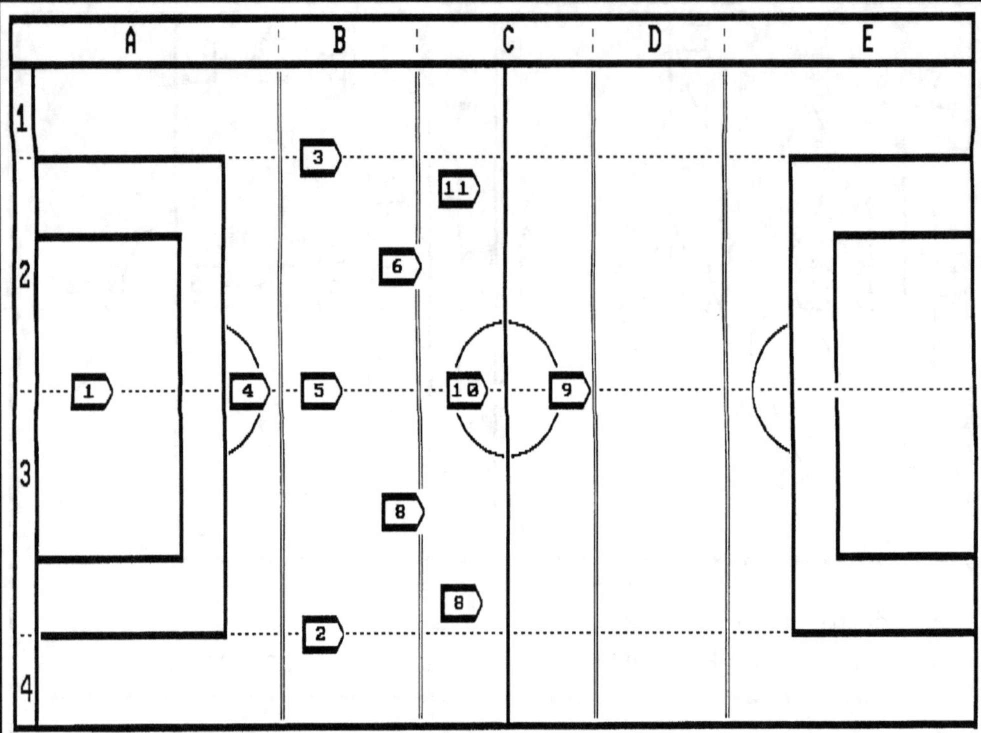

Hemos visto los conceptos tácticos del sistema que en nuestra idea de neutralizar al rival, este no obligó a adoptar. Debemos suponer que nuestro planteamiento es válido siempre y que con él vamos a lograr nuestro objetivo. Por tanto nos apoderamos del balón anulando los argumentos de los contrincantes; estaremos entonces en posesión del balón, esto es en acciones ofensivas.

Al fútbol nunca le escatimaremos la creación, la fantasía; ello con el balón en nuestro poder nos obliga a corresponder a estas y crear alternativas de juego de ataque esperando el éxito final. Estaremos entonces combatiendo al equipo oponente, en función de la eficacia estaremos más próximos o menos alejados del equipo de condición de poderoso; por añadidura si combatimos a nuestros rivales de forma positiva tendremos:

A).- Hemos neutralizado con éxito (por tanto lo propuesto es válido).

B).- Si poseemos el balón tenemos más posibilidades de éxito que el rival pues él no lo tiene.

C).- Seremos por poseedores del balón los que determinemos los parámetros del juego en cuanto a control y ritmo del partido.

En el aporte ofensivo defino las zonas según la idea de combatir.

Zona A1 a A4 = de construir en origen # de ataque directo (presionado).

Zona B1 a B4 = de ataque organizado # de contraataque previsto.

Zona C1 a C4 = de contraataque previsto # de transición en organizado.

Zona D1 a D4 = de pase previo a final # remate media distancia.

Zona E1 a E4 = de centro lateral # de finalización.

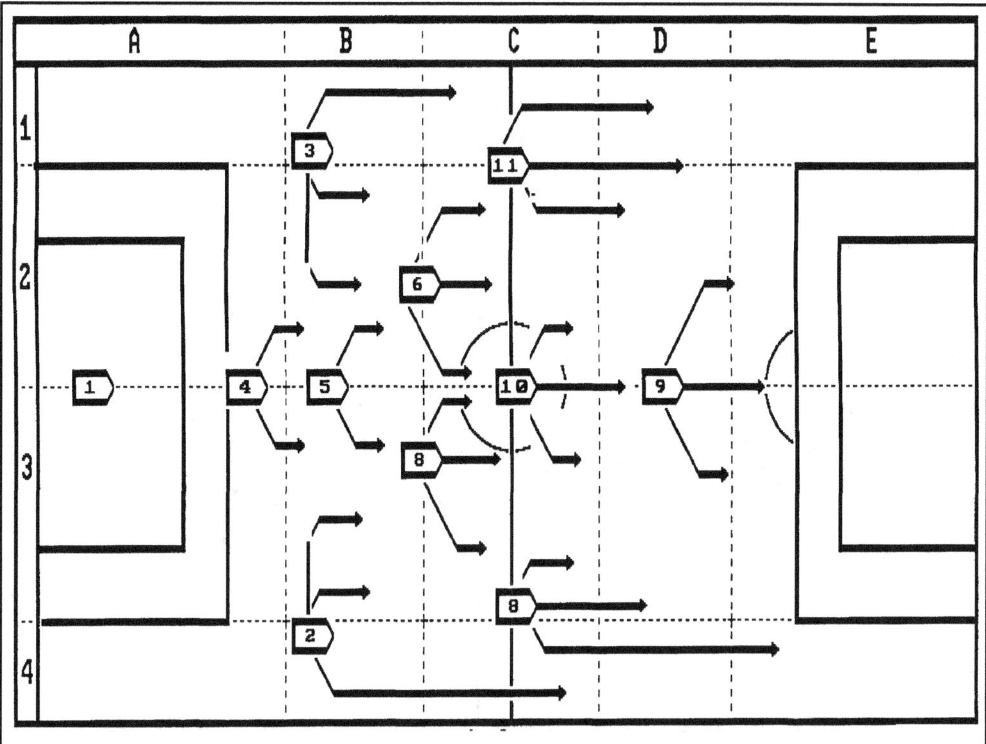

1 - 4 - 5 - 1

ACCIONES COMBINADAS CONJUNTAS

En esta página vemos los movimientos básicos ofensivos colectivos representados gráficamente como ➤

Defensas no sólo achican espacios, los laterales se incorporan al ataque (no los dos en la misma jugada), e incluso uno de los dos centrales podría añadirse a la creación en el centro del campo; si uno de ellos se incorpora mantendremos en posición a los laterales.

Los interiores serán centro-campistas retrasados defensivamente y extremos en acciones ofensivas.

Le cederemos al rival su propio campo, esperando en el nuestro, intentando contraataques previstos; esto no significa que por sistema se renuncie al ataque organizado, todo lo contrario y lo generaremos de origen en defensa por contar con cuatro jugadores, mas los dos pivotes como organizadores.

NOTA:
Estos movimientos ofensivos colectivos únicamente son válidos para ataques construidos en origen, para ataques organizados o para ataques directos.

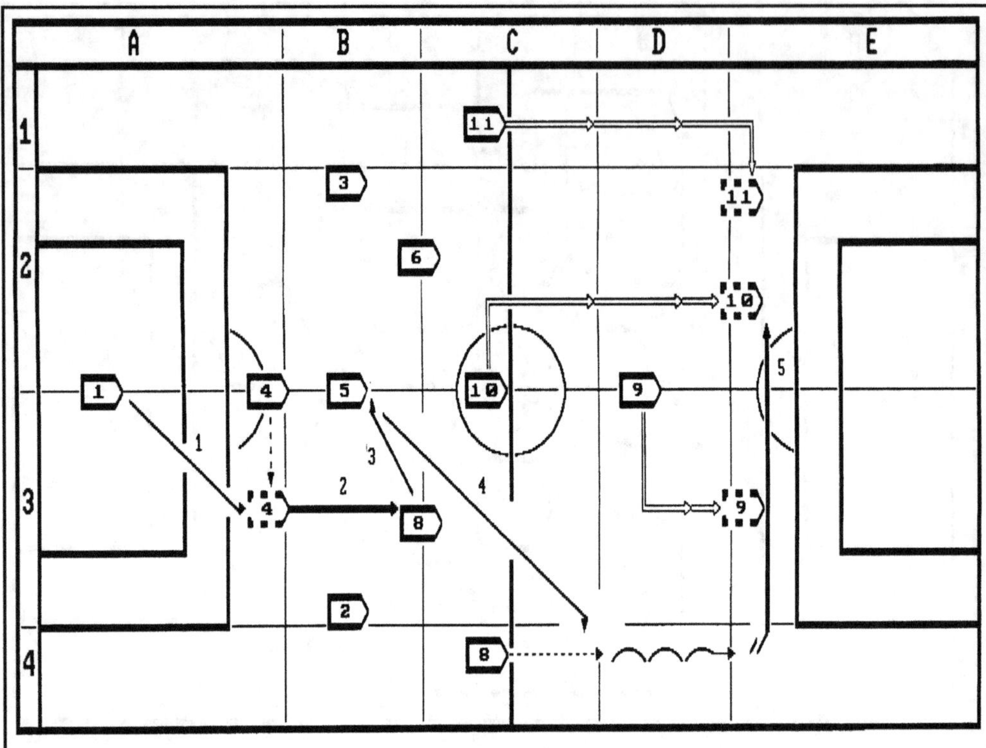

EJEMPLO DE ATAQUES ORGANIZADOS

DESMARQUES

⇒ De apoyo   ⇒ De sostén   ⇒ De ruptura   → Pase

⌐⌐ Jugador que cambia posición   ·······▶ Movimiento sin balón

⌐⌐ Conducción

Vemos en la lámina que hemos diseñado casi un ataque directo; lo hacemos así dado que sabemos que nuestro rival juega con dos cierres, que por tanto deja en sus zonas laterales grandes espacios que podemos ocupar y aprovechar.

Comprometeremos además la precisión y la velocidad, esto nos está indicando además de que casi sea un ataque directo, que también debemos aplicar las premisas del contraataque: pocos pases, mucha velocidad y gran precisión con pocos elementos en la transición del balón y dos tres en el remate final.

Seguir el orden numérico de la ejecución de la jugada.

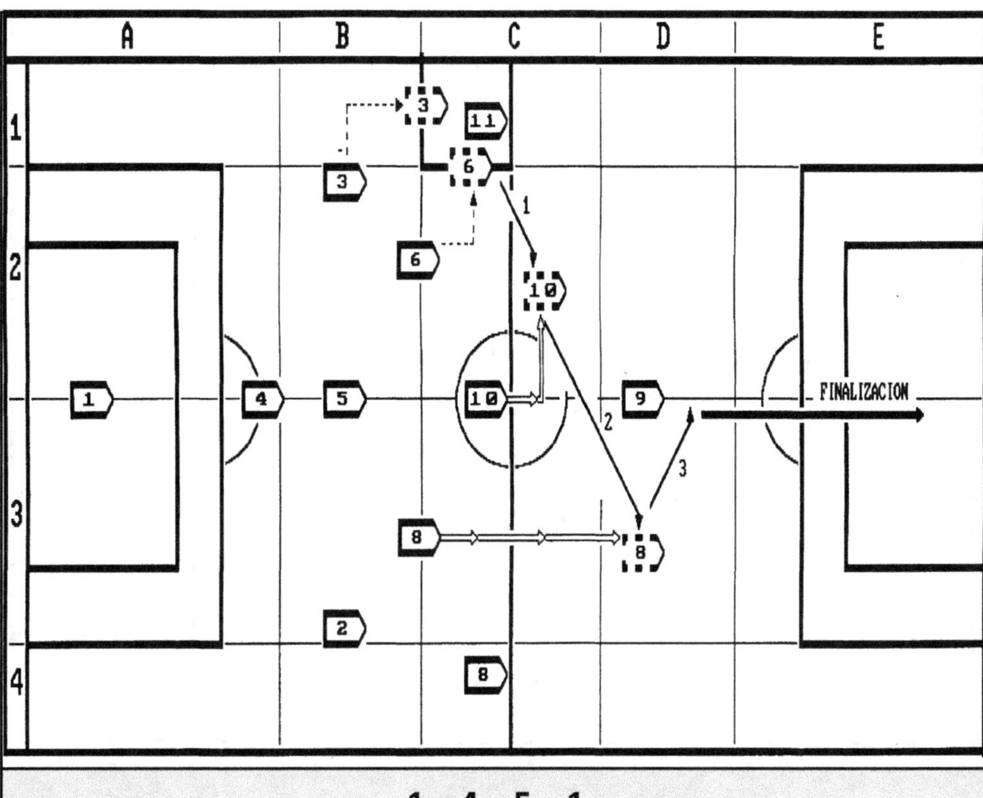

Ya conocemos los parámetros que definimos para determinar los contraataques previstos y los hemos utilizado.

En este contraataque supondremos que los cierres del equipo rival están basculando hacia las bandas, uno a la banda de tránsito del balón dando apoyo para permitir la conservación de éste y el otro que está cayendo al lado del exterior que se incorpora, por esto lo construimos de forma central.

El desarrollo del mismo no necesita más aclaración que seguir el orden numérico de ejecución.

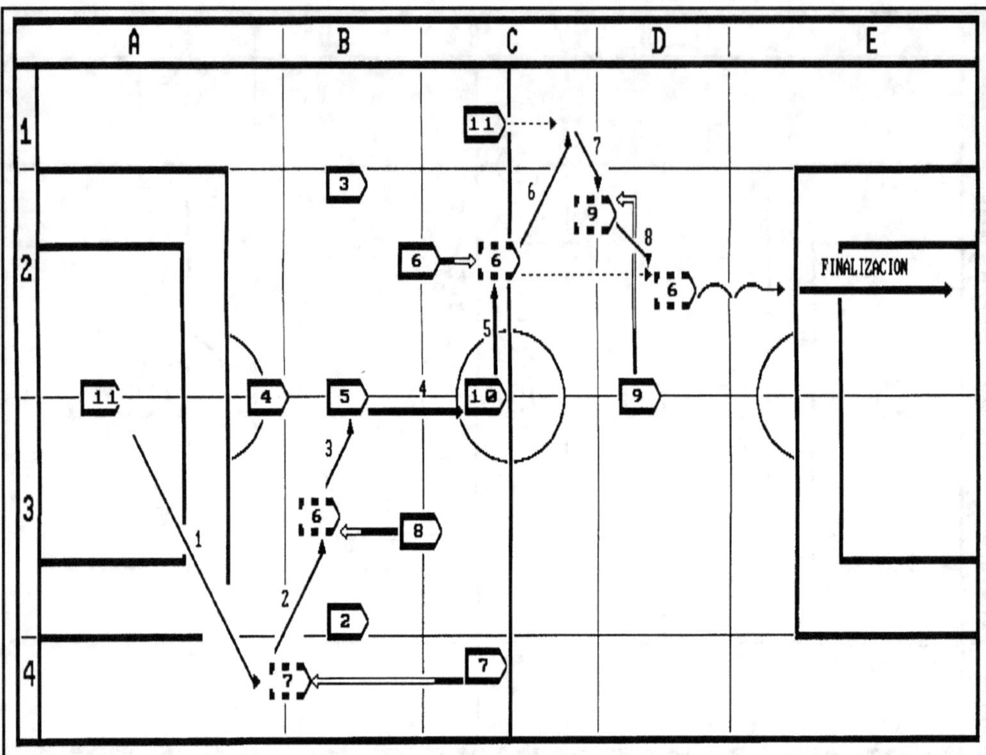

Quizás no siempre nos sea posible contraatacar como fuese nuestro deseo al saber de la organización defensiva de los oponentes; por tanto en esta lámina vemos un ataque organizado de mucha eleboración, con el objeto de hacer bascular a su defensa de tal forma que en el último pase se encuentren desubicados racionalmente o que sus cierres estén lejos del pase previo al remate final.

Por ya reiterada la aclaración de las jugadas de ataque organizado en anteriores sistemas neutralizados, simplemente para su interpretación seguiremos el orden numérico de los pases, y analizando los símbolos previos a los citados pases.

NEUTRALIZACIÓN DE UN SISTEMA 1 - 4 - 3 - 3

En la próxima jornada nos enfrentaremos a un equipo que juega un 1-4-3-3, sistema que define y al que aporta características propias siendo éstas:

A).- Su línea de defensa está formada por cuatro jugadores que forman un rombo donde el central adelantado es el organizador del juego de su equipo, esta premisa sólo se produce en los aspectos ofensivos, defensivamente juegan con una línea de tres más un libre.

B).- El centro del campo forma una línea de tres jugadores, de los cuales, el medio centro cuando el equipo está en acción ofensiva se adelanta a la media punta, formando un rombo con el central que como hemos enunciado en estas acciones también se adelanta.

En las acciones defensivas se atrasa formando un rombo con el delantero centro que también se repliega en este tipo de acciones.

Es por tanto el vértice ofensivo en acciones ofensivas y el vértice defensivo en acciones ofensivas, del rombo que forma este equipo en el centro del campo.

Los interiores llegan a extremos o laterales por lo que los desdoblamientos en las alas (lateral-interior-extremo) son constantes.

C).- En el ataque forman tres delanteros, dos como extremos y el delantero centro, que como sabemos baja al centro del campo a formar el vértice adelantado del rombo en acciones defensivas.

Podemos decir que es un equipo en el que el central adelantado o el medio centro atrasado actúan de hombre enlace defensivo; o que el medio centro adelantado o el delantero centro atrasado, actúan de hombre enlace ofensivo.

D).- Es un equipo de muy buenas acciones técnicas en velocidad de desplazamiento, son muy rápidos y siempre verticales, el tránsito en el centro campo no es más de tres pases, generan un gran número de llegadas a la meta contraria, provocando mucha inquietud en balonea aéreos.

Jugadores muy físicos, altos pero no descoordinados, maestros de las estrategias.

Presentan una gran dificultad, destacable el bloque.

Vemos su ubicación racional sobre el terreno de juego y sus movimientos básicos.

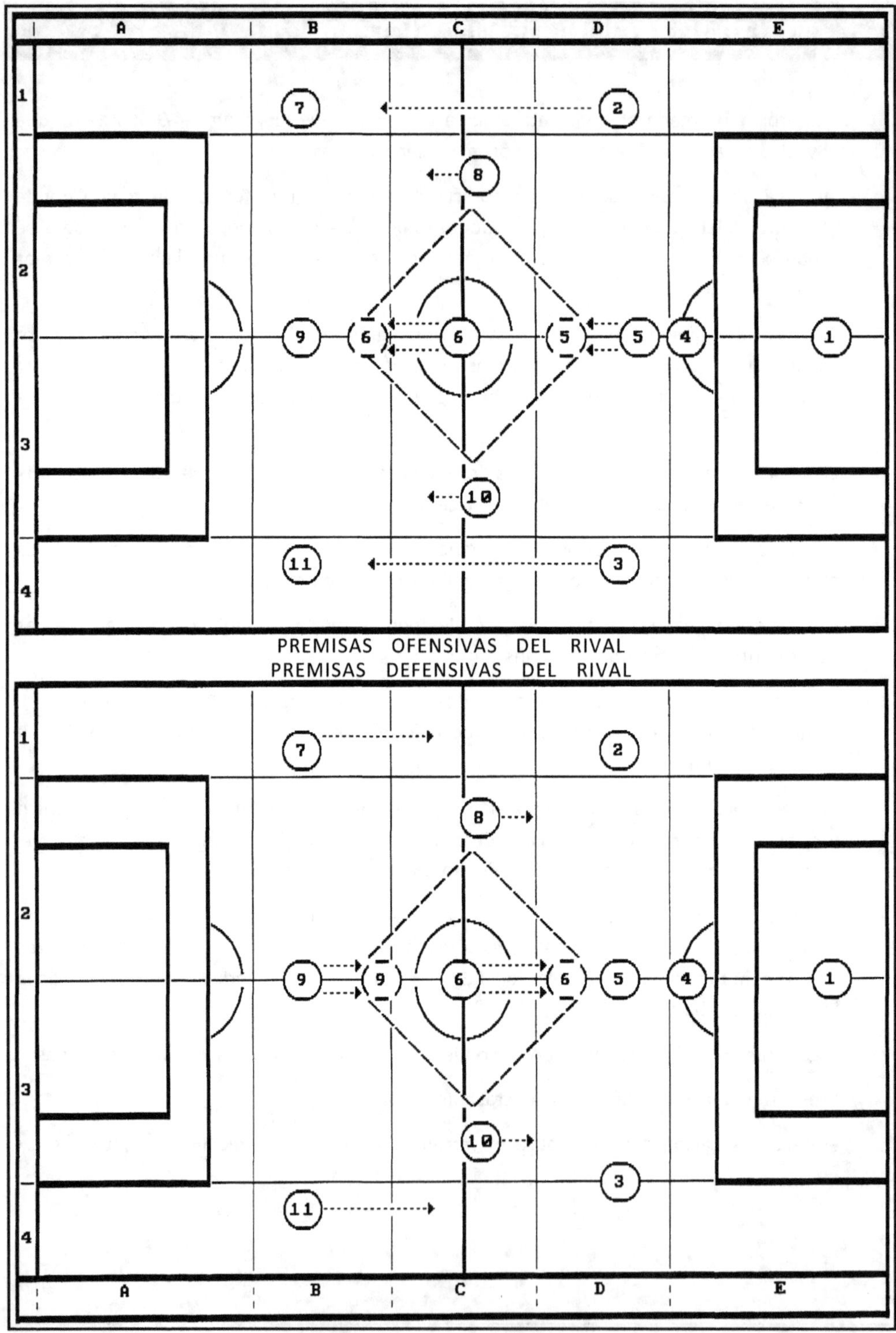
A B C D E
1
2
3
4
7 2 8 9 6 6 5 5 4 1 10 11 3
PREMISAS OFENSIVAS DEL RIVAL
PREMISAS DEFENSIVAS DEL RIVAL
A B C D E
1
2
3
4
7 2 8 9 9 6 6 5 4 1 10 3 11

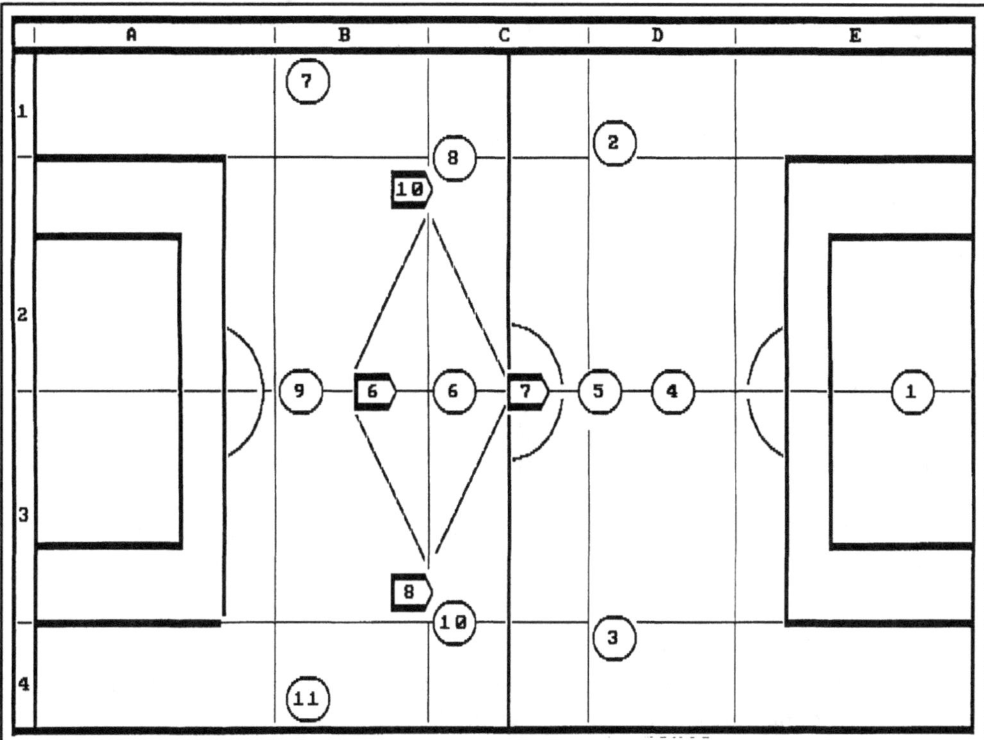

PREMISAS OFENSIVAS DEL RIVAL

Ya conocemos los datos tácticos propios del comportamiento del equipo oponente, los cuales vamos a neutralizar, al ver en la pizarra su distribución y movimientos debemos considerar y oponer a estos:

1).- Sabemos que en acciones ofensivas el central se incorpora como enlace entre defensa y centro campo y que el medio centro, hace lo mismo ubicándose como media punta, con lo cual crean un rombo, que evidencia que la transición forzosamente pasará como receptor del pase previo, por el jugador ubicado de media punta, es decir el medio centro adelantado; por otro lado tenemos la constancia que en acciones defensivas mantiene dicho rombo, pero lo conforman el delantero centro venido a la media punta y el medio centro al vértice defensivo, esto es al enlace por delante de la defensa.

Observamos que el juego en creación del central es por delante de sus compañeros de defensa, lo cual significa que estos organizan en origen, pero al definir al conjunto dijimos que era un equipo muy vertical, que en el centro del campo la transición era en no más de tres/cuatro pases, por lo que debemos entender que el central es un buen pasador de pases medios y largos, y si ejecutan pocos toques en el centro del campo entenderemos que este equipo manifiesta dos ritmos de juego y uno de ellos es rápido a partir del centro del campo.

Para neutralizar esta composición tan peculiar del centro del campo rival, debemos pensar más en neutralizar el diseño del rombo que las personas que componen puntualmente dicho dibujo para lo cual:

1).- Ubicamos cuatro jugadores en el centro del campo, con lo que de partida ya tenemos ventaja numérica en un jugador; los colocaremos en una línea de tres y uno por detrás de ellos.

2).- La línea de tres se empareja uno a uno con los oponentes y el cuarto se coloca detrás en posición de cobertura.

3).- En acción ofensiva del rival sabemos que el central n.º 5 se adelanta, en este instante adelantamos a nuestro medio centro a efectuar presencia activa sobre él, adelantando a su posición a centro campista ubicado de tres; seguiremos estando en un emparejamiento de tres contra tres.

4).- También sabemos que en acciones defensivas su medio centro baja a enlazar con su defensa, y el delantero centro hace lo mismo con el centro del campo bajando a la media punta; ahora nuestro medio centro se ocupará de su medio centro que regresa y nuestro centro campista se ocupa del delantero centro venido a media punta.

Como es comprobable ninguno de los equipos inicia con un rombo, pero los dos recurren a él, uno fundamentalmente para crear y el otro para neutralizar.

Estamos conformando nuestro sistema en función de neutralizar al rival y ya tenemos un centro del campo compuesto por cuatro jugadores.

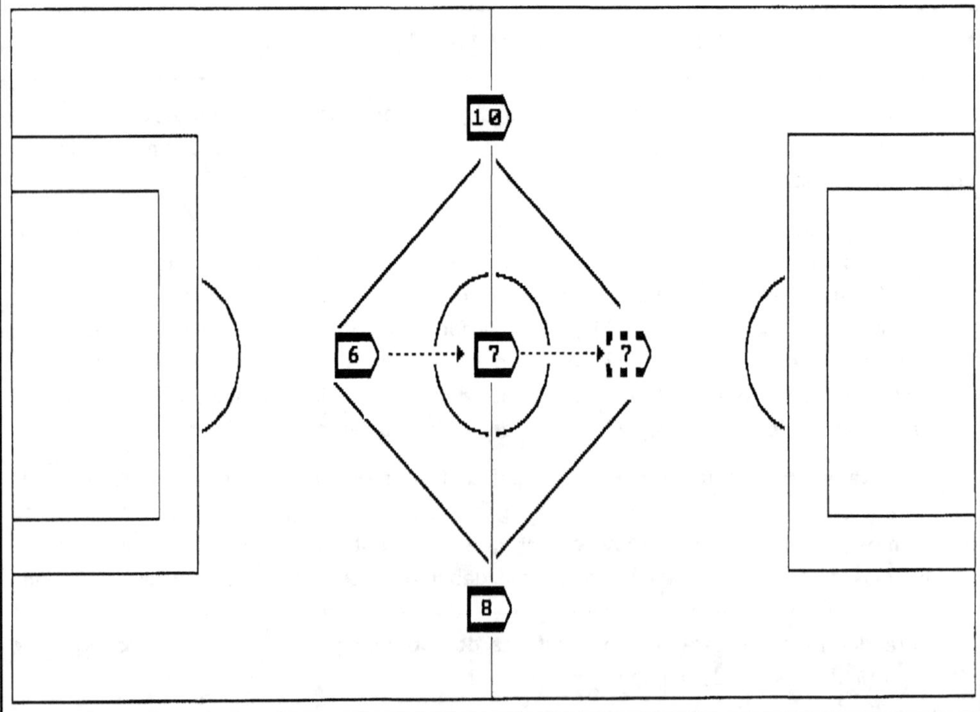

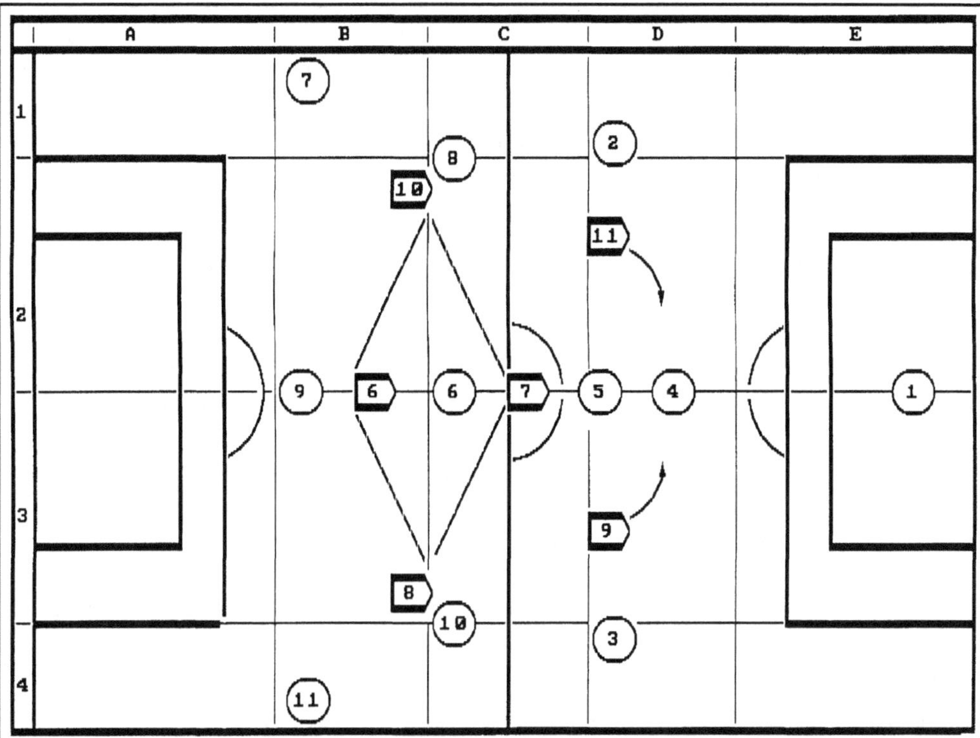

PREMISAS OFENSIVAS DEL RIVAL

Ya conocemos los datos tácticos propios del comportamiento del equipo oponente, los cuales vamos a neutralizar, al ver en la pizarra su distribución y movimientos debemos considerar y oponer a estos:

2).- A su línea defensiva compuesta por cuatro jugadores, les vamos oponer dos delanteros con unos cometidos muy concretos que a mi modesto entender no sólo les va a permitir ejecutar las misiones propias de un delantero de cara a la finalización de las jugadas, además una ejecución táctica disciplinada va a neutralizar al rival en dos aspectos:

2a).- Impedir o al menos coartar la salida de los laterales rivales.

2b).- La doble función del central rival, puede quedar reducida e incluso anulada.

Como aspecto negativo a esta ubicación de nuestros delanteros debo indicar que estos se pueden encontrar en una zona relativamente pequeña con gran densidad de jugadores, con lo cual sus maniobras de desequilibrio pueden verse dificultadas.

En este caso debemos recurrir a la entrada de nuestros interiores con el objeto de que arrastren a un rival a su marca, aclarando por tanto el espacio para nuestros delanteros.

Para neutralizar esta defensa como decimos vamos a situar a dos delanteros, que principalmente han de tener una gran disciplina, creyendo en el resultado de lo que están ejecutando.

Serán presionantes, de salto poderoso y de tiro rápido y preciso deberán tener fácil giro y disparo, no encarar, jugar más la potencia que la habilidad.

Los parámetros de la neutralización del rival pasará por:

1).- Se situarán entre el central y el lateral de tal forma, que el central tenga una referencia a la izquierda y otra a la derecha, con lo que se le presente la duda de a quien de los dos marcar, pudiendo reclamar la presencia de un lateral; lógicamente este lateral ya no podrá incorporarse al ataque; puede incluso reclamar la presencia del libre en vez del lateral, con lo cual tanto él, como su libre estarán en un uno contra uno sin cobertura posible.

2).- Cuando el central se incorpore al rombo con intención de crear juego y como sabemos que tendrá la presencia de nuestro medio centro, por tanto se irán a espaldas del citado central en dirección al libre, para hacer contra el dos contra uno, evidentemente este reclamará la presencia de una ayuda en la marca, si es el central el que regresa, hemos logrado que no construya juego ofensivo; si es un lateral el que se aproxima se desmarcarán hacia la zona que abandonó el rival.

Seguimos conformando nuestro sistema en función de neutralizar al rival, y ya tenemos un centro del campo compuesto de cuatro jugadores, más dos puntas.

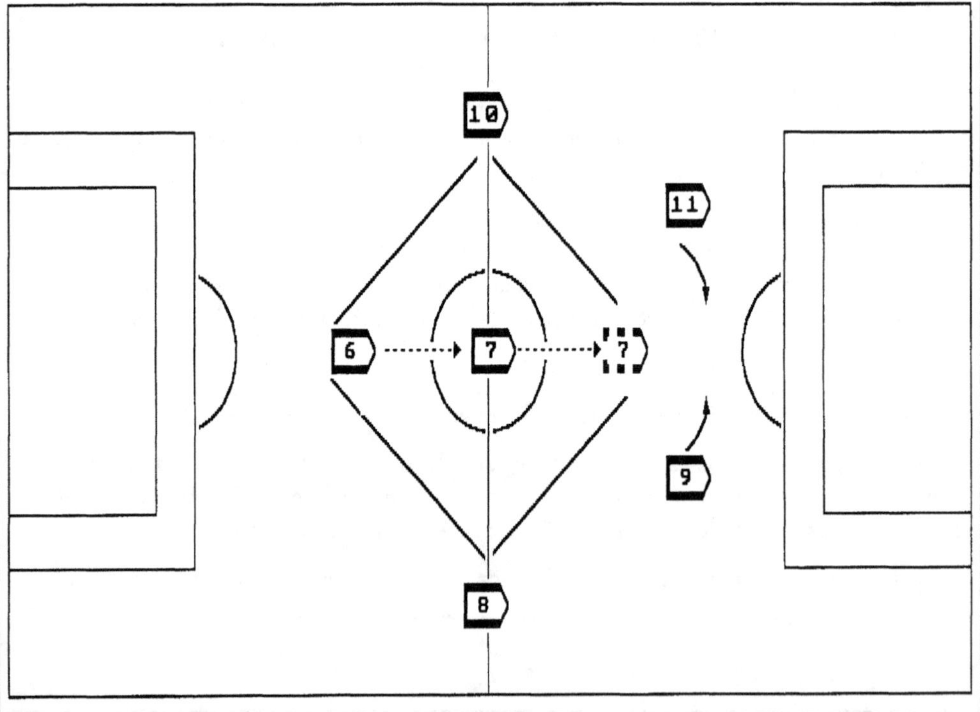

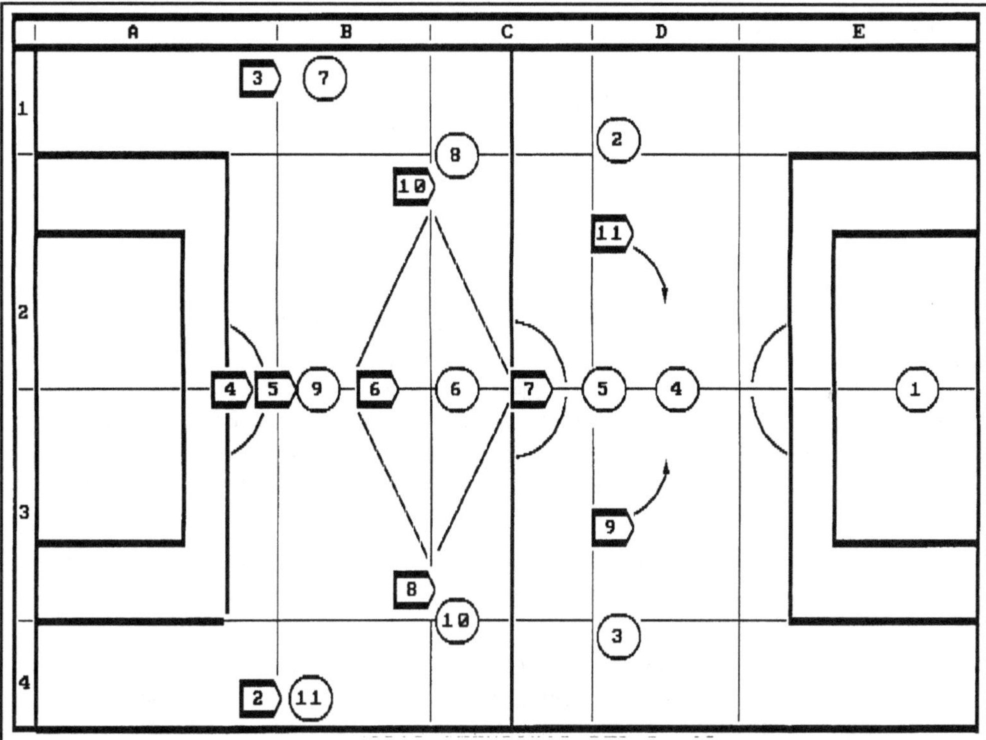

PREMISAS OFENSIVAS DEL RIVAL

Ya conocemos los datos tácticos propios del comportamiento del equipo oponente, los cuales vamos a neutralizar, al ver en la pizarra su distribución y movimientos debemos considerar y oponer a estos:

3).- Su línea de ataque cuenta con tres delanteros, dos extremos y un delantero centro.

Nosotros les opondremos una fórmula defensiva en la que podamos contrar de un dos contra uno en el momento de que alguno de sus tres delanteros se encuentre en posesión del balón, lógicamente esto nos está diciendo que esa ayuda debe venir desde atrás al defensor que está encarando al delantero contrincante; esto nos está demandando un libre, pero no quiero que se entienda que está únicamente para hacer cobertura al compañero defensor que va a ser superado, quiero insistir en el concepto dos contra uno, intentará junto a marcador presionar para que el rival pierda el balón o lo juegue hacia su campo, si esta segunda alternativa se produce, nuestra defensa achicará colectivamente el espacio de forma intensa.

Para neutralizar este ataque debemos tener presente que si somos superados por el rival nos puede ocurrir:

A).- Que nuestro libre no llegue a la cobertura.

B).- Que lógicamente al no estar presente el libre no tengamos el deseado dos contra uno.

Esta posibilidad de ser superados nos obliga a encarar y temporizar defensivamente, para dar tiempo a la llegada de la ayuda de nuestro libre.

Por otro lado al tener como referencia en el ataque rival tres delanteros será muy complicado que nuestros laterales se incorporen al ataque, sólo podrán hacerlo y nunca los dos en la misma jugada, cuando el delantero centro oponente baje a formar el vértice adelantado en acciones defensivas de su equipo; en este momento también se exige un achique de espacios colectivos, ya que si un lateral sale y el achique no se produce, ante un robo del balón por el contrario el repliegue de nuestro lateral avanzado será de muchos metros a recorrer y si el libre efectuó un desdoblamiento al lateral (como es lo lógico) hasta el regreso de ese estarán los tres defensas restantes en un uno contra uno sin coberturas posibles.

Recordemos ante una delantera de tres elementos las alternativas ofensivas del rival vendrán desde atrás en el aspecto táctico y de las individualidades en el aspecto técnico.

Por esto primero defender como premisa fundamental del defensor. Ya hemos configurado nuestro sistema en el afán de neutralizar al rival, y ya tenemos un centro del campo compuesto de cuatro jugadores, dos puntas, que junto a nuestro portero y cuatro defensas lo define como un 1-4-4-2.

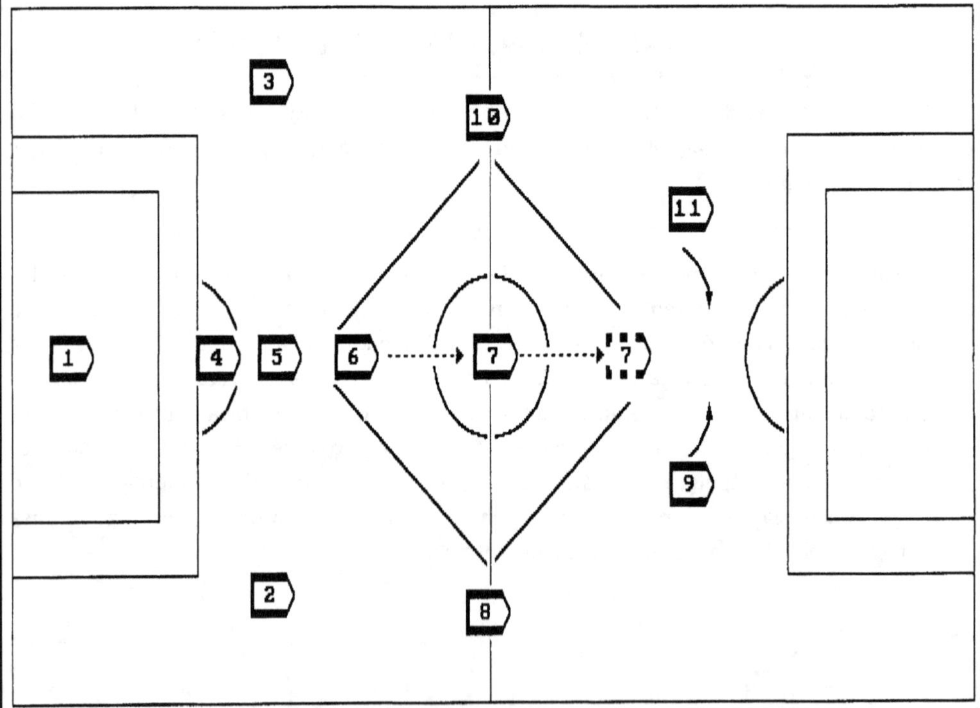

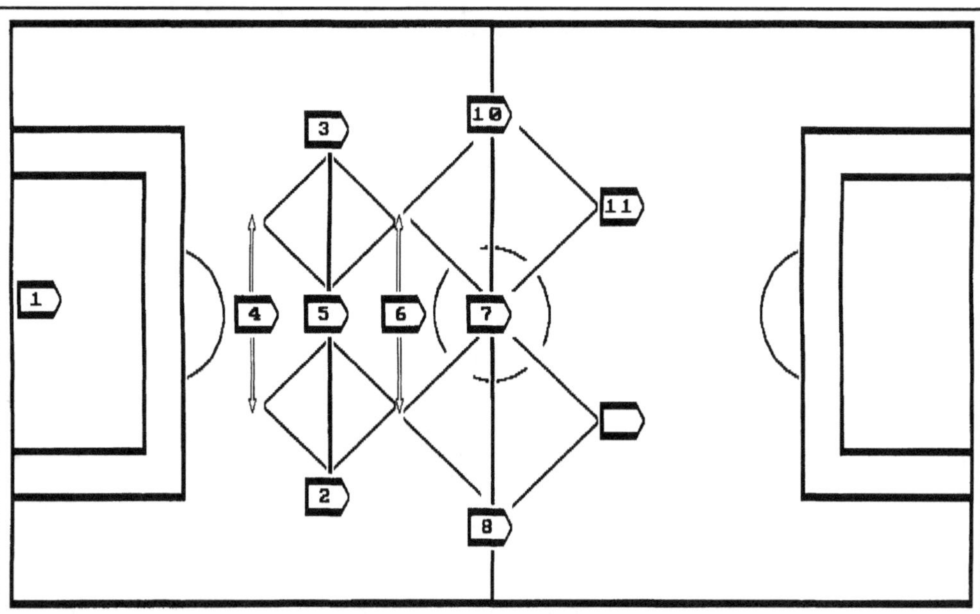

En esta página vemos en la figura superior la geometría del sistema, la ubicación formando triángulos de apoyo/cobertura.

En el dibujo inferior la ubicación en distancias en amplitud y profundidad del sistema ***** debemos recordar que la distancia en amplitud es de mera referencia, estando esta condicionada por las basculaciones *****.

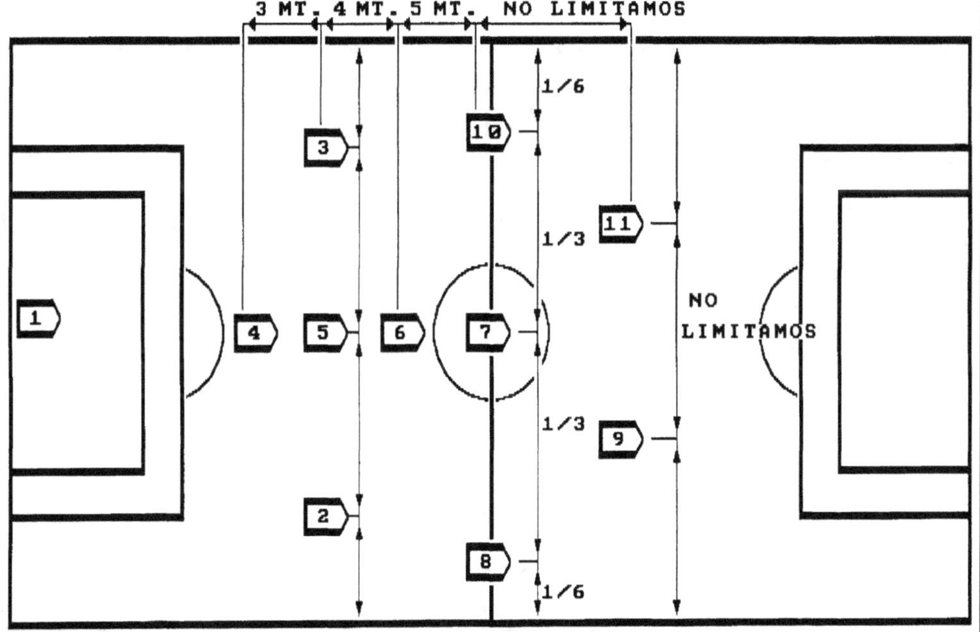

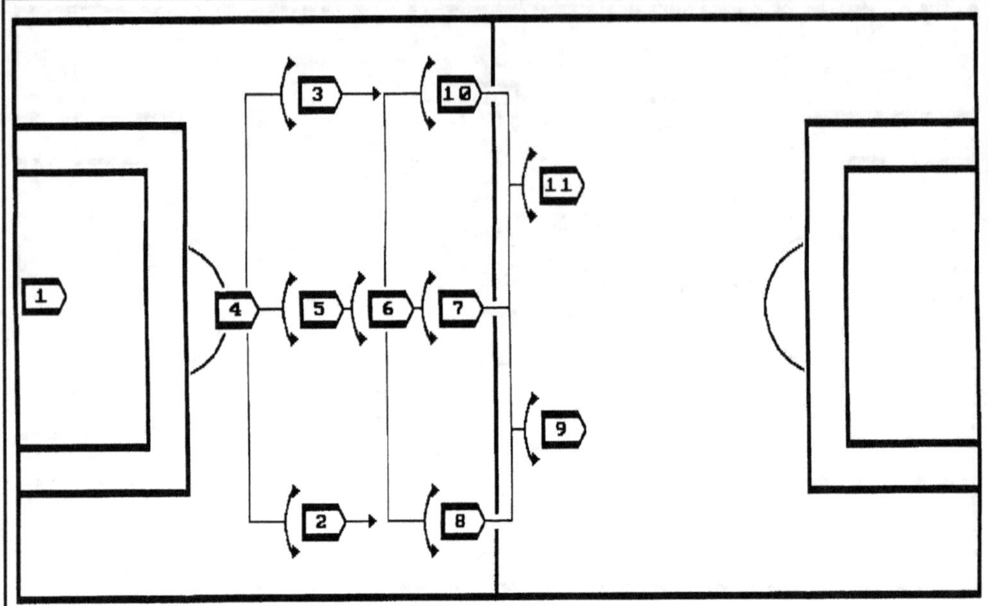

En esta página vemos en la figura superior las coberturas múltiples que nos permite el sistema.

En el dibujo inferior vemos la ubicación y organización de los repliegues y achiques colectivos.

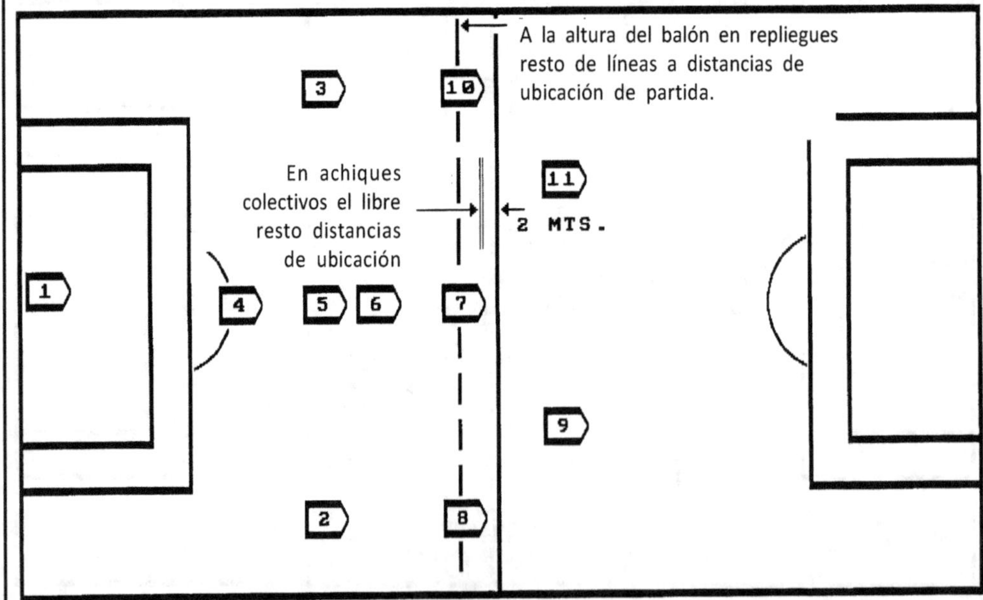

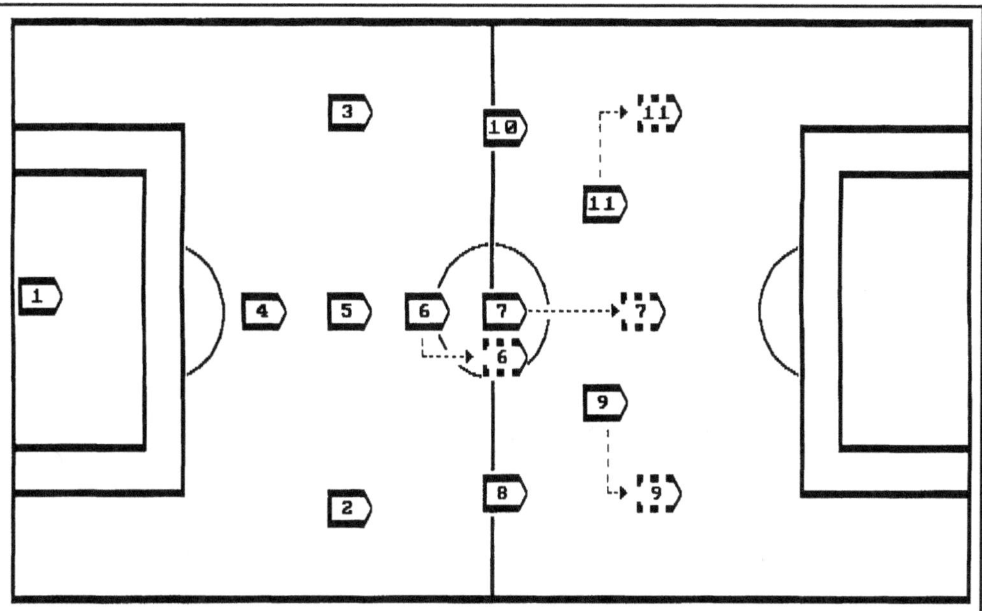

VARIANTE OFENSIVA: Abrimos a los puntas y adelantamos entre ellos al medio centro como delantero centro.

Adelantando al pivote a medio centro estaremos en un 1-4-3-3.

VARIANTE DEFENSIVA: Retrasamos al pivote como segundo central, a uno de los dos puntas como segundo medio centro, estaremos en un 1-5-4-1.

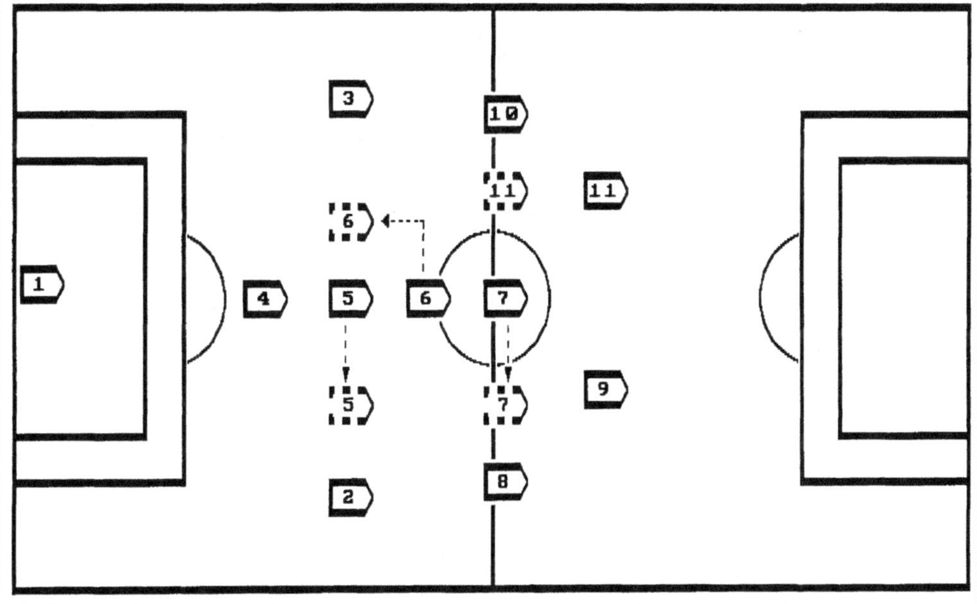

- Hemos configurado nuestro sistema desde la perspectiva de neutralizar a nuestro rival.
- Hemos diseñado nuestra ubicación racional sobre el terreno de juego.
- Hemos determinado organización individual y colectiva.
- Hemos aportado nuestras variantes ofensivas y defensivas al sistema adoptado.
- Nos queda por definir el objeto de la obra: MOVIMIENTOS PARA LOGRAR SUPERIORI-
  DAD NUMÉRICA

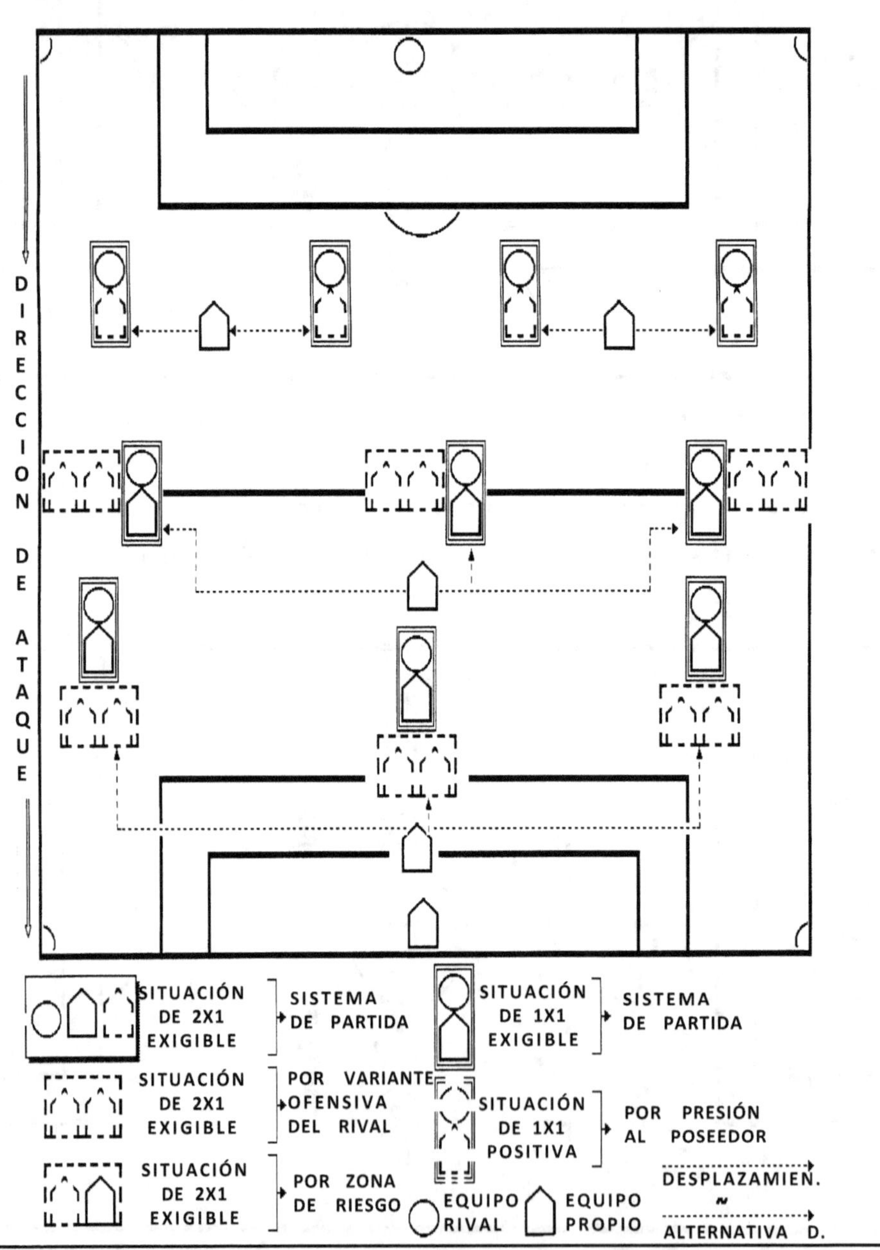

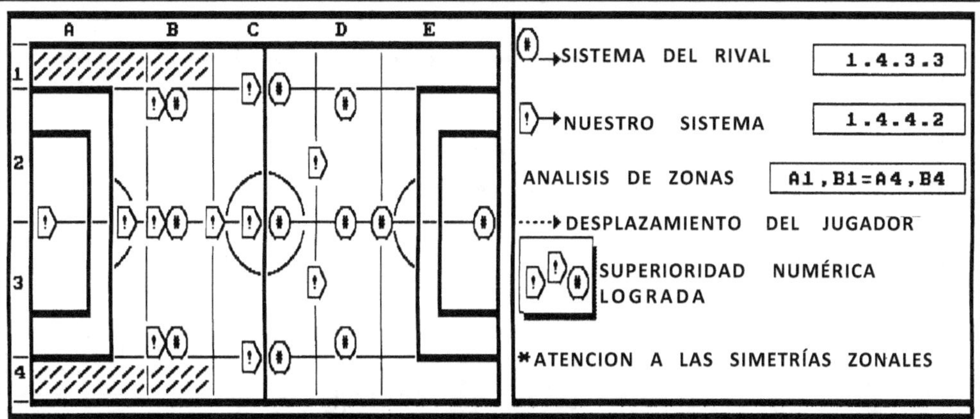

UBICACIONES INDIVIDUALES QUE DEBEMOS GANAR EN SUPERIORIDAD. SEGUIDAMENTE VEMOS LAS ZONAS QUE DEBEMOS SERLO.

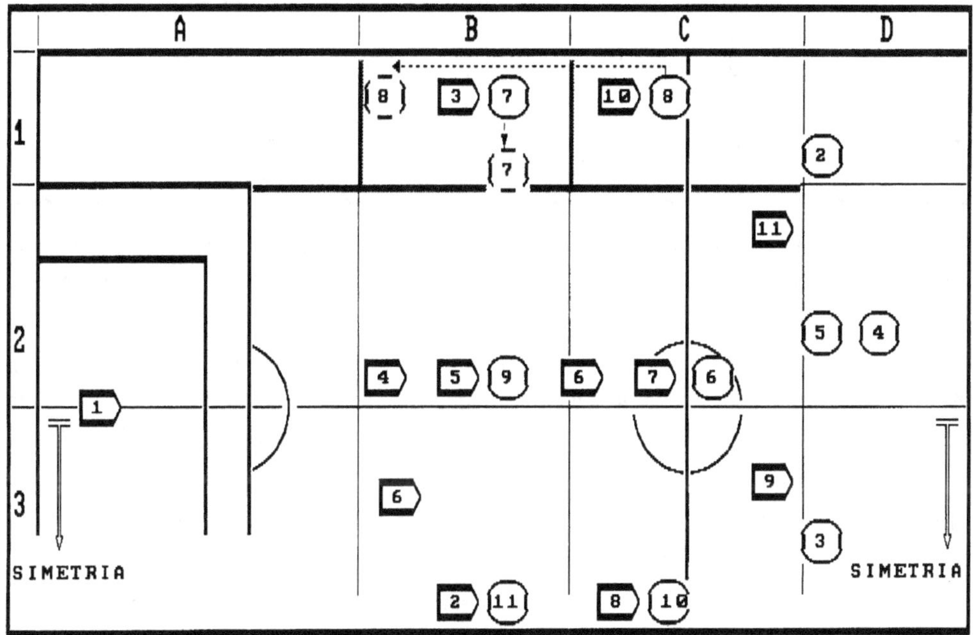

En mi opinión un equipo que plantea de inicio un sistema con un delantero centro y dos extremos natos, sus aportaciones en lo referente a variantes ofensivas, se darán en la llegada de una segunda línea de ataque, pese a ser esta mi creencia no voy a descartar otras variantes que aun pareciéndome ilógicas o que yo no utilizase tengan una posibilidad de ser utilizadas por mi rival.

Debemos tener presente que las circunstancias que se dan en una banda se darán exactamente igual en la otra por el concepto de simetría, la neutralización es la misma con los jugadores opuestos.

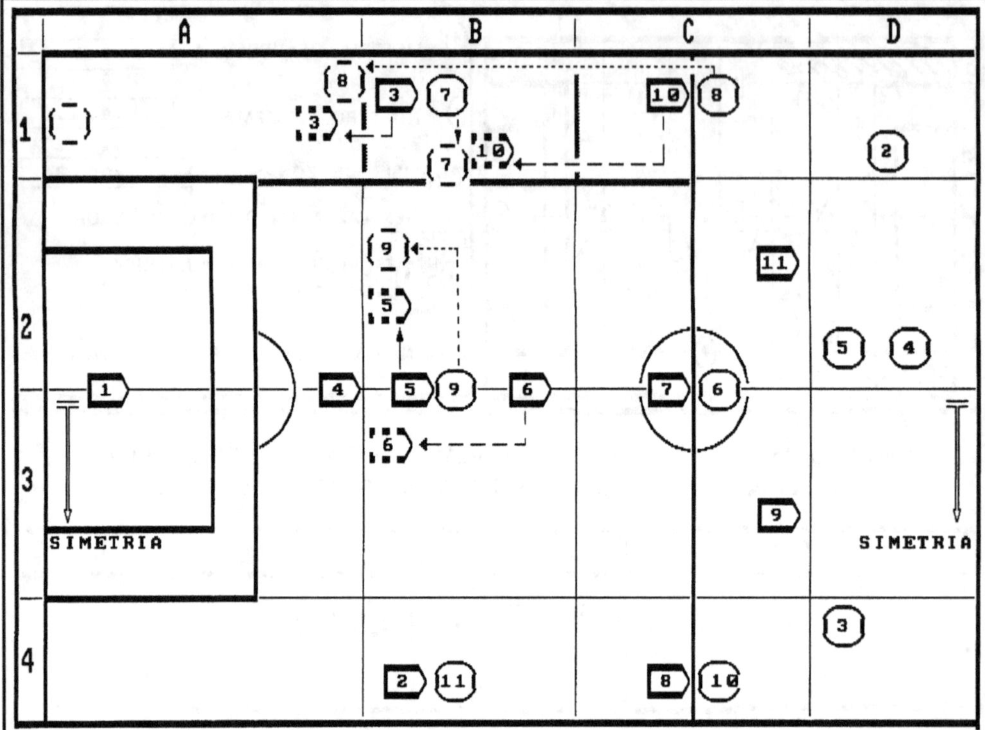

En esta ocasión el rival pretende hacernos superioridad en banda, con el claro objeto de arrastrar a nuestro central y libre para crear un espacio frontal para las llegadas del extremo izquierdo o su medio centro.

La superioridad es importante en sí pero lo más importante para el rival será hacer llegar el balón al citado espacio, tendrán superada nuestra presión y tendrán la opción de remate final y de forma frontal. Para evitar la superioridad en A1/B1 y el espacio en A2/A3 y B2/B3 deberemos:

1).- A cada rival le oponemos su par natural, salvo en la banda que nuestro lateral cambia con nuestro interior la referencia del marcaje de los oponentes.

Este intercambio de marca tiene por cometido que nuestro interior no esté detrás de nuestro lateral ya que en caso de apoderarnos del balón, el concurso del interior en contraataques previstos, es más necesario que el de nuestro lateral, ya que como sabemos el rival mentiene los tres puntas adelante y sólo retrocede al vértice ofensivo el delantero centro.

2).- Nuestro sistema nos da una disposición de tres en el centro del campo, más el jugador de enlace por detrás de la línea de tres. El enlace repliega a ocupar el espacio. Tendremos ganada la superioridad numérica en el espacio e igualdad en la zona.

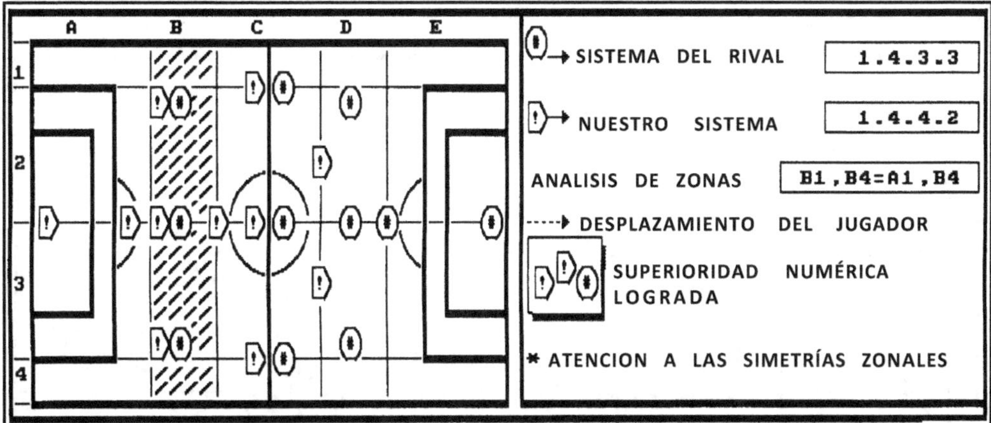

UBICACIONES INDIVIDUALES QUE DEBEMOS GANAR EN SUPERIORIDAD. SEGUIDAMENTE VEMOS LAS ZONAS QUE DEBEMOS SERLO.

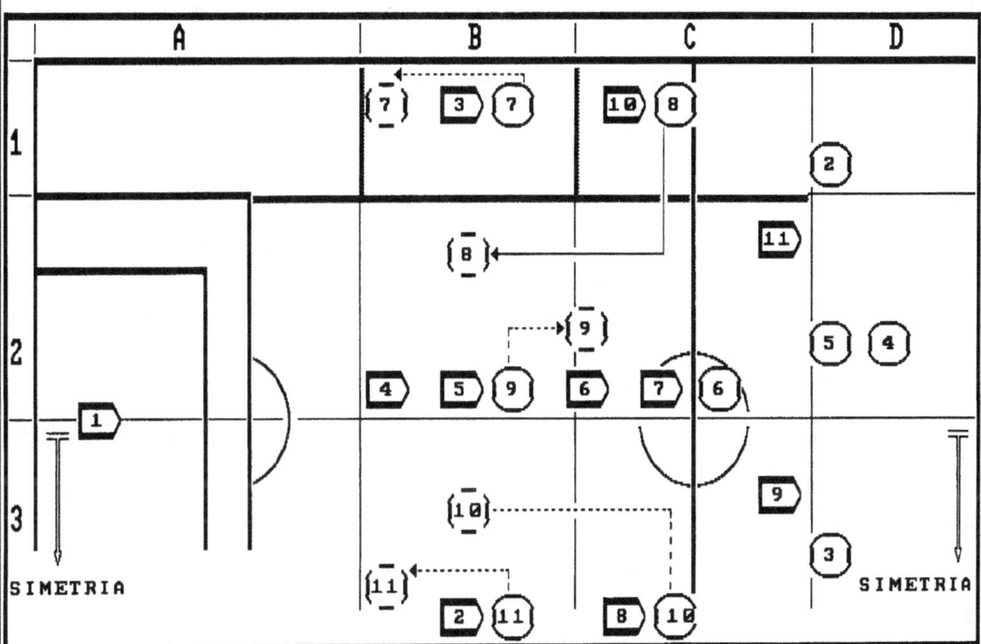

La variante defensiva que aportábamos al sistema la cual como recordaremos era bajar al enlace como segundo central, nos permitirá por su incorporación en la mayoría de las ocasiones, superioridad en la zona ancha, pero no siempre en la zona específica por donde transita el balón, por tanto en la zona específica se deberá como mínimo y como mal menor un 1X1.

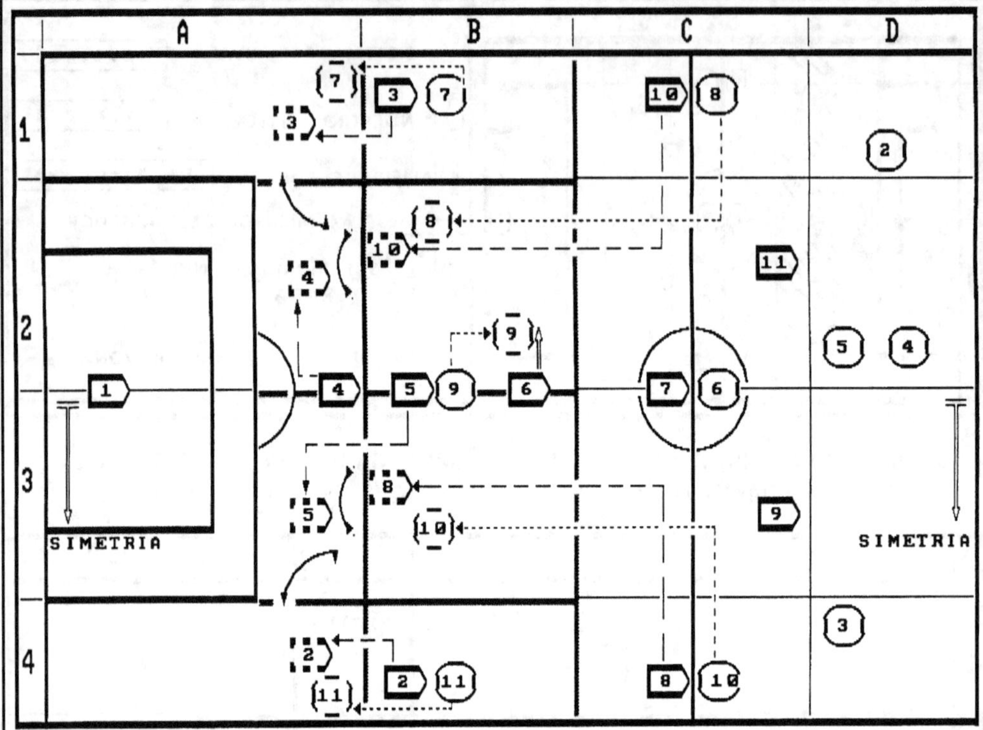

Otra de las maniobras que el rival nos puede ejecutar sabiendo que el delantero centro baja al vértice ofensivo, que ingresen los interiores a la zona B2 y B3, que los extremos profundicen, en este momento estarán en dos extremos y los dos interiores situados como medias puntas, con toda seguridad en esta maniobra intentarán hacer llagar el balón a uno de los extremos; nuestra neutralización pasa por:

1).- Al retorno del delantero centro rival n.º 9 nuestro central no le seguirá y se ocupará de su marca nuestro enlace n.º 6.

2).- A sus interiores opondremos los nuestros en su 1X1 particular.

3).- A sus extremos oponemos nuestros laterales en su 1X1 particular.

4).- Como hemos dicho nuestro central n.º 5 no sigue al delantero centro rival en su retroceso, por lo que estará libre de marca y se constituirá como segundo libre, es decir: se alineará con su libre n.º 4 con lo que efectuarán coberturas, uno al lateral izquierdo e interior izquierdo, el otro al lateral derecho e interior derecho.

El jugador n.º 5 se situará al lado contrario de la ubicación del balón, es decir: el jugador 4 bascula al lado de la circulación del balón y el central n.º 5 a la cobertura de los jugadores de la zona opuesta a dicha ubicación.

Vemos la superioridad numérica en la zona ancha.

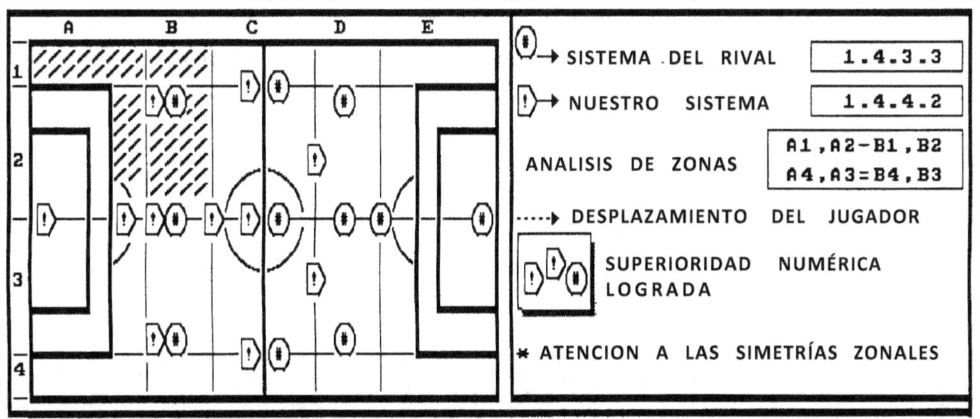

UBICACIONES INDIVIDUALES QUE DEBEMOS GANAR EN SUPERIORIDAD. SEGUIDAMENTE VEMOS LAS ZONAS QUE DEBEMOS SERLO.

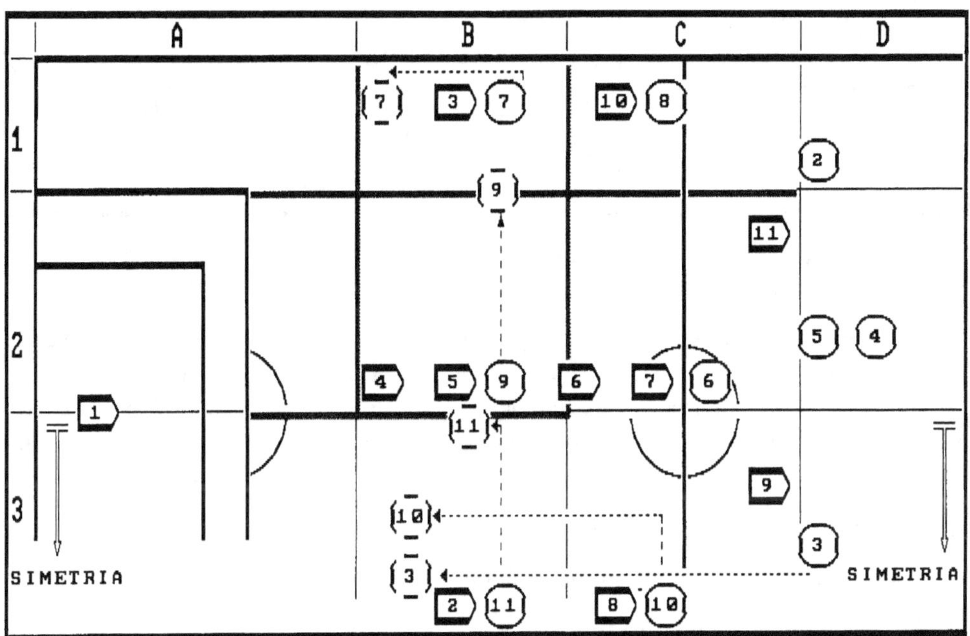

Comentaba que un equipo que juega con tres delanteros de partida sus variantes ofensivas debían venir desde las líneas de atrás. Vemos en esta lámina que el rival renuncia a un lado del campo evidentemente con una intención ofensiva, lógicamente esta se producirá en la zona alejada de la transición del balón, casi con seguridad el rival buscará un cambio de orientación, a la zona de penetración en el espacio libre.

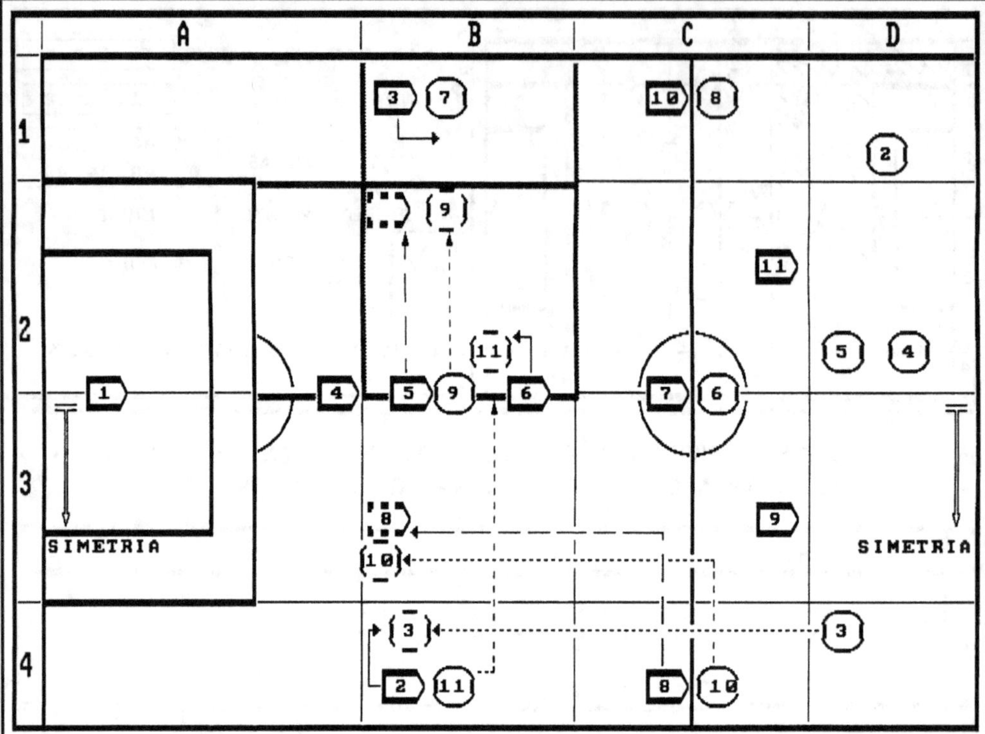

Esta situación que nos plantea el rival es, posiblemente, una de las más complicadas de neutralizar con superioridad numérica sin descomponer nuestro dibujo táctico.

Vemos como el rival, crea amplitud lejos de donde se está jugando el balón, al ver su iniciativa debemos pensar que alguno de sus componentes tendrá como misión mandar un pase largo al espacio buscando esa amplitud, que una vez traducida en posesión les permitirá lograr profundidad con escasa oposición si su oponente no bascula oportunamente; para neutralizar recurrimos a:

1).- Sus interiores opondremos a los nuestros.

2).- Al extremo del lado del tránsito del balón (n.º 7) nuestro lateral n.º 3.

3).- Su delantero centro nuestro defensa central.

4).- El libre permanece en cobertura basculando a la caida del balón y dirigiendo verbalmente las basculaciones del resto de compañeros.

5).- A su extremo que entra en la zona B2 n.º 11 oponemos nuestro enlace n.º 6; en este momento nuestro lateral derecho n.º 2 estará libre, esperando la llegada del lateral izquierdo rival que llegará por la zona opuesta a la de transición del balón; estaremos emparejados en B4 su interior n.º 10 con el nuestro n.º 8 y nuestro lateral n.º 2 con el suyo n.º 3 en igualdad numérica.

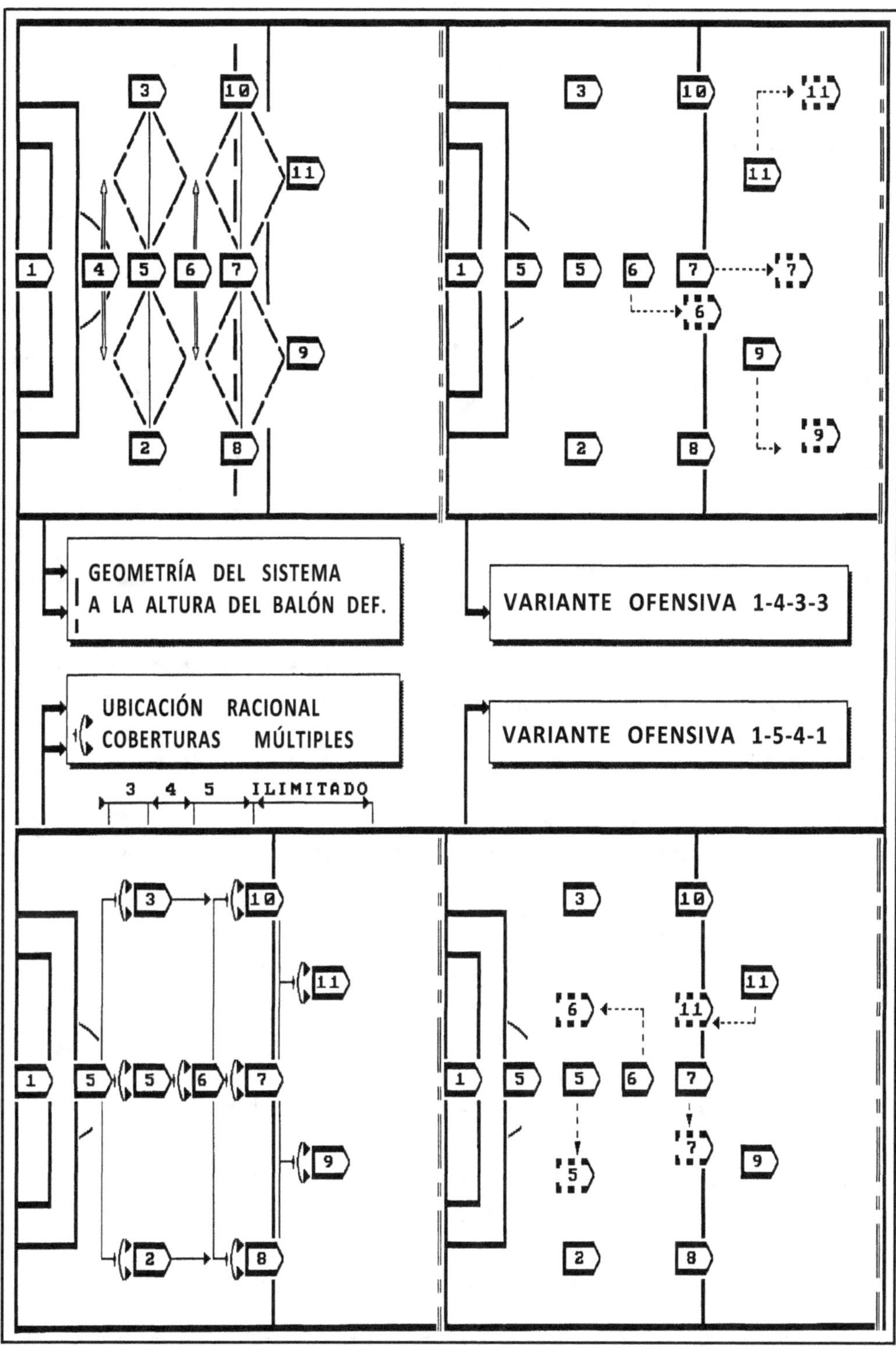
GEOMETRÍA DEL SISTEMA
A LA ALTURA DEL BALÓN DEF.
UBICACIÓN RACIONAL
COBERTURAS MÚLTIPLES
3 4 5 ILIMITADO
VARIANTE OFENSIVA 1-4-3-3
VARIANTE OFENSIVA 1-5-4-1

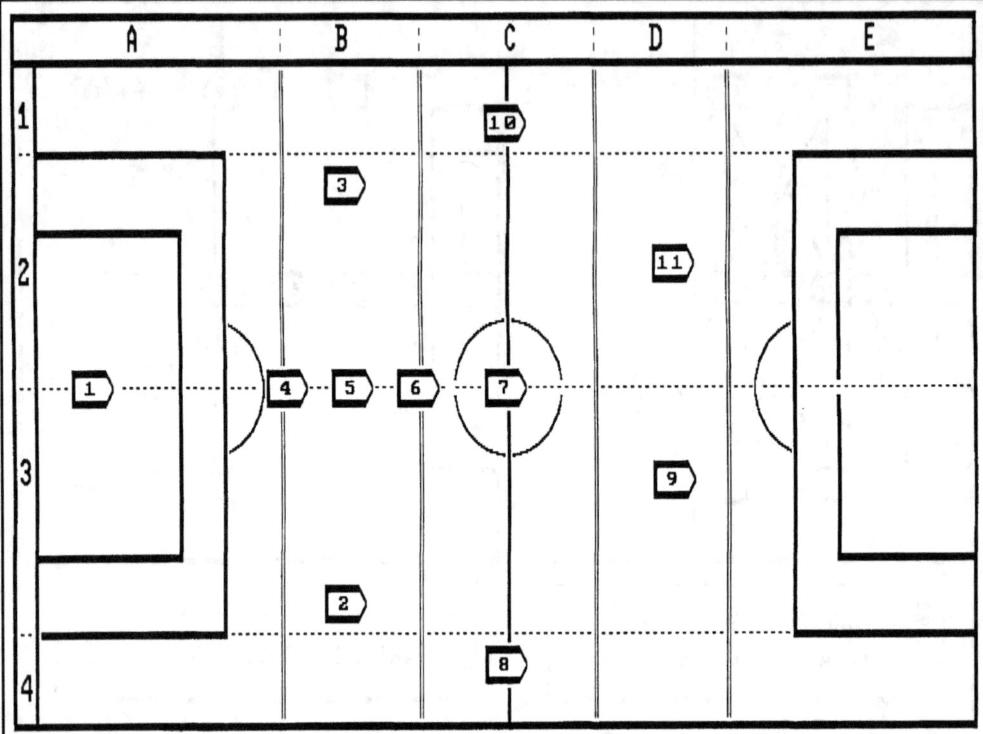

Debemos suponer que nuestro planteamiento es válido siempre y que con él vamos a lograr nuestro objetivo. Por tanto nos apoderamos del balón anulando los argumentos de los contrincantes; estaremos entonces en posesión del balón, esto es en acciones ofensivas.

Al fútbol nunca le escatimaremos la creación, la fantasía; ello con el balón en nuestro poder nos obliga a corresponder a estas y crear alternativas de juego de ataque esperando el éxito final. Estaremos entonces combatiendo al equipo oponente, en función de la eficacia estaremos más próximos o menos alejados del equipo de condición de poderoso; por añadidura si combatimos a nuestros rivales de forma positiva tendremos:

A).- Hemos neutralizado con éxito (por tanto lo propuesto es válido).

B).- Si poseemos el balón tenemos más posibilidades de éxito que el rival pues él no lo tiene.

C).- Seremos por poseedores del balón los que determinemos los parámetros del juego en cuanto a control y ritmo del partido.

En el aporte ofensivo defino las zonas según la idea de combatir.

Zona A1 a A4 = de construir en origen # de ataque directo (presionado).

Zona B1 a B4 = de ataque organizado # de contraataque previsto.

Zona C1 a C4 = de contraataque previsto # de transición en organizado.

Zona D1 a D4 = de pase previo a final # remate media distancia.

Zona E1 a E4 = de centro lateral # de finalización.

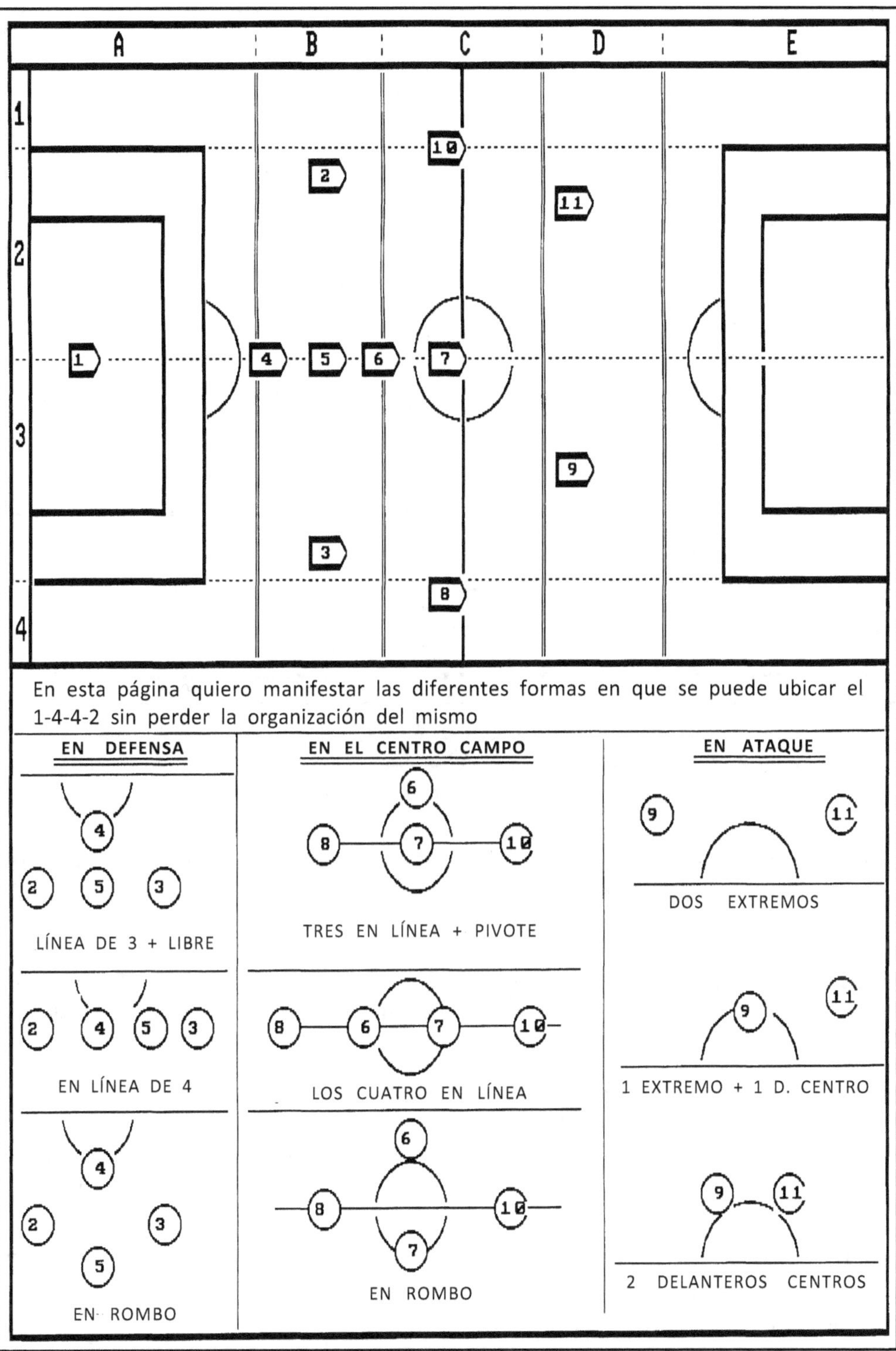

En esta página quiero manifestar las diferentes formas en que se puede ubicar el 1-4-4-2 sin perder la organización del mismo

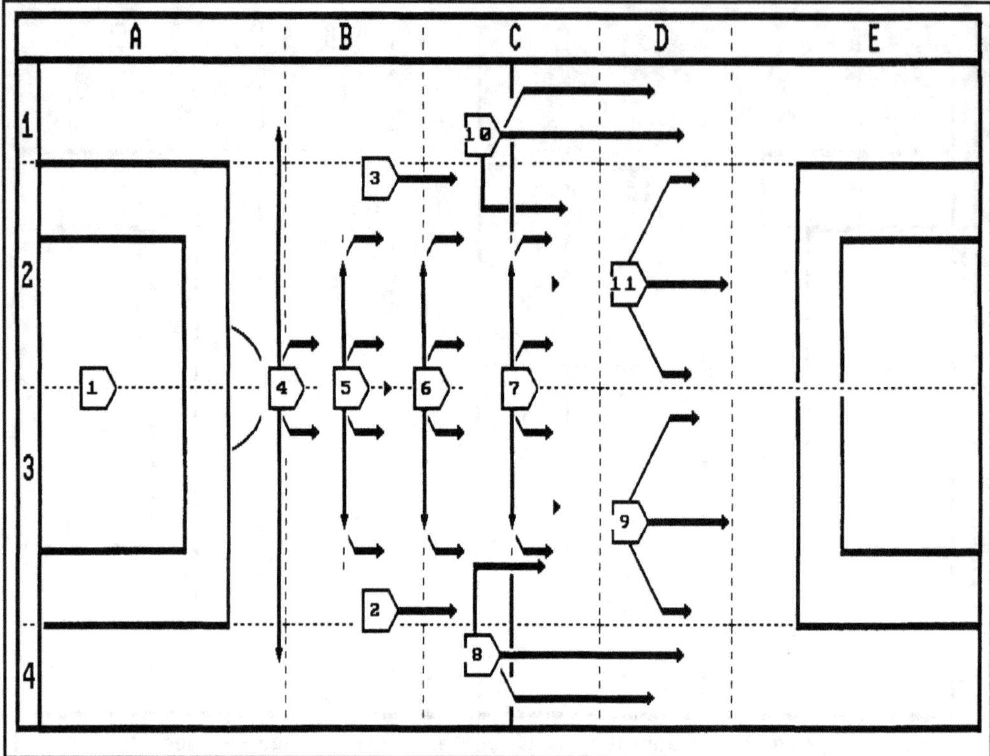

ACCIONES COMBINADAS CONJUNTAS

— En esta página vemos los movimientos básicos ofensivos colectivos representados gráficamente como ▬▬▬▬▬

— Defensas sólo achican espacios.

— 6 siempre queriendo el balón y cuando entrega a la línea de tres del centro del campo va por detrás hacia el que entregó el balón para permitirle mantener la posesión o volver a recibir.

— La línea centro campo (8-7-6-10) una vez entregado el balón a los puntas (8 y 10) se desmarcan de ruptura por banda esperando el pase y centrar, o en su defecto desequilibrar a la defensa rival, si el pasador fuese el medio n.º 6; el (7) va por detrás de los puntas a dar apoyo, recibir un pase atrás o recuperar el despeje de los defensas rivales.

NOTA: ────────────────────────────────

Estos movimientos ofensivos colectivos únicamente son válidos para ataques construidos en origen, para ataques organizados o para ataques directos.

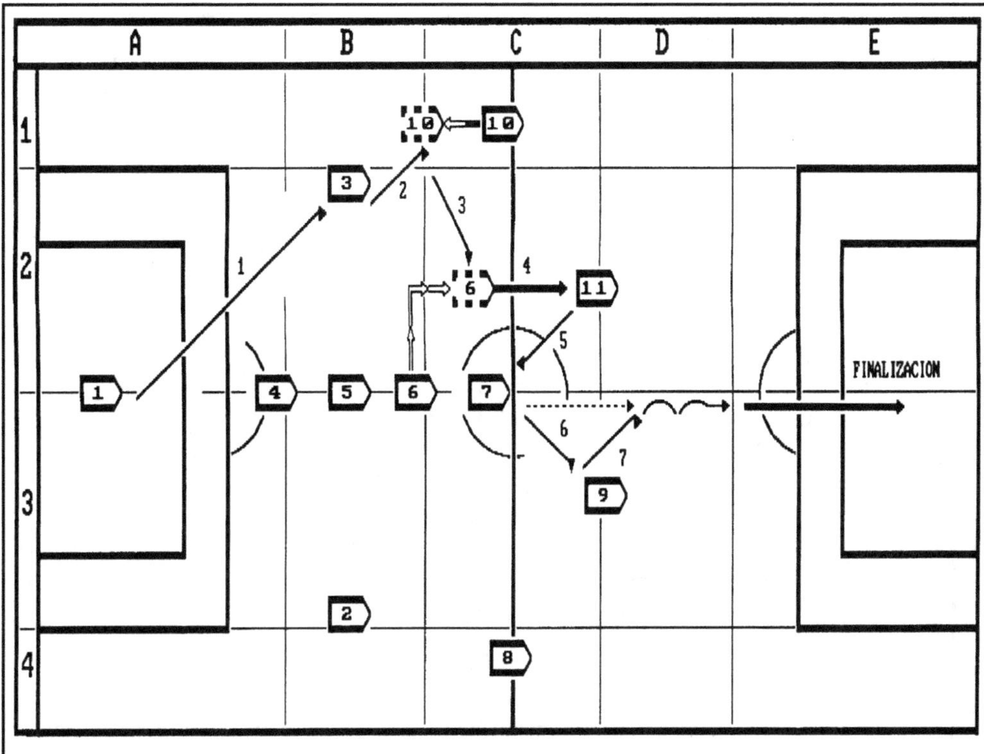

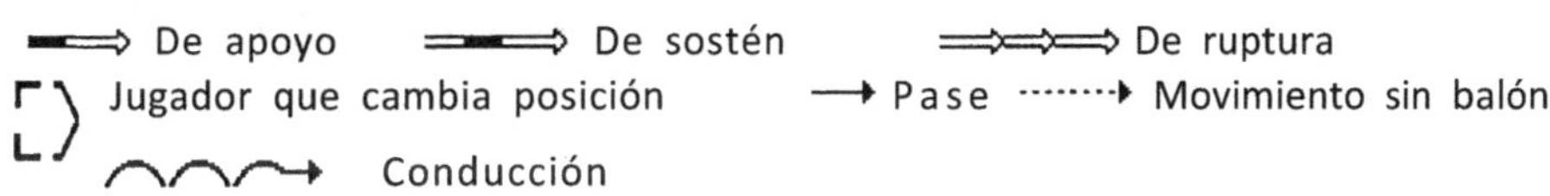

EJEMPLO DE ATAQUES ORGANIZADOS

DESMARQUES

⟹ De apoyo   ⟹ De sostén   ⟹⟹ De ruptura

⌐⟩ Jugador que cambia posición   → Pase   ┈┈▸ Movimiento sin balón

⌐⟩ ∿∿↝ Conducción

Conocemos que el rival juega con una cierta deficiencia de jugadores en el centro del campo, por lo que vamos a elaborar un ataque construido con muchas transiciones de pases, con el objetivo de mover a sus escasos jugadores e intentar sacar a uno de sus defensores.

Seguimos el orden numérico de las transiciones en los pases para la correcta interpretación de la jugada.

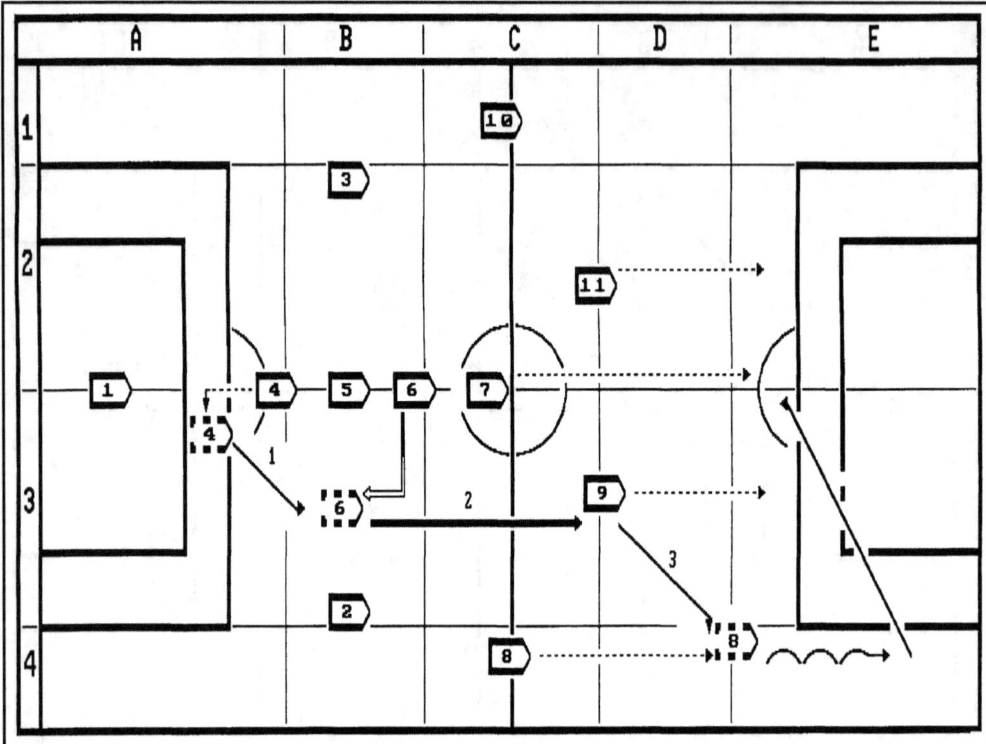

1 - 4 - 4 - 2

EJEMPLO DE ATAQUE DIRECTO

DESMARQUES

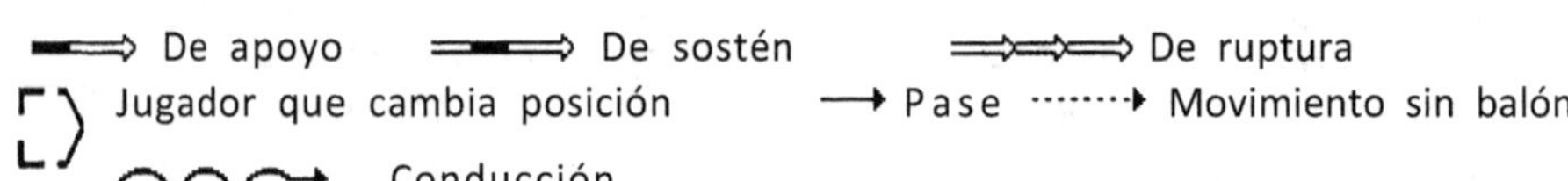

Vemos una jugada de ataque directo después de la interceptación de nuestro libre, que observamos lo hace en la proximidad de nuestra meta, por tanto debemos entender que el rival en su presión está muy cerca, es lógico que el libre despeje el balón y se produzca un achique de espacios ofensivos; intentando que este primer pase sea perfectamente orientado y preciso en la potencia para que de una acción defensiva, pasemos a una jugada de ataque directo e inmediato.

Interpretamos la jugada según el orden numérico de los pases.

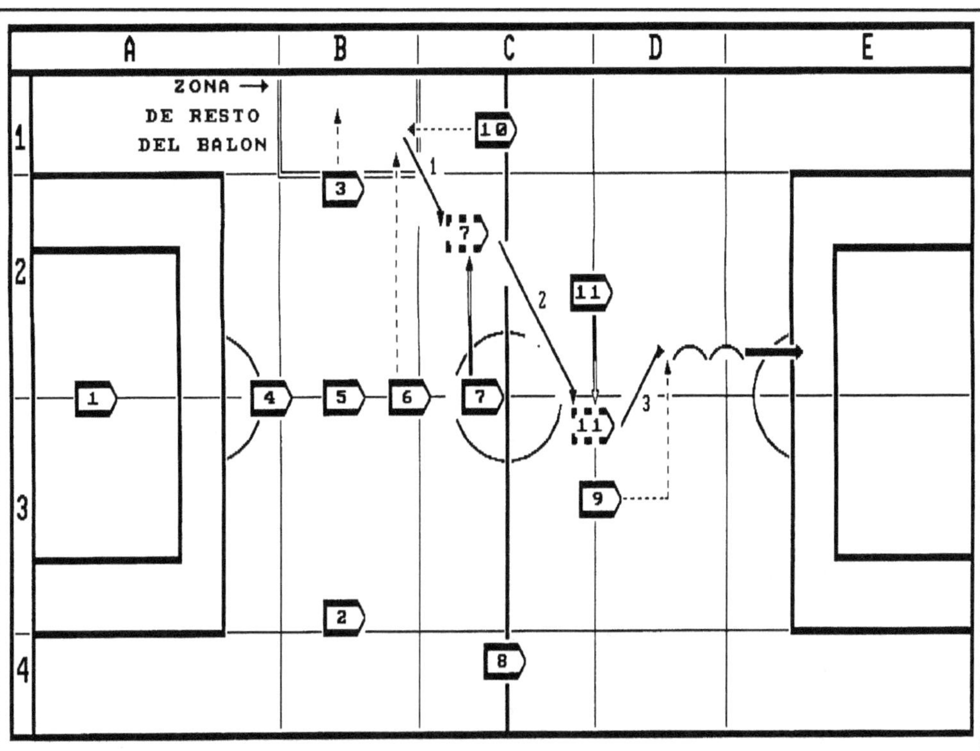

1 - 4 - 4 - 2

EJEMPLO DE ATAQUES ORGANIZADOS

DESMARQUES

⟹ De apoyo   ⟹ De sostén   ⟹⟹ De ruptura

⌐⌐ Jugador que cambia posición   → Pase   ·······▸ Movimiento sin balón

∿∿∿▸ Conducción

De láminas anteriores ya conocemos los parámetros que comportan un contraataque.

Vemos para finalizar las jugadas combinadas, un contraataque previsto.

Seguimos el orden numérico de los pases para interpretación de la jugada.

Como es comprobable en páginas anteriores en referencia a los aspectos tácticos relativos a combatir, sólo relato unas pequeñas reseñas de dichos conceptos y a modo de ejemplos, ya que los trato de forma más amplia y detallada en mi anterior libro «Mis Láminas Tácticas», haciéndolo en todos los sistemas que son de mi utilización.

Miguel Ángel López Rodríguez

Con toda seguridad, las fórmulas de otros técnicos para neutralizar los sistemas a los que se enfrenten, sean totalmente diferentes a las mias, e incluso dentro de los movimientos para lograr superioridad numérica, no se asemejen para nada a los mios. Yo he pretendido aportar mis vivencias tácticas a la hora de neutralizar, unas veces fueron positivas, otras no tanto y otras nunca lo fueron.

Quizás alguien opine que al demandar las prestaciones de los jugadores que van a oponerse al contrincante en su afán de neutralizarle, no sean las propias de unos futbolistas que pertenecen a un equipo modesto; es posible, pero mi credo es que la motivación pasa por valorar en su justa medida a los componentes del grupo y por tanto, basándome en que todo es mejorable, creo y quiero hacerles creer, que con el esfuerzo y la disciplina lograrán algún día que tenga que neutralizarles a ellos en un equipo poderoso. Por otro lado, mi obligación como entrenador es sacarle lo mejor a cada componente del grupo, esto muchas veces lo logra la cohesión colectiva, otras el éxito y muchas la satisfacción del deber cumplido; en la parte que me corresponde, intento lograr su máximo rendimiento recurriendo a que sepan que el técnico es el conocedor de sus posibilidades, incluso las que tienen pendientes de aflorar; estas no siempre son reales y nosotros podemos inculcárselas y hacérselas suyas.

Miguel Ángel López Rodríguez

BIBLIOGRAFÍA   RECOMENDADA

1.- Fútbol: 80 Fichas de entrenamiento para pre-Benjamines.

2.- Fútbol: 80 Fichas de entrenamiento para Benjamines.

3.- Fútbol: 120 Fichas de entrenamiento para Alevines.

4.- Fútbol: 120 Fichas de entrenamiento para Infantiles.

5.- Fútbol: 160 Fichas de entrenamiento para Cadetes.

6.- Fútbol: 160 Fichas de entrenamiento para Juveniles.

7.- Fútbol: 175 Fichas de entrenamiento para Seniors.

8.- 1.355 Juegos globales para el entrenamiento de la técnica.

9.- 450 Tareas para el entrenamiento de la táctica defensiva.

10.- 500 Juegos para el entrenamiento físico con balón.

11.- 350 Juegos para un entrenamiento integrado.

Autor de estas obras: *Javier López López*

12.- Fútbol: Sistema 1.5.3.2. Autores: *J. Mercé y R. Aranda.*

TODAS ESTAS OBRAS SON PUBLICADAS POR:

WANCEULEN

EDITORIAL DEPORTIVA S.L.

c/. Cristo del Desamparo, 56
41006 SEVILLA (ESPAÑA)
Tfnos.: 95-4921511
95-4656661
Fax: 95-4921059

www.ingramcontent.com/pod-product-compliance
Lightning Source LLC
LaVergne TN
LVHW080425200726
843507LV00004B/721